U0079939

TAKING UP THE RUNES

盧恩符咒、儀式、占卜與魔法應用

盧恩全書

戴安娜‧帕克森 DIANA L. PAXSON

A COMPLETE GUIDE TO USING RUNES IN SPELLS, RITUALS, DIVINATION, AND MAGIC

楓樹林

獻給　騎樹者

To the Rider of the Tree

目錄

──── 第一部 ────

盧恩
The Runes

第二部

儀式
The Rituals

序

ᛒ⋯ᚠ⋯ᛗ⋯

　　這是我今天早上抽到的三個盧恩符文，自COVID-19新冠肺炎大流行而封城以來，我幾乎天天做盧恩占卜。我將它們連同一些評論發布到我的郵件名單和臉書。有時人們會分享我的文章，有很多人向我表達感謝。當推動中土米加德（Midgard）的原始力量透過盧恩符文說話，賜予我們洞見來面對此刻的挑戰，我們全都心懷感激。

貝卡諾、安蘇茲、達嘎茲⋯⋯

　　今年春天，我一直將貝卡諾／Berkano與療癒相連結，因為白樺樹是一種止痛劑，再加上我們將它對應到女神芙麗嘉（Frigg），在祂的侍女中，我們發現艾拉（Eir）會醫術。沒錯，我們需要療癒，但我們在哪一方面最需要醫治呢？第二個抽

到的盧恩是安蘇茲／Ansuz，這是代表奧丁和溝通的盧恩符文，我們確實有需要改進的地方。不過，是哪些事情呢？第三個盧恩達嘎茲／Dagaz，告訴我睜開眼睛迎接嶄新的一天，尋找和分享有關醫療和政治發展的資訊，將可幫助我們的國家恢復健康。

撰寫本文時，距這本《盧恩全書》（*Taking up the Runes*）初版已有十五年，距我最早開始研究盧恩也已超過三十年。這個新版本承認，在這些年當中，盧恩已經結合塔羅成為一種受人推崇的占卜方法，如同北方傳統異教（Heathenry）※在當代異教徒宗教中占有一席之地。可惜的是，當今，盧恩文字和宗教均受到白人至上主義者企圖強行吸收和腐蝕異教徒符號的威脅。尤其是歐瑟拉／Othala、提瓦茲／Tiwaz、埃爾哈茲／Elhaz等這幾個盧恩文字，甚至出現在新納粹旗幟和徽章上。不過，就算白人至上主義者對特定幾個數字特別重視，也不能阻止我們學習算術，因此我拒絕拋棄盧恩。事實上，新納粹對盧恩文字的濫用，只會讓人們更加覺得，需要重新讓盧恩成為正向積極和鼓舞人心的關鍵鑰匙，用它來開啟超越種族概念的文化（有關此問題的更多資訊，請參閱《我們的真理：北方傳統異教徒歷史》〔*Our Troth: Heathen History*, The Troth, 2020〕一書）。

本書資料最早的版本，是我在1988年為首次盧恩課程構思設計的內容。舊金山灣區的異教文化一直相當活躍且多樣化，第一堂課由螺旋路徑協會贊助，成員來自各種不同背景。正在加州大學攻讀斯堪地那維亞研究博士學位的湯姆・強森（Tom Johnson）教我們古北歐語（Old Norse，或譯為古諾斯語）的發音，還讓我們有機會拿到目前這份獎學金。保羅・艾德溫・季默（Paul Edwin Zimmer）、希拉里・阿耶（Hilary Ayer）和雷伊・安・赫塞（Leigh Ann Hussey）等幾位詩人幫我們將所學改編成詩歌和歌曲。小組中每一位成員都對異教神話和儀式有所知悉，但北方傳統異教當時才剛興起成為一種宗教。我為了撰寫《布里希嘉曼》（*Brisingamen*）這本小說，對日耳曼神話做了相當多研究，但仍未認定自己是北方傳統異教徒

※ 譯注：希特里，或稱異教復興主義、日耳曼傳統異教

（Heathen）。不過，就在去年夏天，我與奧丁神發生了意想不到的相遇，讓此事有了重大變化，這在我撰寫的《奧丁》（Odin, Weiser 2017）一書中已提及，在我為每一堂課做課前準備時，我經常覺得自己正在從這位盧恩大師本人下載資訊。

到那年年底，我們在課堂上已學完全部二十四個盧恩，發現每一個盧恩都打開了一扇門，帶我們通往日耳曼文化和宗教的某個面向。我們現在有一個工作團隊，由一群深具才華、熱情洋溢且具有相同知識背景的成員組成。並非刻意為之，不知不覺我們全都成為北方傳統異教徒，我們將這個團體命名為渡鴉（Hrafnar／Ravens），至今組織依然在運作。盧恩研究一直是我們向新成員介紹日耳曼宗教和文化的最佳方式，每隔幾年我們都會舉辦新一輪課程，每次都會獲得新的見解。最近，我們專注於盎格魯撒克遜弗托克（Anglo-Saxon futhorc）[※]，包括日耳曼部落在不列顛建立王國後添加進來的那幾個盧恩文字。

我們開始第一堂課時，唯一容易取得的盧恩資料，是我在大英博物館買到由盧恩學者 R. I. 佩奇（R. I. Page）撰寫的一份簡介，還有 Weiser 出版社所出版、艾德瑞得‧索森（Edred Thorsson）最早的三本盧恩書。在每一期課程中，我們都發現到更多資源。到 2005 年這本書出版時，我們已經可以看到芙蕾雅‧阿斯溫（Freya Aswynn）、柯維道夫‧岡德森（Kveldulf Gundarsson）以及其他多位作者的作品，他們的見解也在我們學習每一個盧恩文字時被納入討論。

後來幾年，更多盧恩書籍陸續面世。有些是學術性質的盧恩學著作，提供我們更多背景知識了解盧恩的來源和使用方法。有些則從神祕學角度探討盧恩符文的解釋和應用。詳細內容請參閱本書最後所附的「延伸閱讀」書單。

連續幾期的盧恩課程也自然而然對知識的累積做出貢獻。構成本書第二部分的儀式彙編，除了我自己所寫的內容以外，也有好幾位渡鴉成員的貢獻。感謝希拉里‧阿耶（書中資料標記為 *HA）在安蘇茲／索里沙茲儀式中的「祈晴／Fair Weather」咒語，感謝黛博拉‧本德（Deborah Bender）讓我在「四季輪轉／Seasons」

※ 譯注：或稱「古英語弗托克」。

咒語中加字，感謝蘿拉‧曼德斯（Laurel Mendes）的「開花結果／Blossom」咒語，感謝珍妮佛‧提夫特（Jennifer Tifft）的盧恩符文歌，感謝吉姆‧葛拉漢（Jim Graham）提供「縛狼／Wolfbinding」冥想的原始資料。還有，現在已在英靈殿中喝著蜂蜜酒的成員，我要向雷伊‧安‧赫塞致敬，她給了我們在哈格拉茲／瑙提茲儀式中標記為（*LAH）的資料，在艾瓦茲／佩斯洛儀式中對奧丁的祈請文、盧恩咒「紡錘／Spindle」，還有「穀物綠意盎然／Corn that Springeth Green」這首歌。保羅‧艾德溫‧季默（*PEZ）為安蘇茲／索里沙茲儀式所寫的祈雨咒和祝禱，為英格維／納瑟斯儀式以及部分冥想內容提供素材。

我還要感謝渡鴉協會（www.hrafnar.org）和國際異教徒組織（www.thetroth.org）的許多成員，他們貢獻了自己的知識並激勵我深入學習，還有我的盧恩課程參與者，他們的關注、見解和熱情豐富了我們相處的時光。

「拾取」盧恩，你將展開一段靈性旅程，它會帶你穿越九個世界，以及心的國度。

Wes thu hal! 祝你平安健康！

黛安娜‧L‧帕克森

2020 年 6 月 18 日

加州柏克萊

盧恩之道
The Way of the Runes

你應追尋盧恩，那隱密文字

無比強大之線譜

堅實有力之筆畫

由偉大聖者著色，至高力量眾神塑造

預知之神所刻寫

——〈至高者箴言錄〉（*Hávamál*）：141

　　當今世界對傳統靈修重新燃起興趣，這股風潮涵蓋各個不同國度的傳說。美洲原住民的教導為渴望接近大地的人提供諸多啟示；凱爾特信仰開啟了通往異世界之路；非洲奧里薩（orisha）信仰則將神靈帶到凡人世界。在此傳統交會之際，日耳曼民族的宗教觀卻極少呈現於世人眼前。不過今天，我們看到了北歐靈性信仰正在覺醒。第一個證據是，關於盧恩的書籍突如雨後春筍大量出現。

　　許多人第一次接觸到盧恩文字是透過托爾金（J. R. R. Tolkien）的《魔戒》（不過還是必須稍微說明，對盧恩非常了解的托爾金基於自己的理由將盧恩文字做了改動，例如，代表甘道夫的盧恩 G，用的是菲胡／FEHU ᚠ 而不是給勃／GEBO

Ｘ）。盧恩是一套神聖字母，形式優雅，具古老神祕魅力。它是來自北方的奧祕，盎格魯撒克遜人和維京人的古老神祇所擁有，祂們的文化就是我們自身文化的根基。在古高地德語中，*run* 或 *runa* 這個字的意思就是奧祕，因此想要在盧恩當中尋找奧祕的人絕對不會失望。這個字的印歐語字根可能與出現在印度教和希臘天神之名字婆羅那（Varuna）和烏拉諾斯（Ouranos）當中的 reu 相同，帶有超自然的聲音感。作為一種靈性體系，盧恩結合聲音和感覺為基礎，這些文字讓超越人類所有語言的直覺有了一種意識的表達方式，從混沌經驗中提煉出秩序。

但盧恩也是一套實用、靈活、有效的符號系統，用途極為多樣，而且它帶著無比熱忱向真誠的追求者敞開自己。

盧恩最明顯的用途是作為一種溝通方式。它們確實是一套字母——一套代表聲音的符號系統，可以用來拼寫單詞。然而，這種實用性並不足以說明它真正的魅力。拉丁字母已成功成為全球通用的溝通媒介，儘管（或可能因為）它的字母從未具備神聖意義。作為一種帶有神聖意義的字母，盧恩和希伯來字母比較像，每一個字母本身都帶有超越其表聲功能的含義。

與希伯來字母一樣，每一個盧恩文字也都有自己的名稱，並作為一連串含義、聯想和符號的聚焦之點。因此，每一個盧恩文字都是強大的冥想工具。對每一個盧恩進行系統性研究，反過來會成為一種啟蒙，開啟我們的心靈，使人格得到整合。而這樣的探索，也正是進入北歐文化的一個途徑。

今天，盧恩知識最著名的應用是占卜（divination）。你可以將刻有盧恩文字的木塊或小石頭拿來拋擲、抽取，或跟塔羅一樣鋪排成盧恩符文陣。由於盧恩文字的數目比塔羅牌張數少，因此解讀時不像塔羅牌陣那麼複雜，但優秀的盧恩占卜師同樣可以將占卜結果揭露到相當深的程度。塔羅比盧恩攜帶更多視覺圖像訊息，但跟盧恩一樣，塔羅牌也有標題。塔羅解牌需要先了解每一張牌的基本含義，並根據占卜師自己對特定套牌圖案符號的領會來解釋其象徵意義。但如果是

解讀盧恩，就無法像塔羅牌一樣可以透過圖案來確定意義；盧恩占卜者只能透過單純的文字線條來觸發聯想，直接給出解釋。此外，你也可以根據需要，在木片或紙條上即興創作一組盧恩符文。

然而，占卜僅僅是盧恩知識應用的一部分。從《埃達》（Eddas）、北歐神聖詩歌和考古文獻資料都顯示，盧恩文字的一個主要用途是建構咒符（charms）和魔法咒語（spells）。你可以個別使用單一盧恩符文，也可以將幾個盧恩組合起來形成綁定盧恩（bindrunes）※，或是用它來刻寫銘文（inscriptions）。盧恩智者使用此類技術操作，在文獻中有相當清楚的描述。不過，文獻從未說明哪幾個盧恩用於哪些目的。據推測，這類知識都是由老師口頭傳授給弟子學生，或是透過冥想、啟蒙儀式或直接從眾神那裡獲得靈感啟示。

想要有效使用盧恩，需將古老智慧與新智慧結合。對傳統文化和神話的正確理解，使盧恩占卜者更能有效運用多年投注在盧恩符號上的力量。但所有魔法都得先進入創作者的心靈，而且必須在他個人的符號系統上取得意義。當今我們生活在一種全球普世文化中，來自另一片土地的原型概念似乎也能觸及盧恩含義的某個層面，值得我們細細思考。學習者不僅必須有意識地研究早期學者賦予的盧恩含義，而且必須將它們內化。

盧恩是北歐靈性傳統的一種展現，但目前這股盧恩風潮則呈現出相當多樣且多元化的文化樣貌。無論哪一種族的人，都可能被美洲原住民的靈性概念吸引，也可能對西非奧里薩崇拜感興趣，同樣道理，來自不同背景的人也會對盧恩深深著迷。關於遺傳關聯與種族靈性體系的相關性存在著大量爭議。很多人會去追尋自己祖先的傳統，以避免挪用別人的傳統。

我認識許多擁有歐洲人基因的人，他們把非洲、美洲原住民或東方傳統發揮得相當好。雖然薩泰里亞教（Santeria）※※的追隨者可能有黑人或西班牙裔血統，而太陽舞的參與者必須是美洲原住民，但仍有許多人對於跟他們沒有遺傳關聯的

※ 譯注：或稱連結符文
※※ 譯注：信仰薩里奧神靈的宗教，是天主教與非洲信仰的結合。

文化或宗教習俗有一種天生的親近感。眾神看的是我們靈魂的顏色，而不是我們皮膚的顏色。今天，靈性傳統已經變得像是民族食物一樣可供輸出。如果我們這具跟祖先基因緊密相連的身體都可以消化來自中國的蛋卷和來自墨西哥的辣椒，那為什麼我們不願意相信自己可以吸收各種文化營養素來滋養我們的靈魂？

早期的日耳曼民族並非種族主義者。當遷徙的部落遇到匈人（Huns），他們像對待其他任何部落一樣對他們做出回應，並根據政策要求與他們作戰或通婚。維京人以同樣的熱忱襲擊各族原住民，最常從愛爾蘭抓奴隸。〈女先知預言〉（*Völuspá*）※告訴我們，世界的第一次戰爭是阿薩神族（Aesir）和華納神族（Vanir）之戰。雙方正面交戰後，不是透過征服，而是以結盟和締約來解決兩族紛爭。如果華納神被之後到來的部族採納信奉，成為前印歐（或按照馬洛里教授 [J. P. Malory] 的理論，是「早期印歐」）地球宗教的神，那麼適應和吸收新來種族與文化元素之此一意願，就會回到日耳曼民族的本源中。另一理論則認為，入侵者是華納神族的信奉者，他們帶來了更先進的農業技術。

許多早期印歐民族都相信輪迴轉世。輪迴轉世概念並不是只在印度發展成宗教的主要教義，它同樣出現在凱爾特部族和斯堪地那維亞半島。部落宗族歡迎亡者靈魂回家，部分原因是希望將他們引回女性子宮中再次出生，不過，雖然人們期待亡靈可轉世為他們的後代，但某些斯堪地那維亞民間故事告訴我們，事情未必如此。

神祕學界流行的一種理論是，在二十世紀，各種族人民開始在不同文化中輪迴轉世，以增進對世界的理解。這或許可以解釋，為什麼某些第三世界的人們能夠如此迅速接受西方文化，以及為什麼許多美國人學禪或修練薩滿。總之，事實就是，盧恩會跟各個不同種族背景的人說話。我接受所有聽見北歐諸神召喚的人成為我盧恩之途的同伴道友。

※ 譯注：《詩體埃達》第一篇。

起源

這套系統是什麼原因如此吸引我們？在神話層面，盧恩是奧丁給我們的。在〈至高者箴言錄〉（*Hávamál*）※，奧丁說：

我垂吊於狂風飄搖的樹上

整整九個長夜

我以長矛刺傷自己，作為奧丁的祭品

自己獻祭給自己

我倒吊的那棵大樹，無人知曉

其根來自何處

無人給我麵包，亦無一杯酒水

我往下深深凝視——

拾取盧恩符文，邊撿拾邊瘋狂呼喊

然後再次墜回地面

——〈至高者箴言錄〉（Hávamál）：138-139

盧恩背後的神話是一種犧牲。這位名字意思是「神聖狂熱」、「靈感啟示」、「狂喜」的神，依循傳統之儀將自己絞掛於樹上，以長矛刺傷自己，以自身為獻祭，經歷一切痛楚，獻上一切所有，只為超凡入聖的一刻，將攜帶力量的文字顯化到意識層次。當薩滿巫師一路從西伯利亞遠行到南美洲，淚流滿面哭求異象預言，最後帶回一首療癒人心的力量之歌，這位神，祂遊走於不同世界之間，將盧恩帶回來給我們。在思考盧恩的外部歷史時，我們絕不可忽略它們的靈性精神意義。

※ 譯注：或譯〈哈瓦瑪爾〉，《詩體埃達》第二篇。

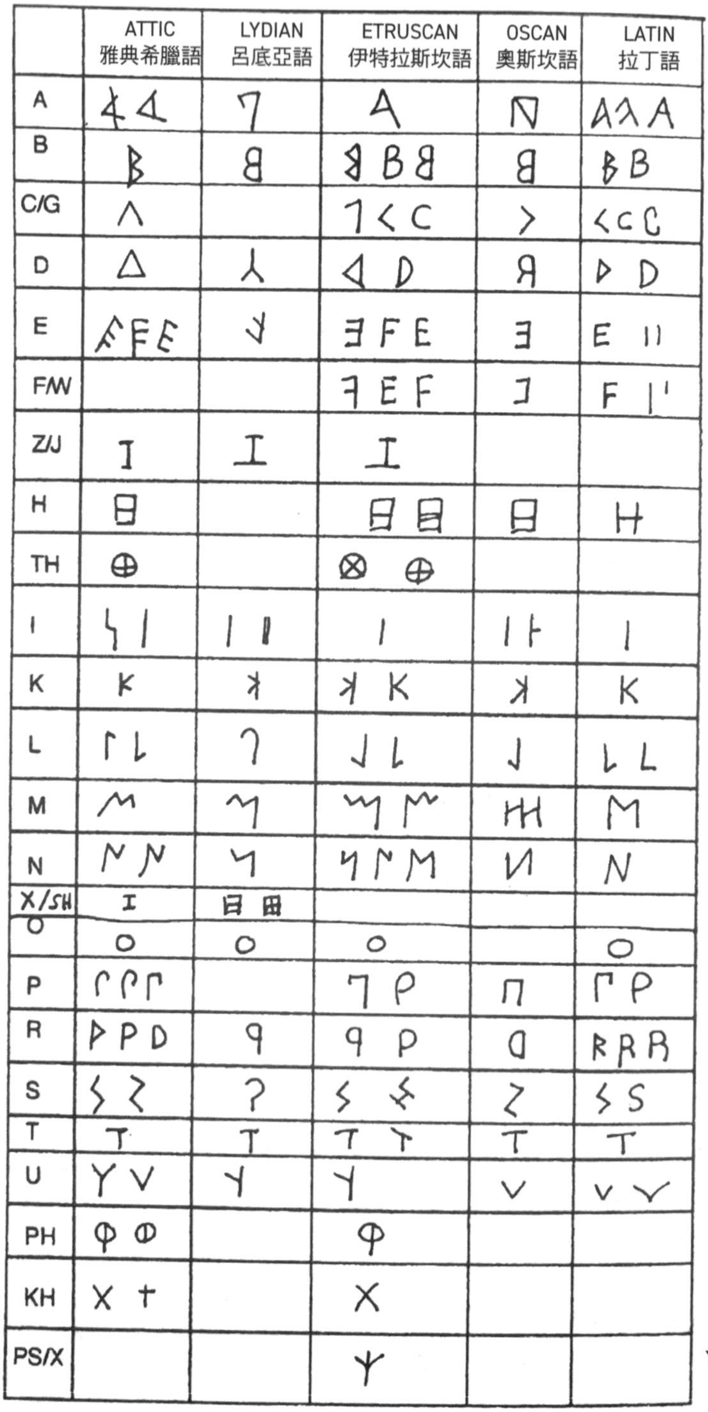

	ATTIC 雅典希臘語	LYDIAN 呂底亞語	ETRUSCAN 伊特拉斯坎語	OSCAN 奧斯坎語	LATIN 拉丁語
A	ᘔᘔᐃ	𐌀	A	ᑎ	AᐱA
B	ᗷ	𐌁	𐌁ᗷB	B	ᗷB
C/G	ᐱ	𐌂<	ᒣ<C	>	<CC
D	△	ᐞ	◁D	ᖉ	▷D
E	ᘓFE	ᐢ	⊐FE	⊐	E ‖
F/W			⊣EF	⊐	F ⎮'
Z/J	I	I	I		
H	日		日日	日	H
TH	⊕		⊗ ⊕		
I	ᐢⵎ	⎮⎮	⎮	⎮ᛏ	⎮
K	K	ᚸ	ᚴK	ᚴ	K
L	ᒥᒪ	ᒉ	ᒧᒪ	ᒧ	ᒪᒪ
M	ᘒ	ᘒ	ᙢᙢ	ᙢᙢ	M
N	ᑎᑎ	ᖷ	ᑊᑎᙢ	ᑌᑎ	N
X/SH	I	日 田			
O	○	○	○		○
P	ᒥᒥᒥ	ᒻᒪ	ᖋᖋ	�𝝥	ᒥᖋ
R	ᖉᖋᗡ	ᖁ	ᖁᖋ	Ⅾ	ᖈᖈᖈ
S	ᔓᔓ	ᔓ	ᔓ ᔓ	ᔓ	ᔓS
T	T	T	ᛏᛐ	T	T
U	ᖼᐯ	ᖼ	ᖼ	ᐯ	ᐯᖼ
PH	⏀Φ		Φ		
KH	X ✝		X		
PS/X			ᖼ		

ᖼ 亦見於古希臘柯林斯、
米利都、提拉

歷史上第一塊已知的盧恩銘文，可追溯到西元二世紀。銘文上老練的文字線條證明，盧恩可能在此之前至少已被使用超過一個世紀。好幾個（雖然不是全部）符文線譜與地中海字母表中的對應字母存在著親緣關係，這表示，這套符號系統的概念，若非系統本身跟它有關，就是受到當時與南方接觸的影響。許多學者提出了令人信服的論述，證明盧恩文字起緣於多瑙河流域的哥德人（Goths）、瑞士雷蒂亞的羅馬化日耳曼人，或發現最早銘文的日德蘭半島（最古老的例子可能是梅爾多夫飾針，可追溯到西元 50 年）。請參見史蒂芬‧波靈頓（Stephen Pollington）所著《盧恩：鐵器時代的日耳曼文化》（*Runes: Literacy in the Germanic Iron Age*, Anglo Saxon Books, 2016）一書。

　　有一種論述認為，盧恩文字是受到伊特拉斯坎字母 ※ 的啟發，並認定盧恩的起源應該更早，也有說法認為它們起源於北斜體（North Italic），這套由早期日耳曼馬科曼尼或赫魯利人部族傳播的文字。保羅‧艾德溫‧季默提出一個饒富趣味的可能性是，他們的部分靈感來自伊特拉斯坎字母。有趣的是，少數幾個有拉丁文對譯的伊特拉斯坎字詞之一是他們對神明的稱呼──艾薩／*aisar*（弗烈德里克《滅絕的語言》〔*Extinct Languages*, 1957, p.138 by Friedrich〕），聽起來很像古北歐語的阿薩／*aesir*。如果兩者確實有關，那麼它們可能是借道跨陸的琥珀運輸之路來到波羅的海，這條路線自青銅時代以來就一直在使用。

　　如果盧恩文字的發明靈感是來自希臘西部地區，齊格菲里德‧庫廷（Siegfried Kutin）認為發明者可能是皮西亞斯（Pytheas），他是希臘殖民地馬薩利亞（現今馬賽）的地理學家，也是目前所知第一位與日耳曼部族接觸的希臘文化代表。西元前四世紀初，皮西亞斯展開旅程，前往琥珀貿易的西部中心探查，拜訪了聖琥珀島阿巴洛斯（可能是現今的黑爾戈蘭島）所在的條頓部落，以及靠近維斯瓦河口的哥頓尼斯（參見：庫廷1977）。

※ 譯注：亦稱「古義大利字母」。

這些資料清楚透露，雖然我們可以肯定稱盧恩是古代文字，但它們的起源與演變細節卻籠罩著重重面紗，如同波羅的海沿岸覆蓋著深重的層層濃霧。對於最古老銘文的解釋，也存在著相同問題。R. I. 佩奇曾引用 D. M. 威爾森的話說：「對於每一個銘文的解釋，有多少學者在研究它，就有多少種詮釋。」（參見：佩奇1987，第 10 頁）。

盧恩文字被刻在矛頭、胸針、盾牌圓頭、木杖、梳子上，後來刻在紀念石碑上。有些銘文還刻了物品所有者或製造者的名字，還有一些似乎是為了祈求好運或辟邪護身的魔法銘文。後來，盧恩還被用於日常溝通、識別或商品計數等等。隨著羅馬教會和歐洲封建主義傳播到北方國家，拉丁字母也隨之進入。很快的，盎格魯撒克遜文的書寫就變成了盧恩與拉丁字母的一種怪異混合。到《薩迦》（sagas）※ 出現，拉丁字母已經成為書面溝通的方法，而盧恩文字通常是為了魔法目的才使用。

古日耳曼盧恩字母，或稱弗薩克（*futhark*，由前六個盧恩字母的發音組成的單詞），由按傳統順序書寫的二十四個符號組成。盎格魯撒克遜（古英語）弗托克則再增加九個字母來表現更多聲音組合，而斯堪地那維亞人最後將它簡化為十六個字母的弗薩克。這些基本主題當中還有很多變化型，而且，即使是同一個弗薩克，盧恩的形狀也可能不同。為方便起見，我們將二十四個盧恩分為三個「族／aetts」，一族有八個盧恩，各以其開頭第一個盧恩名稱作為族名，分別為：弗雷族（Freyr's aett）、哈格拉族（Hagal's aett）以及提爾族（Tyr's aett）。

※ 譯注：古北歐的特殊文學體裁，記載傳奇故事。

主要弗薩克

	ELDER FUTHARK 古弗薩克			ANGLO-SAXON FUTHORIC 盎格魯撒克遜（古英語）弗托克			YOUNGER FUTHARK 後弗薩克	
1	ᚠ	FEHU	f	ᚠ	FEOH	f	ᚠ	FÉ	f, v
2	ᚢ	URUZ	u	ᚢ	UR	u	ᚢ	ÚR	u
3	ᚦ	THURISAZ	th	ᚦ	THORN	th	ᚦ	THURS	th
4	ᚨ	ANSUZ	a	ᚩ	ÓS	o	ᚬ	ÓSS	a, o
5	ᚱ	RAIDHO	r	ᚱ	RAD	r	ᚱ	REIÐ	r
6	ᚲ	KENAZ	k	ᚳ	KEN	k	ᚴ	KAUN	k
7	ᚷ	GEBO	g	ᚷ	GYFU	g, -gh	–	–	
8	ᚹ	WUNJO	w	ᚹ	WYNN	w	–	–	
9	ᚺ	HAGALAZ	h	ᚻ	HÆGL	h	ᚼ	HAGALL	h
10	ᚾ	NAUDHIZ	n	ᚾ	NYD	n	ᚾ	NAUÐ	n
11	ᛁ	ISA	i	ᛁ	IS	i	ᛁ	IS	i, e
12	ᛃ	JERA	yuh	ᛄ	GER	y	ᛅ	ÁR	æ
13	ᛇ	EIHWAZ	iy	ᛇ	OH	ih	–	–	
14	ᛈ	PERTHRO	p	ᛈ	PEORTH	p	–	–	
15	ᛉ	ELHAZ	x	ᛦ	EOLH	x	–	–	
16	ᛊ, ᛋ	SOwILO	s	ᛋ	SIGIL	s	ᛋ	SOL	s
17	ᛏ	TIWAZ	t	ᛏ	TIR	t	ᛏ	TYR	t
18	ᛒ	BERKANO	b	ᛒ	BEORC	b	ᛔ	BJARKAN	b, p
19	ᛖ	EHWAZ	e	ᛖ	EH	e	–	–	
20	ᛗ	MANNAZ	m	ᛗ	MANN	m	ᛘ	MAÐR	m
21	ᛚ	LAGUZ	l	ᛚ	LAGU	l	ᛚ	LOGR	l
22	◇	INGWAZ	-ng	ᛝ	ING	-ng	–	–	
23	ᛞ	DAGAZ	d	ᛞ	DÆG	d	–	–	
24	ᛟ	OTHALA	o	ᛟ	ETHEL	o	–	–	
25	–	–		ᚪ	AC	a	–	–	
26	–	–		ᚫ	ÆSC	æ	–	–	
27	–	–		ᛠ	EAR	ea	–	–	
28	–	–		ᛡ	YR	y	–	–	
29	–	–		ᛥ	STAN	st	–	–	
30	–	–		ᛢ	CWEORTH	qu	–	–	
31	–	–		ᛤ	IOR	io	–	–	
32	–	–		ᛣ	CALC	c	–	–	
33	–	–		ᚸ	GAR	g			

北方文化

　　儘管盧恩可以純粹作為一種魔法字母來研究，但要將它們有效應用於簡單銘文以外的任何目的，不僅需要了解它們的字面意義，還需要了解它們的象徵或靈性意義。這需要對創造它們的人的宗教觀有一定程度的了解才行。

　　當羅馬人第一次遇到條頓部落，他們就把當地的神祇拿來與自己的神祇進行對照和描述。沃坦（Wodan，奧丁／Odin）對應羅馬神墨丘利（Mercury）；提瓦茲（Tiwaz，提爾／Tyr）對應瑪爾斯（Mars）；雷霆之神多納爾（Thunar／Donar，也就是索爾／Thor）對應朱比特（Jupiter）；而芙麗嘉（Frigg）則取代了維納斯（Venus）的位置。這些神祇彼此之間的對應，並不像羅馬人自認的那樣絕對相符，但它們確實給了我們一個參考點。

　　有件事很重要一定要記得，奧丁不僅是一位引導亡靈的靈魂嚮導之神，更是最偉大的魔法師，祂的巫術和言語魔法都非常強大，而且（或許因為祂曾經是遊走四方的流浪者，隨著部落到處遷徙和征戰）也是國王和戰士之神，是詩人所盛讚的大神。最初的天神提爾，依然是司掌審判戰鬥之神，而索爾則保留了祂作為天氣之神和守衛者的角色。身邊有許多半神半人侍女的芙麗嘉，則以女王身分執行統治。根據喬治‧杜梅齊爾（Georges Dumézil, 1973）的說法，在斯堪地那維亞，「第三功能」角色的神——也就是農業和工藝之神——是由華納神族的弗雷（Freyr）和祂的妹妹弗蕾雅（Freyja，其性格其實比較接近羅馬神維納斯），以及祂們的父親海神尼約德（Njordh）來擔任。據推斷，祂們的母親是琥珀海岸女神納瑟斯（Nerthus），自從第一批歐洲農田播種以來，祂就一直掌管人類、獸類和土地的生育繁衍力。這些神祇和祂們的執掌功能全都被呈現在盧恩之中。

　　日耳曼宗教的活動似乎允許相當大的個人主動性。每一個部落或地區都會透過定期節日聚在一起，藉由遊行、獻祭和公共宴會對諸神表達崇敬，但大多數

宗教活動的重點都在於保護個人農莊，並與當地土地靈和家族守護神保持和諧關係。一個地區的首領同時擁有政治和宗教領導權（通常是有財力維護寺廟或贊助節日活動的人），但個人也可以自由決定自己要侍奉哪些特定神靈。

有些人發展成為與靈性有關的行業，像是醫者、天氣控制者或先知預言家。在多部《薩迦》中描述的許多技術，都帶有很強的巫術元素。其他行業則似乎是古歐洲典型的綜合農業，其元素一直保留到後來的農業社會，直到汽車出現。女性在當時被認為特別具有靈性天賦，經常享有極高聲望。大家熟悉的漫畫角色「狂戰士」（berserker），主要是在長期戰事當中發揮作用，或是由職業戰士擔任。古北歐語當中有非常多詞彙是用來形容男性和女性的各種靈性修練者。

關於北方傳統異教（Heathenry）※的介紹書籍，包括派翠夏・拉斐爾夫（Patricia LaFayllve）的《阿薩特魯異教指南》（*A Practical Heathen's Guide to Asatru*），或是我所撰寫的《阿薩特魯精髓》（*Essential Asatru*）。H. R. 艾利斯－戴維森（H. R. Ellis-Davidson）撰寫的《維京時代眾神與神話》（*Gods and Myths of the Viking Age*）則對條頓文化有通盤性的介紹。關於北方傳統異教最厚重的著作應該是《我們的真理》（*Our Troth*）這套書，由 Troth 出版，Troth 是一個國際非種族主義組織，成員皆是信仰北方傳統異教的個人及愛好者。更多相關資訊可拜訪他們的網站 www.thetroth.org。

想要認識北歐眾神之精神和祂們的神話，最好的方法是研讀並反覆重讀《詩體埃達》（*Elder or Poetic Edda*）與《散文埃達》（*Younger or Prose Edda*）。現行可取得的英文譯本是李・M・霍蘭德（Lee M. Hollander）翻譯的《詩體埃達》（*The Poetic Edda*），以及安東尼・福克斯（Anthony Faulkes）翻譯十三世紀冰島歷史學家斯諾里・斯圖魯松（Snorri Sturluson）的《散文埃達》（*Edda*）。冰島薩迦以及關於維京文化的一般書籍，例如杰奎琳・辛普森（Jacqueline Simpson）所寫的《維京時代的日常生活》（*Everyday Life in the Viking Age*），也有助於提供相關背景資料。我也大力推薦傑克森・克勞福德博士（Jackson Crawford）在 YouTube 上關於北歐知識的講座。你

※ 譯注：古日耳曼異教傳統

的思考方式愈接近古代北方異教徒，你就愈能理解他們的盧恩文字，因此你應該盡可能廣泛閱讀。

　　此外，你也應該多多探索當代的盧恩知識訊息。有一些書籍已經對現代盧恩傳統做出了貢獻，包括艾德瑞得・索森的《弗薩克》（*Futhark*）、《盧恩學》（*Runelore*）以及《命運之井》（*At the Well of Wyrd*）這三本書。湯尼・威利斯（Tony Willis）的《盧恩實作書》（*Runic Workbook*）有很棒的占卜資料，瑪莉珍・奧斯本（Marijane Osborn）和史黛拉・龍蘭（Stella Longland）合著的《盧恩遊戲》（*Rune Games*）對盎格魯撒克遜弗托克文進行了廣泛討論。芙蕾雅・阿斯溫的《世界樹之葉》（*Leaves of Yggdrasil*，新版書名為《北方神話與魔法》〔*Northern Mysteries and Magic*〕）則側重從文化和女性觀點探討盧恩。我也強烈推薦岡德森的《條頓魔法》（*Teutonic Magic*），書中不僅有相關資訊，還有冥想內容。相關主題的書籍持續都在出版中。關於古英語盧恩的更多資訊，請參閱佩奇的《英語盧恩簡介》（*An Introduction to English Runes*），以及瑪莉珍・奧斯本和史黛拉・龍蘭合著的《盧恩遊戲》。較近期出版的書籍中，我推薦安・格羅・謝菲爾德（Ann Gróa Sheffield）的《長枝》（*Long Branches*），書中對後弗薩克的含義有很多探討，提供了許多我之前錯過的知識。史考特・蒙克恩（Scott Mohnkern）的《垂掛於樹》（*Hanging from the Tree*）對於在占卜中使用盧恩提出了許多很棒的建議，尤其對單獨自學者特別有幫助。敬請諸君閱讀並加以比較對照。

親身體驗盧恩

　　當奧丁拾起盧恩，祂是從外部取得了一些東西，然後將它帶入內在。只有將它變成祂自身的一部分，才能與人分享。這本書的目的，是要讓第一部當中每一章的盧恩知識變成你自身意識的一部分，讓你可以像使用你順手的工具或熟悉的

語言那樣使用盧恩。冥想與知識學習只能帶你走到這裡，若真要踏上盧恩之路，你必須親身體驗盧恩，因為它們不僅存在於你身外的中土世界，也存在於你的內心世界。

跟大多數人一樣，我也是從閱讀開始認識盧恩。我發現它們非常有趣，感覺可以應用在很多層面。每一個盧恩似乎都能讓人瞥見人類的心靈樣貌，特別是日耳曼文化極具魅力的那一面。我花了一整個夏天時間，逐一思索這些盧恩文字，但它們依然讓我卻步不前。1987 年秋天，我與奧丁有一次奇異邂逅，之後我開始研究祂。顯然，我對日耳曼宗教的學習必須從盧恩文字開始。

最好的學習方法，就是把你學到的東西解釋給別人知道，秉持這個原則，我聯繫了我們當地的異教徒社群，讓他們跟我一起來學習。非常幸運，有一群才華橫溢的人給了我回應，其中包括好幾位詩人，以及一名從事斯堪地那維亞研究的研究生。當我感覺倦怠無力沒辦法再往前走，是他們的敬業精神推著我繼續前進，他們的貢獻豐富了所有儀式內容。正如我所期待，透過盧恩文字，我們進入到整個日耳曼世界。從那時開始，我所教授的課程都只不過是在深化這個認識。

雖然小組討論收穫非常大，但很明顯，參與者從討論和儀式中獲益的程度，主要取決於他們自己在兩次聚會間做了多少功課。因此，儘管本書提供的資料包括創建學習小組的說明指引，但大多數經驗和練習都可以用在單獨一人學習上。

使用這本書

這本書無意成為學習盧恩知識的唯一真理與唯一方法。它是一部學習指南，整合了不同來源的文獻和資料。第一部的每一章都介紹了兩個盧恩文字的名稱、形狀、發音和含義（關於盧恩文字的發音請參閱第 518 頁〈發音指南〉）。我們對盧恩含義的理解首先來自它們的名稱，然後是來自盎格魯撒克遜盧恩詩（Anglo-Saxon rune poem，或譯古英語盧恩詩，包括古弗薩克所有盧恩文字以及本書未討論的其他幾個盧恩文字），還有古冰島盧恩詩和古挪威盧恩詩（只有後弗薩克）。因此其中一些盧恩會列舉三組詩，另一些則只有一組。不過，即使某個盧恩只出現在古英語盧恩詩中，其相關概念也可以在《埃達》、《薩迦》，以及歷史資料中找到，只要我發現了相關資料段落，我都會把它放進來。由於盧恩研究是一門仍在發展的學科，我也整理了一些相當重要的現代盧恩學作家對於盧恩的解釋和使用方法，同時也提出我自己的見解。

要理解盧恩，也需要了解其發展和使用的靈性與文化脈絡。因此我會在兩個為一組的盧恩文字介紹內容後段加上標題為「研究與體驗」的部分，討論相關神話、歷史和習俗。當中也會有體驗和儀式的建議，幫助你內化盧恩的意涵。

在本書第二部，你會看到使用兩兩配對的盧恩符文來進行的團體儀式。當然，也有其他的資料使用方式，例如，一次研究一個盧恩，或以不同的配對組合來學習盧恩文字（如果你想要第二次或第三次研究，這種方法相當有效）。就跟塔羅占卜一樣，紙牌的含義會隨不同陣形而有所變化，你會發現，每一次擲出的不同盧恩組合都會為彼此帶來新的含義、新的啟發。

你可以選擇以各種不同方式使用這本書。如果你是一個人自學，可以按照自己的節奏研究每一個盧恩，閱讀討論，用盧恩來冥想，並盡可能多做儀式練習。但如果你可以找到一些志同道合的朋友，每個月聚會一次，相互討論你們的學習成果，並透過執行第二部分的團體儀式來完整你對盧恩知識的吸收，你會發現你的學習動力得到提升。

你可以在小組聚會時做這些練習，也可等到你熟悉所有弗薩克後再嘗試。我強烈建議你盡可能多進行練習和儀式。單純閱讀盧恩的知識只能讓你在頭腦層次欣賞盧恩。如果你想要有效運用盧恩，你的盧恩技藝必須來自你的心。

資料來源

《詩體埃達》最普及、也最詩意的翻譯是李‧霍蘭德的譯本，在進行儀式時，你可能會比較想用他的譯本來取代我的譯本。卡洛琳‧拉靈頓（Caroline Larrington）的譯本則比較直白。另一個實用譯本是詹姆士‧齊澤姆（James Chisholm）的版本，書中還收錄了古北歐語原版，也有安迪‧歐查德（Andy Orchard）的翻譯。《散文埃達》方面，我通常是閱讀安東尼‧福克斯的譯本。我在這本書使用的挪威盧恩詩和冰島盧恩詩譯文，來自莫琳‧哈爾索（Maureen Halsall）1887年出版的《古英語盧恩詩》（*The Old English Rune Poem*）附錄B。不過，盧恩詩本身的現代英語版本則是我自己翻譯的。除了部分引用他人作品外，其餘歌曲、符咒和詩句都是我本人的創作。

第一部

盧恩

The Runes

第 1 章

拾取盧恩

個人自學與小組共學

　　盧恩學習小組的第一次聚會，或者你是首次正式開始學習盧恩，建議使用以下大綱來組成學習小組和確立方向。

　　一次聚會大綱建議如下：

1. 自我介紹，每一個人簡要介紹自己的背景和想要研究盧恩的原因。
2. 確認可用的資源，並決定如何取得其他學習資料。
3. 決定你們要如何進行系統化學習。
4. 簡要了解盧恩的歷史。
5. 討論在兩次聚會之間以什麼方式練習盧恩。
6. 儀式：冥想「拾取盧恩」。
7. 慶祝和接地練習。

自我介紹

　　如果你是單獨自學，請利用這段時間寫下你對盧恩的了解以及你的學習目標。在課程全部結束時，將此段描述與你後來的看法進行比較，你會發現非常有

趣。如果是小組共學，每一個成員都應該有機會（簡短）陳述他們希望從課堂上得到什麼。

參考資料

學習小組要先看看你們已經擁有哪些資源，以及應該取得哪些書籍或其他資料。顯然，每一位成員都需要有這本《盧恩全書》（*Take Up the Runes*）和其他盧恩符文書籍。本書最後有一份延伸閱讀參考書目，其中包含跟盧恩有關的推薦資料。有些人可能已經擁有一些相關書籍是我沒有列在參考書目中的。如果你是小組共學，每一位成員若能一起分攤購買每次聚會用到的書籍和論文，資源問題就能解決。不過，我會建議所有想要認真研究日耳曼文化的人，都購買艾利斯－戴維森的《北歐諸神與神話》（*Gods and Myths of Northern Europe*，重新發行的版本書名為《維京時代眾神與神話》），還有《詩體埃達》和《散文埃達》。每一個人也應該準備一本筆記，用來記錄討論、收集講義、記錄個人學習心得等等。

組織事項

現在決定下列問題：

1. 你們要按照什麼順序學習弗薩克？

2. 你們什麼時候聚會或共學？

3. 聚會或共學時你們要做什麼事情？（討論、儀式、兩者都做等等）

4. 由一個人固定擔任組長，還是每次由不同成員擔任？

5. 你們想鼓勵成員穿什麼樣特別的服裝嗎？

排定學習時程

我們的學習小組發現，最簡便的方法是依照弗薩克的順序開始學習，然後每個月的聚會分別討論兩個盧恩，並在十四個月內學完所有二十四個盧恩（包括自我介紹和結業典禮）。本節內容是假設組織已經建立並開始聚會，提出討論建議和小組儀式的文本，還有單獨自學時的活動和儀式。

這兩種方法都有各自要注意的地方。自學者可設定自己的學習步調；但如果跟小組共學，就算成員很少，也有助於讓你更專心、更有學習動力。單獨自學，你可以依照自己感興趣的內容來學習盧恩。若是小組共學，就必須顧及每個人的興趣，因此學習的內容會較為平均，其他小組成員的見解也能提供啟發性。

當然，這不是唯一的學習方法。自學者可利用這些資訊作為冥想和反思的指南，只要做些微變動，團體儀式和個人儀式都可以自己單獨進行。還有，任何想要帶領盧恩學習小組的人都應該先全部讀完這本書。如果你單獨自學，可能會發現可以比較快完成所有課程──比如，以每週一個盧恩的速度來學習。光是閱讀這本書，你也能從中受益。

有人可能比較想要在盧恩聚會中純粹討論每一個盧恩的含義，並為每個盧恩制定儀式，或每隔一次聚會進行本書介紹的儀式。也有人可能會想要參考索森的盧恩同心圓圖（concentric diagram，在《弗薩克》第74頁）※，從圓圈正中央向外，或從圓圈外圍往內學習。隨機抽出的任何兩個盧恩都能相互啟發彼此的含義。首次學習弗薩克時，你可以依序從菲胡 FEHU 學到歐瑟拉 OTHALA，然後再用其他順序進行第二輪學習。如果你決定選擇其他學習方法，也可使用本節當中的儀式來捕捉靈感。

顯然，最適合小組聚會或學習盧恩的日子是星期三（Wednesday=Wodan day，奧丁日），但週末聚會時間會比較充裕。

※ 譯注：2020新版在第78頁。

衣著服飾

　　無論你是單獨自學還是與小組共學，都會發現，適當的穿著可以幫助你在意識上更加轉向北歐模式。大家都知道服飾心理學。我們為晚上約會盛裝打扮，為了去健走而穿上跑鞋，為即將到來的活動做好心情上的準備。選擇特定款式的服裝，甚至穿戴一件珠寶，都可以幫助你調整思維、加速意識換檔過程，進入你要執行的任務。舉例來說，如果你在學習盧恩時，每次都戴上外圈刻有弗薩克的銅盤項鍊，你會發現注意力比較集中。有些團體甚至會自己製作北歐風格的長袍，在儀式進行時穿上，有些團體則喜歡使用吊墜或項鍊搭配合適的 T 恤。

　　如果你想自己做點縫紉，可以在 Troth 出版的《北方傳統異教徒服裝與裝備：日耳曼異教徒的儀式服飾、工具和藝術》（*Heathen Garb and Gear: Ritual Dress, Tools, and Art for the Practice of Germanic Heathenry*）書中找到豐富靈感。

歷史

　　小組長應該幫大家摘要，本書第 1 頁導言當中「起源」這一節提到的盧恩歷史和發展。你可以額外附加任何其他參考資料，尤其是佩奇所寫的《盧恩》（*Runes*）和索森的《盧恩學》（*Runelore*）。如果你單獨自學，請自行閱讀這些內容。

　　討論結束時，或在儀式後的聚餐時間，請提醒大家下個月要學習的盧恩是菲胡 FEHU 和烏魯茲 URUZ。每個人都要帶一張自己的銀行存款單到課堂來，在儀式進行時使用。成員應該先閱讀盧恩書上跟這兩個盧恩文字有關的討論，做好課前準備，並盡可能延伸閱讀。如果你是單獨自學，可以在完成本章儀式後，立即開始閱讀菲胡／烏魯茲的學習章節。

兩次聚會之間

在兩次聚會之間進行與盧恩相關活動包括：閱讀、設置祭壇、冥想、製作你自己的盧恩並祝聖，以及去體驗跟盧恩有關的事物。準備一個文件夾或筆記本，把你每次的心得體驗記錄下來。

祭壇

設置盧恩祭壇很簡單，你可以用一般的布鋪在梳妝台或一張桌面上，然後在上面放置蠟燭或玻璃杯燭台，在紙卡上畫出你正在學習的盧恩文字，或是刻有這幾個盧恩的石頭或木塊，以及任何你覺得合適的圖片或其他物品，例如，跟菲胡有關的是一束穀物或一頭牛的雕像，跟烏魯茲有關的是野牛圖片等。北歐神祇的圖像可以從 Mythic Images 和 JBL 等公司免費取得，部分北歐神話書籍，或是插畫家亞瑟・拉克姆（Arthur Rackham）為華格納歌劇《尼伯龍根的指環》（*Ring of the Nibelungs*）所繪製的插圖，現在都可取得複本（這些現在都放在公共網域。複本可從 Troth 網站 www.thetroth.org 下載）。

冥想

盧恩並不只是用來研究，還要將它內化。在開始使用盧恩進行冥想之前，你需要學會放鬆和集中心神。練習放鬆，請坐在一個平穩的位置上，身體肌肉不要有任何緊繃或用力，安穩坐著就好。坐起來舒適的直椅子是不錯的選擇，你可以坐在椅子上，手掌平放在膝蓋上。肌肉比較靈活或有東方形式冥想經驗的人，可以用盤腿方式坐著，效果也很好。靜坐之前，先做一下伸展運動，讓肌肉放鬆。

你可以藉由數呼吸來加深專注力。透過練習，你就能以特定呼吸方式調整自

已進入專注狀態。我發現，一邊吸氣一邊慢慢數到四，然後屏息暫停兩拍，再一邊吐氣數到四，然後再暫停兩拍，這樣做的效果很好。

另一種方法是使用名為「斯塔達伽爾德（stadhagaldr）」的盧恩瑜伽系統，這個系統是索森開發出來的，主要以昆默（Kummer）和瑪比（Marby）的理論為基礎，用身體姿勢來做出盧恩文字的形狀。這套系統在索森的第一本書《弗薩克》當中有完整介紹。

刻寫

內化盧恩的一種方法是將它們刻寫（inscribe）在你身上。你可以在進行盧恩冥想前，一開頭先做盧恩刻寫。用指甲在皮膚上畫盧恩文字，或用聖油、清水或唾液在身上畫寫盧恩（聖油可使用冬青或肉桂，畫在皮膚上會有點微刺感的精油）。一次學習一個盧恩時，你可以將它畫在「眉心輪」上方的前額部位、喉嚨底端、太陽神經叢或是掌心。花一點時間感受皮膚上的盧恩文字形狀。當感覺慢慢消退，將它往你身體裡面拉，讓盧恩的字形被吸收到你身體裡面。

觀想

學習每一個盧恩時，請在一面白色背景上（白色紙卡），用紅色畫筆大大將它寫出來或畫出來，尺寸要大到從幾十公分遠的地方也能清楚看到，然後將紙卡擺在一個地方，對著它觀想沉思。你可以用這張盧恩紙卡作為許多視覺化觀想練習的起點。

1. 專心凝視這張盧恩紙卡；然後用一張白紙蓋住它，等待視覺殘留圖像出現在白紙上。

2. 專心凝視盧恩紙卡一會兒；然後閉上眼睛，觀想它出現在你腦中的空白背景上。

3. 等到你可以在腦海內將圖像固定住，開始觀想它隨著光線跳動，然後改變顏色。練習讓它從一種顏色變換為另一種顏色，直到你能隨心所欲做到這件事。

4. 在腦海中浮現一個盧恩的形象。觀想它先是搏動，然後慢慢擴大，最後變成一扇門。一開始，你只能從門外往門內看，並把你看到的東西記下來，然後把盧恩縮小，把門關起來。當你往門內看時，請停止你腦中的雜念，讓影像自然出現。不要用力強迫畫面出現，或是擔心你看到的東西是不是「正確」。

　　多次練習之後，你就可以跨入那扇門，探索以盧恩為門戶的世界。留意你要前往的地方，並記住地標。如果你能反過來精確回溯你走過的路，你會覺得更愉快（要進行入神訓練，請參考我寫的書《入神之旅》〔*Trance-Portation*, Weiser Books, 2008〕）。如果你對你看到的任何東西感到不安或害怕，請再次觀想盧恩，並透過它回到你的身體。另外，你也可以在你本人和外部干擾中間觀想或畫出埃爾哈茲（Ψ）這個盧恩，作為保護之用。

吟唱

　　盧恩既是聲音也是符號。吟誦盧恩是進入盧恩咒——聖詠（*galdr*，音譯：迦爾德）的第一步。要內化盧恩的聲音，請一定要把它唱出來。二十世紀早期的阿瑪尼（Armanen）盧恩研究傳統發展出一種稱為「盧恩約德爾」的吟唱技巧（runic yodeling）※，這種技巧讓人聯想起穿著皮褲的巫師坐在山頂，以喑啞顫聲吟唱盧恩符咒的奇異畫面。不過，吟唱法仍是一種很好的學習法，但我比較喜歡像印度教梵唱渾厚響亮和拉長音的吟唱風格，而不是用喊叫的方式。你的吟唱不需要很大聲，除非是在戶外練習或獨自在屋內練唱，否則最好重點是放在聲音強度而不

※ 譯注：yodeling 是一種用真假嗓音反覆變換的歌唱法。

是音量大小。印度教傳統的梵唱有好幾種層次，從大聲誦經到在心中默唱祈禱，藉由梵咒的精神振動力將信眾與神明結合在一起。盧恩也都可以用這些方式來吟唱。你可以聆聽芙蕾雅·阿斯溫製作的 CD，親身感受一下盧恩聖詠的魅力[※]。

　　吟唱一個盧恩，觀想它，做一次深層的腹式呼吸，然後隨著吐出的氣把聲音帶出來。選一個你唱起來舒服的中間範圍的音高。一般來說，在母音音節把聲音拉到最長，但要留下足夠的氣來完成最後的子音部分。

　　你可能會發現，不同的盧恩需要用不同的音高來唱。你也一定會發現，不同的音會在你身體不同部位產生共鳴振動。你也可以學習將這種振動引導到不同部位。有些盧恩很自然會對應到身體的某些部位——舉例來說，安蘇茲是對應我們的嘴巴和喉嚨。這個原理也應用在治療上。盧恩吟唱可以作為冥想的起頭部分。繼續吟唱盧恩，觀想它隨著你聲音振動而跟著脈動，直到盧恩成為你所能看到和聽到的全部。將吟唱帶到最高潮，然後慢慢減弱消退。

攝食

　　有一個方法可以用在冥想結束時，效果會很好，也可用在集體儀式上，方法是將盧恩刻寫在你吃的或喝的東西上。《薩迦》有提到，一般做法是將盧恩寫在一塊木頭或骨頭上，然後將它們刮下來摻入飲料當中。還有其他攝食方法，比如在一張紙上用水溶性無毒物質（比如果汁）寫下盧恩文字，然後將它沖入飲料中。也可以在一塊方糖上刻寫一個盧恩，就像把它刻在一塊硬巧克力蛋糕上，然後刮下來吃掉。你可以直接在飲料中畫盧恩文字，也可以先刻寫在半空中，然後用掌心的能量把它推進飲料裡面。

　　盧恩可以吃下去也可以喝下去。阿斯溫說，她剛開始學習盧恩時，就是把盧恩刻在蛋糕上然後吃下去，效果很不錯。也可以把盧恩寫進餅乾或脆餅裡，跟葡

[※] 譯注：在 YouTube 搜尋 Freya Aswynn，可找到一些吟唱片段。

萄乾一起放進去，再用糖霜、果汁、蜂蜜塗在上面等，或是直接將麵團做成盧恩文字的形狀。

　　無論你是用吃的還是用喝的，重要的是，做的時候心神要專注。當你攝取刻有盧恩文字的食物或飲料時，請同時觀想那個盧恩，並感受它的能量在你體內擴散。

自製盧恩

　　現在隨處都可以取得用石頭、木塊或紙卡做成的盧恩符文。不過，當你在學習盧恩時，你會發現，自己製作盧恩符文，或至少自己幫盧恩祝聖，對學習很有幫助。跟其他占卜的系統比起來，盧恩的優勢在於它相對容易製作。事實上，如果你臨時需要占卜，而身上剛好沒帶盧恩符文，你可以馬上用硬紙板把盧恩符文做出來。當你製作自己的盧恩時，你的能量會進入那些盧恩當中，它們會回應你的需求。

　　據羅馬作家塔西佗（Tacitus）記載，古代日耳曼人會用果樹的樹枝做成的木籤來做占卜（《日耳曼尼亞誌》（*Germania*, trans. 1942）※。據珍・西布利（Jane Sibley, 1989）的說法，挪威民間傳統會用一組大約十公分長的盧恩符文木條來占卜。奧斯本和龍蘭（1964）則建議用木製壓舌板來製作練習用的盧恩符文。不過，今日最常見的盧恩符文形狀是小塊狀，方便抽取、擺設陣形，或是混洗，也便於放入小袋子裡隨身攜帶。

　　盧恩符文套組最常見的材料是木頭和石頭。有些則是由金屬、黏土或骨頭製成。我的第一套盧恩符文是我用烤箱烤過的泥膠做出來的，表面還留有我的指紋。如果你有一把好鋸子，可以把樹枝鋸成圓形橫截面來製作盧恩符文。橡樹、白蠟樹、花楸樹、紫杉、山毛櫸和樺樹都是聖樹。也可以使用果樹。鹿角的橫截面也可以拿來做。如果你是從一棵活樹上面把木頭鋸下來，請記得要向那棵樹解釋

※ 譯注：中文也譯為《日耳曼紀》。

你的用途，並徵求它的同意；向這棵樹表達感謝，並在鋸下樹枝後將一些你的血液或唾液獻給樹墩。理想情況下，用於魔法用途的木料應該在盈月期間砍伐。

直徑約3.8公分、厚度0.6公分的部分是最合適的尺寸。樹皮可以留著也可以去除。另一種選擇是從木工店或木材店購買一整袋「木扣」。這種圓形小木塊是用來鑲嵌在家具中覆蓋螺絲釘頭用的，大小和形狀跟西洋跳棋的棋子差不多，通常是山毛櫸、樺木或橡木等天然硬木製成。石頭攜帶起來較重，但手感很好。也有人會直接購買圍棋遊戲用的拋光石頭來製作盧恩符文石。另一種取得石頭的來源是在海灘或河床，最好是找那種已經被水流沖蝕磨平的小石頭。

《埃達》裡面還提到用刮削或切割、雕刻，以及火炙來刻寫盧恩符文。如果是用雕刻的，可以使用木工工具、雕刻工具，或小而鋒利的刀子。也可以用火炙燒將盧恩符文燒在木頭或骨頭上。你也可以到五金行購買便宜的電動雕刻工具，在金屬、骨頭或石頭上雕刻符文。斯堪地那維亞盧恩石上的銘文通常是紅色的，而且在一些資料上也提到幫盧恩文字染色或著色，指的可能是這種做法。先把盧恩文字刻好，再為它上色，文字看起來會比較明顯。

如果你已經有一套祝聖過的盧恩符文，可以幫自己製作一根魔杖或法杖，然後把盧恩文字刻上去，作為練習之用。

為你的盧恩祝聖

幫盧恩符文祝聖（聖化）的方法有很多。維京人的盧恩石上所染的紅色可能代表血液，因為血液是魔法能量的主要來源。在民間魔法中，我們身體上所有的體液都被認為具有強大力量。除了倫理方面的考量，現在通常不適合使用動物血液，但我們可以自由使用的血液來源之一是我們自己的血。女性在這方面有優勢，因為月經血的力量特別強大，但用消毒過的針刺破手指所提供的血液也足夠

幫一、兩個盧恩染色。將你的唾液與紅色油漆混合，塗在刻好的盧恩上，也能建立物理連結。水性壓克力顏料的上色效果也很好。你也可以使用乾燥水彩或粉末廣告顏料，或用有色石頭研磨出顏料。

以下是為你正在製作的盧恩符文祝福的一種方法。找一個確定不會受到干擾的地方，並且事先收集好所有材料。先鋪上一塊乾淨的白布，上面放置蠟燭、火柴、鹽巴和一小碗水。把要祝聖的盧恩符文塊、刻寫工具、顏料、刷子和／或一根針，以及家具用蠟或其他防水封膠（如果你的盧恩是木製的）。在盈月期間、你的月經來潮期間（如果你是女性），或在星期三執行此儀式：

1. 手持點燃的蠟燭，以順時鐘方向繞行這個房間一周，做空間淨化和聖化。口中唸：
   生命之光，陽光燦爛，
   我以神聖火焰保佑這個場所！
2. 祈求奧丁作為盧恩的主人和賜予者，以大地為母親和材料的來源，因為這個儀式的目的是呼喚盧恩所代表的靈性面意義，讓它顯化在有形木頭或石頭上。
3. 將盧恩符文塊放在裝有鹽巴的盤子裡。像準備冥想時一樣，讓自己完全放鬆，集中心神。
4. 在你的額頭上畫盧恩文字，吟唱它的名稱，並清楚觀想它，直到你意識中只剩下這個盧恩和它的含義，沒有其他念頭。拿起符文塊，繼續低聲唸出盧恩的名稱，然後做刻寫的動作。將你的血液或唾液添加到顏料中，幫盧恩符文塊著色，並說明你這樣做是作為一種獻祭與連結，這樣盧恩就會對你說真話。刻寫好符文塊並上色後，將

它貼在你的心上或前額上，或放在雙掌之間，對著盧恩吹一口氣，
同時印上你所觀想的盧恩圖像。

5. 為盧恩命名，用你自己的話語，或用以下這段咒文也可以，這是改
編自〈女先知預言〉（*Völuspá*）第18節當中關於喚醒人類的描述文字。

〔說出這顆木頭或石頭的名稱〕的孩子

我對你說

我以氣息喚醒你

我以靈魂啟發你

我以身形、動作和血肉賦予你活力

如同包爾※的兒子們賦予人生命

當此水灑上你身

我為你繫上此名

從今而後〔此顆盧恩名稱〕

即是你

原文中的 *Önd* 是靈魂，生命氣息；*Odhr* 是靈感，或感覺；*Lá*、*Læti* 和 *Litr* 是身形、動作和健康；有時也譯為靈魂、感官和生命。在北方，早期基督教的命名儀式也會有灑水的動作。

6. 如果你的盧恩是木頭做的，有使用水溶性油漆，最好用蠟或一層薄

※ 譯注：包爾是奧丁的父親。

漆做防水處理；你可以之後再做這個動作。完成命名儀式後，感謝眾神，並逆時鐘方向繞行一圈，將神聖結界打開。

7. 找一個裝盧恩符文塊的專用袋子，最好是亞麻、羊毛或皮革等天然材料製成。袋子裡也可以多放一塊拋擲盧恩時專用的白絲布、亞麻布或棉布。

團體儀式

此次聚會的儀式，核心部分是踏上這條道路的引導式冥想，主要是描述前往世界樹與盧恩相會的旅程（請見本書第二部第329頁）。如果你是一個人自學，可以事先把冥想內容錄音下來，在你進行儀式時播放。最開頭的吸氣和吐氣之間請預留大約四個長拍的時間，並在段落連結處稍事暫停。然後，你也可以唱誦儀式中提到的弗薩克歌曲。

第2章

ᚠ 菲胡和 ᚢ 烏魯茲

　　菲胡和烏魯茲是非常好的配對組合，因為它們都與豐饒能量的
顯化有關。菲胡的原始力量主要指向成長和財富、好運和愛情，
而烏魯茲的力量則更強大也更為抽象，主掌身體健康，甚至包括
將神聖能量顯化在有形物質層面。

第一個盧恩：ᚠ FEHU 菲胡

發音：FAY-hu

意思：財富（牛）

菲胡是牛群與沃田
弗雷輕鬆為友尋得財富

古代含義

第一個弗薩克盧恩，在所有的古代盧恩符文詩當中，它最重要也最基本的含義就是「財富」。英文的「fee」這個字就是由此而來。不過，這個字原本是指牲畜，尤其是牛。拉丁語也有相同的關聯——英文的「pecuniary／金錢」這個字來自拉丁文的 *pecus*，意思是「一頭牛」——這表示對於早期印歐人來說，財富不僅可轉移，且能憑其自身力量移動。與凱爾特人一樣，早期的日耳曼民族也是屬於畜牧文化，以乳製品為主食。寒冬時期，最有價值的動物被飼養在公用長屋的另一端，直到春天來臨，無法餵飽的牲畜則被宰殺，獻祭給神靈和餵養眾人。無論哪一種情況，當時的財富都是用牛來計算的。

不過，擁有繁榮財富也是憂喜參半、禍福未定。盎格魯撒克遜盧恩詩※是最樂觀的：

ᚠ *[feoh] byþ frofur   fira gehwylcum;*

（人人皆喜迎財富）

sceal ðeah manna gehwyle   miclun hyt daelan

（但亦應大方奉獻付出）

gif he wile for drihtne   domes hleotan.

（若欲得到上主之讚許）

挪威盧恩詩中也說得很清楚，財富未必永遠都是一種祝福。

ᚠ *[Fé] vaeldr fraénda róge;*

（財富惹親族之爭端）

føðesk ulfr í skóge.

（狼於森林中被豢養）

冰島盧恩詩也持相同看法：

ᚠ *[Fé] er fraenda róg*

（財富惹親族之爭端）

ok flaeðar viti

（亦是海上之火）

ok grafseiðs gata.

（以及毒蛇之路徑）

※ 譯注：以下均稱為「古英語盧恩詩」。

在日耳曼文學中，財富惹親族爭端最戲劇化的例子，可能是齊格飛（Siegfried）將化身為龍看守寶藏的法夫納（Fafnir）殺死後奪取寶藏的故事。未得寶藏前，已致多人死亡，在貪慾驅使下，他的妻弟最後將他殺死。由於他們拒絕透露黃金藏處，最後導致死亡。在《尼伯龍根之歌》（Nibelungenlied）中，哈根將齊格飛殺死之後，將黃金沉入萊茵河，現今沃姆斯市仍有一座雕像紀念此故事。

或許古英語盧恩詩中提供的建議，可以幫助人們避免北歐詩歌預言的問題。如果財產的主人還在世時就把財富分給別人，繼承人就沒有什麼好爭的了。在鐵器時代社會，慷慨是至高美德。〈至高者箴言錄〉中有好幾節內容都強調牲畜財富與正確使用財富的關聯。

菲提翁※ 的兒子們曾經財富滿抱
現在則手撐乞丐之杖
財富轉眼即逝
乃最為虛假之友
不智之人，若他擁有
財富或女人情愛
其傲慢增長，智慧卻無俱增——
長此以往，終至深陷虛妄

——〈至高者箴言錄〉（Hávamál）：78-79

道理相當明白——財富是要守護，但不應囤積。人也不該被它麻痺，產生一種虛假的安全感。雖然大家都喜歡財富，但必須將它視為眾神賜予的禮物。大地果實與他人之愛都非我們能據為己有（最後一句特別警告不要把女人當作財產）。

※ 譯注：菲提翁 Fitjung，可能是人名，但也有人解釋為「滋養者」，意指大地。

財富僅是借給我們使用，我們應該讓它發揮更大的作用，並與人分享。真正的富有，是靈魂從幸福生活中獲得的財富。

現代含義

現代評註者對於這個盧恩文字的意義解釋，從神祕含義到實用含義皆有人提出。威利斯認為，牛所代表的財富，是在受到細心照料的情況下增長的財富，如果明智投資，就能生出更多錢，但這個盧恩有時也意味著需要節約看守資源。索森則從另一個角度來看，認為此盧恩代表運動，以及力量、機動性、運氣和生殖力的擴張。

將這個盧恩與北歐的財富和豐饒之神弗雷（Freyr）與弗蕾雅（Freyja）相連結，似乎滿合理的，祂們的名字開頭發音都相同。在古北歐語中，兩人名字分別是「國王、上主／Lord」和「女王、女神／Lady」之意，有人猜測，古英語盧恩詩中出現的「Lord」最初是否就是指涉某位人物（*drihtne* 這個字是指戰隊領袖，弗雷和弗蕾雅也都有戰士的一面）。

弗雷和弗蕾雅是另一神族「華納」（Vanir／發音 VAH-neer）的第二代。祂們主掌土地的生殖力，以及生存在這塊土地上的生物，尤其是羊群和牛群的繁衍。作為掌管生育之神，祂們的影響力很自然延伸到情愛方面和商業領域。在此脈絡背景下，阿斯溫認為，此盧恩應該也跟海上商業貿易之神尼約德有關。

最早的時候，弗雷的動物可能是鹿（羅賓漢放牧的「角獸」）。也因此，這個盧恩是鹿角的形狀，它是弗雷在諸神黃昏（Ragnarök，諸神與巨人大軍的最後戰役）中唯一的武器。弗雷的劍是為了讓巨人少女格爾德（Gerd）成為祂的新娘，而送給史基尼爾（Skirnir）的報酬。最後巨人少女終於同意跟弗雷在神聖麥田裡幽會。很

顯然，跟華納神族有關的複雜主題幾乎都與生育繁衍力密切相關，而麵包和牛肉至今仍然是北半球的主食。

到現代，代表財富的不再是牛，而是金錢，它也是一種能量的象徵符號。有了金錢就等於擁有權勢力量，但如果把錢抱得太緊，錢財就變得毫無用處了。為了共同體的繁榮，金錢和能量都必須不斷流通。

如果角獸歸屬於弗雷，那麼黃金就歸屬弗蕾雅。祂最著名的財產是一條名叫「布里希嘉曼」（Brisingamen）的黃金項鍊，這是弗蕾雅用自己的性能量與侏儒鐵匠的精巧手藝交換而取得的。據說，當祂四處尋找祂失蹤的愛人時，流下的眼淚都是金子。阿薩神族和華納神族爆發第一次衝突，是因為一位名叫古薇格的女巫（Gullveig，「金酒」之意，通常被認為是弗蕾雅的另一化身）執意進入至高者大殿（王者大廳）而引發的。

我記得，世界第一次戰爭
古薇格被長矛刺傷
在至高者大殿，祂被烈火焚燒
三度燒死，三度重生
死過一遍又一遍，祂依然活著
——〈女先知預言〉（*Völuspá*）：21

雙方交戰後，眾神決定與華納族締約議和，可說是整場戰役更為英勇的橋段，弗雷和弗蕾雅被當作人質送到了阿斯嘉特神域（Asgard）。古薇格究竟是原本就具危險性，還是眾神的敵意造成的問題？古薇格所代表的力量是人性的基本驅力，貪婪固然會帶來嚴重麻煩，但如果黃金能令人開心、而不是帶來破壞，就算喜歡黃金也可以是一件正向的事情。為了帶來正向生產力，菲胡的力量必須透過給勃／GEBO的交換或耶拉／JERA的收穫，來保持它的動能。

岡德森指出，「火」這個字經常被放在複合隱喻語詞（kennings，音譯：肯寧格）當中用來代表黃金，例如「龍床之火」或「溪流之火」。某些時候，人們相信藏有寶藏的墓穴上方會出現一團火焰。無論是以黃金的形式表現（象徵和推動生物之間的能量交換），還是作為身體繁衍力的性能量，菲胡都攜帶著一種火的熱能。可以代表生命力量，也可代表幸運守護靈哈明格雅（*hamingja*）。

菲胡的解讀和運用

無論是何種情境脈絡，菲胡都是代表生產力和財富的盧恩。它可以代表精神或藝術上的創造力、有形物質的豐盛，或是創造或保有財富的能力，有時也可意指一個人的財務或健康狀況有所改善。如果在占卜中跟菲胡一起出現的其他盧恩帶有警告意味，那可能表示需要好好守住有形物質或情感上的資源，或是暗示貧困和無法運用手頭的資源。如果你在咒語或祈請文中用到菲胡這個盧恩，請務必具體說明你指的是何種財富，否則你可能會發現，增加的是你的「羊群和牛群」（尤其是貓），而不是你的銀行存款。用金色墨水把這個符文寫在你的支票簿（存款簿）上。在咒語中，將這個盧恩與給勃配對使用，可促進生意興隆。

菲胡也是經常被用在園藝方面的盧恩文字之一，如果你想要讓植物長得更茂盛、花開得更好，可以將它寫在木板上，然後插在地上（或寫在花盆裡寫著植物名稱的塑膠標籤背面）。其他可用於此目的的幾個盧恩是：烏魯茲 URUZ、耶拉 JERA 和殷瓦茲 INGWAZ，原因在我們討論這幾個盧恩文字時會有更清楚的說明。

菲胡可用於任何跟整個華納神族，或跟弗雷或弗蕾雅有關的療癒工作上。將它刻在額頭上，可增加吸引力和性能力（但要清楚地表達你的意圖，這樣你得到的才會是愛情而不是小孩，當然啦，除非你想懷孕）。菲胡也是非常適合用來祈求增進已婚夫婦之激情、生育力與財富的符文之一。

當菲胡出現在盧恩占卜中，它可以代表上述任何一種意思，依實際問題性質和它周圍出現的盧恩而定。例如，如果你抽出三個一組的盧恩來說明某人的現狀，第一個出現的盧恩是菲胡，那表示其他兩個盧恩所涉及的活動會進行得很順利。舉例來說，抽到的三個盧恩是菲胡、瑪納茲和歐瑟拉，對於即將組建新家庭的人來說，這是非常好的組合。通常我們會認為這是一個代表好運的盧恩。

第二個盧恩：⋂URUZ 烏魯茲

發音：OO-rooz

意思：原牛（野牛）

烏魯茲野牛激勵大地
以精神力量塑形造物

古代含義

北歐大陸和斯堪地那維亞半島的文獻資料對這個盧恩的含義解釋並不相同，但大多數現代評註者都遵循日耳曼語的解釋，也就是，烏魯茲指的是牛科的野生成員——原牛 aurochs（也就是野牛 wild cow），或可能是歐洲森林野牛 bison，或歐洲野牛 wisent。北方人的釋義並非定論。挪威盧恩詩給了這個盧恩「爐渣 slag」的含義，冰島盧恩詩則把它變成「雨」或「細雨」。在德語中，_Ur_ 也是一個前綴詞，用來表示某樣東西的最原始或最初樣態。

古英語盧恩詩的描述最清楚。

ᚢ *[ur] byþ anmod ond oferhyrned,*
（野牛無所畏懼，雙角巨大無比）
felafrecne deor, feohteþ mid hornum
（祂乃極其凶猛動物，以雙角與敵人戰鬥）
mære morstapa; þæt is modig wuht.
（眾人皆知祂乃曠野遊俠，無比勇敢之獸）

這裡所指的凶猛之獸絕對是原牛，古代歐洲的野生長角黑牛，身高可達一百八十公分。根據塔西佗的記錄，三世紀日耳曼部落年輕人的成人禮是宰殺一頭野牛。舊石器時代的洞穴壁畫中也曾出現原牛，而且在歐洲一直存活到1627年，最後一隻原牛在波蘭被宰殺而絕跡。

冰島盧恩詩則給出了不同解釋。

ᚢ *[úr] er skyja gratr*
（細雨是雲哭泣的淚滴）
ok sakara þerrir
（破壞乾草之收成）
ok hirðhis hatr.
（牧人對它厭惡至極）

在這個版本中，我們看到一個非常直接的描述，當雨水下錯季節會發生什麼事。以下這段挪威盧恩詩又更晦澀難懂。究竟是馴鹿跑過結冰雪地的動作被拿來比喻鐵熔化後浮現爐渣，還是，這兩個句子是平行對等的，都是用來解釋 *Ur* 這個字？如果是後者，那至少我們又多了馴鹿這種大型、帶角的動物可以加到解釋中。

ᚢ *[úr] er af illu jarne:*
（爐渣來自劣質的鐵）
op.løyp.ræinn á hjarne.
（馴鹿不時跑過結凍冰雪）

乍看之下，以上這幾種解釋似乎並不一致。不過，現代評註者將資料整合起來就衍生出妙解，這個盧恩文字有可能意指「野性能量能夠被顯化為有形之物」。

現代含義

所有對這個主題有研究的現代作者，都採用「歐洲野牛」這個解釋。索森認為，烏魯茲就是歐德姆布拉（Audhumla），宇宙之火與原始寒冰相遇所誕生的巨大母牛。祂舔舐寒冰下的岩鹽，讓第一個生命布利（Buri）從冰霜中被解放出來，祂的乳汁餵養了巨人尤彌爾（Ymir），之後尤彌爾以自己的身體創造出世界。因此，烏魯茲是原型，其能量形塑出有形物質，是一切創造物的原始野性力量。他還提到，正常牛角是向上指，但這個盧恩文字是指向下方，代表釋放精神力量顯化為有形物質。

岡德森將兩首斯堪地那維亞盧恩詩中的「爐渣」和「細雨」，和烏魯茲的無休止化形、清理以及重塑過程連結。它是世界樹（Yggdrasil，音譯：尤格德拉希

爾）汲取的力量，只會被釋放回到烏爾德之井（Well of Urdh）。這種塑形與滋養的雙重力量，以兩隻在世界樹之上層吃草的動物作為象徵，山羊海德倫（Heidhrun）提供源源不盡的蜜乳來滿足英靈殿瓦爾哈拉的所有英雄，還有雄鹿艾克圖爾尼（Eikthyrnir），祂角中流出的液體赫瓦格密爾之泉（Hvergelmir）是所有河流的源頭。

阿斯溫的解釋，也側重於將此盧恩視為原始地球能量的來源，這是一種打破舊形式和建立新形式的創造力。她認為，這個盧恩還帶有勇氣、耐力，以及正確使用攻擊能量的含義。她覺得這種能量是療癒的重要關鍵。

威利斯也持類似觀點。他將這個盧恩解釋為運用能量和勇氣讓自己進入新的狀態或位置，或是做出改變，並認為這個符文是代表一種活力、健康和戰鬥精神。

奧斯本和龍蘭指出，有了烏魯茲能量，菲胡的畜養家牛就變成了野牛，凶猛地捍衛著自己的領地。他們提醒我們，在早期，進行宗教儀式時（而非戰鬥時）會佩戴有角的頭盔（青銅時代的獻祭雕像頭盔上的彎角就是做成野牛角的形狀），因此他們認為，角象徵穿透到另一個世界。在烏魯茲，菲胡的動能可以被當作優勢來善加利用。

仔細研究北歐創世神話，會發現一些有趣的意象組合。在《散文埃達》的〈欺騙吉爾菲〉（*The Deluding of Gylfi*）篇章中，斯諾里告訴我們，各個世界或存在狀態是慢慢逐一出現的。在中土世界（我們的地球）被創造出來之前，烈焰火國穆斯貝爾海姆（Muspelheim）和迷霧籠罩的霧之國尼夫爾海姆（Niflheim）就已經存在。諸河從尼夫爾海姆流出，「離源頭如此遙遠，以致一路流淌的劇毒冰流如爐渣凝固般硬化成冰。然後……滾滾冰流揚起的粉塵細雨落到冰上，冷卻成霧淞冰霜。」

之後的故事我們已經知道，這冰霜遇上了火國穆斯貝爾的暖流，將原本層疊堆積的冰雪融化，然後匯聚成巨人始祖尤彌爾，還有一頭名叫歐德姆布拉的母牛，祂舔掉冰霜，第一位神就此破冰而出。於是，從《散文埃達》我們發現，斯堪地那維亞盧恩詩中的爐渣和細雨轉化成了古英語盧恩詩中的原型野牛。

卡巴拉的學習者應該會注意到，這個盧恩的諸多特徵都讓人聯想到生命樹的第二和第三輝耀侯克瑪（Chokmah）和庇納（Binah）。侯克瑪是神聖智慧／第一振動／話語，它與庇納的惰性物質相遇而生出創造物（如同活躍的火與惰性的冰結合誕生出歐德姆布拉，祂將後來塑造世界的那股力量加以釋放）。牛的兩隻角形成 U 的形狀，成為這個盧恩文字的聲音。有趣的是，希伯來字母表的第一個字母就是 Aleph，牛（雖然可能是畜養品種）。

角是早期神廟的一個共同特徵——新石器時代女神神殿中的實際公牛角，以及克里特島和近東地區的石製「祭壇牛角」。它們通常被解釋為代表雄性法則，雖然雌性野牛也有角。凱爾特藝術也有出現帶角男神和帶角女神。帶角的頭飾在許多文化中都具有儀式意義，蘇美爾和埃及都是。在斯堪地那維亞半島發現的青銅時代獻祭雕像，有些也戴著角盔，而且還發現了凱爾特的角盔；不過，沒有證據顯示維京人曾在戰爭中戴過卡通影片中出現的那種帶角頭盔。

歐洲原牛在美洲的對應動物是長角牛（longhorn cow），或可能是美洲野牛（bison）。事實上，這個盧恩的象徵意義很容易讓人聯想到平原印第安人「水牛爺爺」（Grandfather Buffalo）的概念。水牛是平原部落的主要食物和生活材料來源，不屬任何人所有，而是讓人公平狩獵。白水牛女神（White Buffalo Calf Woman）給了蘇族人神聖菸斗和根本宗教律法。在非洲，奧里薩女神奧雅（Oya）的水牛之路，正是代表了這種能量的狂野面向。此外，這個盧恩文字的形狀似乎也與埃及天空女神努特（Nut）的傳統形象非常相似，祂以手腳撐起自己，從天空罩著大地；祂的乳房滴出的乳汁形成銀河，祂的母愛也如母牛歐德姆布拉的母性之愛那般廣大無邊。

烏魯茲是在正反兩面相遇的過渡空間中發生的一連串轉化之結果。從創世的混沌中，秩序浮現，擬人化成為神聖母牛，但它是一種取決於對立面張力的秩序。烏魯茲是你必須為之奮鬥的能量與支撐之力，它提供捍衛和維護一個共同體

的能量。然而，在大自然社會中，獵人與獵物之間存在著合作與宗教關係；雙方都為求生而冒險，狩獵對雙方來說都是一種轉化變革的經歷。當野牛上仰的角往下指向地面，野性能量被轉化為可實際運用之資源，身體和靈魂同時得到了食物。也正是這股能量被用於治療，它是一股強大的能量流，藉由強化生存意志使生病者恢復活力。

烏魯茲的解讀和運用

在某些情境脈絡下，烏魯茲可以作為一種顯化盧恩——有形資源變成可供利用，精神能量生出結果，或是需要去組織和形塑能量，讓它成為可用的。它在占卜出現的位置可說明主體對象的體力或健康狀況。它也可以代表需要在獲取或保護資源（包括營養）時負起主動角色，並在必要時承擔風險，願意做出改變。如果出現逆位，可能代表事情很難做出改變，或需要擺脫過去。烏魯茲的作用是幫助其他力量顯化。神奇的是，烏魯茲就是從神聖號角中倒出祭品的這個動作。作為一個與冰川緩慢融化相關聯的盧恩，它也代表需要注意問卜者將能量用在哪一個方向。

在符咒應用上，烏魯茲可用來提升精力能量或使潛在力量發揮出來，例如，當一個人疲倦時，可在額頭上畫這個盧恩。它也有助於讓其他盧恩的力量在物理層面具體顯化出來。跟菲胡結合，可促進成長和繁榮；與拉古茲結合，可讓事情順利進行，也可帶來雨水。與提瓦茲結合，有助於迅速帶來公平判決。

菲胡和烏魯茲：研究與體驗

我們如何在生活中實際體驗這兩個盧恩的力量呢？例如，如何顯化菲胡代表的財富？共感魔法的原理告訴我們，直接表現出你很富有，財富就會真的出現。但顯然你必須小心——不要假設你只要買了新車就能中頭彩，結果欠下一屁股債！不過，你可以幫自己盛裝打扮然後出去吃個大餐，或是泡個熱水澡、做個按摩。寵愛一下自己。做一些感性的事情。更好的做法是，重新檢視你的生活，看看有哪些方面的財富是你之前沒有發現的。你在友情方面很富有嗎？健康方面呢？創造力方面呢？銀行存款並不是唯一的財富。

要探索烏魯茲盧恩，可閱讀艾利斯—戴維森撰寫的《維京時代眾神與神話》或《散文埃達》（開篇〈欺騙吉爾菲〉）當中的北歐創世神話，並將它跟現代宇宙學比較對照。回顧自己生命的起點，你最早的記憶是關於什麼事情？遮蔽你過往生命的重重迷霧，什麼時候會消散？試著找出你生命中是什麼重大事件造就了現在的你。藉由進行一些激烈的體能活動來體驗烏魯茲的力量。在暴風雨的日子去登山，讓自己與自然環境相搏鬥。評估自己的健康狀況，並制定改善計畫。把烏魯茲畫在額頭上以獲得能量。

閱讀研究和沉思北歐神話及文化的對應面向，也能幫助你理解這些盧恩文字。首先，我們來了解華納神族。

華納神族

在《散文埃達》序言中，斯諾里·斯圖魯松講述了阿薩神族如何從近東穿過現今的德國，遷移到斯堪地那維亞半島。這是否代表青銅時代北向移動的一些過往事蹟，或只是來自南方的新思想與技術的到來，不同論點一直存在爭議。斯堪地那維亞的考古文獻顯示，文化確實發生了變化，但從中石器時代（Mesolithic）的第一批定居點開始，人口的物理變化相對較小。

另一方面，歐洲大陸發生了規模相當大的遷徙移動——比如，哥德人首次移居到黑海北邊。斯諾里認為奧丁的原始神域其實就是特洛伊（！），他對於阿薩神族的歷史敘述完整保留了歐洲內陸遷移的一些記憶事蹟，就像齊格飛故事的古北歐版本一樣，《沃爾松加薩迦》（Volsungasaga）講述了勃艮第人和匈人之間的戰爭故事。

〈女先知預言〉21-23 節中提到的阿薩神族和華納神族之間的衝突，可能是反映北遷的日耳曼部落與當地原住民族進行宗教結合的過程。在故事中，一位名叫古薇格的女巫來到至高者奧丁的神殿大廳，諸神認定她是華納神族的一員，於是用矛刺傷她，三次試圖燒死祂，但祂活了下來。文獻並無清楚交代，華納神族突破阿薩神族的戰線爆發衝突，究竟是發生在古薇格到來之前、還是之後，但結果是——

然後當權者來到祂們的審判席上，
至聖眾神，為此舉行會議：
阿薩神族是否該獻上供品
或兩族眾神共享人類祭品？[※]

——〈女先知預言〉（Völuspá）：23

阿薩神族決定，既然他們連這位女神都無法殺死，更不用說要對付華納大軍了，雙方最好結成聯盟，並藉由交換人質來保證。人質就是尼約德神和祂的孩子弗雷與弗蕾雅。根據斯諾里的說法，「祂促成眾神與華納之間的和解」。

[※] 譯注：此段意思是，阿薩神族開會商討是要以武力對付華納神族，讓華納付出代價作為獻祭供品，還是與華納和解，兩族眾神共同接受人類供奉、共享祭品。

尼約德是掌管大海的繁榮之神。祂保護商人和漁民。祂的名字 Njordh 與女神納瑟斯 Nerthus 同詞源（納瑟斯是塔西佗在《日耳曼尼亞誌》中提到的一位日耳曼女神）。根據羅馬人的觀點，納瑟斯是一位豐饒女神，祂的神殿建在一座島上，祂的形象是坐在一輛馬車上，在鄉間四處巡遊，為作物帶來豐收。斯諾里還告訴我們，弗雷和弗蕾雅是尼約德跟祂的妹妹所生的孩子。因此，我的結論是，祂們一定是日耳曼土地女神的後代，按照土地女神的傳統，當祂的配偶北遷時，土地女神仍留守在祂的家鄉。

從這兩對男神女神，我們看到兩個世代的神靈。跟波塞冬和狄米特一樣，尼約德和納瑟斯掌管人類對於海洋和土壤肥力的使用。後來的另一個神話，則讓尼約德娶了約頓族少女絲卡蒂（Skadhi），以此強調祂與土地的連結；不過，絲卡蒂代表的大自然元素山脈，配上尼約德掌管的大海，當然就不如海島女神納瑟斯那麼契合，因此兩人婚姻並沒有維持多久。弗雷和弗蕾雅似乎與動物較有關聯——弗雷因與種馬搏鬥而受到崇拜，祂的武器是一支鹿角，而弗蕾雅有一個別名叫做「秀爾」（Syr），意思是母豬。祂們的個性均得到充分發揮，在阿斯嘉特神域傳說中扮演著重要角色。

弗雷可決定何時落雨何時天晴，並掌控大地的豐饒收穫。召請弗雷，可為人民帶來祥和、富足和繁榮。斯堪地那維亞的其他豐饒之神，比如弗羅迪（Frodhi）和殷格（Ing），在當地可能相當於弗雷，或是後來被同化為更偉大神格的同位階神靈。我們看到，弗雷的形象圖像通常出現一根直立的陰莖，祂的神聖動物是種馬，以及祂騎乘的金鬃野豬「古林博斯帝」（Gullinbursti）。祂還擁有一艘神舟「史基德普拉德尼」（Skithbladnir）。祂的僕人，擅長魔法的史基尼爾（Skirnir），幫祂贏得了美麗的巨人族少女格爾德為妻。祂的宮殿叫做「阿爾夫海姆」（Alfheim），於是祂也成為阿爾法的主神（阿爾法 [Alfar] 是居住在地下土丘的半神半人祖先精靈）。

根據斯諾里的說法，弗蕾雅是「威名顯赫的女神」。祂是掌管愛情、魔法和繁榮的女神，但祂選擇住在收留半數英靈戰士的「瑟斯靈尼爾宮殿」（Sessrumnir，眾座大廳）。祂的丈夫是不太為人熟悉的人物叫做奧德（Odh），實際上很可能就是奧丁，因她曾將賽德魔法（seidh）傳授給奧丁。弗蕾雅有很多名字，大海「瑪朵」（Mardoll）、編織者「荷恩」（Horn）、賜予者「葛芬」（Gefn），以及母豬「秀爾」。祂乘坐由貓拉行的戰車，但有時也會騎著崇拜者奧塔（Ottar）化身的野豬。此外，祂還能變身成獵鷹翱翔於天際。祂最珍愛的財產是一條名為「布里希嘉曼」的黃金項鍊，為了得到這條項鍊，祂曾跟打造項鍊的四名侏儒鐵匠分別各度了一晚。弗蕾雅的別名是「華納狄斯」（Vanadis），意思就是華納神族的狄斯女神，也因此，祂被認為是守護家族的女性祖先神靈狄斯（Disir）的首領。

從很多方面來看，弗蕾雅都讓人聯想到中東早期主掌愛情、戰爭和主權的女神，祂們乘坐的就是由獅子駕駛的戰車。不過，眾女神之中，祂是擁有最多動物稱號的一位。對於今天許多崇拜祂的人來說，祂是百獸之后，也是能帶來財富、施展魔法、享受情愛詩意的偉大女神。

祈求豐盛的儀式

無論你是否跟其他人一起共學，也無論你要不要跟其他人一起進行本章末尾的團體儀式，你都可以用每一個盧恩來進行個人儀式或吟唱盧恩咒語。你可以運用菲胡盧恩，獨自進行創造豐盛的儀式，從團體儀式的建立神聖空間這個步驟開始，或只要手持一根點燃的蠟燭順時鐘方向繞行房間一周即可。實際進行儀式時，你需要準備一碗穀物（綜合穀物也可以，比如大麥、小麥、大米、小米、燕麥、黑麥等）和一盆肥土。為確保其中一些種子能夠確實發芽生長，你可能需要多準備一包園藝植物種子。

將所有材料放在一個盒子裡，或直接擺在鋪有亞麻布的桌子上，你坐的地方要很舒服，而且你的手要能搆得到你所準備的這些東西。召喚弗雷和弗蕾雅，將穀物供奉給祂們。由於碗裡放的每一粒種子，一旦種下，就有繁殖的潛力，因此你要陳述得非常清楚，你希望這個儀式能夠收到好的成效，為你帶來豐盛財富。把注意力集中在這些種子上，觀想它們發芽和繁茂生長，然後觀想你想要祈求繁榮成功的事情，比如增加客戶、簽立合約或其他事情。用正向肯定語陳述，肯定此事必將如是成真。對著碗唱誦這個盧恩，接著用手指在穀物種子上畫出這個盧恩文字。然後在花盆裡播下一些種子（至少九顆）。完成後，逆時鐘方向繞行房間一周，把神聖空間打開。

真正的繁榮只會在群體共同繁榮下才可能發生，因此，請將剩餘的混合種子打包發送給親朋好友。細心照料你種下的那盆穀物，每次澆水時，都重新做一次觀想。植物成熟後，把種子穗收集起來收好，可作為幸運小物或在往後的儀式中種植之用。

愛情咒語

你可以召喚華納族諸神，特別是弗蕾雅，為你帶來愛情。你需要準備一支蠟燭（最好是綠色的）；一根大約九十公分長的木棍（最好是在盈月期間砍伐的果樹木頭）；一把刀子；一束花插在花瓶裡；一些紅色棉線；一塊邊長約十公分的正方形密織亞麻布或絲布、針和線；以及一碗愛情藥草。

如果你所在的地區沒有草藥店，可用帶有香甜氣味的香料代替，比如檸檬香蜂草、羅勒、百里香、小荳蔻、肉桂、丁香和薰衣草，所有這些烹飪用香料都可在雜貨店買到，每種香料各取一大撮，另外還要一些乾燥玫瑰花瓣。如果你有機會去草藥店，可購買以下幾種藥草，各準備一盎司，史考特·康寧漢（Scott Cunningham）有提過，這些草藥在英國傳統中具有相應關聯性：藥水蘇（betony／拉

丁語 *betonica officinalis* ∕古英語 *betonice*）、耬斗菜種子（seed of columbine ∕ *aquilegia canadensis* ∕ lion's herb）、龍膽草（gentian ∕ *gentiana lutea* ∕ *mearealla*）、斗篷草（lady's mantle ∕ *alchemilla vulgaris* ∕ bear's foot）、薰衣草（lavender ∕ *lavandula* ∕ elf leaf）、半邊蓮（lobelia ∕ *lobelia inflata*）、旋果蚊子草（或稱繡線菊 meadowsweet ∕ *spiraea filipendula* ∕ bridewort）、長春花（periwinkle ∕ *vinca minor* ∕ *maagdepalm* ∕ blue button）、南木蒿（southernwood ∕ *artemisia abrotanum* ∕ lad's love 或 maid's ruin ∕ *aprotanie*）、馬鞭草（vervain ∕ *verbena officinalis* ∕ *æscthrote*）、西洋蓍草（yarrow ∕ *achillea millefolium* ∕ *yearwe*）、百里香（thyme），以及任何薄荷科植物。如果你是男性，可多加上杜松果（juniper berries）或芸香（rue ∕ herb of grace ∕ *rude*）。最理想的情況是，準備九種草藥。

將以上所有東西放在亞麻布上。手持蠟燭在房間繞行一圈，建立你的神聖空間，坐下來，用一點時間放鬆和集中心神，凝視花束。然後閉上眼睛，觀想弗蕾雅女神。很多人會把祂想像成金髮美女，也有人將祂想像是黑髮──輕輕呼喚祂的名字，並加上簡短的形容詞──「弗蕾雅，愛情女神，請來到我身邊，弗蕾雅，貓之王后，請來到我身邊，弗蕾雅，布里希嘉曼的配戴者，弗蕾雅，幸福美麗之女神等等。」繼續觀想，直到影像非常清晰。

與女神連上後，告訴祂，你的愛情出了什麼問題。請求祂幫助你了解你真正的需求以及如何獲得；在女神面前，你看到的東西可能會不一樣。不過，請別要求祂讓你所愛的對象來愛你。靠蠻力建立起來的關係很少能長久維繫或是有好的結果。你該祈求的是，找到一個彼此相愛的人，雙方互惠互利。

等到你把需求明確表達出來，就張開眼睛，拿起木棍，在樹皮上面刻寫菲胡 ᚠ，祈求愛情；刻寫烏魯茲 ᚢ，祈求顯化成真；刻寫瑙提茲 ᚾ，祈求為你帶來幸運力量；刻寫耶拉 ᚴ，祈求一切都能在正確時刻發生，一邊刻寫、一邊吟唱每一個符文。完成後，可用少量自己的唾液或血液塗在盧恩符文上。拿起花束，用紅棉線將花繫在木棍的頂端。

現在，將藥草倒入碗中攪拌。每放一種藥草進去，就一邊唸出藥草名，並用刻有盧恩符文的棍子攪拌它，說：「藥水蘇〔以下類推〕，請為我帶來愛情。」藥草全部都放入碗中之後，用棍子在碗中畫出盧恩文字，然後攪動九下，一邊唱誦咒語：

盧恩深深扎根如植物根植大地
神聖藥草請助它緊密維繫——
烏魯茲、瑙提茲、耶拉、菲胡
請帶給我真心真意的愛情！

完成上述動作後，將混合藥草儘量全部倒在正方形布裡，然後把布縫成一個密封的小袋子。你可以在袋子外面縫上或畫上盧恩符文。將這個小袋緊貼你的皮膚隨身佩戴，直到下一個新月之日，接下來就可以只在適當場合佩戴，比如外出約會的時候。將神聖空間結界解開，然後將剩下的藥草和木棍帶到野外一處照得到日出太陽的地方，挖一個小坑，把藥草倒進去埋起來，然後把木棍插在上面，人就離開，不要回頭看。

增強力量的魔法咒

跟烏魯茲有關的第一個儀式，主要目的是喚醒和穩固力量。基本上，方法是讓自己泡一個療癒澡。選一個你確定不會被打擾的時間，最好是上床睡覺前，用馬鞭草、迷迭香或你最喜歡的藥草做熏香，先淨化你的浴室。點幾支蠟燭，然後把電燈關掉。放洗澡水，但不要過熱，放入一大匙鹽做淨化，再加入約500毫升的艾蒿或薄荷浸漬液，或滴幾滴迷迭香精油（這些都是能夠強化力量的藥草）。

躺在浴缸裡，想像自己是被火國穆斯貝爾的溫暖火焰融化的原冰。讓帶有香氣的水將四肢全部放鬆。當每一塊肌肉的緊繃感開始慢慢離開身體，請用你的意念將它釋放出去。全身放鬆漂浮，什麼都不想，什麼都不求。當你覺得水開始變涼，就從浴缸裡出來。

在額頭上畫烏魯茲盧恩。然後拿一條粗棉毛巾，搓摩你的四肢，將生命力重新送回體內。做這個動作時，想像那條毛巾是歐德姆布拉粗糙的舌頭，這頭巨大母牛正在舔舐你，將你從所有讓你虛弱或結凍的事物當中釋放出來，就像祂將巨人尤彌爾舔出來一樣。一邊擦乾身體每一個部位，一邊唸出以下咒語：

> 這是我的腳，我穩穩站立
> （這是我的嘴，我言語清晰，以下類推）
> 因為歐德姆布拉，我得到釋放
> 因為約達，我得到餵養
> 因為洛德爾，我得到前進之力量
> 以此，我如是召喚

約達（Erda）是大地女神。洛德爾（Lodhur）是賦予人類生命的神祕三位一體神當中的一位 ※，能為我們帶來健康和力量。全身擦乾後，換上乾淨睡衣，喝一杯溫牛奶，上床睡覺，好好睡一覺。

驅除疾病的咒語

如果上面的儀式仍不足以讓你恢復精神活力，可試試以下這個方法，用烏魯茲的能量來處理健康問題。布置好你的神聖空間，點上紅色蠟燭。你還需要準備

※ 譯注：請參閱第一部第11章「人類的族譜」段落。

一把畫有烏魯茲盧恩的錘子或一顆石頭（如果有喝酒用的牛角杯更好）、一碗冰塊、一塊乾淨的布。

首先確定一下，是哪些東西讓你健康出問題，不單是已知的身體毛病，還包括讓你無法擁有健康身體的那些生活方式。然後拿起一顆冰塊，用這個問題為它命名。如果是身體某個特定部位的毛病，請用冰塊碰觸那個部位，直到你感覺寒意為止。

將冰塊用問題命名之後，把布鋪在一個堅硬的平面，把冰塊放在布上，然後拿起錘子、石頭或牛角（角朝下）。用布把冰塊包起來，以防碎冰亂飛，然後把冰塊敲碎，同時唸出以下這段咒語：

公牛，公牛，我以石頭和動物
我以牛蹄和牛角，將此阻礙移除
無論它在四肢，無論它在皮膚
無論它在血液，無論它在骨頭
無論它在頭部，無論它在體內何處
我以石頭將它敲打，銷毀於無形

重複這個過程，直到處理完所有冰塊。完成後，將碎冰倒在十字路口或扔進流水裡。這個咒語也可以用來破除其他類型的障礙和阻礙。但是要很小心，因為一下子釋放太多能量，有時會有副作用，跟你要去除的問題一樣引發創傷。

第二次聚會

盧恩研究小組的第二次聚會，跟第一次聚會一樣，可能在某種程度上是介紹性質的，由於小組還在安頓中，這次聚會才會真正討論到盧恩文字。可以先回顧一下第一次聚會做出的組織決定，然後大概說一下今晚要進行的內容。比較好的做法是，將聚會時間分成前後兩階段。前半階段大約一小時到一個半小時，專門用來討論。你的小組可能會想要嘗試索森在《弗薩克》書中提到的盧恩瑜伽，或是吟誦盧恩，也可以趁聚會時間將每一個盧恩的能量發送到其他夥伴身上（手掌對著手掌來傳送）。中間稍微休息，後半階段進行團體儀式。

鼓勵參與者分享他們自己對符文的解釋，以及對盧恩文字含義的見解。有讀過其他盧恩書的人，可以向大家說明他們讀到的作者所做的解釋，小組可以試著找出這些解釋的相同處和差異處，並推測差異的可能原因。找出「相近的（同源）」含義——也就是盧恩文字含義的原型對照，不同文化對於盧恩的解釋可能有相似之處。這部分也適用於單獨自學的人，只是你必須一個人完成所有工作。

比較好的規畫是，用大約半小時探索每一個盧恩，然後討論它們的互動關係。例如，在思考菲胡和烏魯茲時，我們可能會想到慷慨與保留之間的平衡，或是，家戶畜養的牛群和野外單隻野牛之間的關係，可能代表已受制約的馴化能量與野性力量之間的關聯。菲胡所賦予的肉體繁殖力，與具有顯化力量的烏魯茲原始能量，兩者有何不同？

小組成員可能還想討論如何親身體驗這兩個盧恩所代表的力量。你可能會發現，當你每個月定期研究盧恩文字，它們的影響力也開始作用在你生活中。

也可另外挪出一些時間討論跟每一個盧恩文字相關聯的北歐文化或神話面向。例如，這一章就是介紹華納神族的適當時機。除了本章內容外，你也應該閱讀北歐眾神與神話中與弗雷、弗蕾雅、約達和華納神族有關的討論。

討論結束後，或在儀式後的聚餐時間，請提醒大家下個月要學習的盧恩文字是索里沙茲／THURISAZ 和安蘇茲／ANSUZ。大家應事先預習，閱讀下一章對這些盧恩文字的討論，並且盡可能多延伸閱讀和體驗。

團體儀式

如果你是參加團體共學，請參考本書第341頁關於這兩個盧恩的團體儀式。它結合了跟菲胡和烏魯茲這兩個盧恩文字有關的畫面圖像，體現華納神族帶來的豐盛與財富禮物。每個人可以帶一張自己的銀行存款單或一張遊戲紙錢來參加儀式。

第3章

Þ 索里沙茲 和 ᚠ 安蘇茲

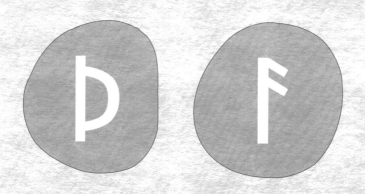

　　古弗薩克的第三和第四個盧恩都與神有關。索里沙茲是代表保衛之神索爾（Thor）的盧恩，同時也代表祂所持有的巨大防衛力量。索爾是大地女神約雅德（Jordh）的兒子。祂的父親是奧丁，一切心靈力量的主人。祂們共同守護著肉體和心靈。兩位神力都極為強大，只是力量性質不同。

第三個盧恩：ᚦ THURISAZ 索里沙茲

發音：THUR-ee-sahz

意思：巨人、荊棘、索爾

索里沙茲，索爾之刺
是解放仇敵或與其戰鬥之力

古代含義

　　索里沙茲是第三個弗薩克。挪威和冰島盧恩詩對於這個名稱的解釋相當一致，就是 *thurs*（巨人），這個字通常用來意指一個超自然存有（通常是大怪物），尤其是指泰坦族巨人約頓（Jotun，**發音：**YOH-toon），他們既是阿薩神族的祖先，同時也是仇敵、死對頭。這兩首詩文似乎暗示了一種更為立即直接的威脅，一種被後世稱為「巨魔／trolls」或「巨人／thurses」的巨大精靈所造成的邪厄之力，甚至可能化身為病魔。

　　挪威盧恩詩這樣告訴我們：

Þ [þurs] ældr kvenna Kvillu:

（巨人導致女人生病）

kátr værðr fár af illu.

（極少有人為厄運而高興）

冰島盧恩詩則是這樣說：

Þ[þurs] er kvenna kvol

（巨人是女人之折磨）

ok kletta bui

（是懸崖上之住民）

ok varðrunar verr.

（以及女巨人瓦德魯納的男人 [丈夫？]）

「瓦德魯納／ Vardhruna 」這個名字，字面意思是「防衛盧恩 」，但實際意義未明，有人認為她是巨人國約頓海姆（Jotnar）的一員。這個名字可能來自一些佚失的片段民間傳說，或者，這個句子有可能是意指精靈與防衛咒語之間的魔法關聯。生活在這片土地周邊各個不同文化的人們，對於他們生活中的精靈國度有著敏銳的覺知力，中世紀教會將這種信仰斥為巫術，現代研究者也將它視為一種迷信而嗤之以鼻。然而，現代科學已經開始發現到，如果我們自以為對身邊世界一切無所不知，那會是相當危險的事。認為萬物皆有靈，絕對是有益無害的想法，這或許是萬物和諧相處的一個先決條件。

權勢力量是中性的，可以行善，也可以作惡。在《埃達》中，巨人通常以跟眾神對抗的角色登場；然而，巨人約頓國的起源其實就是大自然原始力量。它們既非「善類」、也非「惡類」。他們單純就是「他者」。

跟北歐詩歌一樣，古英語盧恩詩也認為這個符文代表危險威脅，但它提供的解釋似乎是從符文的形狀邏輯推演出來的：

Þ*[þorn] byþ ðearle scearp.þegna gehwylcum*

（荊棘最為鋒利，任何王公貴族）

anfeng ys yfyl, ungemetun rethe

（誰握住它，即受傷害）

manna gehwylcum ðe him mid resteð.

（誰落入荊棘叢中，即受酷刑）

有人懷疑，這個盧恩被指派了「荊棘」這個含義，很可能是演化語源學的一個實例。基督教古英語盧恩詩的作者，是否藉由將北歐詩歌中女性在岩石上遇到的邪惡巨人解釋為「荊棘」，以致讓這個詞語在語言轉換過程失去了意義？還是，這位作者將一個可能無法被大家接受的異教神話巨人名字，換成了一個大家能接受的詞彙？

確定的是，落入荊棘叢中絕對痛苦萬分；不過，在古代世界，荊棘有很多用途，有實際生活用途，也有魔法用途。各種莖上帶刺的漿果是北方人的主要水果來源。荊棘還可編成屏障，在民間故事中，有時荊棘還會神奇地長成一片籬笆來提供庇護。荊棘也被用於魔法咒術。齊古爾（Sigurd）的傳說這樣告訴我們：

女武神沉睡於山巒之巔
樹之毒禍閃閃發光在其身邊
奧丁以沉睡之刺刺入她身

亞麻女神（女人）因而倒下
此人並非他所期待之戰將

——〈法夫納之歌〉（*Fafnirsmál*）：43

斯蒂芬・格洛塞茨基（Stephen Glosecki）（1992）在他的論文〈關於荊棘〉（*The Thing about Thorns*）中提到，巨魔格倫戴爾（Grendel）藉由將一根「沉睡之刺」刺入赫羅特宮殿橫樑，讓裡面的居民輕易成為獵物，因而將他們制伏。這個代表巨人的盧恩文字，在魔法中的使用最直接的參考資料出現在《詩體埃達》〈史基尼爾之歌〉（*Skírnismál*）篇章中，弗雷的忠僕史基尼爾試圖說服巨人少女格爾德嫁給弗雷，說如果她拒絕，就必須嫁給名叫哈里姆格里姆尼爾（Hrimgrimnir）的三頭巨人。最後還對她下了一個盧恩咒來威脅相逼：

我以「巨人」盧恩對妳下咒，外加三項
貪慾、墮落和淫蕩
然我亦可刮去這些刻痕
只要證明詛咒無其必要

——〈史基尼爾之歌〉（*Skírnismál*）：36

最後的這道威脅成了決定性關鍵，格爾德同意成為弗雷的新娘。詩文中提到的可能是在一棵樹上刻寫一道盧恩咒的做法（而且還可再將盧恩符文刮掉來除掉咒力）。目前尚不清楚，詩中的巨人盧恩，究竟是代表史基尼爾威脅要把巨人少女嫁給三頭巨人的這個巨人族，還是這個巨人盧恩的力量是要為另外那三個詛咒提供動力。或許是這根刺的尖端「注入（驅動）」了這個盧恩的力量。在日耳曼民間魔法中，荊棘有時也會被拿來當作有形的「精靈箭」（elf-shot）。

現代含義

當代作者一直為這個問題困擾，究竟要如何掌握這個盧恩文字的能量。許多人將索里沙茲解釋為索爾的盧恩，或是索爾和巨人族或巨人國約頓的盧恩。在後來的神話中，索爾據說是奧丁的兒子，但祂的母親是「大地」(菲爾金 Fjorgynn 或約雅德 Jordh)，而且祂作為主要神靈廣受人類崇拜，可能比奧丁年代更早。作為原始大自然元素力量的「大地」，是更老一代的巨人國神靈，是泰坦族的北歐對等神明。索爾在傳說當中的主要功能是殺死巨人，男巨人和女巨人通殺。祂在《埃達》中的角色則是體現了原始的肉體能力，保護神域阿斯嘉特和中土米加德免受巨人混沌能量的侵擾。祂如此告訴擺渡人：

> 若讓他們全部存活，巨人必將為數眾多
> 中土便少有人類生存之所
>
> ——〈哈爾巴德之歌〉(*Hárbarzljódh*)：23

不過，索爾並沒有殺死「全部」巨人——只殺了部分巨人，讓人類有足夠生存空間而已。大自然的原始力量必須得到平衡，而非全數抹殺，而且有一些證據顯示，巨人族也接受人類的祭拜供奉，尤其是荒野旅人獻上的供品。

根據斯諾里的說法，「強大體能和力氣是索爾的特徵，透過這兩種力量，祂掌管所有生靈」(1987，〈欺騙吉爾菲〉[*Gylfaginning*]：10)。索爾被認為相當於朱比特之地位，因為祂是雷電和神聖橡樹之神(與雷亞之子宙斯一樣)。人們會呼求祂來抵禦風暴和驅逐瘟疫，也有人使用索里沙茲符文咒做成的的護身符(Hall，2009)。索爾的國度在「斯羅德萬」(Thruthvangar)，祂的大殿叫做「畢爾史基尼爾閃電宮」(Bilskinir)；祂的兩隻山羊分別叫做磨齒者(Tooth-gnasher)和咬齒者(Gap-tooth)，

祂的標誌裝備是巨鎚「妙靈尼爾」（Mjollnir）[※]、魔法鐵手套和力量腰帶。祂經常被描繪成留著紅鬍子的形象，有一對異常明亮又銳利的眼睛。

索森指出，這個巨人盧恩代表物理層面上的純粹行動、效力、原始力量和力氣。它是可實際運用之力的具象投射，同時擁有兩極化的力量，既是巨人的猛暴之力，也是擊敗巨人的索爾之力，這股力量，能釋放積聚的張力，如同閃電釋放風暴之力一樣。詹姆士・彼得森（James Peterson）的解釋是，巨人族（或約頓國）代表基本的、無意識的、非理性的和冥府鬼神的力量。珍・西布利認為，這個盧恩代表在物理層面活潑躍動的神聖力量，是精神領域和物質領域之間的一種連繫。它也被認為是一個屬於冥府的、非結構自然力量的盧恩。代表那些能使人全身感到驚愕和恐怖的力量。

這股力量也是再生和繁殖的力量。在冰島，索爾是阿薩諸神當中最受歡迎的一位神。人們認為祂既強大又值得信靠。索爾的柱子被豎立在宮殿高座兩側。宣誓時會以祂的金戒指或銀戒指來立誓。祂帶來暴風雨，雨水滋養了莊稼作物，並驅逐那些會摧毀莊稼的力量。祂的閃電能刺激硝酸鹽的生成，使土壤肥沃。因此祂也是農民最愛戴的神。關於祂的非凡神力和本領，故事非常多，而且經常都很幽默。祂總是帶著興致勃勃的熱情在做每一件事；祂活在當下，而且能夠憑其英勇神力迅速解決問題。

人們會在身上佩戴索爾之鎚的符號作為保護，也會在婚禮上用這個符號來幫食物和酒祝聖，並幫新娘祝福。阿斯溫認為，索里沙茲是菲胡和烏魯茲引進的繁殖力的第三個動態面向，是《散文埃達》當中所描述的創世過程的第三階段。因此，它是尤彌爾的巨人能量的一種表現，因為這個世界就是用尤彌爾身體上的東西創造出來的。索里沙茲盧恩可以釋放的原始力量之一是本能衝動（libido）的創造力。它是雄性力量的象徵，可使大地和女性子宮內的生命加速成長。或許這就

※ 譯注：搗碎者之意。

是為什麼彼得森會認為挪威盧恩詩中提到的「女人的折磨」是指月經，而沃德爾（Wardle）則認為它是代表分娩的陣痛。

索里沙茲的解讀和運用

索里沙茲是用於魔法施作時力量最強大的盧恩文字之一，但正如阿斯溫所指出，在操作上必須很小心。因它就像核能一樣，同時擁有治療與摧毀的力量。如果把它跟其他盧恩文字做配對放在一起，也能帶來催化作用，增強符咒的法力。

將索里沙茲畫在尖銳物件上，例如牙齒化石或箭頭（或真的荊棘），可以用在薩滿巫術的祛除魔法（治療精靈箭的傷害），作為一個聚焦物將惡靈吸出來，或是將一句咒語刻在某樣東西，例如某人的皮膚或一棵樹。

這個盧恩和索爾能量通常的用途是控制天氣。將它畫在一個人的額頭上可增強活力，作為咒語來吟唱有助於召喚或加持引發風暴的力量。不過，還是要謹慎研究一個地區的正常天氣模式，然後才予以強化，否則可能會導致危險的失衡。

在盧恩符咒的使用上，可以畫索里沙茲來代表索爾或巨人。不過，召請後者要很小心，因為他們的力量對人類思維過程來說是異己，而且威力極其強大。在神話中，眾神與巨人和人類都有互動，但巨人和人類之間並無直接互動。眾神就是我們與大自然原始力量之間的緩衝，人們若要使用那些力量來工作，都應該召請索爾神來平衡。畫出一道由索里沙茲盧恩組成的「樹籬」，尖刺朝外，可形成強大的保護屏障。

在盧恩占卜中，威利斯認為索里沙茲盧恩的出現可能代表好運或助力，也可能是一種警告，在進一步行動之前要謹慎評估和站穩腳步，做決策之前應尋求專業建議。依據伴隨出現的其他盧恩而定，索里沙茲可能是在警告你，不要像一頭

暴衝的公羊那樣躁進行事。它也可能代表健康方面有狀況出現，以及可能生活當中需要多點熱情。

如果要解決的問題是實際問題，阿斯溫認為，索里沙茲可能代表衝突或是跟侵略有關的複雜狀況，或可能是心理上的難題。不過，若分析問題是屬於心理上的，那麼這個盧恩可能與個人意志力強度以及反對方的意志有關。如果是跟人際感情問題有關的占卜，那主要問題就是跟衝突有關。若出現逆位，可能意指個人或事情需要改變，或是必須認知到事情可能朝破壞性方向發展，需要好好處理。

第四個盧恩：ᚨ ANSUZ 安蘇茲

發音：AHN-sooz

意思：一位神、嘴巴

安蘇茲，歐斯，是奧丁之智慧

溝通交流之欣狂喜悅

古代含義

古詩歌中賦予這個盧恩的含義，都圍繞在溝通交流的概念，延伸到包括賜予我們盧恩符文的這位神。在古北歐語中，盧恩文字就叫做阿斯（As），阿薩神族的一位神，特別是指祂們的首領奧丁。在盎格魯撒克遜語（古英語）中，As 這個字的意思是「一位神」，它被基督教化後變成一個發音幾乎相同的拉丁字——Os 歐斯，意思是「口／嘴巴」。古英語盧恩詩是這樣寫的：

ᚨ [Os] byþ ordfruma ælcre spræce,

（嘴巴乃一切言語之根源）

wisdomes wraþu ond witena frofur,

（是智慧的柱石，智者之安慰）

and eorla gehwam eadnys ond tohiht.

（為每一位貴族伯爵帶來希望和喜悅）

　　此段敘述中，這個盧恩文字可代表語言，也可意指其來源。從詩文結構似乎可看出應該是後者。這在冰島盧恩詩中表現得更加清楚，詩文這樣寫道：

ᚠ *[óss] er aldingautr*

（歐斯是老父親 [奧丁]）

ok asgarðs jofurr

（阿斯嘉特之首領）

ok valhallar visi.

（英靈神殿之領袖）

　　不過，挪威盧恩詩對「嘴巴」這個含義的解釋則截然不同。

ᚠ *[óss] er fiestra færða*

（河口乃多數旅程之通道）

for, en skalp.er sværða.

（卻是收藏劍柄之劍鞘）

　　我們可以將第二行理解為是在講述用以平息暴力的言語力量，為古英語盧恩詩中提到的戰士提供智慧建言；不過，除非這首挪威盧恩詩的第一行是在隱喻薩滿旅程的起點，否則很容易以為那只為了押韻而忽略掉它的意思！

《詩體埃達》當中有多處提到言語的力量。言語是阿爾庭（Althing）※ 上的主要武器。關於盧恩文字的魔法使用，女武神希格德莉法（Sigdrifa）※※※ 給了齊古爾這樣的建議：

> 你應知悉言語盧恩——若人不想
> 以怨恨回報傷害
> 你必謹慎將其纏繞和編織
> 令其組合在一起
> 當人們為正義相會於阿爾庭
> 眾領袖將齊聚在那裡

——〈勝利賜予者之歌〉（*Sigdrifumál*）：13

〈至高者箴言錄〉是奧丁的語錄集，當中有許多詩句都在警告人們不要太過多言，或說出不智之語。「當你求問盧恩，即可清楚明瞭……不浪費言語方是明智之道」（第 80 節）。從這些教人切勿喋喋不休的建議可看出，強壯、沉默的北方人刻板印象其實是一種理想，而非一般人平常就是如此，尤其當一群人聚在宮殿大廳杯觥交錯暢飲蜜酒之時。詩文如是告訴我們：智者不吹噓誇耀，宴席上不戲弄同桌，不浪費言語和蠢人廢話。

只可惜，詩中允許男人在追求女人時可以不用那麼誠實。〈至高者箴言錄〉第 104-110 節還記述了奧丁如何進入巨人蘇圖恩（Suttung）的大殿，引誘他女兒格蘿德（Gunnlod），格蘿德還讓祂從名為「奧特羅里爾」（Othroerir）的大鍋中倒出詩歌蜂蜜酒，帶回家給眾神和人類享用。結果是奧丁得到詩歌的恩賜：

※ 譯注：議場或法庭。
※※ 譯注：勝利賜予者，也就是布倫希爾德。

然後我開始成長茁壯且智慧增長
靈感豐滿且效率高超
一個字接一個字
一首詩接一首詩

——〈至高者箴言錄〉（*Hávamál*）：141

終於，我們看到奧丁在詩中描述祂如何發現／顯化出盧恩文字的詩句（就是我在本書導言開頭所引用的那首詩）。這段詩文後面接了一系列盧恩咒。第四個咒語，就是擺脫束縛枷鎖的魔法。

我習得第四個盧恩咒，倘若敵人
束縛我的手腳
我便唱咒斷開鎖鏈
鐐銬將從我雙腳飛離
繩索將從我雙手脫落

——〈至高者箴言錄〉（*Hávamál*）：149

束縛敵人意志並減緩其行動力的咒語——作戰羈絆（war-fetter），經常在跟戰役有關的內容中被提及，而且似乎一直都是人類「女武神」使用的技能之一，像是史娃娃（Sváva）和齊格倫（Sigrún）就都受過這種訓練。實際做法可能包括像愛爾蘭烏鴉女神莫里根（Morrigan）那樣發出一種尖叫聲，使敵人變得失神、失去控制力。不過，上面這節詩歌指的似乎是斷開肉體的束縛，也可以在隱喻的層次上解釋成解除舌頭束縛，讓不諳言語者辯才無礙的魔法。

值得注意的是，究竟有多少關於魔法施作的日耳曼語詞彙跟言語或歌曲有關。*spá* 這個字根（參見蘇格蘭語 *spae*、英語 *speack*、德語 *spahen*）意思就是預言或預卜，而且一些像是 *spámadhr* 和 *spákona*（男預言師、女預言師）這類頭銜也都是源自 *spá* 這個字。動詞 *vitka* 的意思是以唱咒來施魔法，跟古北歐語的 *vitki*（巫師）及英語的「witch ／女巫」和「wizard ／巫師」這些字詞都有關聯。賽德魔法（seidh）通常也包含咒語 spell、咒符 charm 或吟唱 incantation。圖勒 *thulr*（聖者）這個頭銜來自動詞 *thylja*，意思就是詠嘆或低語。它的古英語同源詞是 *thyle*，通常譯為「演講者」或「演說家」。根據古北歐語詞典，*vardlokkur* 這個字的意思是「字鎖 word-locking」或「咒歌 spell-song」，可能相當於英語的「術士 warlock」，雖然這個解釋一直存在爭議。另一組代表魔法咒語的詞彙是古北歐語的 *galdr*（聖詠）。

現代含義

古代對於這個盧恩的解釋相當一致，因此現代評論家也都有普遍共識，一般情況下，安蘇茲是指溝通，特殊情況下則是指奧丁神。索森認為，安蘇茲是創造的原力。*Odhr* 是 Odin ／奧丁這個名字的字根，意思是「狂熱、被啟發的精神活動、靈感」。詩歌蜂蜜酒及其容器均被稱為「奧特羅里爾／Othroerir」。這是屬於「言語」的盧恩——言語包括歌曲、詩歌和咒語吟唱。奧斯本和龍蘭說，這個盧恩主掌演說、演講和詩歌的力量，威利斯認為它是一個代表智慧和知識、建言與教導的盧恩。彼得森認為安蘇茲也意指對於神祕學的精通和與其有關的必要犧牲。西布利則認為，它是神聖界域的神聖力量，作用於我們的精神或心理領域。

阿斯溫說，這個盧恩代表意識、智力、溝通，以及理性。阿薩神族代表有組織的智性力量，能夠平衡巨人族混沌的冥府能量。它是屬於自然力量風的盧恩，風也是奧丁的元素，是傳遞聲音的媒介，甚至就是指氣候上的風和風暴。安蘇茲

也是普拉納（prana，氣）能量，日耳曼盧恩魔法學派則認為它是一種「自然」原力（odic force）。

安蘇茲是代表阿薩神族和祂們的首領奧丁的盧恩，尤其是指祂作為詩歌靈感狂喜源泉這個面向。這個靈感是藉由巫術啟蒙獲得的，也就是我們先前提過，祂倒吊在世界樹並獲得智慧盧恩文字。奧丁還以犧牲自己的眼睛來換取密米爾之井的智慧之泉。祂藉由變身成蛇和假扮成會法術的騙子而獲得詩歌蜂蜜酒（完整故事請見《散文埃達》〈詩歌辭藻 [Poetic Diction]〉篇章）。這個故事有一些暗示意味的特徵，讓人想起威爾斯詩人塔利埃森（Taliesin）和女神凱莉文（Cerridwen）的大鍋，在這個故事中，英雄也從女神看守的大鍋獲得了智慧，不過跟奧丁的故事不同，塔利埃森是喝了魔法藥水才變身的。

在這個面向上，奧丁無疑是精神力量之神——所有這些特質都跟自然力量風元素、墨丘利，以及卡巴拉中的侯德（Hod）輝耀相關聯。作為至高者，奧丁給了我們 önd——「靈魂」或「生命氣息」——這份禮物。然而，祂的智慧是欣狂的而非理智的。協助祂的是兩隻烏鴉胡金（Huginn，思維）和穆寧（Muninn，記憶）。當奧丁喬裝變身於地球四處巡旅，祂頭戴寬邊帽、身穿灰色或藍色斗篷，喜歡和沒有警覺心的人玩猜謎。

在《散文埃達》〈欺騙吉爾菲〉篇章中，奧丁列舉了文獻中用來代表祂的替代稱號和綽號。我們並不清楚，這位神之所以有這麼多名字，是因為祂的真名已經變得太過神聖而被避用，還是因為想要用這些名號來涵蓋祂的所有面向，或者僅僅為了展現祂對語言的熱愛。北歐和古英語詩歌中的一個重要寫作手法是「複合詞隱喻法 kenning」（音譯：肯寧格）——不直接講出那樣東西的名稱，而是使用複合詞做迂迴的比喻描述，呈現出關係與概念的豐富世界。了解安蘇茲，就是在挖掘語言的意義。

安蘇茲的解讀和運用

在占卜中，安蘇茲一般來說是代表心理或創意活動，特別是口語上的；也代表智慧、對智慧的需求，以及不同於肉體層面的精神力量，或是在精神層面上的行動／發展。不過，在肉體層面，它可能與呼吸或肺部或風元素的作用有關。

阿斯溫對實務占卜的解釋是溝通和傳遞，或是代表跟過去有關的某件事情。若是指心理層面，她認為這個盧恩代表來自外部或內部的更高靈感來源。在人際關係方面，則指跟伴侶溝通有關的事情。如果出現逆位，安蘇茲可能意指與某人的真實靈魂分離、溝通上的難題，或是靈性上失衡。

當這個盧恩出現在跟精神靈性有關的脈絡中，它可能意指靈感、欣狂體驗，或奧丁神本人對神祕知識的求問或在人間世界的作為。它攜帶著意識本身的原力，透過盧恩的言語符號擴展意識覺知。

〈勝利賜予者之歌〉告訴我們：「如果你要變得比別人更有智慧，就要學習心靈盧恩（Mind-runes）」（*Sigdrifumál*：14）。安蘇茲是所有心靈盧恩當中最強大的。它可以被吟唱、銘刻或預言，來激發言語辯才和心理層面的活動，是寫作者或任何從事創意或智力領域工作的人的幸運盧恩符文。

索里沙茲和安蘇茲：研究與體驗

阿薩神族

研究最開頭兩個盧恩文字，讓我們有機會認識華納神族。現在我們來到索里沙茲和安蘇茲，安蘇茲也稱為阿斯／*As*，意思是「一位神」或阿薩神族的某神，我們就必須跟著了解另一個神族阿薩。在後期北方文獻中，主導神話的是阿薩神族。與華納神族的衝突故事就是從祂們的角度來講述的，傳說故事也都是阿

薩神族的冒險故事。在斯諾里的神話來源論中，阿薩神族就是小亞細亞的一個部落，首領奧丁就是特洛伊國王。他們向北移動，在各個地區停駐，以便奧丁可以生育兒子來建立王室，最後他們定居在斯堪地那維亞半島。從某個角度來說，這些故事在北歐相當於詩人維吉爾（Virgil）或史學家蒙茅斯的杰弗里（Geoffrey of Monmouth）將他們國家的起源追溯到特洛伊。不過，它也可能是反映青銅時代某個時期，從斯基泰向北遷移到斯堪地那維亞半島的古代移民的民間記憶。

在北歐，就像其他文化一樣，各個氏族會加入和結合他們自己的傳說，使得神話在不斷融合與變化的循環中持續演進，然後又分裂，發展成各個地方的變體。日耳曼神話與其他印歐民族的神話結構就具有家族相似性（杜梅齊爾和其他人都對此有過詳盡探討）。不過，每個地區還是有他們自己的在地傳統和神靈，宗教崇拜也在分裂時期各自分道揚鑣，然後在文化和政治威權中心發展出來後，再次合流。

跟人類一樣，眾神也會隨祂們生活環境的文化而成長與改變。奧丁最初可能是一位會巫術的神，幫助遷徙的部落適應新環境。後來與凱爾特和羅馬的文化與政治互動也影響到祂的改變（參見恩萊特所著《手捧蜂蜜酒杯的女神》〔Enright, Lady with a Mead Cup.1996）〕）。

如果華納神族被視為新石器時代農耕之神，那麼阿薩神族（以同樣過於簡化的角度來看）可能就是游牧部落的神靈。雖然斯諾里將祂們描述為兩個不同種族的群體，但兩種神話哪一個比較居強勢地位，很可能是由崇拜祂們的人之生活方式而決定的，而非祂們的種族所決定。華納神族是擁有較正式宗教習俗的土地神（Gunnell, 2017）。世界上有多少地區，地球母親就有多少在地名稱。相對的，阿薩神族比較是屬於功能神（function-gods），祂們可以在部落移動時隨部落一起遷徙。

根據杜梅齊爾（1973）的說法，印歐神話由三種神靈組成，分別代表三種基本法則：（1）維護宇宙和司法秩序；（2）運用肉體的技能本領；（3）維持肉體的完整

健康，實際例子比如：婆羅門或德魯伊的功能、國王和戰士的功能，以及農民的功能。在北歐，第一個法則最初需要一對神靈，奧丁和提爾，但後來奧丁把這兩個面向都納入了，第二個法則是索爾，第三個法則是華納神族。

索爾的特徵和功能我們是放在跟索里沙茲盧恩一起討論。奧丁這位神比較複雜。祂擁有無數名字，顯示出祂是具有多面樣貌的神。我們已經遇過那個作為盧恩文字創始者的奧丁。安蘇茲的討論是聚焦在祂跟語言有關的面向。當我們逐一學習每一個弗薩克文字，我們將會看到祂的更多不同面貌。

巨人族

如果阿薩神族是主掌人類工藝的功能神，華納神族是土地農耕神，那麼這兩個神族必須對抗的大自然力量是什麼呢？人們深入檢視二元論神話學發現，在日耳曼宗教中，此一法則可能由約頓族（Jotnar）──也就是巨人族（Giants 或 etin-kin）做代表。索里沙茲這個盧恩可以意指索爾，但索爾本身是約雅德的兒子，約雅德的意思就是「大地」，她就是一個女巨人。因此這個盧恩很明顯就是代表巨人的盧恩。

在地中海神話中，泰坦神族扮演的角色最初可能與巨人族相似。祂們是更早一代的神靈，被認為代表大自然力量──太陽、大地、天空、海洋。在希臘神話中，地球母親是泰坦神蓋亞，而穀物和農藝女神是奧林匹斯神狄米特。宙斯則打敗時間之神柯羅諾斯，成為天界眾神之王。

在北方，神話學結構比較單純，但我相信人們還是可以看出相似的差異化過程。世界之初出現的第一批生物就是巨人族。奧丁、維利（Vili）和維奕（Vé）是包爾的兒子，包爾想必也是巨人族，世界是用巨人尤彌爾的身體創造出來的。在整個神話當中，巨人的角色不僅僅是神族的仇敵對手，也是智慧源泉，更是眾神配偶的來源。

尼約德和弗雷分別娶了女巨人絲卡蒂和格爾德，甚至索爾也是女巨人所生，而且祂自己還跟另一名女巨人生了一個兒子，所以很明顯，神和巨人雙方並非一直都是敵對仇人。北歐神話體系似乎製造了能夠提供他們自身平衡的人物角色。巨人族生下了能夠控制他們的力量。我們可將索爾看作是覺知意識（奧丁）與原始力量互動的結果。某些約頓國巨人，比如蘇爾特（Surt），他的角色單純就是神族的對敵，但其他巨人，比如外域洛基（Utgard Loki），似乎是代表原始的、可能具危險性的冥府力量，但並非天生邪惡。有證據顯示，在一些農村地區，有幾位巨人受到人們信奉崇拜。它們以自然界原始力量的形象出現，有時帶來破壞，有時帶來助益，視情況而定。他們的混沌能量平衡了眾神的秩序之力。

斯諾里在〈詩歌辭藻〉中列了一份詳盡的巨人族名單。巨人的主要類別包括懸崖巨人（the cliff-thurses）、霜巨人（the rime-thurses）和霧巨人（the mist-thurses）。他們當中也有大首領，例如英雄斯塔卡德的祖父，「極其聰明的巨人」斯塔卡德·阿魯德倫格（Starkadr Aludrengr）；教導奧丁智慧的霜巨人瓦夫蘇魯特尼爾（Vafthruthnir）；英勇的奧凡迪爾（Aurvandil）；釀造大鍋麥酒來招待眾神的埃吉爾（Aegir）；以及巨人蘇圖恩，奧丁就是從他那裡偷走了詩歌蜂蜜酒。洛基（Loki）則是介於巨人族和阿薩神族之間的人物，能夠遊走兩界。

當然，阿薩神族的主要敵人也是巨人族。在多次交戰中，索爾是主要勝利者，祂憑藉無比熱勁，男、女巨人通殺。祂的幾個主要對手包括：使用磨刀石作為武器的霜巨人赫朗尼爾（Hrungnir）；絲卡蒂的父親夏基（Thiazi）；還有偷走索爾鎚子的索列姆（Thrym）。祂的女性敵手甚至冥府能量更重、更加幽暗混沌，包括騎狼者希羅金（Hyrokkin）、格萊菩（Greip）和格嘉菩（Gjolp）。人們總是興致高昂地講述這些女巨人被消滅的故事，這種敘事基調可能是維京人在基督教影響下，對於跟女性有關的一切感到普遍焦慮所致。

從這個角度來看，諸神黃昏（Ragnarók，諸神之戰）——阿薩神族和巨人族之間注定要發生的世界末日之戰——似乎更像是人類結構化法則與失衡的自然力量之間的對戰，而非宇宙善類和宇宙惡類之間的戰爭。要面對巨人族，我們需要了解賦予我們自主權、或推動我們前進的那些原始和無意識力量。激烈的仇恨可能擬人化為穆斯貝爾之子火焰巨人。霜巨人可能就是代表冷酷面向的激情，比如嫉妒或絕望。

我們可以藉由重新思考自己的境況來對抗巨人力量——利用語言文字重新將問題概念化並構建個人思維，甚至也可動用自己的原始能量。〈至高者箴言錄〉第149 節中的第四個盧恩咒，根據某些系統的理論是對應索里沙茲，我們可將它視為一個主動咒語，索爾用這個咒語使敵人無法動彈，而第 150 節的第五個盧恩咒是對應安蘇茲，奧丁以此咒語讓被霜巨人凍結的人重獲自由。要使用哪一種咒語，則視那個威脅力量是主動還是被動而定。

本章團體儀式的目的在於平衡和控制巨人力量。不過，在他們自己的國度裡，他們擁有主權，應被視為自然力量而受到尊敬。要運用巨人力量，你必須離開自己庭院的保護牆，前往庭院外的「外域」（Utgard）。現在已經很難找到真正的荒野，但任何有植物生長的地方，自然公園、城市公園，甚至空地，都是朝正確方向邁出一步，尤其可選在天黑之後，人群散去、異界力量開始竄動之時。

準備好供品——可以留在地上的可自然分解食物，例如餅乾和肉乾、果乾等，以及一些牛奶。找一個僻靜的地點，把你的供品倒在地上或鋪在地上，仔細拿掉所有外包裝。

靜靜地坐一會兒，聆聽夜晚的聲音。感受支撐你的堅固大地，向地球母親祈禱。用你的手掌將她的能量傳遞到你身上。逐一向山林、蒼穹、大海的野性力量表達崇敬之意。向諸位巨人致敬，一一唱唸他們的名：尤彌爾，地球是用他的骨頭創造的；駕馭風的考里（Kári）；火巨人羅羯（Löge），還有統治深淵的埃吉爾

（Aegir）和瀾（Ran）。追尋思索掌管你所處世界的那股力量，看它是否會傳送給你一個影像和名字。

也向較弱小的靈體、陸上鬼魂表達敬意。面朝每一個方位，祈請那些守護土地四方的存有向你示現它們的身形。在《薩迦》當中，祕密勘查冰島的巫師看到它被一條龍、一隻鳥、一頭公牛和一個岩石巨人守護著，但在各個不同地點，守護靈展現出來的形態都不相同。通常，你看到的會是當地鳥類或動物的身形。無論你看見的生物是否會告訴你它們的名字，你都可以像尊敬土地靈、樹靈、灰矮人、精靈族、人魚和風神那樣，向它們致上敬意。

完成後，默默離開，不要回頭看。每次你若要在不同世界之間移動，請記得一定要向這些外域之靈表達敬意。

言語和意志

安蘇茲是一個屬於言語魔法和溝通的盧恩。要體驗它的力量，能夠磨練言語機智和訓練一個人文字使用技巧的練習會有所幫助。可以玩拼字或填字等這類文字技巧遊戲。練習說謎語。在學習安蘇茲盧恩期間，你可以參加朗讀或戲劇表演，並練習寫詩。

如果時間允許，小組可以進行一項叫做「詞彙大戰」的有趣練習。本質上它是一種自由聯想遊戲，可以啟動語言幫浦、刺激意象流動，讓詩歌寫作更加順暢。首先，發二十四張小紙條，每張紙條上都先寫上一個「種子詞」，分別對應二十四個盧恩文字的其中一個，這樣每個人都會拿到一張或多張紙條。這二十四個詞彙是：財富、角、力量、呼吸、輪子、火、禮物、喜悅、蛋、需求、寒冷、年、樹、遊戲、麋鹿、太陽、矛、土地、馬、人、湖泊、力量、白天、家。

然後集合起來，小組開始吟唱咒語。第一個人說出他或她拿到的種子詞，接下來兩個人就用另外兩個相關的詞填入咒語空白處。然後整個小組重複一次這

句咒語，接著第二個人填入他或她的種子詞，再後面兩個人自由聯想另外兩個詞彙，以此類推，直到所有種子詞都全部用完。遊戲進行時，可一邊打鼓來維持咒語的韻律節奏。

唱一首歌，唸一段咒
奧丁從深井獲得之寶藏
這個詞是［填入種子字詞］和 ＿＿＿＿＿＿＿
還有 ＿＿＿＿＿＿＿
寫下盧恩文字，訴說神話故事

聖詠（Gealdor，古北歐語 Galdr），也就是「咒文吟唱」（incantation），是與奧丁有關的魔法形式。在傳說當中，所有類型的魔法都會伴隨咒歌或咒語，通常是詩體，或使用韻律、押韻、反覆唱誦等詩歌技巧。這些盧恩文字的儀式提供了一個實例，讓我們看到這些技巧是如何運用在魔法施作上。

日耳曼詩歌格式

我們藉此機會來學習日耳曼詩歌格式。閱讀《貝武夫》（*Beowulf*）或是其他盎格魯撒克遜詩歌的優美譯文——大聲朗讀，直到你將聲音和節奏予以內化。如果你覺得有受到啟發，可閱讀英文版斯諾里・斯圖魯松《散文埃達》第二篇〈詩歌辭藻〉（企鵝出版社完整版，由安東尼・福克斯翻譯）。更繁複的挪威詩歌可能比你想像的深奧，但是深入研究複合詞隱喻或暗喻，你會對日耳曼人心靈思想的運作方式有珍貴體悟。

基本的日耳曼詩句格式是四重音頭韻詩。在古英語詩歌中，每一行詩分成前後兩句，整行詩必須包含至少四個音節。前後句兩個音節中各帶有一個重音（或稱重

拍），而且前半句至少要有一個重音音節必須與後半句的第一個重音音節押相同子音的頭韻。如果前半句的兩個重音音節和後半句的第一個重音押頭韻，這種格式在節奏上會特別有力，古英語詩歌《莫爾登之戰》（*The Battle of Maldon*）就是一個例子。

Hige sceal þe heardra, heorte þe cenre,

（魂要更堅，心要更纖）

mod sceal þe mare, þe ure maegen lytlað.

（膽要更大，因吾等體力將遞減）

（312–13）

英文譯文當中「soul／魂」與北歐語的 *hug* 同詞源，也是烏鴉胡金／Huginn 這個名字的來源。膽量／courage／*mod* 這個字則帶有意志和情緒的含義，代表鬥魂。

現代英語中也有一些優秀範例，可參閱托爾金《雙城奇謀》（*The Two Towers*）當中的洛汗（Rohirrim）之詩。文字當中攜帶的韻音增加了詩歌的音樂性；比如 Riders 和 Theoden 兩字當中重複出現的 d 音，awake 和 dark 中最後的那個 k 音。請注意，不是一個字的開頭那個音，而是第一個重音音節的那個字的音才算數。

你的句子可能不像托爾金的詩那麼完美，但你會發現，練習寫四重音詩句並不難。至於頭韻，一段時間後就自然而然做到了。

不過，把辭典拿來背誦並不會讓你變成一個好的溝通者，知道如何作詩也不一定等於會寫詩。如果要在文字技巧上召請奧丁來幫助你，可以進行以下儀式。

在你的辦公室或你從事大部分智力工作的房間，為奧丁準備一座祭壇。請使用黑色或深藍色祭壇布。你還需要一根蠟燭（藍色或白色）和一個牛角酒杯或高腳杯。然後準備一張圖像，你可以用影印的圖畫，也可以使用巫師雕像，因為你

現在要召請的是這位神的智慧大師面向。你也可以把正在研讀的書擺在祭壇上，或是把正在研究的任何書面資料放在上面。然後是供品，可以準備蜂蜜酒或威士忌。也可用熱水將蜂蜜稀釋，然後加入少許檸檬汁和一點肉桂或其他香料，調成蜂蜜飲料。

像之前一樣預備好你的神聖空間，點上蠟燭，然後將酒壺中的蜂蜜飲料倒入你的高腳杯或牛角酒杯裡。然後誦唸以下這段祈請文，摘自保羅・艾德溫・季默的選集《喀瓦西之酒》（*Wine of Kvasir*）。

祈求我們的父親奧丁之助力

ᚠ（畫出此盧恩為蜂蜜酒祝聖）

以及詩神布拉吉※，侏儒之酒釀

我們傾倒詩歌，這濃烈的酒液

現在請喝下這杯喀瓦西※※之血

牢記那騎在世界樹上的流浪者

盜取寶物將它送給人類

格羅德床上的倒吊之神

贏得詩人的奇妙靈酒

之後變身為羽鳥帶著禮物一起飛走

神奇的蜂蜜靈酒，令人得以吟詩作歌

我們滿懷感激，高達提爾※獲得之禮

我們讚頌這位烏鴉大神！

現在，凝視你準備的圖像片刻，或閉上眼睛，用想像力觀想這位神的形象。

※ 譯注：詩文當中的布拉吉（Bragi）、高達提爾（Gauta-Tyr）都是奧丁的別名。
※※ 譯注：喀瓦西（Kvasir）是華納神族的智慧之神，根據神話，喀瓦西的血也是人類詩藝的來源。

想像祂披著斗篷，戴著一頂帽簷遮住一隻眼睛的寬邊帽，斜靠在一根手杖上。想像合適的背景，看著烏鴉胡金和穆寧的黑色身影在祂頭頂盤旋。

等到影像非常清晰，明確說出你需要幫助的文字技巧性質，無論是個人溝通、高度技巧的寫作，還是寫詩。請求奧丁賜給你靈感和文字技巧的禮物，請求這位神派遣胡金和穆寧在思維和記憶給予你幫助。

陳述完你的情況後，感謝這位神。然後睜開眼睛，在額頭上畫出安蘇茲盧恩，同時大聲唱誦這個盧恩。最後喝一杯祝聖過的蜂蜜酒。將剩餘的酒液倒在地上作為供品。隨著你工作項目的進度，每當你覺得需要加持力時，都可點上蠟燭，在祭壇前靜坐幾分鐘，敞開自己來獲得更多靈感。

第三次聚會

盧恩研究小組的第三次聚會大概就是遵循第二次聚會制定的做法。這個時候，小組應該已經穩定下來；大多數成員應該已經拿到基本資料，也訂定了個人學習模式。小組討論時，儘量讓每個人都參與。成員都嘗試了哪些活動或冥想練習？他們做了什麼功課？每個人的反應如何、大概落在哪些範圍？我們可以從中學到什麼？

團體儀式

索里沙茲和安蘇茲盧恩的儀式在第354頁。它結合了與這些盧恩相關的意象，目的是使用安蘇茲的魔法技巧來掌控索里沙茲的能量，特別是在改變天氣這方面，無論你是祈求更多雨水或希望少下點雨。

第4章

ᚱ萊多和ᚲ開納茲

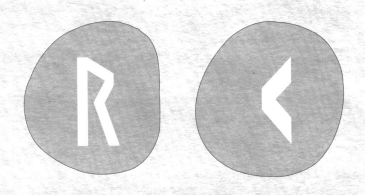

　　你正在研究盧恩文字。當你踏上這條路，一定會發現這件事情有它自己的動能，而且你與盧恩相處的時間愈長，就愈容易融入其中。但你應該也會發現，對於不同的盧恩，你的反應感受也不一樣。每一個盧恩文字都很重要，也都很有效，但在應用上完全不同。你可能會發現，像索里沙茲這樣的盧恩，是運作能量的有力工具，而開納茲就似乎比較溫和。但對另一位學習者來說，這兩個盧恩的相對力量可能完全相反。盧恩本身的含義是不會變的，但使用者不同，它們也會產生不同共鳴。

第五個盧恩：ᚱ RAIDHO 萊多

發音：Rah-EED-ho

意思：騎乘（車輿）

乘上**萊多**即刻就走
一邊工作同時將世界環遊

古代含義

　　所有的古代資料都認為這個盧恩文字的主要含義是以馬載運，也就是騎馬之意。萊多 *raidho*（或 *radho*）這個字是一個古德語寫法。在德語和古英語中，*rad* 是輪子的意思。古北歐語則是 reidh，它的含義包括騎乘的動作和乘坐的載具。北歐語的 *trollreid* 和 *gandreid*，意思是在精神靈魂世界中旅行。在古北歐語中，*rádh* 這個字的意思是忠告，與古英語的 *rede* 同字根。但是，北歐語 *reidhi* 的意思是「大發雷霆／wrath」。以古北歐語書寫時，這個盧恩僅用於字首和字中位置的 r 音。如果是放在一個單字的最後，比如 Freyr，它的音實際上會介於 r 和 z 之間，這個音如果是以古弗薩克來書寫，是用麋鹿盧恩埃爾哈茲（ᛉ）來拼寫，若以後弗薩克書寫，則用紫杉盧恩 YR（ᛦ）來拼寫。

古盧恩詩都把焦點放在騎馬，冰島盧恩詩寫道：

R [reið] er sitjandi sæla
（騎馬是騎士之樂趣）
ok snuðig ferð
（亦是速度的旅程）
ok jors erfði.
（以及馬匹的苦勞）

挪威盧恩詩則寫道：

R [Ræið] kvæða rossom væsta;
（騎馬據說對馬匹最為折磨）
Reginn sló sværðet bæzta.
（侏儒萊金鍛造了上好利劍）

　　這兩段詩文對馬的同情都勝過對騎士。挪威詩的第二行則是一個謎。在《沃爾松加薩迦》中，萊金是侏儒鐵匠，收養了英雄齊古爾，將他撫養長大，並助他殺死巨龍法夫納，奪回安德瓦利（Andvari）的黃金。第二行提到的「上好」利劍大概就是格拉姆（Gram），是奧丁送給齊古爾的父親西格蒙德的一把劍，後來被奧丁劈斷，最後由侏儒萊金為他的養子重新鑄造。岡德森猜測，這行詩是在告訴我們，行動需要選擇「正確」時刻。

　　古英語盧恩詩也闡述了跟北歐詩歌同樣的想法，但更為生動。

R *[Rad] byþ on recyde rinca gehwylcum*

（戰士於嬌柔宮中騎馬極為容易）

sefte, ond swiþþwæt ðamðe sitteþ ond ufan

（戶外跨騎則甚為費力）

meare mæganheardum ofer milpaþas.

（偉大種馬在長長道路奔馳萬里）

這節詩文尤其傳達了迅速的動作和一種目的感。如同奧斯本與龍蘭指出的，這裡的騎乘是由一匹馬在人類的控制下進行的。宮中的「嬌柔」生活與更為艱辛的阡陌路途之間的區別，代表需要艱苦的體驗和行動。長途騎行可帶來遠見視野。它也被詮釋為突襲（通常是在馬背上進行的，尤其在蘇格蘭邊境）。

現代含義

萊多既是移動的行為，亦是承載被移動之物的車輛。車輛輪子的轉動支配著一切帶有節奏性、周而復始的行動。

索森把萊多定義為承載工具，以及它所走的道路。根據他的說法，萊多支配著有節奏的行動和有組織的活動（包括國家或宗教等機構）、事物的形式。它是屬於邏輯和比例的盧恩，是認知的盧恩，也是正確有序的行動路徑——儀式運作——是一個人在不同世界之間旅行所行走的道路。彼得森則認為，它是太陽的戰車、旅行、速度極快的（尤其是電子）通訊，體現了太陽的活力與潛力。它也涵蓋訊息和物品的創造與傳輸。萊多有時也被稱為「馬車盧恩」，因此，是歸屬於「戰車手索爾」（Aku-Thor），祂的山羊蹄和馬車車輪在世界各地震天轟鳴。

阿斯溫認為，這個盧恩的名稱也與哥德語的 *raiht* 同源，意思是「正確」，知道該走什麼樣的正道和正義之路。這是騎馬執行任務的騎士該要遵循的道路，而且他也擁有強大力量來捍衛他人的權利。阿斯溫將這個盧恩解釋為「承擔個人責任之需要」，一個人必須決定什麼是正確之途，並掌握自己所走的道路。個人應該控制自己的小我，因為馬匹是由騎士所控制。她認為，萊多基本上也是一個代表神聖秩序的盧恩。

岡德森的討論，則將焦點放在以陽光測量來定義一年時序的功能，把太陽週期的概念和神聖秩序統合起來。作為一個跟「正確秩序」有關的盧恩，跟它關聯的神是弗西提（Forseti）。梵語的 *rita*※ 相當於冰島語的 *solarhringar*（太陽圓盤），圓盤上標有一天幾個小時或一年四季的時序。確實，地球生命的正確運作與否，就是仰賴太陽的晝夜輪轉。無論是哪一種，皆如岡德森指出的，測量的多寡都是「正確的」，因為它們與情境相配。

古北歐語當中論及時間和空間關係概念的最傑出論述，可能是丹麥人類學家克絲汀‧哈斯楚普（Kirsten Hastrup）撰寫的《中世紀冰島文化與歷史》（*Culture and History in Medieval Iceland*, 1985）。一般是藉由觀察太陽通過農莊四周的自然景色變化作為「日光標記」，來計算時間。因此，觀察太陽上升時刻是為了讓個人同時融入時間與空間。對與錯是由關係和行動來定義的。岡德森認為，在靈性工作上，那匹被騎的馬就是佛爾格雅（*fylgja*，個人指導靈、守護靈），而運動節奏就是載著這位神靈在旅途上前進的鼓聲。之後討論馬盧恩依瓦茲（EHWAZ）時，我們會再次看到這種關聯性更為緊密強烈。

青銅時代斯堪地那維亞藝術最值得稱道的作品之一就是「崔洪的太陽馬車」（Sun-wagon of Trundholm）雕塑，是由一匹馬拉著一輛馬車，上面載著一個雕工精細的金色圓盤。太陽圓盤、馬匹和馬車，也出現在瑞典南部基維克城的青銅時代古墓石刻上。北歐神話中，好幾位神都擁有祂們的圖騰生物拉駛的車駕。儀式用的

※ 譯注：宇宙秩序、四季更替。

馬車，不僅用來載運太陽，也用來載運眾神到人間訪視。塔西佗就描述了丹麥古條頓人的這種習俗，他提到的神明就是大地女神納瑟斯，征戰旅途中，祂在當地偃旗息鼓。後來的古北歐語《弗拉泰島書》（Flateyjarbók）中也有一段描述，一輛馬車載著弗雷的肖像，每年秋天在瑞典各地會有一位女祭司侍奉祂。在古埃及的遊行中，如果馬車突然變重，代表有神明現身，人們就用這種現象來占卜吉凶。無論馬車載的是男神還是女神，這種習俗似乎都是華納神族崇拜的一部分。神的巡行隊伍確保了這片土地的和平與繁榮。

騎馬，無論是載著騎士去執行正義，還是載著巫師去周遊各地，都是個人單獨進行的行為，個人需要對自己負責。馬車則是一種交通工具，可以讓多人共同搭乘，一起去到同一個地方。因此，萊多不僅是代表個人旅程的盧恩，也是掌管眾人一起工作所需的組織形式之盧恩。雖然相同動作可能不斷重複，但組織形式必須不斷移動才能發揮作用。它們之所以有用，不是為了它們自己之故，而是因為它們能夠讓人們達到他們的目標。

萊多的解讀和運用

萊多作為一個旅程盧恩，用處特別多。你可以在旅行時吟唱這個盧恩來祈求保護，或將它刻在汽車平安符、行李或信件上，幫助它們安全抵達目的地，尤其是與埃爾哈茲／ELHAZ 結合在一起成為綁定盧恩（組合盧恩），力量更強。威利斯認為，它基本上是一個旅行盧恩，代表一次旅行或一條訊息，或可能是談判或討論。如果跟安蘇茲配對出現，它可能表示誤導性或模稜兩可的消息或業務往來。

這個盧恩可以指組織、一起工作的人、結構或形式。在古英語盧恩字母中，它意指一匹馬，而不是一輛馬車，但無論是哪一種，它都代表移動／運動（movement）。萊多也帶有溝通的意涵，因為信使是騎著馬去送信。在占卜上，它

可以代表上述任何一種解釋，或意指發生變化，進入一個新境況，或有新事物從外部進入你的生活。

其他含義則跟提供或接受建議或諮詢、遵循指示或計畫，或是跟整體變化和移動有關。這個盧恩的出現也可以代表一種為混亂帶來秩序的運動。若出現逆位，可能意指方向上的改變。

第六個盧恩：ᚲ ᚴ ᚳ KENAZ 開納茲

發音：KEN-ahz

意思：火炬

開納茲知曉創造之火
壁爐與大廳因火炬而轉化改造

古代含義

這個盧恩的名稱似乎是源自古日耳曼語的 *kien*，意思是松樹或杉樹，後來衍生出古英語的 *cen*，也就是火把的意思，它最簡單的形式就是一截塗有樹脂的松結木頭。古英語盧恩詩描述了松木火炬的居家用途。奧斯本和龍蘭指出，這節詩的重點在於溫暖、明亮和受保護的環境。開納茲是代表壁爐和家的盧恩，在這個安全環境中，連高貴戰士也感到安心放鬆。

ᚳ*[Cen] byþ cwicera gehwam cuþ on fyre*
（[火炬] 為所有活著之人所熟悉）

blac on beorhtlic, byrneþ oftust
（因那耀眼燦然之火焰）

ðær hi aeþelingas inne restaþ.
（總在貴族歇息之處燃燒）

　　儘管斯堪地那維亞詩歌賦予這個盧恩不同的含義，但火和火光的意象在《埃達》中很常見。下面兩首詩文，第一首的火是象徵好客。第二首中一根火炬點燃另一根火炬的畫面，似乎是在象徵一群客人聚在一起講話時可能會發生的事情，因為說話者會受彼此口才的鼓舞而滔滔不絕。

火乃此刻來者之所需
因其膝蓋寒冷無比
他還需要食物和衣物
因他剛穿越冰冷瀑布

——〈至高者箴言錄〉（*Hávamál*）：2

火炬點燃火炬直到燒起
火花點燃火花不斷接續
人透過與人交談變得聰明
若不開口說話就會變得呆笨

——〈至高者箴言錄〉（*Hávamál*）：57

不過，日耳曼語代表松樹的這個字詞（kien）並沒有傳到古北歐語中，古北歐語似乎將這個盧恩文字的名稱解釋為發音最接近的北歐語單詞 *kaun*，意思是膿瘡或瘡痂。這個解釋也反映在挪威盧恩詩中：

ᚲ *[Kaun] er barna bælvan;*
（［瘍瘡］乃兒童致命之因）
bæl gørver nán fælvan.
（死亡造就一具蒼白屍身）

冰島盧恩詩也如此描述：

ᚲ *[Kaun] er barna bol*
（［瘍瘡］是兒童之災）
ok bardaga for
（亦是一種禍害）
ok holdfua hus.
（以及腐肉之屋）

在這兩段詩文中，瘡或潰瘍折磨著孩子並導致死亡。岡德森試圖要調和古英語和北歐詩歌含義之間的衝突，他指出，在古代，死者的遺骸在下葬前會先讓屍體在「腐肉之屋」（未密封的土堆）中腐爛，後來則是放在火葬柴堆中燃燒後下葬。

現代含義

「火炬」似乎是這個盧恩最有用的解釋，雖然其字根含義「瘍瘡／sore」也帶有火熱的意涵。最簡單的火炬形式就是一截塗有樹脂的松結木頭。火炬的製作，是將麻繩和亞麻碎布條混合捆在木頭的一端，然後浸在蜂蠟或樹脂等助燃液體中做成的。英語的「keckie」是指，牛歐芹的空心莖外面裹著浸過牛油的布條。沃德爾把這個盧恩文字定義為「松油火把／pitchflare」，以此把它跟挪威語的 *kjønrøk*「黑煙」連結起來，並將這個盧恩的哥德語名稱 *chozma* 和希臘語 *kausima*「木柴」連結。

火炬不僅用於照亮廳堂房屋，也用於照亮儀式進行之路。希臘女神黑卡蒂和塞勒涅通常被描繪成手中拿著火炬的形象。因此這個盧恩也可以代表物質面和精神面的啟蒙。手上拿著火（大概就是火炬）將一處家產圍起來，是傳統的北歐儀式，是在法律和宗教意義上宣示，確立土地所有權的邊界。

另一種普遍的解釋，是將開納茲等同於冶煉鍛造之火。索森認為，它是創作和工藝技術的盧恩，藉由對火的控制來塑造事物，迫使舊事物銷解以重新塑造它。索森引用的是沃倫這位人物（Volund，英語傳統中的韋蘭鐵匠和日耳曼傳奇中的半神鐵匠），國王尼德哈德將沃倫俘虜，並命人將其腳筋砍斷，強迫他為國王做事。最後，他進行了一次可怕報復，並藉助他所打造的一件羽衣逃走。除了古英語詩作《迪奧輓歌》（*Deor's Lament*）當中的資料外，現存最古老的故事體是《詩體埃達》中的〈沃倫之歌〉（*Völundarkviða*）。邁克・史考特・羅漢（Michael Scott Rohan）《世界的寒冬》三部曲（*The Winter of the World, 1989–90*），尤其是第三部《太陽之鎚》（*The Hammer of the Sun*），對此一主題做了傑出的現代處理。

岡德森將開納茲之火詮釋為啟蒙的冶煉爐（initiatory forge），巫師或國王藉由進入爐中來得到淨化和轉化。根據他的解釋，啟蒙是在鐵匠的冶煉爐或大地女神的

煉爐（土墩）當中發生的。開納茲是一個「為重建而破壞」的盧恩。土墩煉爐內的火暗喻火龍，也就是潛在命運兀爾德（wyrd）的隱密力量（我們之後學習瑙提茲／NAUDHIZ 盧恩時，會對 wyrd 這個字有更詳盡的討論）。阿斯溫指出，這個古英語盧恩名稱與日耳曼語動詞 kennen 有連結關係，kennen 的意思是「認識、習得」（to know），是蘇格蘭邊境所保留的方言，比如「D'ye ken John Peel」（你認識約翰皮爾嗎）這句話當中的 ken，它說明了這個盧恩符文的其中一個含義是「知識的火炬」。不過，它可能也跟荷蘭語的 kunst 這個字有關聯，意指一種技藝或手工藝，甚至與古英語 cyning 相關，cyning 的意思是 king 國王，一群「kin 親王」的首領，也代表意識覺知以及擁有祕法的大祭司。在《詩體埃達》〈里格頌歌〉（Rigsthula）篇章中就描述到，海姆達爾（Heimdall）將盧恩文字和統治技術傳授給他的兒子孔恩（Kon）。

艾爾·豪根（Einar Haugen, 1985）認為，《詩體埃達》〈格里姆尼爾之歌〉（Lay of Grimnir）篇章呈現了一種王權儀式。在這首詩中，國王蓋洛德（Geirrod）將奧丁困在兩堆柴火之間，不給祂吃喝，折磨了祂八天八夜。到第九天，國王的兒子給了奧丁一牛角杯蜂蜜酒水，並獲得神聖知識作為回報，也就是他將來需擔任人民的統治者和大祭司，還有先前的一個預言也很快會應驗，他將繼承他父親的王位。豪根推測，變身為祭司的奧丁，可能在兩堆柴火之間禁食，以讓自己達到必要的欣狂狀態，然後在此狀態下為新任國王啟蒙，將知識傳遞給他。

傳統上，火也與性慾相關聯（比如「慾火上身」、「激情燃燒」等），性衝動可以被引導到正向道路——精神上或藝術上的豐富靈感——也可能導向負面，變成暴力。威利斯認為，開納茲代表身體熱度、活力和耐力、從疾病或厄運中復原，也代表在性關係或其他人際關係中的積極行動、男性生命力之天賦、原始之火、創造力。根據阿爾弗瑞德·卡利爾（Alfred Kallir, 1980）的說法，古英語 cennan 這個字的意思是「從身體或心靈中產生」，甚至可能跟 cunt 這個詞根有關。所有這些解釋，都支持這個盧恩在近期許多文學作品中所攜帶的性慾內涵。岡德森引用日

耳曼傳統將這個盧恩與女神弗蕾雅連結。火炬本身的形狀就是陽具；而鑽木取火的過程很容易變成一種性隱喻。

然而，我們不要忘了，無論是在物理面上還是隱喻面上，火，既可帶來破壞也能使人重生。若是失控，星星之火也可燒毀整座森林。〈至高者箴言錄〉當中描述的第七個盧恩，似乎也與火相關。

> 我習得第七個（盧恩），若我見宮殿裡
> 出現高聳之參天大火
> 它絕無可能蔓延，因我能將它撲滅──
> 以我所唱之聖詠

──〈至高者箴言錄〉（Hávamál）：151

有時，烈火本身就是療癒之源。化膿性潰瘍的發燒是身體保護自己免受感染的一種對應方式。燒灼，或以火淨化，是一種激烈但可有效根除邪惡之物的方法。

開納茲是冶煉火爐或壁爐中受到控制的火，也是淨化、轉化之火，有時是身體發燒之火，或是柴堆之火。它是一種潛在的暴力，但可以藉由手藝技術和知識加以控制。它是情愛之火，可能帶有破壞力，同時也是作為屏障保護的篝火。

開納茲的解讀和運用

如果開納茲在占卜或盧恩咒語中與代表繁殖力或技藝的盧恩相關聯，它可指涉跟創意有關的事情；如果跟力量盧恩結合，則可代表淨化力或不受控的激情。如果所涉及的脈絡與神祕學有關，則可能意指開悟啟示。岡德森說，它代表受控之火、為了創建之目的而進行的破壞，如果前後脈絡都是負面的，則代表無法

重新統合或無法導向形塑的解體。彼得森認為，它代表痛苦、痛楚，如果置之不理，事情會變得更糟。阿斯溫從另一面向來解釋，認為這個盧恩與清晰的思維、洞察力和集中心神的努力相關聯。遇到難題時，它可帶來光明，而且能夠照亮問題的隱藏原因。它可與萊多和依瓦茲結合，用於精神旅行，照亮靈性道路，作為武器或明燈來吸引助力。

萊多和開納茲：研究與體驗

祝福路途平安

萊多這個盧恩，可意指物理層面的經驗，也可代表魔法層次的體驗。一方面，它代表我們的靈性道路，在這裡，就是指探索北歐文化之路。但它也可單純代表一般的旅行移動。身體移動的經驗本身可被體會或內化為冥想的基礎。當你要前往某個地方，甚至上下班通勤時間，一路上請留心注意。你在公車上看到了什麼你在汽車上看不到的風景？駕駛人角色與乘客角色有什麼樣不同的感受經驗？要在世間安全移動需要具備什麼樣的技能和覺知力？當你進入不同環境，必須有哪些調整？工作場合的你和家庭生活的你是同一個人嗎？

如果是較為長途的旅行，需要計畫和準備，或對交通方式不熟悉，使用這個盧恩會變得比較順利。飛機航程特別適合使用萊多盧恩。召請奧丁的八足神駒斯雷普尼爾（Sleipnir）來幫助你順利起飛，也可以隨身攜帶護身盧恩埃爾哈茲（Ｙ）和萊多（這兩個盧恩也可用於保護你的行李）。較傳統的旅行方式是騎馬。如果你沒有嘗試過，現在可藉此機會上個入門課，騎馬時，想像自己駕馭著這匹馬穿越千年古森林。如果你喜歡，也可以坐上馬車去兜風。可製作或改裝一輛小馬車，用來在儀式上運載神像。

為你的車子祈福

　　個人可進行的萊多盧恩儀式是為車子祈福。在古時候，人們遇到危險時就會施展護身魔法，在今天，要保障行車安全當然是必須考過駕照。你的目標是保護這輛車的內部和外部都不受到傷害，並確保行車過程平安愉快。儀式無法取代車輛磨損零件的定期保養和修理，但它應該要為你帶來好運，並確保問題只在你可以處理的時間和地點發生。

　　如果可以的話，儀式進行前請把車子徹底清乾淨。清洗車體、清走車內所有垃圾，用小掃帚或吸塵器把車子徹底清理乾淨。然後用任何一種帶有辛辣氣味的藥草，以逆時鐘方向煙熏，下指令將所有厄運、混亂和虛弱能量都趕走。

　　然後，用祝聖過的威士忌、顏料或油，在汽車引擎蓋上畫安蘇茲 ᚠ，然後口中唸祈禱語，比如：「奧丁，世界的行者，請保護我旅途平安順利。」在乘客座位那側車門畫上提瓦茲 ↑，然後說：「可靠的戰神提爾，請保護我的右側免遭災禍和傷害。」在駕駛人這一側車門上畫索里沙茲 ᚦ，然後唸祈禱文：「索爾，護衛大神，請保護我的左側免遭災禍和傷害。」在車尾畫上瑪納茲 ᛗ，然後說：「海姆達爾，人類之父，請保護我不遭受厄運。」在車頂上畫一個埃爾哈茲 ᛦ，做整體保護。索維洛／Sowilo 和拉古茲／Laguz 可以保護引擎內部的電力和電漿（更詳細的盧恩刻寫，請參閱給勃章節當中關於綁定盧恩 [bindrunes] 的內容）。遇到塞車或行車困難的路況，可大聲誦唸以上這些祈禱文。

　　另外，你可以用一些水灑在車子上，並給它一個名字，召請一位車神來守護它。在後照鏡上掛一個平安符袋或水晶吊飾，可作為守護靈的依附物。你也可以將盧恩文字刻寫在你的鑰匙圈或鑰匙包標籤上，這樣當你發動車子的時候，就同時召喚了這些盧恩的力量。

神聖之火

使用開納茲盧恩還能獲得一些新技能。聆聽華格納歌劇《齊格飛》（*Siegfried*）鑄劍的那一幕。如果有機會，可觀看鐵匠工作，或了解金屬是如何鑄造和鍛造的。學習製作火炬，或用鑽木取火來生火。

要製作火炬，你需要一截松木、一撮火種、一些天然棉布或亞麻碎布條、一卷黃麻繩以及焦油或松香油（可在油漆店買到，但務必閱讀使用說明，才不會變成爆炸，只要可以點燃就好，而且要保證煙霧無毒）。將木頭一端劈開，或直接把引火的小木棍綁在上面，纏上碎布條，然後用大量焦油把它們黏在一起。用黃麻繩將所有東西固定住。一個更簡單的方法是到工藝品店買一個工具包，然後自己製作蠟燭。製作過程的每一個步驟，都要在上面畫開納茲盧恩，為你的火炬或蠟燭祝聖，並觀想它的光非常明亮耀眼。

《薩迦》當中提到，人們會用火炬把一塊地圍起來，以此來宣示對這塊土地的所有權，照亮人類和靈界兩邊都認同的界線。在一塊區域周邊圍上火炬也是一種防護方式。火炬遊行一直都是許多民間節慶活動的一部分，甚至到今天，人們還會帶著蠟燭圍在教堂四周來聖化。

你也可使用開納茲盧恩來保護你的居家空間。手持蠟燭，以順時鐘方向繞行你的家屋或居住空間一周，同時觀想一圈火焰將它圍起來，就像奧丁用祂的長矛畫出羅羯之火，將布倫希爾德團團圍在峭壁岩石上。一邊在你要保護的區域繞行，一邊誦唸：

> 我以神聖火焰圍繞這個空間
> 淨化之火現在保護這個地點

駕車的男神／女神

在許多文化中，火炬遊行通常會伴隨在一位守護女神身邊前進。這種做法在古埃及非常普遍，現今在天主教諸聖節（Catholic Saint's Day）遊行中也能看到。在日耳曼尼亞，似乎與華納神族的神特別有關聯，而且可能早於印歐民族。塔西佗說，日耳曼北部海岸的部族：

> ……同樣崇拜大地之母赫塔（Hertha）※；而且祂似乎會介入人類事物，並在各國周遊巡訪。在浩瀚大洋的一座小島上，矗立著一片神聖且祥和寧靜的樹林，林中有一輛神聖戰車，上面罩著布幔，只有祭司才能碰觸。當他感應到女神進入此祕林深處，便懷著深刻敬意靠近那輛由套著軛的母牛拉動的車※※。值此季節，一切盡是歡樂；女神所到之處無不洋溢歡慶氣氛。沒有戰爭發生；軍隊不動干戈；所有武器均被上鎖。無論境內境外，人們所知盡是祥和與愛；直至，女神疲於與凡人打交道，祭司便將女神重新迎回祂的神殿。那戰車，及其布幔，若我們相信，連同女神本尊，後來在一個祕密湖泊進行浴淨。（《日耳曼尼亞誌》:40）

在書上其他段落，塔西佗說，這位女神是用平板船來抬運，就像古埃及女神伊西斯立在太陽三桅船上一樣。華納神族統治大地和海洋，船和馬車似乎在儀式上可以互換。船或馬車本體裝飾極為華美，跟在奧塞比（Oseby）的女性墓穴中發現的陪葬物一樣。丹麥文獻證明，此次出巡發生在二月，也就是春耕開始之際。

十一世紀的瑞典也有類似習俗。在麥金尼爾的著作《奧格蒙德·巴什傳說》（*Tale of Ogmund Bash*, McKinnell 1972）中，一位名叫古納爾（Gunnar Half-and-Half）的年輕人被迫逃往瑞典，來到一個崇拜弗雷的地區。女祭司說弗雷不喜歡古納

※ 譯注：就是本書第47頁提到的納瑟斯女神。
※※ 譯注：祭司陪同女神出巡。

爾，但女祭司本人和當地民眾都很喜歡他，所以她邀請他「留在這裡過冬，並在幫忙驗收農民穀物收成時，與弗雷和我一起參加盛宴。」（第142頁）。

就在他們出發之際，暴風雪來襲。古納爾不願牽那輛載著弗雷神像的車馬，弗雷便從馬車出來與他廝殺。古納爾漸漸招架不住，心裡暗下決定，若能活命，必改宗回去當基督徒，就在那時，弗雷神從雕像離開，古納爾便將神像打碎。他給女祭司下了最後通牒，若不讓他假扮成弗雷本人，他就要拋下她不管。女祭司同意了。當地村民對於弗雷一行人甘冒風雨前來，還展現大能與他們共席吃喝，皆深感敬佩。他不多言語，只願收受金銀財寶（而且沒有殺生祭祀）。他還讓女祭司懷了孕。

> 眾人皆認為此事極好，瑞典人現在為他們的這位神感到歡欣喜悅；天氣也溫和晴朗，所有莊稼繁茂茁壯，以致再無人記得此事。（麥金奈爾1972，第143頁）

最後消息仍是傳開，也傳到挪威國王歐拉夫耳裡，他懷疑事有蹊蹺，「因為異教崇拜最豐盛的祭品即是以活人為祭」，於是派遣使者將古納爾帶回家。※

這段內容有幾個有趣的地方。很明顯，就算是一個冒牌神明的造訪，也能讓所到之處平和無戰事。它似乎發生在農作物生長季節之初。這兩個例子裡的神都是華納神，而且都由與神明性別不同的異性祭司侍奉。瑞典的例子清楚顯示，神的雕像是用馬車載運的，但當地民眾和歐拉夫國王的反應則顯示出，神由人作為替身，或甚至透過人來傳話，也並非特別奇怪之事。

※ 譯注：因為沒有殺生獻祭，讓歐拉夫國王認定那位被稱為「弗雷」的神應該就是古納爾。

另一項證據來自四世紀的哥德人（Burns 1984，第146-47頁）。蠻族奮力抵抗基督宗教傳播的少數幾個例子中，國王阿塔納里克（Athanaric）曾下令抬運一尊神像巡遊其領地，藉以淨化全境土壤。神像每到一個村莊，都受到盛大歡迎，所有參加的人都必須一起享用殺牲祭品。因信仰而被禁止食用拜過神像之食物的基督徒，只能選擇死亡，不然就是逃到羅馬境內。

裝飾華美的馬車，由手持火炬的騎士騎馬護送，從森林幽暗之處現身，這是相當有力的一個意象。日耳曼國家的傳統居住模式是散居—— 一般是村莊，不然就是由長者掌理的氏族莊園。主要社會結構是家庭，為因應農活之需，再加上交通困難，人們很難為節慶聚在一起。反倒是節慶會自己來到人們身邊。

這種情況似乎與十九世紀美國農村的情況出奇相似，在當地，人們的宗教需求是透過騎馬巡迴布道的傳教士和巡迴宣教營隊來得到滿足。對於古代北歐人和日耳曼人來說，有機會在主掌和平與富足的神明面前享用盛宴與狂歡，是一件非常具影響力的事情。

團體儀式

如果團體一起共學，可以在第371頁找到關於萊多和開納茲的儀式。儀式的主要意象就是火炬以及由馬車載運的神明。

第5章

ᚷ 給勃和 ᚹ 溫佑

學習過給勃和溫佑之後，你將完成古弗薩克文字的第一族，也等於學完了前三分之一的盧恩文字。時間似乎過得很快？每一次我從頭開始學習弗薩克文字，都覺得工程浩大，但學習之旅來到這裡，便感覺不可置信，居然已經學了這麼多。

弗薩克的每一個族似乎都是以代表希望的盧恩作結。在第一族結尾，給勃和溫佑為我們帶來了喜悅。這兩個盧恩都是「好」的符文，因為你很難為它們找到任何負面含義。但其實這兩個盧恩並沒有乍看起來那樣相似。如果你有在練習斯塔達盧恩瑜伽

（stadhyr），可試著分析一下這兩個盧恩文字的能量流動差異。與另一個人一起進行，先發送一個盧恩的能量，接著發送另一個，然後做個比較。能量感覺起來是「熱」還是「冷」？是動態還是靜態？這些差異讓你對這兩個盧恩的使用有什麼樣的領悟？

第七個盧恩：Ｘ GEBO 給勃

發音：GHEB-o

意思：禮物

給勃使禮物與贈禮者合為一體

以其能量之平等交換

古代含義

在古弗薩克中，G 盧恩的名稱是 *gebo*，禮物。這個盧恩的古英語名稱是 *gyfu*，意思是禮物或慷慨之行。G 盧恩並未包含在後弗薩克中，因此未出現在挪威和冰島盧恩詩裡。g 音在斯堪地那維亞語言中不太常見，哥德語和古英語把 ge- 這個動

詞前綴詞去掉了，早期的現代德語則保留了下來。在北歐銘文中，*kaun* 擔起了硬發音 g 以及硬發音 k 的雙重任務。

塔西佗的著作充分證明了禮物在舊日耳曼社會的重要性：

> 沒有其他民族比日耳曼人更熱愛社交活動，也沒有人比他們更能自由行使待客之道。拒人於門外，等同於是一種滔天惡行……無論是陌生人還是熟人，享受招待的權利皆無分別。主人會在賓客離開時贈送對方要求的東西；同時也可自由要求他們想得到的回禮。他們很開心收到禮物；但也不認為送禮或收禮是一種義務。（《日耳曼尼亞誌》：21）

事實上，勃艮第法律對任何拒絕招待客人的人會處以罰款。古英語盧恩詩完全支持這個盧恩在古弗薩克和古英語弗托克中被賦予的「禮物」含義。這些詩句描述了慷慨德行的實踐方式，這種德行在古代日耳曼社會和其他英雄文化中都受到極高推崇。早期英語詩歌中對國王的標準修飾詞是「指環贈與者」（ring-giver），國王以其慷慨之行贏得追隨者的忠誠之心。從這節詩文我們看到，這種美德不僅是對作戰有功者，甚至擴大到更普遍性的友好款待。幫助社會中生活比我們更不安定的無家遊民，是道德上需履行的義務。

X *[Gyfu] gumena byþ gleng and herenys,*

（對人慷慨贈與，帶來信用和榮譽、）

wraþu and wyrþscype, and wræcna gehwam

（支持與尊敬——至於被社會遺棄、）

ar and ætwist ðe byþ oþra leas.

（一無所有之人，則慷慨施予住所和物質）

雖然後弗薩克並沒有包含 G 盧恩，但古北歐文獻，特別是〈至高者箴言錄〉，在慷慨此一主題上則給出很多忠告。正如慷慨是一位好國王的特徵，吝嗇也會耗掉一位領袖在征戰中贏得的聲譽，尤其當他怠慢了一位流浪詩人。在〈格里姆尼爾之歌〉（Grímnismál）當中，國王的刻薄行為（即便是因為收到錯誤情報）導致了災難，因他折磨奧丁，而不是歡迎他[※]！日耳曼和其他文獻中的許多傳說都提到，陌生人應該被當作眾神的替身受到歡迎，尤其當一位神都已經現出了他的本尊！以下這首詩文的前段部分與盎格魯撒克遜盧恩詩類似，但後段部分舉的是反例。

慷慨勇敢之人活得最是安心
極少懷抱愁苦憂慮
膽小之人凡事易受驚嚇
吝嗇鬼為其施捨悲悼哀戚

——〈至高者箴言錄〉（Hávamál）：48

在冰島社會，慷慨是獲得社會地位的必要條件。地區領袖或哥德人必須擔任東家角色主持季節性祭祀盛宴，並提供資金來準備祭品。這種價值觀在婚宴習俗中表現得最為明顯。《薩迦》當中經常提到，訂婚和結婚之間的日子有時會被延長，好讓雙方家人有時間籌措資源來舉辦體面的婚禮，建立新人的社會地位並為其親族增光。在古北歐語中，gipt 這個字不僅可意指一般禮物、上天給的禮物（天賦才能），或是收益收入，亦可代表婚禮，許多跟婚姻有關的詞彙都包含了這個字在內。Giptar-mál「禮物宴」，也就是婚宴的意思，除了贈禮，再加上新娘和新郎需在眾人見證下坐上新床，才構成合法婚姻（古代凱爾特社會也是如此）。現代婚禮也保留了此一古代婚俗的精髓。雙方家人互贈禮物，並展示在眾賓客面前，讓他們能夠記得此一場合，之後隔天一早由新郎致贈給新娘。

※ 譯注：就是本書第 92 頁提到的國王蓋洛德

不過，古北歐人並不完全信這一套。至少到後來，人們認為這種慷慨是愚蠢之行。日耳曼人的頭腦對於這類義務有一種很好的平衡感。他們認為，善與惡都應盡可能公平得到償還，這種觀念也反映在用來解決血親復仇的詳盡律法之中。在〈格里姆尼爾之歌〉當中，國王蓋洛德最後得到的惡報是被自己的寶劍絆倒，喉嚨被利刃劃開而身亡。維京人的善惡黃金律則是這樣的：

朋友應以華服或兵器相贈
全依個人而定
朋友之間有來有往
乃友誼長久之關鍵

對待朋友必以朋友之道
以禮還禮
以笑還笑
以假話還給欺瞞謊報

——〈至高者箴言錄〉（*Hávamál*）：41-42

這種概念甚至擴及祭祀殺生，也對脆弱的經濟造成嚴重影響。顯然到後期，北歐人已開始學會適度節制。

寧願不祈求，也好過祭品過多
奉獻一份牲禮之後就得奉獻更多
與其過度殺生，不如完全不送

——〈至高者箴言錄〉（*Hávamál*）：145

現代含義

　　古代與現代文獻資料對於給勃和贈與的探討，都跟慷慨和交換的含義有關。大家都認同，贈與是好事，但對於無條件贈與的重視，以及禮尚往來過程需要斟酌平衡，兩者之間似乎存在些許矛盾。

　　索森認為，這個盧恩的主要意義是交換。這包括：給予、分享、權力的收受；兩人或多人心靈結合以創造一種物理上或魔法上的結果，或神與人之間的交換交流；或是經濟上的互動。它也涉及犧牲（自我犧牲也算在內）。自我犧牲的奧丁，送給了我們三樣禮物：知覺意識、生命氣息與有形色身。索森還提取婚姻的含義，賦予這個盧恩神祕聯姻（神祕學層次上的結合）之意涵。

　　岡德森對於犧牲的討論特別有意思，他把重點放在自我犧牲的啟蒙功能，從奧丁在世界樹上將自己獻給自己，到巫師以自我犧牲作為化形變身的前奏。他對這個盧恩的沉思尤為有力。他指出，在北歐宗教中，祭祀供品並不是用來說服神靈相助的賄賂品或謝金，而是象徵彼此交換忠貞之心，就像古代國王及其追隨者間的忠誠關係一樣。

　　奧斯本和龍蘭則提取古英語盧恩詩中的含義，將這個 GYFU（禮物）盧恩描繪為一個代表慷慨付出或贏得聲譽、接受互惠禮尚往來，或建立信賴關係的盧恩。它意指一種價值的交換，而且透過這種方式將那些被社會遺棄的人納入社會結構中。彼得森則指出，這個禮物盧恩經常出現在祈求繁榮成功的護身符咒或咒歌當中。阿斯溫對於交換當中雙方平衡與平等的重要性之討論，尤有幫助。

　　在古代，慷慨是最高貴的德行之一。財富的目的不是為了囤積，而是為了在社會中擴散出去。它是提供社會運作的潤滑劑；這是種再生循環利用的方式，是「因果循環、生生不息」的表現。法律上強制規定的公眾扶助計畫，並不能令各方都感到滿意，而且往往存在著不公平，或執行效率低下。在艱困時期，個人或

團體都必須為社會承擔起責任。不過，贈與也可能會因為不情願而變質，這對贈與者和接受者雙方皆然。禮物可讓收受者變得獨立或富有，也可能讓他陷入依賴的循環。平衡原則必須應用於心理層面，而不是帳本層面。贈與的人應該感謝禮物，讓他們能夠站到慷慨之人這個位置上；而接受禮物的人也應該被提供機會，讓他們可以把收到的好處傳遞出去。

一般來說，給勃被認為是華納神族的盧恩，尤其是女神格芙昂（Gefion，可能是芙麗嘉的另一化身或侍女），或葛芬（Gefn，弗蕾雅的別名）。格芙昂是丹麥萊爾皇家中心信奉的女神。一直以來祂被認為是一位農業女神，是大地果實的「賜予者」，是將禮物送給人類的女性神祇瑪特羅涅（Matronae）之一。這也暗示了弗雷和弗蕾雅在性愛生育力和繁衍力上的角色。現代人寫信末尾經常會放上 XXX，代表「以愛與親吻召請華納神賜予好運」。

我們每天都需要華納神賜予的禮物才能活命。在生態學層面，交換理論教導我們要保持平衡，一面從大地拿取東西，同時也要給出我們所擁有的作為回報。意思是，我們要感謝植物和動物付出它們的生命讓我們得以存活。同時意味著要積極尋找再利用和節約的方法，而且要支持提升環保責任的政治和社會計畫。

這個盧恩也主掌更神祕層次的交流，尤其是能量或魔法力量的交換，無論是人與人之間，還是人與神之間。北歐人的宗教信仰概念，不是一種恭順屈從的上下從屬關係。為了神益和拯救世界，人與神會攜手合作（如同在諸神黃昏時各路英雄會為奧丁而戰）。神賦予我們力量，而我們的信仰也反過來使祂們變得更強。殺生祭祀含有「使之成聖」的概念；諸神令人類奉獻之供品成聖，然後直接或在精神上回報給捐贈者。奧丁將自己獻給自己，可視為內在各面向身分的一個整合；當我們將身體和人格特質奉獻出來為我們的高我服務，我們也是在做相同的事。

因此，給勃也可以被當作奧丁盧恩來使用。在維京時代，眾神之父（Allfather）的禮物受到極度重視。國王為求勝利而殺生獻祭，打敗仗時指責神明背信棄義。

我認為，他們的問題源於對神之旨意的根本誤解。奧丁關心的不是個別王國的命運，而是整個世界的命運。祂的神話證明了祂願意犧牲任何事物與任何人，包括祂自己，來獲得知識智慧和引導世界做出變革。祂向所有信奉祂的人索要他們擁有的一切，但祂也傾盡自身所有來作為回報。祂不能被人利用，而且那些將自己奉獻給祂的人也要小心，因為祂的索價可能高得嚇人，一切都將用於服事神的旨意，而非他們自身的目的。但祂回報的禮物是無上的大歡喜心。

給勃的解讀和運用

占卜師應根據前後脈絡，考量「禮物」在一個盧恩符陣中代表的所有可能含義，包括靈性面的禮物，也要去檢視此人與其他人的互動性質，特別是在情感方面。另一個需要考量的領域是個人生活各層面之間的平衡，或是個人跟他所處環境之間的平衡。不過，這個盧恩也可能帶有經濟意涵，跟工作場合人際關係及工作成果有關。威利斯則在這個盧恩當中看到某種結合或夥伴關係，代表此人將會得到禮物或愛情、一場婚禮、行動和意圖的結合（「這算是單純禮物」？），或代表關心在意一段感情。

給勃也可意指簽訂契約、協議和結盟──包括法律上的和情感上的。個人可能即將獲得物質財富或榮譽名聲，或被要求將這些東西施予別人。它甚至可以代表參與非營利或慈善活動。負面含義則包括奢侈或吝嗇，或金流出問題。

給勃也可用來作為一般的幸運符文，讓你所強調的事情得到雙倍或三倍效果。與菲胡結合使用可帶來財富和成功，與殷瓦茲結合有助於生育懷孕（促進繁衍力）。你也可以用它來幫禮物或供品聖化。跟安蘇茲結合，會形成自我犧牲的含義，帶來智慧啟蒙。它也可用來跟其他力量建立連結，或是用在與整合或平衡有關的咒語當中。

第八個盧恩：ᚹ WUNJO 溫佑

發音：WOON-yo

意思：喜悅

溫佑獲得願望之神的福佑

喜悅匯聚眾人於安心自由之家園

古代含義

哥德語 *wunjo* 的意思是「喜悅／joy」或「至樂／bliss」。在古英語中，*wynn* 這個字也有相同意思。古北歐語中，以 *w* 為字首的語源學對等詞語是以 *v* 來書寫，也就是冰島字母表裡面名為 vend 的字母。但這個音在拼寫上是寫成 *u*，因為後弗薩克文沒有 *w*。古英語盧恩詩對這個盧恩文字的詮釋描繪了古英語中對於「幸福快樂」的概念──沒有災厄煩惱、擁有充足資源，也有力量來守護這些資源。

ᚹ *[Wynn] bruceþ ðe can weana lyt,*

（喜悅乃屬對苦難知之甚少、）

sares and sorge, and him sylfa haefþ

（未經悲痛與憂傷，以及擁有）

blæd and blysse and eac byrga geniht.

（權力與至樂和華美住屋之人所專有）

根據傳統的「野豬頭頌歌」（Boar's Head Carol），耶魯盛宴（Yule feast）乃是獻給「喜樂之神」（King of Bliss），在此脈絡下，祂可以等同於基督教的神或弗雷神，祂們是野豬牲禮的供奉對象。古英語詩也有很多內容提到天界宮廷或神之宮殿裡的幸福生活。與這個盧恩關係最密切的神可能是弗雷，或根據阿斯溫提到的古傳統，是男神烏勒爾（Ullr，盎格魯撒克遜詩中的烏爾多爾／Wuldor），或者按照雅各布·格林（Jacob Grimm）的解釋，就是奧丁。

格林在《條頓神話學》（*Teutonic Mythology*）第一部第六章關於沃坦（Wodan）[※] 的討論中，對 *Wunsch*（音譯：望取）這個字做了廣泛分析。

幸福和福佑的總和，一切恩典，在我們的古語中似乎只用單一詞彙來表達，其含義自此被窄化了；它被稱為 wunsch（願望）。這個詞可能源自 wunja，相當於我們德語的 wonne，喜樂；或 wunisc、wunsc，任何一種形式的完美圓滿。（Grimm 1966，第 138 頁）

在十三世紀德語詩歌中，望取／*Wunsch* 被擬人化為上帝造物的中間人。「我們看到 Wish 提供雙手、力量、容貌、勤奮、藝術、開花、果實；他能創造、形塑、製造傑出作品等等。」（Grimm 1966，第 142 頁），而且在各方面似乎都能與上帝互換身分，由此格林得出結論，這一堆詞彙最早是用來指一位日耳曼的神，名字叫 Wodan（沃坦），祂有一個北歐名叫做 Oski（奧斯基），意思是「願望實現者」。

※ 譯注：就是奧丁。

其他詞彙也支持這種身分認定。Oskmeyjar，願望女神（wish-women），就是 Valkyries ／瓦爾基麗／女武神（這個字也譯為「被收養的女兒」）。德語的 *wunschiligerta*，意思是許願木條（wishing-rod），可能與奧丁的別名「Gondlir，魔杖持有者」相關聯，也可能與古英語九草符咒（Nine Herbs charm）的「榮耀樹枝」（glory twigs）相關。格林為古代日耳曼神沃坦的形象提供了有力支持，這個形象比北歐人賦予祂的形象還要寬廣得多，甚至包括了更北方的華納神族所專屬的豐饒與繁衍功能。正如岡德森所指出的，在丹麥和瑞典的民間習俗中，會將最後一捆稻穀獻給奧丁，這表示人們認為奧丁是繁衍之神。在〈海恩德拉之歌〉（*Hyndluljod*）※ 當中，祂被稱為黃金的贈與者，海德瑞克國王為了打破飢荒而向祂獻祭。如果沃坦／奧丁最初也擁有這一面，那一定是祂作為願望之神（Wishfather）角色的一部分，就像羅馬神墨丘利，是一切美好事物的給予者。

在〈勝利賜予者之歌〉（*Lay of Sigdrifa*）當中，女武神（願望女神）開始向齊古爾傳授祂的智慧時說：

我以麥酒敬你，戰鬥之樹啊
混合著體力，交織著榮譽
滿滿都是力量的咒語和歌曲
攜帶著幸運符籤與喜悅之盧恩

——〈勝利賜予者之歌〉（*Sigdrifumál*）：5

雖然斯堪地那維亞盧恩詩中沒有溫佑這個盧恩文字，但《埃達》當中有一些內容談論到幸福。〈至高者箴言錄〉提到，它是智慧的結果以及獲得眾人讚譽。喜悅也是友誼的回報——「人乃他人之歡喜泉源」（〈至高者箴言錄〉：47）。一個活得無所畏懼、而且不浪費時間在擔心憂慮的人是有福的。適量的智慧帶來幸福，過多

※ 譯注：《詩體埃達》的其中一篇。

的知識則引發問題——「人心將難因喜悅而歌唱，若其主人過於聰明」（〈至高者箴言錄〉: 55）。但最重要的是保有生命的存在。

現代含義

近代對溫佑盧恩的解釋，似乎反因這個盧恩文字太過簡單容易理解，而受到阻礙。每一個人都渴望得到喜悅、幸福和至樂，但就其本質來說，卻幾乎無法定義。

索森將這個盧恩解釋為代表不同自然元素力量的協調，合併、融合、結合；為了共同利益，氏族內部的結盟和團結。彼得森則從另一個角度，將它定義為快樂或靈性上的欣狂歡喜。奧斯本和龍蘭則認為，喜悅是嚴苛世界中的一種理想境界，或孩子的天真歡樂。索羅夫・沃德爾（Thorolf Wardle）將哥德語的 *Wunjo* 與古高地德語的 *Wunna*（一片青草地）以及現代德語的 *wonne*（至樂）視為相關聯，並認為它就是指如波浪起伏的青銅時代草原，古代日耳曼部落興旺繁衍的畜群在其上漫步。當然，對牧民來說，一群安心吃草的動物代表著一種喜樂。

阿斯溫對溫佑有一個相當有趣的解釋，即「真實意志的力量或實現」，它可以將（字形有點相似的）索里沙茲能量帶入意識層面。溫佑是第一個「族」的最後一個盧恩，她覺得，這個位置代表了第一族所有盧恩所涉及的創造過程，最終得到了一個完滿結果。

岡德森也認為溫佑是一個意志盧恩，是女巫或巫師在面對一切挫折時，仍能保有對魔法工作的熱情之決心，是與悲傷和絕望戰鬥時持有的武器。幸福乃因堡壘的安全庇護而有——這個堡壘就是保衛的意志，以及親族友朋共聚的安心之地。不過，他也指出，過多的結盟會導致自滿或對問題視而不見。溫佑也是一個療癒盧恩，特別是情感上的問題或人際衝突。它能促進心靈和身體協調合作，並改善精神狀態，以幫助身體康復，並增強各個層面的免疫力系統。

喜悅盧恩的一個主要含義，似乎也包含在社會群體中感到幸福快樂。它不是孤獨先知的那種欣狂歡喜，而是來自人際交往而生的喜悅，尤其是從家人相處、性愛，或情感羈絆等這類人際連結所帶來的喜樂。甚至，如果它跟創作相關聯，那就是一種帶有實用目的的藝術品。它喚起的那種喜悅，是人們在群體歡宴或家庭聚會當中感受到的那種快樂。這就是日耳曼詩歌當中提到的理想幸福，有智慧且身心健康的人，在廳堂裡被親族和友人簇擁圍繞。

探究這個盧恩時，我們可以思考喬瑟夫・坎伯（Josep.Campbell）所說的「Follow your bliss」（追隨你的至樂）」這句話的含義。什麼是至樂呢？你真正想要的、渴望的、渴求的是什麼呢？一堆大師、古魯熱心急切地告訴我們應該擁有什麼樣的願望，但每一個願望就是一種魔法，我們應該仔細思考清楚。童話故事裡面一大堆警世故事都在講述，人不考慮後果就亂許願，會帶來什麼麻煩。正如小說家瑪麗昂・齊默・布拉德利（Mation Zimmer Bradley）喜歡說的那句話：「小心你所祈求的，因為你可能會如願。」

在斯堪地那維亞民間信仰中，一個人有意或甚至無意中許下願望，都會對另一個人的靈魂產生重大影響。對一個人或一隻動物抱有惡意願望，會導致他們生病或死亡。如果一個人對某個對象懷有一種無法控制的渴愛（elsk），也會導致那個對象生病。尤其在強烈情緒的助燃下，人的意志力量是非常強大的。

任何一種信仰的最深奧教導都告訴我們，信仰修練的終極目標是獲得喜悅——與神合一的至高喜樂。對於日耳曼戰士來說，在英靈殿中歡聚就是他們的理想，來世的極樂等同於在今生追求喜悅的完美境界。我們對眾神的看法與我們的祖先不同，但我們知道，他們真實存在，當我們歡迎他們在「蘇姆貝爾」（sumbel，向眾神和眾英雄敬酒的一種正式儀式）當中與我們一起享用盛宴，他們的現身為我們帶來了喜悅，這種喜悅，乃是由親族共聚一堂同享歡宴的傳統，以及人與神交流交融的經驗共同組成的。

追求智慧則是另一種喜悅，尤其是當我們能在學習路上與人結伴同行。有一種喜悅是不知不覺中降臨的，那是神的恩賜，還有一種喜悅是因意志而生的：當眾人堅決否認這個世界有美好存在時，你卻發現了它的美；無論那份愛是否能得到回報，你都堅持疼愛對方；還有，以喜悅之心投入戰場為歡笑而戰，無論輸贏，你都竭盡全力面對挑戰。

溫佑的解讀和運用

　　在占卜解讀中，溫佑代表它周圍出現的盧恩都可以用正面角度解釋。它可以指戀愛關係進展順利，或是任何一種共同活動的快樂心情，尤其是工作上；在靈性方面，它代表人格或力量的整合。整體來說，它代表喜悅和幸福、好消息、好結果，對自己親手完成的工作、工藝作品、人際情感關係或愛情都抱有一種喜悅的心情。溫佑也可以意指或協助促進人際和諧、喜悅心情、繁榮成功，以及友誼，而且可以用來當作一般幸運符文。在你的額頭畫溫佑盧恩，可解除憂鬱沮喪心情。若在不好的位置，代表可能會有停滯、衝突紛爭和疏遠的情形發生。

　　溫佑也是製作綁定盧恩（bindrunes，或稱組合盧恩、連結符文）時的主導符文，綁定盧恩本質上是盧恩文字的美學組合，就跟字母組合花紋（monograms）※一樣，但同時帶有魔法上的目的。綁定盧恩的創作和構成方式與魔符（magical sigils）大致相同。先選擇適合該問題的幾個盧恩文字，然後盡可能讓它們有多一點線條重疊在一起，以形成連結符文。綁定盧恩可以傳達一種概念，以及／或是代表某個字詞的含義。它們基本上就是概念性的重組字（anagrams）。

※ 譯注：或稱文織字母、花押字、老花。

給勃和溫佑：研究與體驗

禮物和贈與者

　　給勃是最容易付諸實踐的盧恩之一。贈與是一個主動性動詞，稍微腦筋一轉，你馬上就能想到一堆方法來體驗給勃的交換意涵。贈與的行為可以發生在個人、社會和大環境層次，最終極的交換則是與神靈的能量交換。

　　在個人層次上，我們送禮物給朋友。禮物的交換是在儀式中進行的，但你也可藉此機會送給你摯愛的人一些東西。送禮物未必要花錢。為老朋友或親友寫一封意想不到的信。告訴某人你很感謝他，或是你很愛她。你不能假設人們能跟心靈感應，但就算你的朋友知道你的感受，若能聽到你親口說出來，他們應該會很開心。帶一個朋友出去吃午餐。送鮮花給某人。償還債務也是一種禮物。歸還借來的書，支付帳單，都是。

　　在社會層次上，你可以透過將禮物送給不認識的人，來體驗給勃盧恩。把口袋裝滿零錢，走到街上去，送東西給你遇到的每一個遊民。古代部落舉行慶宴時，人們一定會想辦法讓每個人都吃飽，而為流浪者提供食物也是待客之道的一部分。現代的類似做法是，請人們將罐頭食品帶到儀式上，然後將食物送到當地的收容所。古代人除了送食物之外，也會多送上衣物。不妨藉此機會查看一下你的衣櫥，把你已經用不到的東西送給慈善團體。

　　在大環境層次，我們可以試著找出一些方法，來回報我們每天從地球母親身上拿取的東西。比如捐款給某些環保組織。種樹。如果你已經開始做資源回收，請再找出一些新方法來節約資源或進行資源再利用。

　　贈與的另一個面向，是歡喜接受別人的贈與。比如，讓某人來為你做某件事，如果有人稱讚你，就大方地接受下來。以信任對方對你的尊敬來向對方表達敬意。讓別人帶你出去吃午餐。把別人過去送給你的東西整理出一張清單。在住

家附近公園散步，用心觀察四周，感謝地球母親不求回報贈與我們這些東西。送東西給自己：一次按摩、泡泡浴、巧克力棒等。

研究學習給勃，讓你有機會分析你在物質面、情感面和靈性支持方面得到了什麼，以及付出了什麼。你把東西送給誰？你從誰那裡接受東西？給予和接受可能來自不同方向，但這之間是否有維持平衡？如果沒有，就重新回頭檢視你正在做的事情，並找出方法使這種交換達到平衡。

你可以藉由幫一位朋友舉辦「神仙教母」派對，將這個過程儀式化。這會是非常獨特的慶生方式，除了要考慮接受者的需要之外，其他不用多想。這種儀式／聚會的形式，就是以神仙故事為基礎，故事中的仙女（狄斯的直系後裔，一直在保護後代的女性神靈）會在孩子取名時送來禮物。

這需要先做點規畫，因為重點不是送出漂亮或昂貴的禮物，而是無論那個禮物是有形的東西還是精神層次上的，都必須切合接受者真正的需要。因此，你必須客觀考量你的送禮對象的情況——透過冥想，將他／她的影像定住在你腦中，或是花點時間跟他相處，把話題圍繞在禮物／他真正的需要上，仔細聆聽對方說了什麼。

參加派對前請先幫自己淨化，跟進行儀式前的淨化步驟一樣。可做點裝飾布置來增添慶祝氣氛，或是在房間四周點上蠟燭。請收禮者就定位，然後把禮物送給他。禮物可以是象徵性的，比如一塊象徵勇氣的雞血石，或一張新車照片。你也可以送出能量，或向對方承諾你會在他需要時提供幫助。接著，「送出」盧恩以及它們所攜帶的能量，把盧恩文字畫在收禮者的前額或其他合適的地方（例如，沿著脊椎畫提瓦茲／TIWAZ，可將脊椎拉直）。

最後，為你的朋友取一個新名字，代表某些可以帶來助力的品質，例如取名為「勝利賜予者／Victory-bringer」，或「思緒清晰者／Clear-thinker」。異教徒的習俗（甚至在前基督教時期）是在新生兒身上灑水來將這個命名封印起來。如果這會

讓收禮者不舒服，可以給收禮者一杯蜂蜜飲料，為他們戴上生日皇冠，或以其他方式表示命名完成。

這個送禮過程也可以用冥想方式在遠端進行，你可以觀想收禮者收到你的禮物，而且因這些禮物而得到改變。

綁定盧恩

研究給勃和溫佑，以及跟這兩個盧恩相關的連結與交換意涵，剛好讓我們做好準備，開始來學習創作綁定盧恩。綁定盧恩本質上就是盧恩文字組合（runic monograms）——兼具美學表現與魔法力量的連結符文。

無論是用雕刻還是用繪畫，每一個盧恩文字都必須各別完整繪製，即使有些筆畫重疊在一起。一邊繪製盧恩文字，一邊唸出它的名字。綁定盧恩可以畫在門上或窗台上來幫忙守衛房子；或是畫在汽車或行李上；畫在護身符、武器或工具上。將綁定盧恩繪製在身體上也可用來療癒。索森《弗薩克》一書有很棒的實例討論。書上列舉了好幾個綁定盧恩的例子，其中有一些是跟盧恩銘文結合使用，同時以插圖說明它們的使用方式。以下是其中幾個例子。

綁定盧恩實例：

X + ᚠ = 好運或靈性力量

↑ + P + X + ✳ = 愛情魔法公式

X + P = 喜悅之禮

R + Y 或 ᛋ + Y = 保護行李或郵件

R + R + R = 速度

↑ + Y + ᚦ = 護身辟邪

M + ᛘ + R = 靈性旅程

↑ + ᛣ + R = 正義

ᚠ + Y = 保護電腦

X + ᚠ = 快速／前進！

喜悅

當一切處於平衡狀態，其中一個結果就是得到喜悅。不過，或許正因喜悅無法以言語描述，只能親身體會，所以我們很難討論它。每一個人對喜樂的體驗都不相同。某人的印象可能是在陽光燦爛的林間跳舞。但對另一個人來說，它可能如同矗立於山巔疾風之中，或是讓強風將你捲走。對其他人而言，它是在三摩地中抵達的存在狀態：或光芒耀眼、或黑暗聖境，無須言語，當下即是。我稱溫佑為奧丁盧恩，因為這種欣狂喜悅就存在於祂名字的根源之中。喜樂是祂送給人類的最大禮物。

但根據致力追求喜樂的人之現身說法，喜樂無法直接送來給你。有人說，它可以透過全神貫注於一個動作來達成，比如：砍柴挑水、跑步、跳舞，甚至劍術。有時只要將一個人的注意力引導到「我最喜歡的一些事情」即可進入那個狀態。喜悅，和真愛一樣，愈努力去追求，就愈難捉摸。你未必要到懸崖山巔才能找到它。正如古英語詩句所暗示的，在圍繞著自家爐火的那些美好親人夥伴當中，你就能輕易發現它的存在。

溫佑很大程度上就是關於人生焦點的問題。想要「追隨你的至樂」，首先你必須能夠認得那個至樂是什麼。你此生真正想做的是什麼呢？什麼事情讓你由衷感到興奮呢？當你找到目標，就能找到喜樂。

綜合以上所述，我們很難去設計一種能讓你體驗喜悅的儀式。不過，經常練習冥想可能是領會喜悅的最好方法。神祕學就像性愛——無論你閱讀多少熱烈讚揚的描述，真正唯一能讓你理解它的方法，就是直接去做。唯有真實實踐，才會對你有幫助。關於這個主題，市面上已有非常多很棒的書籍，各個文化的題材都有。其中尤以來自印度教和西藏的傳統，資料著作成果最為豐碩。我也有自己的修練之道，有興趣者可閱讀我的書《入神之旅》（*Trance-Portation*, Weiser, 2008）。

冥想的生理學和心理學之基本法則，是超越宗教傳統限圍的。以下就是北歐靈修實踐之道的一個改編版。

選擇一個不會被打擾的地方，以及一個你保持清醒但能夠放鬆的時間。點一根蠟燭來守護你的空間。你也可以召請四方侏儒奧斯特里（Austri）、蘇達里（Sudhri）、韋斯特里（Vestri）和諾特里（Northri）來守衛四個方位。如果你願意，也可以向你覺得最親近的任何男神或女神發出祈請文，或向願望之神奧丁、神聖靈魂氣息的賜予者祈求禱告。

接著，將蠟燭放在周圍沒有東西的地方或祭壇上，然後把電燈關掉。大多數人覺得，坐在有椅背能支撐背部和手臂的椅子最舒服，肢體比較靈活的人，可能會覺得盤腿或用任何他們覺得舒適的坐姿可以坐得比較久。

依次將每個肌肉群一一放鬆。全身放鬆後，開始調整呼吸，吸氣時數到四，然後屏息停頓兩拍，接著吐氣數到四，再停頓兩拍。重複這個吸氣吐氣的動作，直到心神非常集中。你可能會發現，不用進行以下步驟，只要連續幾天做這個簡單的放鬆和數息練習，幫助就非常大。

當你整個人進入非常放鬆的狀態，將注意力聚焦在蠟燭火焰上。沉思它，欣賞它，任由你腦中升起的念頭起落（命令自己不要去想那隻藍色猴子是沒有用的，只要承認它，然後輕輕地將它放到一邊就好）。當蠟燭火焰填滿你的內在心象和外在視野，就閉上眼睛，想像火焰自己變形成這個盧恩文字的形狀——ᛈ。愈來愈大，大到你可以走進去這個盧恩裡面。感受它的溫暖和光輝將你圍繞，滲透到你體內，直到你整個人除了意識到光，其他什麼都不存在。

讓這次體驗自然結束——不要擔心會「迷失」在冥想中。最壞的情況頂多是你會睡著，等休息夠了你自然會醒來。不過，你也可以預留一段神思時刻，事先用「正向肯定語」幫自己「編碼（植入程式）」。完成冥想後，花幾分鐘時間讓自己

回到日常現實。快速深沉呼吸，感謝保護你的力量，然後伸展一下全身。你可能會發現，做完冥想吃點東西會有助於讓自己更穩固接地。

不要擔心你的經歷是否「真實」。也不用擔心你做得是否「正確」，或是進步是否夠快。重點是要證明這種狂喜是存在的，任何時候你想要去找它，它都可以讓你找到。即使是在初階，你也可能會發現這個練習讓你心情輕鬆愉快。只要繼續練習，你的體會就會加深。

與眾神共宴

每一種文化都有自己的儀式來凝聚族群以及與它的神靈溝通。在北歐，實現這兩個目的的傳統做法之一就是共享餐宴（communal feast）※，更具體地說就是，*minnisveig*（紀念酒），根據格林的說法，這個字源自古德語的「人／man」之意，後來演變為德語的「紀念／memory」之意，而 *minion* 的意思是「愛／love」。Minnis-öl 是紀念麥酒，人們會在紀念逝去之人，或紀念神靈時喝的酒。

《薩迦》當中有記載，人們會在宴會時喝這種紀念酒，尤其是殺生祭祀之後的盛大宴會。盛酒用的牛角杯上會「刻上記號」——在杯身上面刻一個符號來將它聖化，有些可能刻索爾之鎚——然後高舉酒杯敬酒。飲下酒液之前，飲酒者會先讚美這位被紀念的英雄，或向神靈禱告，或是立誓。這種杯祭習俗一直保留到今天的宴會敬酒儀式，某些德國農村也會以此儀式來紀念特定聖人，尤其是聖約翰（Saints John）和大格特魯德（Gertrude）。

杯祭當中會有一個「奠酒」（libation）的動作，在個人飲下自己的牛角杯酒之前，或是眾人以牛角杯傳酒一圈之後，會將一點酒液倒在地上或祭壇上。據考證，以北歐人的酒量，大概都能一次喝光自己牛角杯裡的酒，不過也有些說是共飲。根據《薩迦》當中的資料，客人會兩兩一組共飲一個牛角杯——這也是給勃之交換意涵的進一步例證。杯子或牛角杯裡的酒都是從一個特製的神聖大鍋分裝注

※ 譯注：類似我們的辦桌流水席。

滿的——這讓人想到埃吉爾為眾神釀造麥酒的大鍋。獲得（或盜竊）這類大鍋，是文獻中反覆出現的主題。

人們任何時候都能為朋友或眾神喝這種紀念酒，不過更正式的場合是吟詠祝宴「蘇姆貝爾」（sumbel，古北歐語 *sumbl*，古英語 *symbel*），這個古德語相當於希臘語的 symposium，正式饗宴。特別是在重大節慶，比如春季和秋季盛宴、耶魯節、以及仲夏節。此種宴會的特色是食用烤過的食物，包括用模型把麵包做成神明形狀，並塗上奶油和放上祭祀過的肉。

根據《薩迦》記載，那隻要殺生獻祭的動物，有時它的雙角會先塗成金色或是戴上花環，莊嚴肅穆地帶到宮殿外圍。不同地區和時期人們喜歡的野獸都不同，但最神聖的似乎是馬（尤其如果是要獻給弗雷）。馬肉的食用後來在歐洲受到嚴格禁止，很可能就是因為這種圖騰動物只能在宗教儀式時食用。野豬也常被拿來獻祭給弗雷，一直到現在，斯堪地那維亞半島還會用杏仁糖做成野豬的形狀，在耶魯節分發給民眾。母牛或公牛也受到人們喜愛，尤其是黑色或白色的。有跡象顯示，人們會用其他種類動物，比如山羊或羔羊，來祭祀其他神靈。野兔可能是在春天供奉給歐斯塔拉女神（Ostara）之後食用。

殺了獻祭動物之後，將牠的頭和皮倒掛在一棵聖樹上，並將血潑在祭壇上，以及倒在一個碗裡（祭祀器皿 blót-bollar），由主祭者用拂帚沾血，灑在寺廟和信徒身上，然後將肉放入另一個神聖大鍋裡煮熟。如果 *seidh*（傷心）這個字根確實跟英語動詞 to seethe（沸騰冒泡）同源，那麼這種獻祭可能也帶有預卜吉凶的用意。最好的部位會供奉給神，其餘部位分給賓客。國王如果在場，會被要求每一道供品至少都要品嚐一下；人們也會準備供品祭拜家屋靈。

這種祭拜模式在凱爾特歷史中也很常見。對凱爾特人，或對日耳曼人來說，最大的懲罰是被禁止參加這類盛宴，因為這是一種特權，代表他們是族群共同體的一員，同時也是社交聯繫的一部分。人們也會將鮮花、水果、牛奶、蜂蜜或穀

物獻給家屋靈和當地的地靈。收穫習俗當中也包括要將部分玉米留給土地靈或眾神。關於杯祭儀式、共宴和日耳曼戰隊之間關係的分析，可參考麥克‧J‧恩萊特（Michael J. Enright）所寫的《捧著蜂蜜酒杯的女神》（*Lady with a Mead Cup*）一書。

團體儀式

　　如果與小組共學，可參考第383頁開始的給勃與溫佑儀式。算是紀念酒儀式（杯祭）的濃縮版。穿上正式服裝的饗宴可以準備幾道肉類和菜餚，向阿斯嘉特神域眾神致敬，宴會可從下午到晚上。完整進行一場紀念酒儀式大概需要數小時，同時要準備一大桶蜂蜜酒。在北方異教徒社群中最常見的進行方式是，第一輪，每位參與者向其中一位神明敬酒，第二輪，向祖先或英雄敬酒，第三輪，人們互相敬酒。還有一些不同的儀式版本，包括吟詠祝宴（skaldic sumbel，「蘇姆貝爾」），所有的敬酒辭都要用詩歌吟誦的方式來進行。

第 6 章

ᚺ 哈格拉茲和 ᛏ 瑙提茲

　　哈格拉族從冰雹盧恩哈格拉茲開始。這是一個代表潛在力的盧恩，而且通常是創傷性的變化。在物理層次上，它是一個代表冰冷的盧恩。這一章與冰雹配對的盧恩瑙提茲，是需求之火（needfire）的本源，可將冰霜融化，但往往會加劇哈格拉茲所啟動的任何一種變化。哈格拉茲是一顆種子，能夠滋養大地，也能造成破壞。這兩個盧恩都無法帶來寧靜和平。瑙提茲是命運的原力，可帶來機會或厄運。你會如何經驗這兩個盧恩，取決於你有多強的意願（和多少能力）去面對你生活中的真實狀況，並做出改變。

第九個盧恩：ᚺ ᚺ ✳ HAGALAZ 哈格拉茲

發音：HA-ga-lahz

意思：冰雹

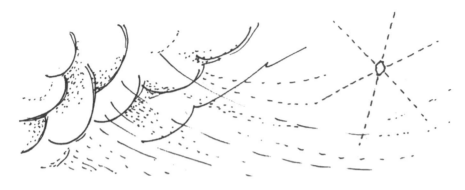

哈格拉茲在此歡迎冰之種子
傷害融化後即成為醫治

古代含義

ᚺ，古弗薩克和古英語（盎格魯撒克遜）弗托克所使用的這個盧恩字形，顯然是源自相同發音的拉丁字母。不過，在後弗薩克中，它的字形是✳，完全不一樣。它可能源自希臘語的 X（Chi），一個送氣音 "kh"。也可能來自世界各地都看得到的雪花形狀，比如賓夕法尼亞荷蘭穀倉，就經常能看到這個具強大保護象徵的六角符號。它也可以解釋為伊薩／ISA 和給勃組合起來的綁定盧恩，或保護盧恩埃爾哈茲／ELHAZ 的正反結合形式。

古日耳曼語 *Hagalaz*、古英語 *haegl* 以及古北歐語 *hagall*，全都指同一樣東西──冰雹。冰雹的古老複合詞隱喻語是「冰蛋」（ice egg）或冰之種子（a seed of ice），這些全都反映在盧恩詩中。古英語盧恩詩是這樣寫的：

ᚻ [hægl] byþ hwitust corna;
（冰雹乃最純白之穀物）
hwyrft hit of heofones lyfte,
（它從天堂閣樓迴旋而下）
wealcaþ hit windes scura;
（被強風折騰四處飄蕩）
weorþeþ hit to wætere syðan.
（之後融化成水）

冰島盧恩詩：

＊ [hagall] er kaldakorn
（冰雹乃冰冷穀物）
ok krapadrifa
（是強勁之冰凍雪雨）
ok snaka sott.
（以及巨蛇之疾）

挪威盧恩詩：

＊ [hagall] er kaldastr korna:
（冰雹乃最冰冷之穀物）
Kristr scóp hæimenn forna.
（基督開創世界之初）

這顯然是一個傳統意象——古英語詩歌〈航海者〉（*The Seafarer*）如此寫道：「冰雹落在地上，是最冰冷的穀物」（哈默 [Hamer] 1970, ll. 32-33）。不過，在別的詩行中，解釋則不同。這首古英語詩主要是在描述一個事實，強調冰雹可以融化成水滋養大地。正如人們所料想，冰島人似乎更在意冰凍雨雪而不是雨水。

巨蛇之疾是一個謎，很可能詩人想到的是雨雪和冰雹砸在身上的刺痛。可以想像，冰雹也必定會對任何過早從冬眠中甦醒的蛇造成相當大的傷害！挪威盧恩詩最是耐人尋味。索森認為，「基督」是後來出現的替代詞，用來取代異教的造物主比如 Hroptr（聖者），或奧丁的其他別名。有趣的是，世界的開創，無論是以什麼方式完成，都被認為與冰有關。我們在討論烏魯茲時已會見過這個神話，之後談到伊薩盧恩時會再次談到它。在哈格拉茲，我們遇到的是冰之種子；其他一切形態都是圍繞著這個原始冰晶而生。

現代含義

索森認為，哈格拉茲是宇宙冰蛋，巨人尤彌爾的種子，世界就是從這顆種子創造出來的。它的後弗薩克文字形狀就是代表雪花。它是火與冰、是宇宙和諧之境、是蘊含其他一切形態的盧恩之母、是既定框架內的進化。奧斯本和龍蘭則強調它的矛盾性與轉化變形，寒冷與冰當中含藏著收穫穀物或生命之水。

岡德森對冰雹的晶體結構進行了極其有趣的分析，他指出，冰雹的六邊形矩陣與完美石英晶體的六邊形矩陣完全相同。它是一種「形塑的種子模型」（seed-pattern of shaping），這個模型以其強大力量聚集和控制能量。

阿斯溫則認為，「哈格拉族」（Hagal's aett）的前三個盧恩都與冥界地府相關聯，尤其，哈格拉茲是代表冥界女神赫拉（Hella）以及用她名字命名的界域。根據她的解釋，赫拉就是後來的日耳曼冬季之母霍拉（Holle）或霍妲（Holda），下雪就

是她拍打羽毛墊時飛起的絨毛。作為諾恩三女神（Norns，北歐女神，相當於命運三女神）的盧恩，歸屬烏爾德（Urdh），司掌「過去」。阿斯溫也將這個詞與 hachel（高地德語的「女巫」）以及古荷蘭語的 haegtessa※ 相連結。女巫的法力包括控制天氣，因此人們相信女巫會招來冰雹風暴。

哈格拉茲內部蘊含的矛盾性極為有趣。農民尤其害怕冰雹風暴，它會使莊稼作物塌毀；但冰雹也被稱為冰之種子，這意義非比尋常，讓人想起北歐傳統神話，世界乃由火與冰相碰撞所形成，之後眾神與其他造物才由此誕生。

到後來，這個盧恩的字形變成了雪花，這可能更具暗示性。冰雹／haegl 的冰冷是帶有動能的——冰正在轉換形態成為其他東西，或是，冰保有新生命誕生的雛形。因此，對這個盧恩的神祕面向解釋，似乎強調的是潛力和誕生。在這樣的連結當中，哈格拉茲作為古弗薩克第九個盧恩的這件事就更顯有趣，因為海姆達爾的母親是「九」種海浪的化身，奧丁為了重生而倒掛在世界樹的「九」個夜晚，而弗雷為了與巨人少女格爾德會面，也得在神聖麥田等待「九」天。一個代表「事物正在形成」的盧恩，確實如此……

哈格拉茲這個盧恩，究竟是屬於從（融化的）海水中誕生的人類之父海姆達爾，還是洛基的女兒兼冥界女神赫拉？就跟冰雹一樣，它可以是一顆毀滅性導彈，也可以是一滴滋潤之水，赫拉也有兩張臉，死亡的冰冷面孔與充滿生機的美麗容顏。人們對地府冥界的描繪，有時是寒冷陰暗之地，有時又形容為即便嚴冬將上層世界禁錮，此地依然有勃勃的生機。將殺生獻祭的公雞甩到冥界牆外，它又死而復生飛了起來。北歐的赫爾冥界（Hel）是一個終年潮濕的地下霧府與寒冷刺骨之地，但也是夏日樂土薩默蘭（Summerland）※※。死亡與重生在北歐神話當中的關聯可說千絲萬縷密不可分，而哈格拉茲則向我們明白顯示，一條道路可通往毀滅亦可通往新生。

※ 譯注：也是女巫之意。
※※ 譯注：人死後靈魂轉生前所待之所，亦有說法認為是靈魂永生的地方。

哈格拉茲的解讀和運用

阿斯溫說，若在魔法應用上，哈格拉茲會在預備令一樣事物改變、凋萎和銷毀時，引發破壞力。但哈格拉茲在後弗薩克字母中，意思卻是「歡迎、歡呼」而不是「冰雹」，同時也具有強大保護力。西布利認為它是一個災難盧恩，除非跟耶拉／ JERA 結合出現，這時它的含義才比較可能帶有種子的意涵。它也是一個冷卻盧恩，用在治療上可幫助退燒，但應該跟其他盧恩一起使用（比如耶拉）來取得平衡，以免反而過寒。

彼得森認為，哈格拉茲代表大自然的摧毀力量，或是預言某些你無法掌控的事件導致受挫逆轉。問卜者需了解現在到底發生什麼事，才能採取適當行動並減輕負面後果。威利斯覺得這個盧恩的出現意味著，人應該活在大自然的限圍之內，接受有一些事情確實是人類無法掌控的（比如冰雹）。在占卜中，它可能代表事情遭到破壞，或是一種冒險投注，結果好壞取決於其他一起出現的盧恩而定。我自己的體會是，它預示著某種創傷，但未必是災難性的。

在占卜解讀中，這個盧恩經常代表「要小心，變化即將來臨！」。不過，除了它的混亂潛在力之外，哈格拉茲也帶有相當大的可能性，事情會有嶄新的開始；它可能是某樣東西在特定時間內從有害變為有益，或是認知觀念上的一個改變，一個在創意下功夫的起點，某樣東西會因此被開發出來。冰之種子就是一個轉化變形的矩陣。

第十個盧恩：⼗NAUDHIZ 瑙提茲

發音： NOWD-heez

意思： 必要需求

瑙提茲是必要必需

諾恩盧恩是受需求逼迫之命運

古代含義

瑙提茲，N 盧恩，古英語是 *Nyd*，意思是需要或苦惱，古挪威語是 *Naudhr*，含義相同，但增加了束縛的意涵。挪威盧恩詩對它的描繪似乎延續了前一個盧恩哈格拉茲的主題：

⼗ *[Naudhr] gerer næp.koste:*

（命運必然令人幾無選擇）

nøktan kæir í froste.

（赤裸之人遭受霜凍）

在冰島盧恩詩中，選擇權的缺乏也很明顯，這次是在社會領域：

ᚨ [Naudh] er þyjar thrá

（命運需求乃受奴役婦女之苦惱）

ok þungr kostr

（亦是鬱悶壓迫）

ok vássamlig verk.

（以及吃重苦勞）

第一首北歐詩句中，必然命運所暗示的束縛限制在於，此人無法掌控他身處的環境，尤其如果厄運連他的衣服都要剝奪。惡劣命運（evil fate）在受奴役之人身上強加了苦惱痛楚。

古英語盧恩詩則帶了一點希望：

ᚨ [Nyd] byþ nearu on breostan;

（苦惱需求離乳房最近 ※）

weorþeþ hi þeah oft niþ.bearnum,

（它經常向人類孩子證明）

to help.and to haele gehwaeþre,

（那是幫助和醫治的源頭〔或吉兆〕）

gif hi his hlystaþ aeror.

（若他們及時留意）

※ 譯注：這裡的乳房應是隱喻心或心靈，意思是苦惱需求經常令心靈煩憂。

雖然古英語詩版本並不否認必要需求令人苦惱，但它認為，這種束縛也能為理解它們的人帶來啟示。它並不如基督教所教導要順從接受悲苦命運，而是建議受苦者要讓自己在逆境中變堅強。

古日耳曼詩歌因提醒人們財富的不牢靠而更受看重。即使在繁榮興旺之時，人們也要有所警覺，一切事物皆會改變，死神等待著所有人前來。至高智者奧丁如此建言：

牛畜會亡親人會逝
你自身亦難免一死
唯有聲名永不消失
若人獲得美譽讚揚

——〈至高者箴言錄〉（*Hávamál*）：77

這首詩後面接著列出了一連串不可信靠之物，從新結的冰塊到國王兒子的誓言。命運（wyrd）的運轉是古英語詩的主要內容，但即使在它最令人沮喪絕望之時，智慧之人也應勇敢忍耐承受：

塵世人間萬事艱辛；天意之下命運流轉不停。此處財產是短暫，此處朋友是短暫，此處男人是短暫，此處女人亦不久長；塵世一切堅實之物轉眼即成空……堅守信念之人乃是智者；人永不可太快展露心中悲傷，除非他，那高貴之人，先明白如何勇敢治癒它。（哈默 1970，〈漂泊之人〉）

結論就是，沒有人能保證一路好運到底。命運無法預測——當必然命運束縛了你的行動，唯一你能確實掌握的，是你自己對挑戰的反應。

在〈勝利賜予者之歌〉（*Lay of Sigdrifa*）中，我們發現了瑙提茲的另一種用處：

亦須學習麥酒（護身）盧恩，如此另一男人之妻

便不致出賣你的信任

將其刻寫在你的麥酒牛角杯和手背

亦要將瑙提茲刻在你指甲上。

——〈勝利賜予者之歌〉（*Sigdrifumál*）：8

亨利・亞當斯・貝洛斯（Henry Adams Bellows, 1969）將它解釋為一種護身符，可防止賓客的牛角杯被下咒毒。若齊格飛當時有想到將這個盧恩刻在克琳姆希爾德王后為他注酒的牛角杯，他大概就能避掉很多麻煩。後來人們可能將這個盧恩延伸為可抵抗他人意志束縛的護身符文。

現代含義

索森認為，瑙提茲既是正論也是反論，兩者相互抵制塑造了世界的命運。它既是困難也是解救。正是這種摩擦製造出「需求之火／needfire」，一個具強大保護力的盧恩。瑙提茲所代表的行動力可用來對抗命運的影響力。由於這個關聯性，它是諾恩三女神的盧恩。

根據華格納之說法，約達（Erda，大地）為沃坦（Wotan，奧丁）生下了三個女兒，也就是諾恩三女神，祂們居住在神域命運之井烏爾德（過去以來）附近。無論祂們是誰所生，在兩部《埃達》當中祂們的名字分別是烏爾德（Urdh）、薇兒丹蒂（Verdandi，正在形成）以及斯庫德（Skuld，未來將是）。祂們的任務之一就是引泉水灌溉樹根，以及用泥土使樹皮潔白來保護生命樹，使它不斷成長茁壯，儘管有各種生物不斷試圖要摧毀它。諾恩三女神的功能角色似乎與古羅馬—凱爾特的女

神瑪特羅涅（Matronae），或羅馬神話的命運三女神帕爾開（Parcae）相同，對剛出生嬰兒之命運尤具影響力，因此有時人們會在家中餐桌留三個座位給祂們。在某些故事中，祂們也像正派善良的仙女一樣會帶來生命之禮（Ellis-Davidson 1964）。

阿斯溫認為這個盧恩與司掌未來的斯庫德女神特別有關聯，根據詞源，祂的名字與荷蘭語以及德語單詞 *Schuld*（債務）相關。這個說法讓斯庫德與「贖罪賠償金」（*weregild*，也就是 man-gold 或 man-guilt，為補償犯罪而支付的賠償）產生了有趣的連結。因此，賠罪的概念就與命運或業力的概念產生了連繫。它棲居的國度是尼夫爾海姆（Niflheim），陰冷迷霧與暗影之國，我們的一切恐懼害怕全都囚禁在這裡。

正如詹姆斯・希爾曼（James Hillman, 1980）所論，這個盧恩蘊含的「必要、需求（Need）」概念，似乎類似於希臘的「阿南克 Ananke」之概念（也就是 Necessity，「命運、定數」之意）。它的字根隱含了束縛和窄化的概念──它是生命中無法逃避的因子，也是這些東西界定了我們可以做出何種行為。希臘人將時間（Time）和必然（Necessity）配成一對，認為是這兩個因素決定了我們的命運。阿南克不可能單獨被收買。不過，這種束縛也具有一種創造性功能。榮格學派思想談到，「意象」（image）是它自身的必然（its own necessity）──帶有一種本質固有的「確然性」（rightness），諭知人們要留意當心。

這意味著，要應對「命運必然性 Necessity」的一種方法是，利用它來確認我們自身最深層的需求和人生目的，去發掘我們自己到底是誰。那些在人生中取得成功的人，就是已經學會如何將人生要務從命運的其他一切可能發展中獨立出來，把精力集中在此，並善加利用這種天生束縛和它們所選擇的媒介結構。沒有回應就不會有行動，沒有可抵抗之物，人就會失去方向、隨處漂泊。諾恩三女神送給我們的誕生賀禮，就是那即將賦予我們生命形狀的內在必然性。

岡德森說，瑙提茲可以被用來增加力量，以迎接和克服考驗，對抗潛在命

運，轉動烏爾德的生火弓鑽，直到命運被改變。瑙提茲可幫助人面對壓力，並喚起應對災難所需的腎上腺素分泌。它是一個內在壓力盧恩，可驅使一個人堅強壯大，亦可摧毀他。它的負面消極面向是會導致強迫行為和強迫症。

與這個盧恩相關聯的意象，是紡錘和用來生火的鑽木取火弓鑽。它也可以被詮釋為一個辟邪護身的雙刃符號。

瑙提茲的解讀和運用

在占卜解讀上，這個盧恩可意指精神上的負荷、生活挫折、阻礙等難題，但也意指有些束縛限制若善加利用也能變成助力。問題如果處理得當，也會是改變和成長的契機。同時也代表可能有必要採取行動。

奧斯本和龍蘭把它稱為「改變盧恩」，是一種吉兆，必要的轉化。阿斯溫說，在占卜符陣中，瑙提茲之後出現的盧恩代表被要求或需要去做的事情。威利斯認為，它代表延遲、束縛、痛苦、匱乏、長期慢性問題。需要有耐心和忍耐力，或是心甘情願在義務上受限制、一種正在學習的狀況。彼得森則認為，它是要求、限制、一個絆腳石、節制的必要。

在魔法應用上，岡德森覺得它是以火、反制咒語以及封印來進行清除和淨化的盧恩。此外，它還可以用來為其他咒語注入必要的力量，是一個相當於「一切皆如我所願！」的盧恩。在進行盧恩占卜或其他占卜術時，應將它畫在額頭或其他盧恩上，來增強它們與命運力量的連結。

哈格拉茲和瑙提茲：研究與體驗

將冰融化

要實際接觸哈格拉茲的力量，最直接的方法就是下冰雹時在外面走路。對農民來說，不常下冰雹是好事，因此你只能碰運氣，看是否能在你學習這個盧恩時出現一次冰雹。不過，你也可以用一點時間回憶上一次出現冰雹時的情景——冰石砸在屋頂上和人行道發出的咔啦嘎嗒聲，你的皮膚被冰雹砸到時出現的灼痛感，有如霜巨人們正在打雪仗（他們的玩法很粗暴）。嚴重的冰雹風暴甚至可將莊稼農田整個夷為平地，如果冰石夠大顆，還會讓動物受傷。

如果你能拿到冰雹，可用放大鏡或顯微鏡仔細觀察。不然也可以查閱百科全書。沉思雪花的六邊形立體結構也會有所幫助。雖然冰雹明顯具有破壞性，但它其實是一幅巨型圖案的一部分，而且它本身就是這個巨型圖案的縮影，中間線和交叉線指向六個方向並形成八個橫切面（四個在水平線上方，四個在下方），而且根據一些人的分析，世界樹的九個世界剛好就沿著這三條軸線排列（之後討論艾瓦茲／ EIHWAZ 時會談得更詳細）。你的人生圖案是什麼？你如何與這六個方向的能量相連結？

改變之輪

這些圖案模型可透過冥想和魔法咒術來探索。首先在一張圓形卡紙上畫出哈格拉茲（*）的後弗薩克字形圖案，讓它看起來像車輪上的輻條。接著把你自己放在正中央位置（把你的名字寫在這裡，或甚至在交叉點黏上你自己的大頭貼快照）。在直軸的頂端和底端分別標記「上方」（光明）和「下方」（黑暗），其他四個點分別代表四個基本方位（北方＝寒冷；東方＝風暴；南方＝火熱；西方＝波

浪）。把這個圓形卡紙放在一塊更大的硬紙板上，用一根大頭針從中心點穿過去，這樣它就可以旋轉了，試轉一下，看是否可以順利輕鬆轉動。

現在，列出生活當中你認為有問題的六件事情。哪些事情卡住了，或是你想要讓什麼事情穩定下來。如果可以，請把這些問題歸結到基本法則的層次。在輪子底部、哈格拉茲輪外面的硬紙板上，各放一個詞彙來描述每一個問題（你也可以一次針對一個問題，將問題詞彙直接放在最頂端）。

找一個不會被打擾的時間和地點，先用一些時間集中心神。點上蠟燭在燭光下進行，會更容易進入狀況。然後轉動這個輪子三次，同時口中吟唱：

旋轉、旋轉［我現在］得到釋放
［或直接說「某某問題」得到釋放］
在神聖時刻，藉助哈格拉茲的力量！

第三次轉完後就放手，看看這個盧恩的每一條線各指向（或最靠近）哪個問題。將方位與問題詞彙連結起來，作為冥想思考的起點。舉例來說，如果你在找工作這件事情上遇到困難，而最靠近它的點是「西方」，那可能要思考海浪與潮汐的週期循環是否能提供你什麼啟發。或許你的求職問題跟你人生當中、或你的生活環境中不斷重複的模式有關。如果是這樣，那你就需要仔細留意你個人或季節的週期循環，然後在趨勢往上走的時候趕緊抓住機會。如果是別種情況，比如跟這個問題最靠近的方位是「上方」，那你可能要把事情釐清，獲取更多資訊。若有必要，你可以重複轉輪過程兩次，來得到進一步澄清。

哈格拉茲輪的另一種使用方式是作為一種自動催眠裝置，將你的問題放在中心點，一邊轉動輪子一邊吟唱（可隨意添加你想到的任何其他吟唱詞），同時觀想，用哈格拉茲的力量將問題打破，並重新改造它。但請小心，哈格拉茲的塑形往往會以暴力方式來啟動轉變過程。

認識需求

改變，無論多麼令人興奮，它本身並非終點。這就是為什麼哈格拉茲和瑙提茲會成為這麼有趣的一組配對。或許第一個問題就該這樣問：「你需要改變什麼？」然後才能接著問其他問題：

你需要什麼？

你需要做什麼？

你需要誰？

誰需要你？

整個療癒系統都致力於幫助人們分析和滿足他們的需求。我們當中有很多人都壓制了對自身需求的覺知，或把精力花在追求那些實際上根本沒必要的事情上。我們的身體需要好的食物、運動和休息。我們的靈魂也需要滋養、鍛鍊和療養的時間。但是，有一個原始基本需求，卻往往沒有在當代諮商中被重視和解決，那就是：我們需要被別人需要。我們的自我價值感不應取決於別人如何看待我們的價值，但如果我們知道自己是整件事情當中具有生產力的那部分，就會對自己感到滿意，獲得一種成就感。在分析我們自身的需求時，應該仔細將那些既能讓自己感到滿意、同時也對別人有益的事情納進來。

探究瑙提茲提供了一個很好的機會來盤點你的人生。把你需要的東西列出來。以及如果你得到這些東西，會發生哪些改變，全部列出來。進行這個主題時，請回顧你的人生，試著去了解是什麼驅使力量把你放到今天這個處境上。在遺傳和環境方面，你出生時就被期待的命運是什麼。你的生命背景如何束縛了你？你又是如何將它轉化或超越？

數世紀以來，人們花費大量精力在爭論命運與自由意志的問題。在某些文化，人們認為幾乎所有發生的事情都是命中注定，人只要乖乖忍受生命端出的菜就好。美國人傾向於認為只要方法技術運用得當，所有問題都可以解決。北歐的嚴酷生活讓人們養成一種觀念，故事很少有幸福快樂的結局，因此無論結果如何，你都該盡力一搏。成功與繁榮固然值得追求，但生命的質地更為重要。英國學者伯莎·菲爾波茨夫人（Bertha Phillpotts）如是說道：

> 諸神都會死，也會被打敗，這當然不是因為北方人無法想像永生之境或永恆成就，而是因為災難是對品格的最終嚴峻考驗。奧丁及其同伴的勇猛，就如同人類英雄的勇猛，只能透過在一場失敗戰役中奮戰來得到證明。（Phillpotts, 1928, p.13）

事實是，在漫長的一生當中，每個人都會遇到某種麻煩，無論是疾病、經濟困難或失去親人之痛。如果你本身好運躲過災難，你還是不得不面對你所愛之人的問題，那些事情可能更為棘手。正如美國詩人桃樂絲·帕克（Dorothy Parker）曾對報業大王威廉·蘭道夫·赫茲（William Randolp.Hearst）說：「這世界有二十億人，但沒有一個人的故事有圓滿快樂的結局。」

這並不是說你不應該嘗試去改變一些事情。北歐英雄從不溫順屈服；如果他的弓弦在戰鬥中斷裂，他會設法用他妻子的頭髮編一根新弦（但她可能會拒絕）。《薩迦》傳奇裡面滿滿都是悲慘逃亡和逆境求生的故事。

稍微改寫「十二步驟療癒計畫」（Twelve-Step Program）※當中使用的祈禱辭，如果你想保留一些能量為生命奮戰，必須先確定哪些事情是你可以改變的，並接受那些你無法改變的事情——而且要學會如何辨別這兩者的不同。快樂和痛苦同樣都不持久。你或許沒辦法「從此過著幸福快樂的生活」，但如果你了解是哪些

※ 譯注：美國戒酒匿名會所提出的十二步驟康復計畫。

「必需必然」在推動你，你就有可能活出勝利的喜悅。生命從來都不容易，但在最深層次上，它可以讓人感到欣慰滿足，如同《薩迦》故事人物的生與死，皆是對其追隨者的一種鼓舞。

命運三姊妹

　　幾乎每個人都聽過命運三女神（Three Fates）這個經典神話。祂們在北歐日耳曼神話中的對應人物就是諾恩三女神，由於華格納歌劇《尼伯龍根的指環》的影響，使得諾恩三女神成為家喻戶曉的人物。不過，在北歐文獻中，諾恩三女神是歸屬於一整個存有族群，這個族群能夠影響人類命運，而且通常被擬人化為女性。這些存有也出現在希臘和羅馬神話中，而且起源可能同樣來自印歐。實際上，祂們之間的區別並不是很清楚，但基本上都落在這三個族群——諾恩 Norns、狄斯 Disir 以及佛爾格雅 Fylgjur。

　　最有名的諾恩女神是烏爾德、薇兒丹蒂和斯庫德。這三姊妹負責看守眾神商議大事之宮殿旁的一口井，並負責引水澆灌世界樹尤格德拉希爾的根部。關於這三姊妹，女巫沃爾娃（Vœlva）如是說道：

> 知識淵博的少女從那裡而來——
> 從世界樹下的那一口井而來——
> ［一位叫做烏爾德，另一位是薇兒丹蒂——
> 她們正在木條上刻記——第三位是斯庫德］
> 她們在那裡制定律法，在那裡為孩子們選擇生命
> 預言孩子的命運
>
> ——〈女先知預言〉（*Völuspá*）：20

在這裡，祂們被描繪成三位少女，丹麥國王弗利德萊夫就曾帶著他剛出生的兒子去接受這三位女神的祝福（薩克索 [Saxo] 1979, VI, p.181）。祂們拋擲「刻記的木條」（可能就是盧恩符文），來決定人類命運。後來出現三位帕爾開女神（Parcae）的經典概念，這三位女神是以紡紗來編織人類命運，諾恩三女神後來很可能就採用了這個形象，因此出現 *ørlög-thættir* 這個詞彙，意思是「命運絲縷」，用來形容諾恩三女神在一個孩子誕生時以絲線織出他的命運。

根據格林的說法，「Urdhr」（烏爾德）是動詞 *verdha*（to become，成為）的複數過去式。「Verdandi」（薇兒丹蒂）是同樣這個動詞的現在分詞，而「Skuld」（斯庫德）是 skula（shall，即將）的過去分詞，以此形成未來時態。因此，這三位女神分別就是代表已經生成、正在生成，以及將要生成，是這三個時態的具象擬人化。在後來的文獻資料中，第一位是老婦人，第二位是盛年婦女，第三位是少女，但後來只有烏爾德 Urdh（也就是兀爾德 Wyrd）單獨出現，祂是把注定命終之人帶走的命運女神。

不過，還是有其他的諾恩女神，有些是神的後裔，有些是精靈的後裔，還有一些是侏儒的後代。正如至高者奧丁對吉爾菲所說：「良善的諾恩女神出身良好，祂們塑造美好命運，而那些命運坎坷之人，則歸因於邪惡的諾恩女神。」（斯諾里，1987，〈欺騙吉爾菲〉第44頁）。這段話暗示了某類諾恩女神可能與某特定家族有關聯。可能是瑪特羅涅／Matronae，也就是日耳曼羅馬雕像中手裡捧著聚寶盆或抱著孩子的三相女神。銘文上的名字類似迦比葉（Gabiae），意思是「慷慨給予」。英國神學家比德（Bede）告訴我們，瑪特羅涅女神會在耶魯節前一天晚上受到人們紀念崇拜，謝德蘭群島的維京人後裔一直都稱呼這天晚上為「母親之夜」。另外是芙麗嘉（Frigg），在〈洛基的謾罵〉（*Lokasenna*）（《詩體埃達》：29）當中，弗蕾雅如此提到她：「我認為芙麗嘉是知曉命運之人，雖然祂自己並未親口說出」，可見芙麗嘉似乎對孩子的命運也具有一些影響力，而且可能被視為孩童的守護女神。

作為誕生女神，諾恩的功能逐漸與狄斯的功能重疊，狄斯被界定為女神或女性守護靈，也是守護後代的女祖先靈魂。在日耳曼和其他許多文化中，受後人追謚祭拜的祖先可獲得半人半神的位階。在中世紀時代，亡者靈魂經常出現在精靈族群中，而且民間傳說中在洗禮儀式上賜予嬰孩願望的善良仙女，顯然就是更古早時期的諾恩女神和狄斯的後裔。另外還有兩類守護精靈：佛爾格雅（Fylgjur）和女武神（Valkyries），會在我們學習埃爾哈茲／ELHAZ 盧恩時詳細討論。

在瑞典烏普薩拉的農莊，人們會在秋季、年末或二月殺生祭祀狄斯。在《薩迦》當中，狄斯經常出現在人們夢中提出危險警告。當「夢中女人」狄斯來到索斯坦·奚杜哈爾松（Thorsteinn Siduhallsson）夢中警告他，說他將被殺，並問他，在其命終之後祂們該去找誰，他告訴女神，請祂們守護他的兒子（Kelchner 1935, p.134）。還有一些例子，比如《弗拉泰島書》（*Flateyjarbók*）※當中講到冰島希達殿裡發生的事情，狄斯似乎對某位國王即將改信基督教感到不安。

這裡要特別提一下，在日耳曼傳統中，男性祖先也受到祭祀崇拜。擁有英勇事蹟與偉大人格的男性，他們的墓地會成為祭祀活動的中心，在那裡舉行供奉儀式，並召請祖先的靈魂來保護眾人和保佑繁衍豐收。這類靈魂被稱為「阿爾法 Alfar（祖先精靈）」，雖然它們並不是我們在英國民間傳說中聽到英語對應詞「精靈 elves」時想到的那種大自然精靈，但偉大英勇的亡者靈魂確實構成了精靈族群的一部分。阿爾法與弗雷關係特別密切，就像狄斯與弗雷的孿生妹妹弗蕾雅緊密關聯一樣，而人們對它們的祭祀崇拜，就如同所有跟死亡和繁衍循環有關的一切事物，似乎都源於對華納神族的信仰。

不過，與命運宣布最相關的還是女性祖靈。它們宣布的命運，古北歐語稱為 *Ørlög*，意思是原始法則、命運／fate、氣數／weird、命定之數／doom。索森說，這個詞的字面意思是「原始疊層」（primal layers），意思是：一個人的命運是過去發生之行為不斷堆疊的結果。

※ 譯注：十四世紀《冰島編年史》手抄本之一。

在《薩迦》裡面，當某人氣數耗盡，他的同伴常常會說那是諾恩女神為他編排了一齣坎坷命運，或論定說他的狄斯女神已經離他遠去。但我們所抱怨的這些坎坷命運，究竟是由什麼樣的疊層造就出來的呢？我們出生的環境存在著許多機會和限制，歷史的力量也會作用在個人和國族身上。我認為，這些都是諾恩女神賜予的禮物。我們繼承了一些因子——身高或體重、健康或疾病、才能或技能的遺傳傾向——這些都是狄斯賜給我們的。最後，還有我們個人生命史的影響：生活習慣、人生經歷，以及我們自己做出的選擇之後果。這些可能就是我們的守護靈佛爾格雅之化身，隨著年紀增長，她們對我們人生的形塑力就愈強。

命運的尺度

在傳說故事中，諾恩三女神（Norns，或古北歐語 Nornir）有時被描繪成正在紡織生命絲線（在華格納歌劇中，則是正在編織世界命運之索）。在威卡（Wicca）的某些傳統中，新入會者需藉由「丈量他們的（命運）尺度（taking their measure）」（聖化一截與該人身體等長的繩子）作為加入巫師集會（coven）之宣示。這條繩子會被保存下來，當作一種魔法連結以及承諾的象徵。你也可以幫自己編織這樣一條繩子，當作對自我認識的一種承諾。

首先，你將需要一捆紅色紗線——羊毛線或棉線（任何天然纖維）均可——或者如果你知道如何紡紗，那就需要一根紡錘和一些粗紡羊毛。先用一點時間沉思與瑙提茲相關的概念，然後將那些對你形成強迫或束縛的因素，遺傳的、心理的和環境的（包括其他人類以及你所處的大自然環境），全部列出來。你的命運繩索是由哪些紗線合力織出的呢？是什麼交織出綑綁你的「命運」？

每一個因素都仔細思考清楚。或許你會希望打破某些強制束縛，但在擺脫它之前，請務必確認你真的了解每一種強制束縛在你生命中的作用。有一些束縛你可能會決定要保留，只要你改變對於這些束縛的應對方式。

完成準備工作後，跟往常一樣設置你的儀式空間，這次可另外加三支蠟燭幫諾恩三女神布置一個祭壇，或是複製一張亞瑟・拉克姆為華格納歌劇《尼伯龍根的指環》繪製的精美插圖[※]。儀式開始前，先向諾恩女神祈禱，唸以下這段祈請文：

> 諾恩三女神，現在我召請，命運要求降臨我身
> 讓我徹底了解是什麼塑造了我的命運——
> 過去發生了什麼，現在正在進行什麼，未來將成為什麼
> 願我雙眼得見真實，願我口說皆為真實
> 願我之兀爾德以幸運來織成
> 願我之命運以魔法來塑成……

如果你是使用現成紗線，請為每一個你已經確認的「命運要求」分別量出一段與你身高等長、然後再多加三十公分左右的紗線。如果你是自己紡紗，請把你的粗紡羊毛分成你需要的數量的毛團。先花一點時間為每一根紗線或毛團命名，然後沾一點你自己的口水來綁定這個含義。接著開始紡紗，或將股紗編撚在一起。你可以一邊哼唱你自己的創作，或使用以下這首頌歌（由雷伊・安・赫塞所寫；樂譜附於本書第396頁瑙提茲盧恩儀式中）。

> 轉啊轉，紡錘轉啊轉；終點就是起點
> 旋轉纏繞命運紗線
> 死亡就是重新出生
> 轉啊轉，紡錘轉啊轉

※ 譯注：請參考本書第22頁「祭壇」。

進行這個儀式時，請沉思你人生中所有這些相互交織的力量。試著去理解，並藉由理解來掌握它們。把這條繩索當作一種養分輸送而非束縛，它是連接你未來和過去的一根臍帶。當你在織撚這些紗線時，就是將你的本性綁定到一個強大且完滿的整體裡，並藉由這個動作，編織出你自己的命運。

完成後，你應該會得到一根長度與你自己身高大約等長的繩子（如果太長，可將繩尾打個結或反摺，不要剪斷；如果太短，你可能需要解開其中一部分，然後重新編得鬆散一些）。感謝諾恩三女神的幫忙，並將編織完成的繩索放在安全的地方。

你編織出來的這段繩索會跟你密切相連，因此要心存敬意好好對待它。如果你不再使用這些東西，請將它埋起來，不要損壞它。你也可以在進行靈修功課時將它纏在腰間，增強自我覺知意識。你可能還會發現其他用途，比如在進行魔法施作時，你希望哪些東西來到你生命中，就用這條繩子將它繞起來。

需求之火

首先要注意，手鑽取火或弓鑽取火並不像電影中看起來那麼容易喔（任何需要技巧的原始技術幾乎都與魔法無異）。

基本原理就是讓一塊硬木（錐形鑽桿）和軟木（生火底板）相互摩擦，直到產生的木屑粉末變成火絨，可以把你收集來的引火物燒起來。方法是將錐形鑽桿對準生火底板的小凹槽，然後用雙掌快速轉動鑽桿並向下施加壓力，或是用刻有凹洞的木塊（加壓板）從錐形鑽桿頂端向下壓住，同時另一隻手來回拉動一支小弓，小弓的弓繩繞住鑽桿使它可以來回轉動。

要順利生火，必須先把材料都準備好，而且需要練習。《童軍手冊》（*The Boy Scout Handbook*）建議的錐形鑽桿是長約30公分、直徑約2公分，先整支修成八邊形，然後一端修成圓形，另一端修成漸細的錐形。生火底板寬10公分、長30公分、厚度約1.3公分，最好是用軟木，比如椴木、榆樹、柳樹、白雪松、白楊木或

三角葉楊。底板邊緣切出一個 V 字缺口，然後連著缺口鑿出的一個凹槽來固定鑽桿的尖端。小弓是一根長約75公分的樹枝，兩端繫著一條結實的皮革或粗繩。火種、切碎的雪松樹皮、細木屑或其他一些易燃材料放在底板的槽口旁邊，讓摩擦產生的粉末火絨可迅速將其點燃。

鑽火時，單膝跪地，另一腳踩住底板。將弓弦繞在鑽桿上，鑽桿尖端放在底板凹槽內，頂端用加壓板按住，手臂靠在膝蓋上固定住。然後開始慢慢來回拉動鋸弓，轉動鑽桿，速度慢慢加快。重複這個動作，直到底板產生白煙，並在凹槽中形成發光的火絨。將火絨輕輕撥到火種裡面，對著火種穩定吹氣，直到產生火焰。

《童軍手冊》或很多生存指南當中都可找到鑽木取火的說明圖表。我的建議是，請在你打算進行儀式之前一個月開始備齊材料並練習。我也建議你準備聖化過的火柴作為備用。

團體儀式

哈格拉茲／瑙提茲團體儀式請見本書第393頁。主題是對於改變的需求。

第7章

伊薩和耶拉

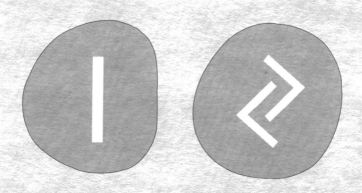

　　與哈格拉茲和瑙提茲的配對一樣，伊薩和耶拉這組也是一股剛硬力量與一股為改變而生之力量的相互抗衡。不過這組能量更為集中，危險性也比較低。如同先前提過的，這裡我們也應該要小心，不要對這組配對落入二元對立的解釋。儘管它們的力量相互抗衡，但任何一個盧恩都沒有「好」或「壞」之別。它們的價值和影響力取決於具體情況脈絡。被凍結在冰川之中必死無疑，但如果現在你的生命整個分崩離析，那麼伊薩的寂靜不動可能正是你需要的！

第十一個盧恩：ᛁ ISA 伊薩

發音：EE-sa

意思：冰

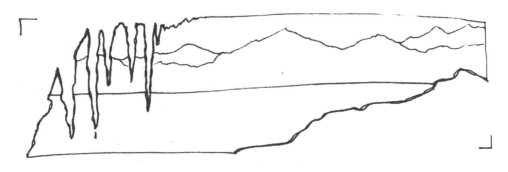

伊薩是冰、是慣性

停止和寧靜⋯⋯

古代含義

在日耳曼語系中，伊薩似乎源自推定的印歐語 *eis*「冰」，跟現代英語基本上是同一個字。在歐洲南方內陸，冰不會帶來什麼大問題，但這個盧恩文字的字形似乎源自希臘和羅馬字母表，它們具有相同的發音。確實，我們可以想像，這支冰柱的發音和形狀應該是源於跟隨融化冰川向北遷移的部落。

另一方面，這個盧恩的含義論述也提供了許多有趣的可能性。古英語盧恩詩給出了最具鼓舞性質的解釋：

ᛁ *[Is] byþ nearu oferceald, ungemetum slidor*

（冰太過寒冷，滑不可測）

glisnaþ glæshluttur gimmum gelicust

（如玻璃一般閃亮，與寶石最為相像）

flor forste geworuht, fæger ansyne.

（被霜雪凍過的地面，看起來非常漂亮）

　　這個畫面描繪的是冰的要素之一，具有水晶般的堅硬透明度，愈美麗也愈危險。它的特質非常極端——極為冰冷，又無比光滑。冰很危險，但「看起來非常漂亮」。讓人想起民間傳說中的某些意象——異世界裡的玻璃城堡，亞瑟王尋找阿里安羅德聖水的地方；還有白雪公主的水晶棺木。

　　在北歐和冰島詩歌中，意象（如先前一樣）更為嚴酷。挪威盧恩詩擷取了光滑地面的意象，但現在它變成了一座橋——地面結冰已經夠糟糕，更糟的是，它現在是冰川裂縫上的一座冰橋，若是盲人要過橋那就更危險了。不過，至少橋面很寬闊，因此這裡可能是一種複合詞隱喻，意指被冬季冰雪覆蓋的大地。

I *[Is] kællum brú bræiða;*

（我們稱冰為寬橋）

blindan tharf at læiðha.

（盲人須有人攙扶引導）

　　冰島盧恩詩描繪的畫面更加嚴峻。一切自然景觀全被寒冰封住，尤其原本應是流動不停的水域。寒冰包覆河流，如同樹皮包覆樹幹；浮冰如屋頂覆蓋翻騰的波浪。冰封的河流或許就是上面所說的「寬橋」。對盎格魯撒克遜人來說，它是一整片地面，但愈往北高度就愈高，是女海神「瀾」之王國的屋頂，底下是其深無比的深淵。現在，不僅盲人要害怕，所有天數已盡之人都恐懼不已。

ǀ *[Iss] er arborkr*

（嚴冰乃河流之樹皮）

ok unnarþak

（亦是波浪之屋頂）

ok feigra manna far.

（覆滅天數已盡之人）

〈至高者箴言錄〉中的意象更強化了古北歐人對冰的態度。在第90節，女人的愛情被比作騎著一匹沒有穿防滑釘鞋的小馬在冰上行走。表層無動靜，但走在上面的人可能會滑向毀滅，除非他們非常小心。冰也被列入不可信任之物，除非你能安然通過它：

夜晚時方能稱讚白晝，燃燒後方能稱讚火炬
試煉後方能稱讚寶劍，出嫁後方能稱讚少女
橫越後方能稱讚嚴冰，暢飲後方能稱讚麥酒

——〈至高者箴言錄〉（*Hávamál*）：81

以下這段盧恩咒對應的可能就是伊薩：

我習得第九個（盧恩咒），若我需要
在波濤中保衛我的船隻
我令風平，我令浪靜
亦令大海安寧入眠

——〈至高者箴言錄〉（*Hávamál*）：154

不過，若它是暗示著寒冷使大海靜止不動，那這個意象顯然比其他意象都要正向得多。

一般來說，傳統盧恩詩皆將伊薩解釋為斯堪地那維亞人極為熟悉的大自然力量。結冰的地面非常堅硬，沒有任何動靜。它限制水的流動，但試圖在上面行走的人，卻會發現自己正在失去控制力。它的反叛是被動性的；當人類試圖橫越它，它就開始變得非常危險，它會擴大自己的動能或情緒來將人摧毀。北方人對於長年覆蓋他們土地的冰層，始終懷有一種敬重之心，但他們並沒有就此讓腳下的危險將他們束縛。古詩句教給人們的第二項功課是，要小心翼翼對待它——幫盲人引路，為小馬穿上蹄鐵——即使是最滑溜的冰面，也能順利橫越。

現代含義

索森從冰的物理特性推演到一種形上學情境，他認為，伊薩是原始冰（Primal Ice），融化之後世界隨之顯露。它是反物質、重力、慣性（惰性）、熵——其惰性和靜止不動可吸引火的活躍能量。以神話學角度來說，它象徵索爾的勁敵霜巨人。伊薩是冰雹的核心。它凝聚自我意識，並提供一種精神連繫，幫助一個人度過壓力。一旦失去平衡，就會導致遲鈍和蠢行。伊薩就是最原始的點和線。

岡德森的解釋也依循類似思路。他稱伊薩為尼夫爾海姆（霧之國）的大自然力量盧恩，它的特性是堅硬、內斂、靜止、鎮定和不易改變。他認為，那座寬闊的橋是通往冥界的橋樑，而且高度很低、極易抵達。但他也提出警告，不要假設一個人有了嚴冰防護裝備，就足以抵禦所有危險。冰可以作為橋樑，但萬一中途斷裂，人就會掉入波濤洶湧的大海中。

阿斯溫則提出論辯，認為北方人因為與冰搏鬥而練成了強韌性格。不過，若它確實具有這樣的進化功能，那麼受此影響最大的一群人，可能是我們共同的祖

先克洛曼儂人（Cro-Magnon），他們只能在冰河往前推進之前逃離，要不然就是越過陸地往北折返。此外，也應該注意氣候的極端變遷，無論是北方的嚴寒還是沙漠的炎熱，往往會對人類社會帶來類似影響，限縮社會群體的規模，但也使其內部連繫增強。當然，與嚴冰生活最為密切的應該是愛斯基摩人，相對來說，他們就擁有較為和平與合作的文化。

阿斯溫認為，伊薩就是諾恩三女神當中主掌「現在」靜態界域的薇兒丹蒂，以及最初拒絕為奧丁生子的嚴冰女神琳達（Rind），阿斯溫認為祂代表嚴冬季節整個世界的冰凍不育。

奧斯本和龍蘭對古英語盧恩詩的解釋是，這個盧恩代表靜止、美麗但無用的東西。它是無法與人共享的財富，是大自然不受控制且具侵入性的面向。

跟其他任何一種力量一樣，原始冰可以是善也可以是惡，完全取決於它是否屬於平衡進程的一部分。行動力和惰性必須處在一種均衡張力狀態，才能讓我們的內在或外在都健康。絕對慣性與永不停止的動力，是支配宇宙的兩股主要力量。在北歐神話中，當最初的冰層被穆斯貝爾海姆的火焰融化，世界就此展開（如同卡巴拉教導中，庇納的惰性被侯克瑪發出的振動所活化），尼夫爾海姆的冰凍邊緣，持續被赫瓦格密爾滾鍋泉的沸水融解，使地球免於回到另一個冰河時期。

伊薩也可以代表絕對的內在平靜，那也是我們靜心冥想的一個目標，正如索森指出的，如果一個人要聚集力量追隨靈性之路，那麼達到這種專注狀態是必要的。唯有當一個人想要永久處在這種歇息狀態，而且拒絕與外界互動（自閉症或緊張性抑鬱障礙）時，它才會變成問題。那是普契尼歌劇中杜蘭朵公主所待的冰霜監獄；是小說家 C. S. 路易斯筆下納尼亞白女巫所施的邪惡詛咒，她創造了一個「永遠陷入冬天、沒有聖誕節」的世界。

與伊薩的互動可發生在兩個層次。在外部，它表面的危險性會讓那些試圖利用它的人的平衡狀態受到擾亂，雖然冰本身根本沒有絲毫動作。從這個角度來

說，伊薩可以當作一種防禦盾牌，讓攻擊者自身的能量將他自己擊敗。在內部，它是最終極的剛直完整狀態，是寂靜的核心，我們的自我可以退回到這裡進行抵抗或休息。但如果沒有以另一股可調整和可彎曲的力量來加以平衡，這股力量也可能會變成一座監獄，或因為內部壓力過大，整個粉碎成閃閃發光的碎片。

伊薩的解讀和運用

伊薩可能讓人感到不舒服，但它在占卜中卻是一個相當重要、且力量強大的盧恩，而且在魔法上用處很大。

威利斯說，占卜中出現伊薩，代表正在考慮的事情進展將遭到暫時「凍結」，但稍後可能會「解凍」。它也可以代表目前暫時擱置的事情。在某些占卜解讀中，代表情況可能已經凍結而不是解凍。

阿斯溫指出，伊薩本身不具動能，是單純守住一種狀態。它是「我」、自我、人格的核心，她認為伊薩是一個非常正向的盧恩，可以用來集中、凝聚意志，以及保護一個人的內部核心。

伊薩在魔法屏蔽和庇護方面確實很有用。它有助於「讓事情降溫」，能抵消具有破壞性或傷害性的能量，而且可以平衡索里沙茲的力量。它可意指一種人格模式被「凍結」在原地，需要有開納茲或索維洛的平衡能量才能改變。預卜吉凶時，它可能代表眼前看不到任何變化、令人沮喪的情況。

岡德森認為伊薩是菲胡的對立面，而且認為它在魔法施作上可用來束縛主動力量，無論是生長之力或解體之力。若運用得當，它可以止息混亂或歇斯底里，麻痺疼痛感。若是過度，則會導致貧瘠不育、使恐懼感無法正常運作、變得麻木、遲鈍或執迷。

彼得森認為，它代表事物處於「凍結」或冷卻期，是一個貧瘠不育的階段，但之後就會解凍。它也可以代表人與人之間的冷漠、情感僵硬，或無法從內部釋放情緒。它也意指停滯狀態，如果從正面角度來說，就是需要休息，以及退出群體活動以追求自我認識。

正如威利斯所說，占卜解讀中出現伊薩，可能代表工作計畫、活動、情感關係停滯不前或失去動力。如果占卜問題跟靈性方面有關，可能表示需要透過喚起積極力量來平衡此人個性，或是此人可能需要尋求內心的平靜來平衡過於活躍的行動，實際依問題脈絡而定。

伊薩也可以是一種清晰度極高的冷冽憤怒，比火爆憤怒更加危險。它的力量在於其硬度，但它本身卻是易碎的，當我們想要把一個人或一種情況從伊薩的控制中釋放出來時，應該要當心堅冰破裂時釋放的能量。除了心理上的冷卻作用，伊薩也可以用來引發物理上的降溫效果：與哈格拉茲結合，可降低體溫並使體溫保持穩定，用於操控天氣的魔法，可冷卻熱浪等等。但這兩個盧恩的能量都極為強大，需謹慎使用。操作時最好能結合一個具平衡作用的盧恩，比如耶拉，以防凍結過程超出掌控範圍。

第十二個盧恩：⟨⟩中⊦ JERA 耶拉

發音：YARE-a

意思：年（收穫）

耶拉年輪圓滿豐收
時節成熟即得相應報酬

古代含義

　　古日耳曼語的 JERA，意思是「年」（year），更具體地說就是一整年的最高潮收穫季節。在古英語中，這個字是 *ger*，挪威語是 ar，兩者意思都是「年」。在古挪威語中，英語的硬音 yuh 用 *j* 表示，而 *y* 代表母音（i）。不過，以古弗薩克盧恩文字書寫時，⟨ 應該用來代表英語或古挪威語中的 yuh，古英語（盎格魯撒克遜）盧恩字母 *ger*（中）用於代表現代或古英語中的相同聲音，而後弗薩克 *ar* 盧恩（⊦）則具有字母 *a*（uh）的音素，因此在書寫後弗薩克盧恩文字時應使用它。

　　經歷過哈格拉茲、瑙提茲以及伊薩的嚴酷考驗後，看到耶拉的年度之輪再次轉向夏季，真是令人無比寬慰。正如古英語盧恩詩所描寫，當大地為所有人結出果實，稱之為歡欣喜悅確實合情合理。

♠ *[Ger] byþ gumena hiht, ðonne God Læteþ,*

（夏季堪稱歡欣喜悅，若上主──）

halig heofones cyning, hrusan syllan

（神聖天界之王──讓大地結出閃亮果實）

beorhte bleda beornum ond ðearfum.

（富人與窮人皆得均霑）

　　古英語水蛭書都會提到許多在收成或使用藥草時要吟誦的祈禱辭和咒歌。其中最有趣的是經常被引用的〈田地藥方〉（*Æcer-bot*，音譯：艾謝博），是一種保佑或保護田地免受巫術侵害的儀式。戈弗里德‧史東姆斯（Godfrid Storms）的《盎格魯撒克遜魔法》（*Anglo-Saxon Magic*, Storms 1975）一書有收錄完整內容。

　　這個儀式的第一階段包括：從田地的四邊各取下幾塊草皮，將油、蜂蜜、酵母，以及這塊土地所飼養的牛的奶，再加上部分樹木和藥草，混合塗在草皮根部，由一位祭司為之祝禱。然後，農夫面向東方，將這四塊草皮分別鋪在四個由花楸樹刻成的小十字架上，對著太陽吟唱聖詩。接著，農夫以順時鐘方向轉三圈，然後趴地上祈禱。接下來，將一名陌生人施捨的種子、熏香、茴香、聖皂和鹽放在犁上，然後吟唱以下這段祈禱辭，這個版本是所有保存下來的咒文當中最不具基督教化色彩的禱辭。

Erce, Erce, Erce, eorþan modor,

（艾謝、艾謝、艾謝，大地的母親）

geunne þe se alwalda, ecce drihten,

（願萬能統治者使妳永遠明亮生輝）

æcera wexendra and wridendra,

（田地欣欣向榮、碩果纍纍）

eacniendra and elniendra,

（莊稼健康茁壯、茂盛興旺）

sceafta scira herse-wælsima,

（黍稷作物禾稈光亮）

and þæra bradan bere-wæstma,

（大麥作物肥大強壯）

and þæra hwitan hwæte-wæstma,

（小麥作物白皙潔亮）

and ealra eorþan wæstma.

（地上所有莊稼繁榮豐滿）

Geunne him ece drihten

（願永恆之光保佑他）

and his halige þe on heofonum synt

（願天上聖者保護他）

þæt hys yrþ si gefritod wið ealra feonda gehwæne,

（願他的物產受到安全庇護）

and heo si geborgen wið ealra bealwa gehwylc

（不受敵人任何傷害）

þara lyblaca geond land sawen

（不受土地上散播之巫術入侵）

Nu ic bidde ðone waldened se ðe

（現在我向全能統治者禱告祈求）

ðas woruld gesceop

（祂乃創造世界之神）

þæt ne sy nan to þæs cwidol wif,

（縱女人有滔滔辯才）

ne to þæs cræftig man

（縱男人施展狡計）

þæt awendan ne mæge word þus gecwedene.

（亦無能擾亂這些話語）

唱完禱辭，由農夫犁出第一條犁溝，將一塊用牛奶和聖水揉成的麵團放在裡面，然後再做一次祈禱。讚美禱辭中的小麥和大麥即是從大地母親身上收穫的豐年成果。

北歐的盧恩詩也表達了相同意思。冰島盧恩詩如是說道：

ᚨ *[ár] er gumna goði*

（豐年是對人類之祝福）

ok gott sumar

（是美好的夏季）

ok algróinn akr.

（以及作物豐滿成熟）

但是北歐農夫也知道，最好不要認為一切都是理所當然。〈至高者箴言錄〉的智慧之言如是告訴我們：

播種太早的田地，令人無法信賴
亦無法很快生兒結子
天氣亦能摧毀田地，若缺乏智慧，那田地之子
每一個都是風險

——〈至高者箴言錄〉（*Hávamál*）：88

這首北歐詩歌的開頭與冰島詩歌相同，接著是對弗羅迪（Frodhi）的感謝，祂是祭司們重寫所有祈禱辭之前，人們祈求豐收的「神」，丹麥人稱祂弗羅迪，牧人稱祂殷格，在瑞典稱為弗雷。

ᛀ *[ár] er gumna góðe*

（豐年是對人類之祝福）

get ek at ærr var Fróðe.

（那是弗羅迪慷慨大度）

在古北歐語中，*fróðhr* 的意思是「明智的」。根據斯諾里和薩克索的說法，弗羅迪 Fróðe 這個名字是丹麥的一位古代國王，在他統治時期，世界和平繁榮。他死後，遺體被放在一輛馬車上，由眾人抬著在其領土境內巡行（這後來也成為弗雷在瑞典的形象），之後才葬在墳墓裡。

現代含義

索森將耶拉定義為一種宇宙循環模式（出生、成為、消逝）之模型，它以不同的方式表現諾恩女神的庇佑。這是太陽的年度循環，尤其來到夏季的一半，正是農作播種、生長和收穫。耶拉代表因果的自然法則（對正確行為的獎勵），並支配宇宙和有形物質的生育繁衍力。它是動態的對偶組合以及無處不在的圓形循環。

阿斯溫認為，這是一個時間盧恩，它包含了諾恩三女神的所有力量。如果你將盧恩文字排成一個圓形月曆，把耶拉放在十二月，那夏至就是達嘎茲／DAGAZ（從另一角度看，若你從冬天開始研究盧恩文字，那麼到夏季生長季節高峰期就剛好遇到耶拉）。就像季節循環永不停歇，耶拉體現的是永恆循環的法則。

奧斯本和龍蘭則把焦點放在這個盧恩的農業應用上。她們認為耶拉的意思是「季節」（season），而且認為它顯示出寒冰和溫暖這兩個對穀物生長不可或缺的互補特性。岡德森則提醒我們，在北歐，一年分為兩個互補季節，也就是冬季和夏季。一個好的「年」，就是一切都按照大自然時間表完成一年循環。從靈性面向來說，這是一個掌管覺知意識之自然與和諧開展的盧恩。靈性成長是無法勉強的。有成效的進展需要耐心、計畫和持續不懈的關注呵護。

普遍共識皆認為耶拉是轉變與平衡的盧恩，是代表時節循環，從北歐人的角度來說，就是溫暖和寒冷這兩股主要力量的平衡。這種對立如果能維持平衡，就能提供事物改變和成長的必要動力。這個盧恩在字形外觀和含義上都跟陰陽符號非常像，代表主動和被動力量之間的互動關係。在心理和精神面向上，耶拉讓我們看到認識自身內在季節循環節奏的必要性。靈性發展通常是在一連串周而復始的循環當中進行的，人們會不斷回到之前學習過的領域，去熟練我們以為已經了解的技巧，而非一直線直達開悟啟蒙。

冬天的寒冷和止寂與夏天的溫暖和活動一樣，皆是成長所必需。太陽的遠離和其回歸同等重要。太熱也和太冷一樣危險，比如「溫室效應」，或是對於生活在美國西部的人來說，雨水太多可能跟乾旱一樣糟糕。肉體與心靈的健康就是取決於對這種關係的認知。在我們的工作和生活中，要知道什麼時候該用力推一把，什麼時候該停下來等待，要知道如何「順其自然」，順應自然的循環和潮流，而非與之抗衡。它教導我們，為了順利得到結果，有時需要等待。

我們也可以把耶拉看作是紡輪，一個能使紡錘保持平衡轉動的圓形重物，它使時間本身的螺旋保持平衡與穩定。這個盧恩也是一種象徵，萬事萬物皆會消逝，萬事萬物亦會回歸。從積極面來看，沒有什麼會永遠消失不見——古代舊神宗教亦然！輪迴是來世的眾多可能性之一。不好的一面是，它會「周而復始、輪轉不停」。一次輪迴所造成的惡，最終還是會回到那些該負起責任的人身上——就

像我們過去對地球造成的破壞，現在已經開始顯現惡果。或許耶拉應該被視為一個靈性與肉體生態並重的盧恩。唯有當所有自然力量處於平衡狀態並持續運轉，人類或世界才能永續生存。

耶拉的解讀和運用

耶拉可以用來在武術或儀式當中移動能量，讓身體能量和宇宙原力進行調頻。在治療工作中，它應該被用來激發身體的自然恢復力。它的互補性和動能可以用來激勵一段人際關係。它也是園藝上經常會用到的幾個主要盧恩之一，將這個盧恩刻寫在寫有植物名稱的塑膠片背面或花盆上，或是對著植物唱誦這個盧恩，可促進植物生長能量的自然流動。

威利斯說，在占卜解讀中，這個盧恩可以代表收穫季節，或是問卜者將因先前的努力而獲得報酬。一般來說，它算是積極正向的盧恩，但如果你做的事情是負面的，那結果也會是負面的。彼得森說，這個盧恩可意指整個社群共同體的繁榮，是一個豐收季節。用在符咒中可帶來財富和成功。在有形物質領域方面，耶拉最有可能代表繁榮成功、財富、勞動報酬等。在靈性方面，這個盧恩則是代表需要某種形式的運動和平衡，或是需要接受自然的循環起落。在魔法運用上，它可以用來重新平衡頻率失調的東西。

阿斯溫認為，在預卜吉凶上，耶拉的出現幾乎都是代表會有好事發生。它能形成溫和的變動，當左側直角在最高點時，代表移動速度會變快，左直角在低點時，速度會減慢。岡德森指出，耶拉應該用於緩慢而自然的實現目標，隨著命運的自然流動，在適當時刻做出緩慢而細微的改變。它也可以用來幫助顯化其他盧恩的力量。

耶拉也掌管創造過程。在個人魔法工作上，它可以用來指引儀式的時間點選擇，尤其是入會時機。它也可用來開發靈性潛能，或是相反，讓一個人命運注定的負面結果顯現出來。使用上要特別小心，因為它會加速生長過程，所以雜草也會跟莊稼作物一樣長得很茂盛，向上的螺旋也同樣會往下轉動。

伊薩和耶拉：研究與體驗

如冰靜止

伊薩是冰的盧恩，帶有嚴冰所蘊含的一切意涵。要解讀它，就必須同時探討靜止、惰性和歇息的好壞含義。衍生出去，它也是代表冬天的盧恩（例如，如果伊薩與耶拉一起出現在一個跟氣候有關的預卜中）。要了解它的含義，我們可以沉思冬天在調和氣候中的作用，它能令某些事物死去，但也將種子保護和隱藏起來，讓它們有時間在地下發芽，也讓土壤有時間休息。從這個角度看，伊薩的靜止不動與耶拉的循環運轉並不是對立的，而是循環的一部分。

冰凍歇息

伊薩可用在冥想上，作為抵達止息狀態的一把關鍵鑰匙。方法是：躺下來，脊椎和雙腿伸直，雙臂放在身體兩側。你可以讓身體上下正對北／南方向。先決定你要花多少時間來進行這次冥想，然後在你的額頭上畫伊薩盧恩。調整呼吸，吸氣數到四，屏氣兩拍，吐氣再數四拍，直到你心神非常專注集中。然後，將身體每一個部位的肌肉群逐一收縮再放鬆，直到全身完全鬆弛下來。

最好的做法是從四肢開始，把腳趾蜷縮起來然後放鬆，接著是小腿和大腿的肌肉。然後是拳頭和手臂。讓覺知意識慢慢從四肢末端消失，移到臀部和腹部、胸肌和肩部肌肉，先繃緊再放鬆，最後是臉部和頭皮的肌肉。這個方法可以讓你

釋放肌肉內部的緊繃，平常你可能不知道它是僵硬的。進行任何冥想之前，先做這個步驟，可有效放鬆全身。不過，如果你在繃緊肌肉時會有抽筋現象，就用全身伸展來代替。

當你全身完全放鬆、進入靜止不動狀態，你會幾乎感覺不到四肢的存在，這時就可開始放掉思緒和精神上的緊張感。把你擔心的事情一個一個找出來，看著它們逐漸褪色變白，或是，如果你的聽覺比較敏感，就讓那些詞語的聲音逐漸變弱，然後消失。把你的擔憂、你的計畫、你的希望和恐懼都一一想過，然後，不迎合也不拒絕，只是單純將它們放掉。你的目標是讓自己靜止下來，什麼都不做，什麼都不渴求，把最初的線條縮小到變成最初的一個點。以白色、空無、寂靜、純淨和歇息來替代每一個浮現的畫面。

當你設定的冥想時間結束，開始想像有一股溫暖能量將你僵硬的四肢全部解凍。你可以想像那是母牛歐德姆布拉溫暖的舌頭，正在舔舐你身上禁錮的冰層，就像哺乳動物的母親舔舐牠們剛出生的幼子，來促進牠們的血液循環一樣。如果你從一隻手開始解凍，那你可以用這隻手在你的額頭畫上耶拉盧恩，可加快其他部位的進程。感受你身上的冰完全融化，你從冰霜中解放出來，你的四肢回復溫度，世界也開始有了色彩。你可以再次收縮肌肉群，來恢復各部位的感官覺知。這時，你的責任及難題的記憶也會逐漸回來，但至少你經歷了一個短暫的冬天，你已讓自己歇息，然後做好準備，重新面對它們。

任何時候你覺得有需要，都可以進行這個冥想，幫助你緩解壓力或安撫疲憊的神經。

收穫

古弗薩克的第十二個盧恩耶拉，在位置、形式和功能上都具關鍵地位。無論是在它所屬的「族」或是二十四個古弗薩克字母中，它都剛好處於中間位置，如果

你把二十四個盧恩文字畫在一個圓輪上，它剛好就是處在那個提供動力讓輪子再次轉動的位置。耶拉也可以被視為接續哈格拉茲和瑙提茲的工作，幫助一個人打破舊模式，同時也打開一個新的循環，或是讓此人對自己的生命和所處世界變得更有覺知力，能夠更深刻去看到那個循環和模式的螺旋。

體驗耶拉能量的其中一個方法是種植植物。即使只用水瓶種植室內植物也能帶來回報。如果有一整塊地來種植那當然是更好。如果你不擅長種植其他種類植物，可以試試香草類，它的葉子香氣可以刺激感官，而且很快就能收成作為調味香料使用。薄荷和薰衣草等甜味香草可以用來泡澡，葉子香氣能帶來療癒感，而對於只用過乾燥調味料的人來說，改用新鮮香草葉片來煎蛋卷或做沙拉，絕對會是很棒的體驗。

美國日落出版社的《香草植栽》（The Sunset Book of Growing Herbs）是栽種香草的入門好書。麥可・卡索門（Michael Castleman）的《療癒香草》（The Healing Herbs, 1991）則是香草用途的經典書籍。如果想研究香草的傳統使用方法，可閱讀尼可拉斯・考佩波（Nicholas Culpeper）的《藥草全書》（Complete Herbal, Meyerbooks 1990）。關於香草的民俗知識可參考瑪格麗特・格里夫（Margaret Grieve）的《現代藥草》（A Modern Herbal）。想了解藥草的魔法象徵意義可閱讀史考特・康寧罕的《魔藥學》（Encyclopedia of Magical Herbs, Cunningham 1991）。

園藝魔法

此外，耶拉也是一個園藝魔法盧恩，可以和其他盧恩搭配使用，比如和菲胡、烏魯茲，以及殷瓦茲結合，對著種子和植物直接吟唱盧恩咒，並將盧恩文字刻在寫有植物名稱的塑膠片背面或花盆上。你也可以把這幾個盧恩的聲音組合成一首「聖詠」：「菲—烏—殷—耶拉……」。或是當你每次澆水時，在花園裡吟唱以下類似的咒語。

ᚠ 菲—肥美花園繁榮茂密

ᚢ 烏—蒼鬱之力來自天與地

ᛟ 殷—吟唱聖詠孕育青蔥綠意

ᛃ 耶拉—年輪從霜白轉到豐收之季

　　把你的花園或植栽花盆當作供奉土地精靈的神龕。邀請它們進駐，請求它們為植物提供能量，並保護它們免受害蟲侵襲，當植物成長茁壯時，請向它們表達謝意。如果你在進行室內儀式時向神靈供奉食物或飲料，那可以將它們放在花園裡，它們很快就會消失不見。把牛奶倒在地上的坑洞或倒在花園中央的一塊聖石上，也都算是一種合宜的供奉。

　　當你與你的植物共處，用一點時間感受它們的能量，敞開你的心去覺察季節變化——春天強烈勃發的能量，夏季穩定生長的力量，收種時期的醇美勝利，以及休耕季節的安詳平靜。

日耳曼曆

　　日耳曼民族將一年分為兩個季節——冬季和夏季，每個季節有二十六個星期，以月亮週期來計算。在古北歐語中，年（year）和收穫（harvest）意思相同，複數形態 years 也與 harvests 同義。太陽曆的一年稱為「蘇拉岡」*sólargangr*，意思就是太陽的運行軌跡，從仲夏開始計算。跟凱爾特人和希伯來人一樣，新的一天是從日落時開始。

　　冬季從10月11日至18日期間開始（可能是以秋分後的第一個滿月來算），節慶日稱為「冬夜」（Winter Nights），在這一天要祭拜祖靈阿爾法和／或狄斯。在冰島，夏季傳統上從四月九日至十五日間的星期四這一天開始（同樣可能是春分後的第一個滿月）。節慶日稱為「夏夜」（*Sumarmál*）。這可能就是歐斯塔拉女神慶典的

原始日期。後來，冰島人在仲夏期間多插入四個夜晚，以及每七年多加一個星期來調整這個系統的曆差。

第三個大節日是耶魯節（Yule），大約是在冬至前後，如果是在極北地區，則是仲冬暗日過後太陽第一次回到天空這一天。在冰島，仲夏是議會開議期間。其他地方的夏至慶祝活動則依當地習俗而定。不過，到今天它仍然是斯堪地那維亞半島的一個重要節日，某些習俗，例如五朔節舞蹈，在低緯度地區會比較早舉行。

中世紀的冰島，大部分法定假日都在夏季。瓦爾庭（Várthing，可能是以聆聽人們誓言的女神瓦爾／Vár 來命名的），也就是「春庭」（Spring Thing），在每年夏季的第四週結束時於各地展開，主要是處理當地議案並為全國議會做準備。夏季的第七週稱為「法達迦」fardagar，也就是喬遷日，租戶和土地財產在這段期間轉手。阿爾庭議會開議日期是在夏季過後十週。在第十九週或夏季結束前的八週，會於各地舉行地方議會，或稱「秋庭」（Autumn Thing），處理夏季事務並報告議會的情況。

月份名稱則因時代和地區而異。有些名稱並無固定，在冰島，夏季月份可能單純只用數字代表，而無命名。有些冬季月份名稱可能是源自古代節日以及舊陰曆，而一些夏季月份名稱則與活動有關。夏至和耶魯這兩個名稱可能是指陽曆至日前後，而非以月亮曆來算。若想更深入了解北歐時間概念，可參閱《中世紀冰島文化與歷史》（Culture and History in Medieval Iceland, Hastrup 1985）。

團體儀式

如果你參加了團體共學，而且想要做伊薩和耶拉的團體儀式，可參閱本書第407頁。儀式內容主要是探討冬季和夏季的互動關係，因為它是根據古北歐創世神話發展出來的，在神話當中，世界就是由最初的超自然力量和原始力量交互作用而逐漸誕生成形。

第 8 章

ᛇ 艾瓦茲和 ᛈ 佩斯洛

跟我們已經研究過的好幾個盧恩文字一樣，古弗薩克的第十三和第十四盧恩也有好幾種解釋。不過，當我們把艾瓦茲 EIHWAZ 和佩斯洛 PERTHRO 配對時，出現的主要意象似乎是樹和井。根據這個解讀，艾瓦茲紫杉就是指世界樹尤格德拉希爾（Yggdrasil）。將佩斯洛解釋為命運的容器，我們就可把它等同於世界樹根部的泉井，這幾座井正是許多原型意象的焦點。確實如此，透過這兩個盧恩，我們就要進入到一個原初意義的世界。若有興趣深入探究這幾個主題，可閱讀《井和樹：早期日耳曼文化之宇宙與時間概念研究》（*The Well and the Tree: A Study of Concepts of Cosmology and Time in Early Germanic Culture*, Bauschatz 1982）。

從這個角度來看，主掌艾瓦茲盧恩的神，就是為獲得盧恩文字而倒吊在世界樹的奧丁。同樣的，佩斯洛就是在諾恩三女神背後守候的女神芙麗嘉的盧恩，她是守護新生兒最重要的母神。

第十三個盧恩：ᛇ EIHWAZ 艾瓦茲

發音：AY-wahz

意思：紫杉樹

艾瓦茲，世界樹的紫杉
生與死之弓，將各個世界緊密相連

古代含義

在所有盧恩詩中，這個盧恩文字的意思都是「紫杉」(yew)，只不過有的是活樹，有的是做成弓的樹。但它在盧恩字母表的排列位置與音素則不盡相同。在

古（日耳曼）弗薩克中，它是第十三個盧恩，而且它的發音是來自其名稱開頭的母音。在盎格魯撒克遜（古英語）弗薩克中，它的位置一樣是第十三個，但是發音比較接近 eo。而在後弗薩克中，它是排在最後（第十六個字母），而且剛好這個盧恩的發音就是主格結尾的最後那個 r；書寫上，它要不是寫成上下顛倒過來的埃爾哈茲 ᛉ，就是兩個古弗薩克字形左右顛倒的合體（見下圖）。

　　古北歐和古英語盧恩詩都將艾瓦茲描述為一棵樹。古英語盧恩詩強調這棵樹粗糙的外觀與深扎的根。它的力量很顯然就是庇護之用；而且很適合燃燒（或是可將火焰保存在它的中心點），能為家帶來歡樂。

　　ᛇ [eoh] byþ utan unsmeþ treow,
（紫杉外觀看來是表皮粗糙的樹）
heard hrusan fæst, hyrde fyres,
（但它強壯又穩固，是火的守護者）
wyrtrumun underwreþyd, wyn on eþle.
（由深根撐持，為家增添喜悅）

挪威盧恩詩則是強調它終年常青的事實，同時也提到它作為柴火的特性：

ᛦ [yr] er vertrgrønstr víða;

（[紫杉] 是冬季最翠綠之樹）

vant er, er brennr, at svíða.

（燃燒時劈啪爆裂四射）

　　冰島盧恩詩則告訴我們，這塊木頭已經製成一把弓，大概因為冰島並無種植紫杉，當地人唯一能看到它的場合就是以戰爭裝備的形式出現。因此我們看到，一把弓已經綁上弓弦準備使用了，複合詞隱喻則進一步將它描述為「箭之巨人」。

ᛦer bendr bogi

（[紫杉] 是彎曲之弓）

ok brotgjarnt járn

（是易碎之鐵）

ok fífu fárbauti.

（以及箭之法布提 [一位巨人的名字]）

　　在〈格里姆尼爾之歌〉（Grímnismál）當中，奧丁告訴我們，烏勒爾神（Ullr）的住所就位於伊達利爾（Ydalir）──紫杉谷。根據斯諾里的說法，烏勒爾是索爾的繼子，而且是一名冬季獵人，也是弓和雪鞋之神，祂騎著一根魔法骨頭（可能是冰鞋）橫越海洋。在古挪威宮廷詩歌中，盾牌被稱為「烏勒爾之船」。祂的名字也出現在許多地名中，通常是跟華納神有關的地區附近。除此之外，我們所知極少。祂的名字似乎與一個哥德語單詞同源，意思是「光輝／ glory」或「雄偉／ majesty」，因此祂可能是一位早期的天神，後來才演變為狩獵之神。若真是如此，將紫杉視為祂的聖樹就有其邏輯可循。

現代含義

索森將艾瓦茲與世界樹做了連結。根據他的研究，紫杉的另一個名字是「針葉白蠟樹」（needle-ash），也就是《埃達》當中提到世界樹尤格德拉希爾時所說的那種白蠟樹。他指出，紫杉和世界樹一樣，都屬於常青樹，也是歐洲樹種當中壽命最長的。基於這個原因，它被認為是永生的象徵，經常種植在墓地，但也是同樣理由，它被人們認為是一種死亡之樹。在象徵意義上，艾瓦茲是世界樹的中心軸，連結對立的力量，並提供通往各個世界的路徑；它是轉化魔法之火的中心軸。

阿斯溫的解讀也很類似。她把世界樹與人體脊椎（昆達里尼之火的通道）做了連結，而且跟索森一樣，她也認為它是諸世界之間的一個連結。沿著世界樹移動，人就進入到一種過渡或懸吊狀態，就像奧丁為尋求盧恩倒吊於大地和天界之間。

根據岡德森的解釋，艾瓦茲是一個具有強大神祕力量的盧恩，這股力量能將兩個相互對立的東西連結起來，並在它們之間傳遞能量。紫杉是生命之樹亦是死亡之樹。它的毒可將人殺死亦可讓人開悟啟蒙。永恆的靈魂藏身其中，如同這棵樹的魂命被粗糙樹皮保護著，在樹體死亡後繼續存活下來，然後再次重生。因此，這棵樹和這個盧恩本身即是矛盾對立的象徵，也是對立之間的結合。

奧斯本和龍蘭則把焦點放在紫杉粗糙的外觀和它內部火焰之間的矛盾特性。她們看到了古英語盧恩詩中由紫杉（Eoh）與喜悅（Wynn）和家（Ethel）連結起來的意象。我們看到，雖然紫杉是常青樹，但它的針葉有毒，而它的木頭可以做成一把用來護身或殺人的弓，這就是其矛盾所在。威利斯將艾瓦茲定義為弓，將其視為對危險的防禦。但弓箭手得瞄準一個明確目標。彼得森則從紫杉的堅強韌性當中看到了躲避危險或擊敗困難的能力。

紫杉的長壽特性，讓它特別適合被選為代表永恆的世界樹，由於它與墓地的關聯，也使它被選為奧丁在獲得智慧期間倒吊的那棵樹。無論哪一種理由，這個

盧恩都可以代表世界樹。

　　世界樹在北歐神話中有很多種用途，但其中最有趣的功能是催眠入神。世界樹被用來作為薩滿巫師通往其他異世界的階梯，全世界皆然，特別是與斯堪地那維亞半島相連、同屬一個極地文化綜合體的西伯利亞。阿根廷火地島的阿勞卡尼族，他們的瑪奇 machi（薩滿巫師）會爬上樹幹，在樹上擊鼓跳舞，祈求神靈之力量。在東南亞和加勒比海地區許多地方，也常見到薩滿巫師在啟蒙和治療儀式中爬到樹上或長竿子上。

　　這種靈魂出體星際旅行的隱喻，似乎來自極其古老原始的人類意識層次。樹木這個象徵符號，可能就是德爾菲神諭三腳高台的起源，而且幾乎可以確定是賽德儀式高台（seidhhjallr，北歐女巫進行預言時所坐的高台）背後的靈感來源。在某些西伯利亞部落，宇宙樹連接著天、地、冥界，有的甚至延伸到七層或九層天。卡巴拉的學習者對於世界樹的概念應該也相當熟悉。很明顯，宇宙樹的功能就是作為不同意識層面之間的通道。而不同意識層面（或各個世界）是以何種方式排列，以及包含了哪些內容，則因不同知識體系而異。若想了解更多關於這方面的資訊，可閱讀默西亞·埃里亞德（Mircea Eliade）的書籍《薩滿教》（Shamanism）。

　　整體而言，樹木在歐洲神話中似乎扮演著極為重要的角色。早期的凱爾特人和日耳曼人都在神聖樹林中進行禮拜。某些樹種則是特定神靈專屬的聖樹。在地中海，橡樹是朱比特的聖樹；在北歐，橡樹是索爾的聖樹，但實際上，任何一種特別古老且受人尊敬的樹都可能成為人們崇敬的對象。人們會把殺生祭品和供品掛在樹上；裝飾華美的五月柱和聖誕樹也都是源自這個習俗。直到今日，在不列顛群島的農村地區，人們還會將布片綁在聖井四周的樹枝上當作供品。

　　以實務角度來說，幾乎任何一棵樹木都可作為世界樹尤格德拉希爾的象徵。樹木其實就是大地和天空之間的連結。樹根從大地吸收水分和養分，樹葉則利用太陽的能量將它們轉化。葉片從空氣吸收二氧化碳，然後再將氧氣吐回空氣中。

樹的內部能量不斷上上下下移動，如果一個人進入到某種意識狀態，就可感覺到這股力量。擁抱一棵樹幹，或是背靠著樹幹靜坐冥想，都能讓人體驗到世界樹的某種力量。

艾瓦茲的解讀和運用

艾瓦茲可作為代表矛盾的盧恩，也可代表對立面之間的連結。依不同脈絡情況，它可代表靈性上的提升或探索，也可意指從一種狀態或情況移動到另一種狀態或情況。它也意指可將某個明顯的困難或危險難題轉化為優勢，或是代表需要檢視事物之間的關聯性——事情發生的根源，或是最終結果。

威利斯認為，這個盧恩的出現，意味著不好的情況會自行逆轉或轉為有利情勢；障礙或小災難不會造成傷害。阿斯溫指出，艾瓦茲非常適合用來作為綁定盧恩的「主幹」。她建議我們可以觀想這個盧恩沿著你的脊椎上下移動它的能量，將你的無意識與高我意識相連結，這樣你就可以同時在這兩個意識層面保持覺知。岡德森則建議用紫杉來製作魔法杖，或許是因為透過這種木頭投射出來的魔法，會像用一把弓射出的箭那樣有威力。它可以用來傳送不同世界之間的訊息，保護那些到其他層界遊歷的人，以及在魔法決鬥中作為防禦盾牌之用。在占卜解讀上，我經常發現它代表的是建立連結。

在治療上，艾瓦茲可用來療癒背部問題，強化脊椎或將脊柱拉直。如果你選擇一棵最喜歡的樹來代表世界樹，可以在樹幹上刻寫這個盧恩。飲料供品可以倒在樹根做奠祭，也可以將祈禱辭和供品綁在樹枝上。

第十四個盧恩：ᛈ PERTHRO 佩斯洛

發音：PER-thro

意思：命運、骰杯、籤條

佩斯洛從盧恩骰杯倒出命運之籤
說出成人或孩子的機運和變遷

古代含義

P 盧恩並未出現在後弗薩克，若一定得用到這個字母，通常會用貝卡諾／BERKANO 來表示 b 和 p 這兩個音。在後期的丹麥弗薩克中（瓦爾德瑪國王執政的十三世紀）中，它被書寫為 ᛒ 或 ᚴ。

不過，古北歐語中很少出現 *P*。北方和南方印歐語似乎分別使用了 *B* 或 *P*。烏爾菲拉主教的哥德詞典只有七個單詞是以 *P* 開頭，在古英語盧恩詩中也很少發現這個字母，而大多數以 *P* 開頭的北歐語單詞都是其他語言的借代詞。

這個盧恩的名稱，在古日耳曼語是 PERTHRO，意思是「用來擲籤的用具」，而這個盧恩文字的形狀也經常被解釋為骰杯。骰杯擲籤可以用來博奕或占卜。塔西佗的《日耳曼尼亞誌》就曾描述到一種早期的盧恩擲籤占卜法。

人們都迷上用預兆和擲籤來占卜……他們從果樹砍下一根細枝條，然後切割成數個小木塊，上面分別做上不同記號，然後在一塊白布上隨意拋擲。若是公共事務，則由該區祭司負責主占；如果是私人事務，則由家族之長主占；向眾神祈請後，主占者一邊望著天空，一邊拾取小木塊，一次拿一塊，共取三次，全部取完後，根據木塊上的記號來解釋它們的含義。（《日耳曼尼亞誌》：10）

塔西佗還在書上其他段落指出，擲骰子是日耳曼部落的主要娛樂（或可能已到沉迷地步）：

　　清醒時，他們也把擲骰子當作一件正經事，而且甘冒痛苦與損失的絕望風險，當身外之物全都一無所有，他們只剩下自己的自由和自己這個人可做最後的孤注一擲。賭輸就只能自願為奴……（《日耳曼尼亞誌》：24）

這種對機率遊戲的態度似乎是戰士文化的特徵。北美印第安人也描述過類似行為，幾乎一模一樣。

古英語盧恩詩提到這個盧恩，名稱是 PEORTH，一般翻譯為「棋子」（chess piece）。

ᛈ *[Peorð] byþ symble plega and hlehter*
（棋子／博奕工具意謂遊戲和歡笑）
wlancum [on middum], ðar wigan sittaþ
（之中亦有戰士坐於其間）

on beorsele bliþe ætsomne.

（愉快相聚於飲酒廳堂）

　　至少在古代，這裡所指的棋弈遊戲可能不是現在的西洋棋，而是一種北歐棋盤遊戲，叫做「古北歐板棋」（*hnefa-tafl*，變體為 *hneftafl*），有時也翻譯成「跳棋／draughts」或「象棋／tables」，是一種反映鐵器時代戰事策略的棋盤遊戲，跟封建時代的象棋一樣。它有一個現代版本叫做「劍與盾」（Swords and Shields）。這個遊戲在愛爾蘭還有一個不那麼複雜的版本稱為「菲切爾」（fidchel）※。

　　古北歐的板棋遊戲稱為 töfl（塔沃）。棋子分為白色和紅色，有些還是用貴金屬做成的。所有棋子的走法跟現代國際象棋的「城堡（rook）」一樣，也會被鄰近對手吃掉。外圍區塊棋子負責進攻，內圍棋子負責防守保護國王，目標是國王要從棋盤正中心逃到邊緣任何一個區塊。有時候也會用擲骰子來決定一顆棋子可以走動的格數。在漫長的冬夜，圍坐在火堆旁邊玩著這樣的棋盤遊戲，是人們最喜歡做的正事，《薩迦》當中經常提及。

　　〈女先知預言〉這段詩文當中提到的應該就是這種板棋遊戲：

　　祂們（諸神）在庭院草地玩著板棋，非常開心
　　從不憂慮缺乏黃金
　　直到三位女巨人到來
　　她們來自巨人國約頓海姆，力大無比

　　之後，祂們將在草地上發現
　　那些美麗的黃金塔沃棋子
　　過去曾令祂們無比著迷

　　　　　　　　　　　——〈女先知預言〉（*Völuspá*）: 8, 61

※ 譯注：或稱凱爾特板棋。

在古英語盧恩詩中，我們看到了戰士的其中一種形象，他們會在宮殿大廳裡輕鬆玩著板棋，既能交誼又能鬥智，非常適合戰士身分，只是沒有流血（雖然這跟擲骰賭博一樣，可能導致財務災難）。這是典型對於和平的一種追求。這就是為什麼在〈女先知預言〉詩句中，板棋遊戲會在世界剛形成之初成為阿薩神族黃金時代的象徵，然後在詩文末段又回復神聖秩序。

在前段詩句中，開頭兩句田園詩般的愉快氣氛，因三位女巨人的到來而打破。霍蘭德和其他翻譯者都將她們解釋為命運三女神諾恩。雖然斯諾里告訴我們，每一個種族都有他們自己的命運三女神，但我相信這裡指的應該就是諾恩三女神「本尊」——烏爾德、薇兒丹蒂以及斯庫德——她們其實就是巨人族。另一方面，兩部《埃達》當中出現的人物，只要沒有特別說明他們是華納神族或阿薩神族，就似乎都是某種類型的巨人，因此，或許我們不該對此大驚小怪。這件事告訴我們，諾恩三女神就是從世界的原始力量中誕生的。她們出現在這個場景，代表創世的第一階段即將發生變化；在第一階段，世界被創造出來然後命名，第二階段，人類被創造出來並賦予生命，阿薩神族和華納神族雙方開戰後又互相結盟，接著發生一些事情，導致諸神黃昏末日之戰開打。宿命和機會已經同時進入這個世界。

當然，長久以來人們一直認為擲籤或博奕遊戲（或拋擲硬幣）也是命運早就注定的結果，因此很有可能，是諸神的棋弈遊戲勢必導致命運三女神的到來。不過，命運三女神關切的並非只是平常一般運勢，祂們的主要任務是在每個人出生之時賦予他們此生命運。因此，這些詩句讓我們了解到這個盧恩文字的次要含義，就是跟「出生」有關。沃德爾和其他研究此主題的作者已經確認，佩斯洛PERTHRO 就是「生育／ childbearing」（*ga-burdh-iz*）的古德語詞根。他認為，古英語盧恩詩當中的 *wigan* 和 *beorsele* 應該就是 *wifan* 和 *beorthsele*，「妻子」和「產房大廳」。這種解釋未必能得到語言學上的支持，因為既然 *P* 和 *B* 可以互換通用，那為

什麼還需要有 P 盧恩？不過，象徵主義就是這麼耐人尋味，值得進一步深入探索。

〈斯維普達格之歌〉（Svipsdagmál）當中一些有趣詩句，也讓我們看到生產分娩與諾恩三女神看護的世界樹之間的關聯。為了見到心愛的人，斯維普達格（Svipdag）必須要跟神祕的費約爾斯維（Fjolsvith）交換猜謎，這裡的費約爾斯維是一位巨人，雖然這個名字在其他段落出現時是作為奧丁的別名。斯維普達格問費約爾斯維，那棵樹枝遍地伸展的大樹是叫什麼名字。費約爾斯維回答，它的名字叫做「密米爾之樹」（生長在密米爾之井上面的樹，也就是世界樹）。然後英雄斯維普達格又問他，這棵大樹會結出什麼果實，巨人回答：

> 這棵樹生出的漿果應被放到火上烤
> 讓承受極大痛苦之婦女服下
> 然後裡面藏著的東西會顯露出來
> 那力量在人身上藏著災難
> ［或「那就是人類的命運」］

——〈斯維普達格之歌〉（Svipsdagmál）：16

原文的最後一個字 mjötudr 含義相當晦澀，有些譯本認為它是指世界樹本身。雖然紫杉的樹體大部分都有毒，但漿果的肉是可食的（但種子部分不行）。不過，這種漿果可能含有某種刺激子宮收縮的物質，因此在作用上既「神聖」同時又是一種毒藥。有人可能會想到〈勝利賜予者之歌〉的詩句。或許當中提到的幾個「救助盧恩」（help runes）也包括佩斯洛：

> 你須學習救助盧恩，若你要幫忙
> 女人順利生出小孩

就把它們刻在[你的]手掌然後握住她的手腕

並請求狄斯女神來幫忙

——〈勝利賜予者之歌〉（*Sigdrifumál*）：9

在古代文獻中，命運三女神、泉井和世界樹跟命運的意象緊密相連，這種關聯就具體表現在以遊戲、擲籤抓鬮，或拋擲盧恩來決定成年人和新生兒的命運。

現代含義

索森認為，佩斯洛是代表命運之謎的盧恩，是決定盧恩占卜結果的命運三女神之力量。它支配著因果法則（水平面向）和同步法則（垂直面向）。佩斯洛既是井，同時也是用來拋擲盧恩的骰杯。它是主掌事物生成、維持以及改變的那股力量。

岡德森將這個盧恩更具體界定為一種占卜，他指出，古代日耳曼人會用擲骰子和拋擲盧恩這兩種方式來占卜，兩者都是要讓既定命運顯示出來。骰子揭示個人宿命，而拋擲盧恩揭露的是世界整體命運下的個人命數。他認為佩斯洛是巨人密米爾的盧恩——「宇宙自我意識的體現」，而不是烏爾德的盧恩，因為烏爾德本質上是一個被動資源。了解它，人就能知道如何面對命運。

阿斯溫也認同這個盧恩是密米爾之井，不過對她來說，這個盧恩也是太空子宮（Womb of Space）。她認為這兩個意象都是儲存祖先記憶、阿卡西紀錄或集體無意識的地方。她認為，佩斯洛就是命運的盧恩，也是芙麗嘉的盧恩，因為祂是生育女神，同時也是命運三女神背後的力量。

不過，還有其他種解釋。奧斯本和龍蘭將這個古英語單詞譯為 tune，意思是心情和諧、愉快等。彼得森覺得這個盧恩是意指某種未知、未揭露、隱藏的東

西；是一個謎，跟未出生的孩子一樣，會在適當時候顯露出來。他指出，此盧恩的舊名稱 Perdhra 也可意指「果樹」（Oxenstierna 1965），而且會結出 *peru*「梨子」，梨子這種水果的形狀也像子宮。

古弗薩克當中有好幾個意義模糊的盧恩，佩斯洛就是其中一個，而這種模糊性既讓人挫折，卻也是一種機會。我們沒有足夠證據去證明這個盧恩當初被創造出來時的「真正」原始含義。由於古代的權威文獻並無定論，因此我們必須從近代作者的見解尋找啟發——同時也根據自己的直覺尋求領悟。要了解佩斯洛，最直接的方法就是對這個盧恩文字本身冥想——這個盧恩本身就提供了進入其含義的鑰匙。

所有解釋必須從古英語盧恩詩的詩句開始，將北歐文獻中一個一個意象串連起來。浮現的意義就是圍繞在為新生兒擲出命運籤條，再加上對弈遊戲、機會和命運這幾個元素力量，特別是在當時社會背景下。

若將它解釋為骰杯或籤條，佩斯洛指的就是那些可以被視為具有象徵性或重要意義的（占卜）遊戲結果。和瑙提茲一樣，它似乎指的是命運兀爾德（wyrd）的運作，但瑙提茲是意指正在形成某種不好的結果，而佩斯洛則帶有比較輕鬆開心的一面。它可能跟命運有關，但也不要太當真（雖然這可能跟維京人對於他們「特別有興致之事」喜歡用冷酷幽默來面對有關）。廳堂裡擲骰子的戰士會笑著走上戰場。

在北歐傳統中，洛基是詭計多端的騙子，但眾所周知，奧丁也會用計欺騙那些試圖逃避命運的人。重要的似乎不是一個人的命運如何，而是你怎麼面對它，理想的回應方式，是以勇氣和幽默感來應對發生的一切境遇。奧丁確實很討厭膽小鬼，想必諾恩三女神對那些能夠開心接受祂們答案的人大概也會比較優待。

不過，更深的層次上，我認為可以將佩斯洛解釋為「盧恩中的盧恩」。在〈女先知預言〉中，諸神的棋弈遊戲和諾恩三女神首次現身後，緊接著就是人類被創造出來。佩斯洛就是那個子宮／井，世界樹把它的漿果放在裡面，刺激了命運的誕

生。我們甚至可以說，那些漿果就是盧恩，從樹上掉落，再從井裡拾取出來，以此將男性和女性的造物原型結合在一起。從那口井／佩斯洛，盧恩以及它們所要傳達的命運模式就此誕生。佩斯洛就是那口轉化的大鍋，它被描繪在「岡德斯特魯普大鍋」上（Gundestrup cauldron，一個銀製大鍋，鍋身有眾神和人類的浮雕裝飾，可能是特蘭西瓦尼亞工匠為移民時期的國王所製作，地點在現在的丹麥），被殺掉的戰士會被投入鍋裡，這樣他們才能重生。

在人類層面上，佩斯洛是狄斯女神的盧恩，諾恩三女神是人類命運的賦予者。芙麗嘉知道所有人的命運卻從不說出口，祂是保佑新生兒的母神當中最偉大的一位。祂也是諾恩三女神背後的力量，地位就像「華納狄斯」弗蕾雅（Freyja Vanadis）是狄斯族的首領。儘管文獻無此記載，但人們可能會想要將「阿薩狄斯」（Asa-dis）這個封號頒給阿薩神族的母神芙麗嘉。產婦也會向祂祈求，因為躺在產床上就像男人上戰場，是冒著自己的生命危險讓其他生命得以延續。佩斯洛也可能因此被視為北歐婦女的祕密盧恩。

基於這些原因，這個盧恩尤其沒有單一「正確」的解釋。不過，雖然佩斯洛很難定義，但作為冥思的焦點主題，它的內涵卻異常豐富。

佩斯洛的解讀和運用

占卜中出現佩斯洛是一種預示，此人應該去探究命運或機運對於他所提出的問題具有何種影響力。佩斯洛的出現可能意味著那個影響力正在運作，或者一個不在預期當中的、或偶然的因素即將介入。在心理層面上，它可能意指需要去面對事情的不確定性，或是要去承擔風險，甚至需要放鬆心情、娛樂一下。在事業上，它可能代表冒險，或是某些意想不到的事情，可能是好事也可能是壞事。在個人成長方面，佩斯洛可意指人一出生就「命定」的那些機緣和限制——也就是由遺傳和出生環境決定的那些因子。

根據威利斯和阿斯溫的說法，在占卜解讀中，它代表先前隱藏之事的揭露、意想不到的好運、一個非常接近事實的猜測。阿斯溫發現它可能代表問卜者現在不想知道（或尚未準備好要知道）的訊息。岡德森認為佩斯洛可以用來強化或加速命運兀爾德的作用。他也發現，這是一個非常適合用來沉思冥想的盧恩，它可以幫助你找回關於盧恩的隱藏知識，並學習如何在現代世界使用盧恩。

翻倒的佩斯洛，非常適合用來製作綁定盧恩，因為它可以將其他盧恩「倒出來」，幫助它們顯化成真；如果是向上翻，那代表將它們牽制起來。用在治療上，可在子宮部位正上方畫這個盧恩，開口朝下，可改善月經不順的情形。若要幫助順利生產，開口要朝下，如果是懷孕期間要防止流產，開口就要朝上。

艾瓦茲和佩斯洛：研究與體驗

樹根

要實際體驗艾瓦茲，最好的方法是將它當作一個代表「世界樹」的盧恩，這樣既可實際感受它在實體世界的表現，也可以作為一個宇宙曼陀羅圖案來體驗。要了解它，第一步是與一棵活樹建立關係，最好是選常青樹，當然你也可以選擇你就近可接觸到、或是你個人喜歡的樹種。用曬過陽光的能量水、滴入幾滴你自己的血液，再加入一些蜂蜜酒或啤酒，混合在一起，用它在這棵樹的樹皮上畫出艾瓦茲盧恩，讓它聖化，來幫你進行接下來要做的功課。剩下的液體可以倒在樹根作為奠祭。

樹木實際上就是地與天的連結。它的根從泥土中吸取水分和養分，它的葉子利用太陽的能量將之轉化。葉片從大氣中吸收二氧化碳，然後吐出氧氣送還給大氣。除了傳送養分，樹木也在土壤和天空之間不斷傳遞著能量。

要連接這股能量，可坐在地上或無靠背的椅子上，脊椎貼靠在樹幹。找到一個儘量讓身體接觸樹幹的位置，靠在上面，全身放鬆。然後，讓你的覺知意識穿過你的身體向下沉入大地之下，讓自己與大地緊密扎根，並把注意力集中在你與大地和樹木的接觸點上。尋覓地面蔓延的樹根，將自己跟它們緊緊繫在一起。當你的意識牢牢扎根後，再次讓它向上移動，穿過樹幹和你的脊椎，你的脊背現在已經成為這棵樹的一部分。讓意識繼續往上移動，直至向外延伸到樹枝，你感覺能量在天空中自由流動。然後再次將你的覺知意識向下傳送。

藉由樹的幫忙，練習操控意識的移動，直到你能夠同時感覺到自己體內和樹幹內部的能量流動。讓自己加入樹木與風、水和土壤的互動。學習追蹤樹木內部的生命流動，會讓你更容易感覺自己體內力量的運動，並幫助你透過脈輪系統將能量沿著脊柱往上提升。當你完成這段冥想時，一定要記得向這棵樹表達感謝。

與一棵活樹一起做這個練習，可幫助你內化它的物理結構，然後用它來作為催眠入神旅程的地圖。日耳曼宇宙學就是建立在世界樹內外九個世界（Nine Worlds）的概念上。而艾瓦茲就是通往這九個世界的關鍵。

重生

體驗佩斯洛，我們需要先了解誕生（重生）、命運和機運等這些概念。任何跟擲骰子有關的遊戲，也都能訓練我們的頭腦，讓它更有辦法面對變化和機會。另外，古北歐板棋遊戲（*Hnefatafl*，或是拉普板棋 *Tablut*、威爾斯板棋 *Tawlbwrdd* 和愛爾蘭板棋 *Brandubh* 或凱爾特板棋 *Fidchel*）也是一種戰略思維的考驗，需要具備全方位的視覺觀想能力。米爾頓・布拉德利（Milton Bradley）也有出版一套名為「劍與盾」（Swords and Shields）的板棋遊戲。

這些遊戲的形式跟現代國際象棋在很多方面都很不一樣。雖然棋子移動的方式沒什麼改變，但它們是從四周圍朝中心方向走，是一種全方位的思維，跟現代

象棋的二元思維非常不同。古北歐板棋比凱爾特板棋更複雜，但兩者的基本結構都是外圍區塊與中心的互動、是內院和外院（外域，流民四處遊蕩的地方）之關係的概念，這就是當時社會和宇宙觀的一種反映。棋盤網格就是普遍秩序的象徵，正中央有一根柱子或石頭（也代表國王）。奈吉爾·潘尼克（Nigel Pennick）的著作《眾神的遊戲》（Games of the Gods）對於這些概念進行了相當有趣的分析。

在《海德瑞克薩迦》（Heidhrek's Saga）中，海德瑞克國王跟一個老人（除了奧丁應該沒有別人了）進行猜謎比賽。其中一個問題是：「那些每天每夜都在進行防守和公平殺戮、為手無寸鐵的國王而戰的侍女是誰？」有趣的是，我們發現，板棋的「士兵」就是這個故事當中的「仕女」（maids），讓人想起女武神（瓦爾基麗）或黑暗與光明並存的狄斯女神，祂們在預言夢中做出威脅警告或保護，來預示做夢者的命運。因此，沉思佩斯洛盧恩所代表的「棋子」含義，可讓我們回過頭來思考潛在命運兀爾德，以及它對我們人生的影響。

研究瑪提茲盧恩時，我們學習到命運兀爾德所代表的「必然性」（necessity）概念。到了佩斯洛，我們可以把焦點特別放在出生時的命定之數──塑造我們人生的那些遺傳和環境禮物。

藉此機會，我們可以來分析自己的家族傳承，如果可以的話，盡量從母親這條線來追溯。你從祖先那裡繼承了哪些身體特徵？在家族傳統或性格特徵方面，你繼承了哪些部分？

也有人把父母親的性格視為我們環境的一部分。不管是好的或是壞的，你的家族性格，以及你成長的家鄉、城鎮和地區的資源和限制，都會決定你的成長方式。童年記憶也有一種隱密力量，我們的母親常常就是有那種能力，可以把那些原本自我控制能力相當好的人，變成抓狂到語無倫次的地步。只有當你了解並接受是哪些力量在影響你，才有辦法真正去體恤它或對抗它，並對你自己的精神和心理發展進行一些管控。

無論一個人跟他現在的直系親屬在想法觀念上多麼不同，如果你追溯得夠遠，應該會把你帶到想法與你更接近的那一代。試著為母系祖靈設置一個祭壇，擺上你家族的女性親屬、有權勢的女性、更早幾代的女性祖先或是女神的照片，特別是芙麗嘉。供上蠟燭、鮮花和一碗牛奶（隔天倒在地上奠祭），祈求祝福保佑和好運。

如果有小孩子出生，可以進行一個向母神祈福的特殊儀式。幫孩子命名的儀式要祭拜狄斯（如果孩子是接受基督教受洗禮，你也可以用他的祖母輩之名來為他祝福）。如果是異教徒的命名儀式，可以設置狄斯女神的祭壇並奉上供品，因為在中世紀的童話故事中，善良仙女也會被邀請來參加受洗禮。然後為這名新生兒拋擲盧恩，先抽出三個盧恩代表先天命運兀爾德，三個代表環境的影響，另外再三個代表未來運勢。

如果你有練習盧恩瑜伽，請特別注意佩斯洛盧恩規定的姿勢，雖然動作看起來有點笨拙，但它其實跟許多傳統文化中婦女分娩時所採取的蹲姿非常類似。練習時，請特別留意能量如何在你的身體中流動。做此姿勢時，就算男性也可能會感覺到腸道的收縮，讓人不免想到女性分娩時的陣痛。

九個世界

我知道有九個世界，九個家園
就在根植大地的壯麗世界樹上

——〈女先知預言〉（*Völuspá*）：2

九個世界圖

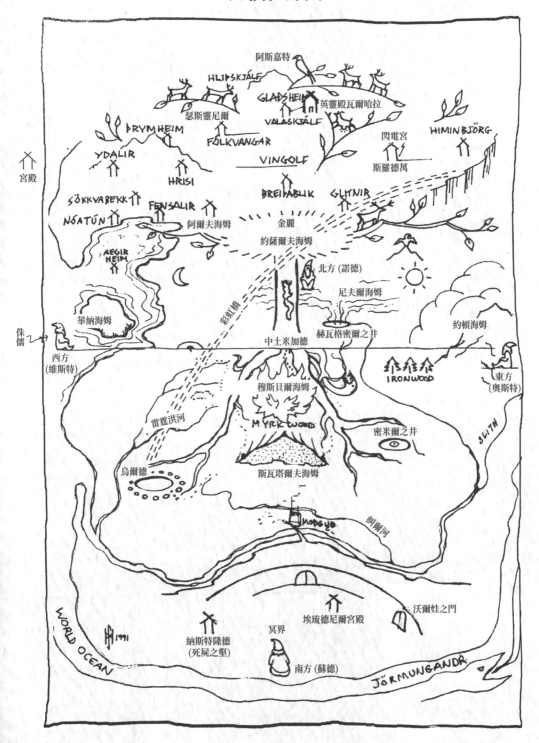

女先知提到的九個世界或「家園」，一般看法就是：阿斯嘉特（Asgard，阿薩神域）、約薩爾夫海姆（Ljósalfheim，光精靈之國）、中土米加德（Midgard，人類）、斯瓦塔爾夫海姆（Svartalfheim，黑暗精靈／侏儒國）以及赫爾冥界（Hel）、尼夫爾海姆（Niflheim，霧之國）、約頓海姆（Jotunheim，巨人國）、穆斯貝爾海姆（Muspelheim，火之國）和華納海姆（Vanaheim，華納神族）。要探索世界樹尤格德拉希爾，首先要從中土（Middle Earth）米加德──「真實」世界──你我和這本書所存在的這個現實開始。但是沒有一家旅行社會賣給你一張前往米加德的票。你可以在太陽的東邊和月亮的西邊旅行，但你永遠找不到世界樹生長的地方。要到達此地，我們必須先找到位於「內部」的中土。去煩惱這九個世界和世界樹究竟是在另一個次元，還是存在你頭腦中，都是白費力氣。我比較喜歡把通往其他世界的道路，看作我們與所知其他次元相會的地方。我們藉由走進自己內在來追尋那條道路，一旦上路，我們所前往的地方就會「變成」非尋常的世界。

　　九個世界就位於薩滿巫師的宇宙之中。儘管每個文化都以各自方式描繪這個異世界（交替現實），但前往異世界的旅程方式卻大致相同。這九個「世界」，每一個都值得單獨自成一章，每一位前往這些世界探索的旅人見到的景象也各自不同；不過，《埃達》所保存的資料為我們提供了一個共同起點。很多人都曾嘗試描繪這九個世界的位置圖。我所採用的方位和位置關聯是以《埃達》所提供的知識和分析為基礎，跟索森在《弗薩克》書中提出的系統類似。

◆ 中土米加德

　　米加德（Midgard）是人類與大自然的世界。顧名思義，它的位置不在整個創世宇宙的頂端，也不在最底部，而是位於正中間。這裡的住民不屬於上界也不屬於下界，他們擁有所有界域的本質屬性。若以先知或孩子的眼光來看，米加德非常類似於清醒現實的世界，因此萬事萬物都有其意義。人們在這裡遇到的其他生

物，既是他們的天生自然本我，同時又不僅止於此。人愈是深入其中心，中土就會變得愈加神奧神奇，直到抵達世界樹，就等於來到所有現實（世界）的軸心。

這裡我們遇到一個矛盾。世界樹生長在世界的中心點，但所有世界又都包含在世界樹中。人們在觀想或夢境中也會遇到相同問題：正在進行觀想或做夢的這個人，他擁有在一個世界中自由移動的主觀經驗，而這個世界在物理現實上只存在於大腦神經元中。因此，米加德擁有我們所知的這個世界的一切自然特徵和住民，但它同時也是我們可以跟來自另一現實的生物互動的「中間地」（middle ground）。

根據斯諾里的描述，包括米加德在內的所有世界，都位於世界樹的根部之下，但我發現，最有用的方式是，將米加德想像成一個與世界樹底部相交的層界，有三根巨大樹根在這裡往下扎入地底，將米加德置於上層世界和下層世界之間。

◆ 尼夫爾海姆

尼夫爾海姆（Niflheim，霧之國），我們知道它位於世界樹北方，比中土稍低的地方。尼夫爾 *Nifl* 的意思是「薄霧」或「霧」（古德語是 *nibel*，相當於拉丁語的 *nebula*）。這些薄霧可能是原始冰層與火最初相遇的結果。尼夫爾海姆之內有赫瓦格密爾之井（Well Hvergelmir，沸騰的泉水之意），是所有河流的源頭，包括最終流過冥界的糾爾河（Gjöll，翻騰咆哮之意）。另外還有一個「尼夫赫爾」（Niflhel，冥界霧府）跟它很像、很容易混淆，指的是冥后赫拉的王國，是一個憂鬱沉悶之地。在象徵意義上，尼夫爾海姆可被看作是霧氣籠罩的原始冰層之地，與火的力量交互作用而誕生出世界，這裡是長年冰封和靜止不動的領域，但還是存在著沸騰冒泡的可能生機。

◆ 穆斯貝爾海姆

穆斯貝爾海姆（Muspelheim）是火之國。它可能位於世界樹南方，因為火巨人蘇爾特和穆斯貝爾族人就是從那個方向騎馬趕會諸神黃昏之戰。關於穆斯貝爾，我們得到的資訊並不多，但據推測，他們是約頓國巨人族的一個分支，具有火一般的破壞力。另一位與火有關的巨人是羅羯（Löge，不是洛基 Loki），他似乎是代表火靈較為溫和的一面。穆斯貝爾的火光使地府冥界部分地區的空氣燃燒起來，因此至少可以想像它的某些部分是位於中土米加德層界的下方。在象徵意義上，它可以被視為一個暴力與激情燃燒的界域。

如果尼夫爾海姆位於北方，而穆斯貝爾海姆位於南方，那麼約頓海姆和華納海姆分別占有東方和西方似乎就相當合理，它們所在的層界略高於中土米加德，與神域阿斯嘉特以及光精靈（Ljósalfar）所在的上層世界相毗鄰。

◆ 約頓海姆

約頓海姆（Jotunheim）是巨人之國。在通往冥界的道路上可看到其潮濕山脈的根部，但據推測，懸崖巨人居住的山脈距離阿斯嘉特非常近，因此需要海姆達爾來負責守衛。《埃達》和民間傳說的文獻資料都顯示，這是一個廣闊且地形變化極大的區域，大部分是山區，居住著許多巨人，他們的宮殿和田野跟人類與眾神的非常相似，只是規模非常巨大。如同我們在討論索里沙茲盧恩時提到的，許多萬神殿所祀奉的巨人族，似乎就是原始大自然力量的擬人化，他們是更古老一代的眾神。在象徵意義上，約頓海姆可被視為原始且混亂之力的國度，這些力量同時兼具破壞性與無害的良性。

◆ 華納海姆

華納神族的原居地華納海姆（Vanaheim），最實用的方位是放在西方。華納神

族與海洋和陸地的肥沃富足緊密關聯，因此我傾向將它描繪為西部大洋中的一個島嶼，就像女神納瑟斯或尼哈倫尼雅（Nehalennia）所在的島嶼一樣。據推測，這裡住的是當初沒有被送到阿斯嘉特當人質的華納諸神，但沒有進一步細節資料。由此推測，它在地球宗教的神殿所在地被供奉的時間比阿薩神族還要早。在象徵意義上，它可被看作是土地與海洋的繁衍與和諧循環之根源。

如果尼夫爾海姆和穆斯貝爾海姆，是冰與火的源頭，也就是創世的原初力量，那麼我們可以將約頓海姆和華納海姆看作是早於阿薩神族即已存在的精神力量之國度，而且一直被保留至今，成為日耳曼精神生態的一部分。它們與中土米加德層界的關係意味著，那些精神力量不僅與我們所處的「外部」物理世界保持著延續不斷的關聯，也與我們內在非尋常現實領域始終緊密相連。

◆ 約薩爾夫海姆

在米加德層界的正上方和正下方，現代傳統是稱它們為光明精靈和黑暗精靈所在的世界。某個角度來說，這幾個世界其實是一種文學上的建構，是為了將世界的數量增加到九個而建立起來的，因為現存的《埃達》文獻中並沒有告訴我們任何關於這兩個國度的資訊。不過，在抽象概念上，它們確實有其用處。

約薩爾夫海姆（Ljósalfheim）是光精靈之國（Light, or Fair Alfar）。雖然《埃達》當中沒有提到這兩個國度的名字，但有提到這樣的物種。阿爾法／祖先精靈（Alfar）這個名稱跟阿薩（Aesir）一樣，意思都是牲品的接受者，弗雷在阿斯嘉特的住所就叫做阿爾夫海姆（Alfheim）。斯諾里告訴我們：「看起來比太陽還要美麗」的光精靈就住在那裡（1987，〈欺騙吉爾菲〉[*Gylfaginning*]：17，第19頁）。更有趣的是一座名為「金麗」（Gimlé，火焰之翼或火之屋頂）的宮殿，就位於阿斯嘉特的南邊或在它之上的第三層天界。諸神黃昏之後，金麗將會成為良善和正義之人的靈魂家園，但現在只有光明精靈居住在這裡。

◆ 斯瓦塔爾夫海姆

　　如果約薩爾夫海姆住的是光明精靈，那麼斯瓦塔爾夫海姆（Svartalfheim）大概就是他們的對立面黑暗精靈的居所，根據斯諾里的說法，黑暗精靈「生活在地底下，外觀看起來與其他精靈不同，性格上更有明顯差異。」這些黑暗精靈就是侏儒，據說他們是地球居民，雖然在神話中侏儒似乎散居在各個世界。《薩迦》的文獻資料講得更清楚，有時人們會在墳塚獻上供品來祭拜祖先的靈魂，這些祖先靈魂後來就被稱為「阿爾法／Alfar」。因此很有可能，生活在地球的黑暗精靈是跟墳塚有關聯。

　　在《通往冥界之路》（The Road to Hel）書中，艾利斯─戴維森提出的論證是，有時重要顯赫人士死後會成為人們祭拜的對象，而且這類祭拜通常是在他們的墳塚進行的。這樣的靈魂就被稱為「阿爾法／álfar」，而對於這些先靈的信奉似乎跟華納神的信仰有非常密切的關係。這就能解釋為什麼弗雷的宮殿叫做阿爾夫海姆。是到後來，他們才開始跟土地靈與超自然力量相混淆。光明精靈與黑暗精靈的區別可能是較晚才形成的，是受到基督教光明／黑暗二元論，以及「上層世界」和「下層世界」的價值判斷之影響。一定要記得，在一些參考文獻中，各個世界（包括阿斯嘉特）都位於世界樹的根部底下。因此，阿爾法的家園也可以被看作祖先靈魂的居所，它們的光明度是依據他們是帶有惡意、還是秉性良善而定。

　　索森則為這個問題提供了一種心理上可令人滿意的解答（雖然未必符合學術要求），他將約薩爾夫海姆界定為智力領域、一種精神模式、天神力量，或柏拉圖原型。另一方面，斯瓦塔爾夫海姆也被認為是個人無意識的所在地。它是一個人內在「陰影」的棲居地，也就是一個人的過去經驗對於其心靈的作用力。

◆ 冥界

　　世界樹的最頂端和最底端分別是阿斯嘉特和冥界。如果我們有理由將阿爾夫海姆視為祖先靈魂的家園，那麼就更有理由說赫爾冥界（Hel）就是冥后赫拉（Hella）的王國了。

雖然這個名稱已被基督教移用指稱懲罰之地，但在北歐神話中，赫爾未必是邪惡的。地下冥府單純只是死者的居所，無分好壞、善惡並容，而且它有一部分至少是跟凱爾特文化中的夏日樂土薩默蘭（Summer Land）一樣吸引人。

赫爾冥界被一座牆包圍著，裡面至少有一扇門。即使上層世界是冬天，那裡也會長出綠色植物，把一隻被殺死的公雞扔過牆去，牠會在另一邊復活啼叫。冥界內部，我們知道赫拉的宮殿埃琉德尼爾（Eljudhnir）※ 裝飾著盾牌，並供應蜂蜜酒和麥酒接待巴德爾（Baldr）。（完整故事請參閱《散文埃達》的〈欺騙吉爾菲〉：49）。不過還有另一個宮殿叫做納斯特隆德（Na-strond，死屍之壑），是一個令人非常不舒服的地方，四周都是巨蛇，裡面滿滿都是蛇的毒液，是邪魔死後的去處。在冥界的東側門附近，你會看到女巫沃爾娃（Völva）的墳塚，奧丁曾呼喚她來解釋巴德爾的夢境。冥界更深處，有一隻巨蛇尼德霍格（Nidhögg）一直在啃噬世界樹的根。

冥界可被解釋為集體無意識的深處。我們也像奧丁一樣，在黑暗中尋找智慧。這是一種存在狀態，在此狀態下，有靈視能力者很容易獲得靈顯知識，但這種追尋必須是有經驗且具果斷力的人才能進行，而且需要有受過訓練者來引導，並非因為它非常嚇人（雖然在那裡可能真的會遇到埋得很深的恐懼），而是因為它的平靜太具誘惑力。

◆ **阿斯嘉特**

關於阿斯嘉特（Asgard），我們知道的比較多。在〈欺騙吉爾菲〉中，至高者為吉爾菲口頭導覽眾神的家園。每一位重要的神都各有其宮殿，富麗堂皇，有的還有自己的國度領地。

世界樹的上層還居住著其他生物——一隻老鷹棲坐於樹枝最頂端，一隻叫做拉塔托斯克（Ratatosk）的松鼠在樹幹上跑來跑去，經常挑撥老鷹和巨蛇尼德霍格之

※ 譯注：悲慘宮。

間的關係。四隻雄鹿啃食樹枝上的綠芽，在英靈殿瓦爾哈拉（Valhöll），有雄鹿（或糜鹿）艾克圖爾尼在吃草，牠角中流出的水填滿了赫瓦格密爾之井。在這裡，世界樹被稱為 Læradh（庇護所）。母山羊海德倫也以它的花蕾為食，祂的乳頭為奧丁的英雄們提供源源不斷的蜜酒。

阿斯嘉特是眾神的家園，也是人們旅程的目的地，在這裡人們與眾神會面並合力工作。在此存在狀態下，人能體驗到神聖力量的精神現實。

三口泉井

如果艾瓦茲讓我們有機會了解世界樹和九個世界，那麼佩斯洛就是要引導我們思考位於世界樹根部的三口井。我們可將它們視為是單一泉井的不同面向，因為樹只有一棵。但是，它們的性質和功能確實有顯著差異。

三口井當中最著名的是「烏爾德之井」（Well of Urdh）。它的位置在樹根底下、緊鄰從阿斯嘉特流下來的雷霆洪河（Thunderflood）。井邊是眾神的裁判之座。它的水格外清澈，諾恩三女神就是用它來澆灌（並潔白）世界樹的根部，讓它有力量來抵抗巨蛇尼德霍格的啃噬。有時它也被稱為「兀爾德之井」（Well of Wyrd，Wyrd 是 Urdh 的古英語形態），也就是「命運之井」。由於諾恩三女神的烏爾德代表過去，眾神就在她的井旁依據過去行為做出裁判。

第二口井是「密米爾」（Mimir），據說位於約頓海姆方向。世界樹的一個別名叫做霍德密米爾（Hoddmímir），意思就是密米爾的寶藏。另一個名字叫做米瑪邁德（Mimameith），意思可能類似「密米爾之樹」。密米爾這個名稱可能是指「記憶」，但似乎也有智慧和靈感的含義在內。有一個故事說到，密米爾是阿薩神族中的一員，後來被當作人質交給華納神族，結果被華納族砍頭，奧丁將祂的頭顱以藥草保存下來，而且經常向頭顱請益。在其他故事版本中，他是看守泉井的侏儒（也可能是巨人），奧丁為了喝到智慧之井的泉水，便給了密米爾一隻眼睛作為代價。那

隻眼睛其實還在，或許可以把它想成，這位神就是用這隻眼睛「看見」直覺、接受啟發、看到事物的另一面。

以密米爾的名字命名的世界樹，結出的果實掉落，隱藏的東西就顯露出來，無論是孩子還是智慧，也許這些果實就是掉落在密米爾之井。果實就是代表出生、正在生成的行為，或是創造物。

第三口井是「赫瓦格密爾」（Hvergelmir），位於霧之國尼夫爾海姆。雖然尼夫爾海姆終年濕冷、薄霧瀰漫，到處都是原始冰層，但赫瓦（Hver）的意思是「大鍋」，在冰島，這個字也代表天然溫泉。赫瓦格密爾當然是充滿活力的，因為它是世界所有河流的源頭。它的水就是從被樹滋養的雄鹿艾克圖爾尼角中流出來的。由此，我們看到一個循環：水從這口井流到世界樹，然後經過雄鹿，又回到井中。在赫瓦格密爾之井，過去不斷被轉化成未來。

三口井和一棵樹，共同表現出日耳曼宇宙學中最基本的生死輪迴關係。世界樹不斷被毀壞，也不斷在更新生長。在諸神黃昏之戰，萬物全被摧毀之後，隱藏在樹葉中的生命將會浮現，讓世界再度生生不息。

團體儀式

如果你是團體一起共學，可以在本書第417頁找到艾瓦茲和佩斯洛的儀式。儀式的主題是自我犧牲與自我了解的關係，死亡與出生的關係，如同樹與井。

第9章

ᛉ 埃爾哈茲和 ᛋ 索維洛

　　與前一組配對相同，埃爾哈茲和索維洛把來自底層深處的力量、與來自高處的光明力量做了對比。埃爾哈茲的能量來自冥界或無意識──「下界」或「內部」之地，是我們通往內在領域的門戶。另一方面，索維洛的力量來自太陽和天界，從「上界」湧流而下。想要實際接觸埃爾哈茲的力量，我們必須先達到寂靜，而索維洛之力則是代表行動。但這兩個盧恩的一個主要功能都是保護，包括防禦和攻擊。兩者結合使用，可得相輔相成之效果。

這兩個盧恩的第二層關聯是作為指引之用。呼召埃爾哈茲保護力量的其中一種方法，就是透過一位守護靈來進行，這位守護靈的角色就是嚮導和老師，同時也是保護者。在盧恩詩歌中，太陽被盛讚為引路人——是我們在自然界中的參照點和嚮導。這兩個盧恩，都能以各自的方式為你提供光明和啟示。

第十五個盧恩：ᛦ ELHAZ 埃爾哈茲

發音：EL-hazh
意思：麋鹿

埃爾哈茲埃爾克是鋒利麋鹿莎草
圖騰力量為人提供保護

古代含義

Zh 盧恩是古日耳曼語言中主格結尾的聲音。後來這個聲音演變成某些名字末尾的 r，例如弗雷 Freyr，若把這個盧恩倒轉過來就變成 yr「紫杉木弓」，是後弗薩克的最後一個盧恩，它就完全沒有 z 這個音。這個盧恩的正位形狀在後弗薩克中就是 m 盧恩（詳見瑪納茲 MANNAZ）。

古日耳曼的埃爾哈茲盧恩可以讀作「埃爾克 elk」（也就是 *Alcis alcis*，歐洲麋鹿，在美洲稱為駝鹿）。Alcis 一詞也出現在塔西佗《日耳曼尼亞誌》43節，當中一個段落提到，它既可指神聖樹林本身，也可以指在聖林裡供奉的神或孿生神（功能類似希臘神話的雙生子神 Gemini）。格林認同這個「聖所」的解釋，並引用了一些例子說，古日耳曼語的 *ala*（哥德語 *alhs*）代表「神廟」或「聖所」（Grimm 1967, I, p.67）。有趣的是，一些證據顯示，一對孿生戰士與太陽崇拜有關聯（Gelling 1969, p.176ff）。另一種可能的解釋是 *Algiz*（奧吉茲），「天鵝」的意思。

　　這個盧恩的古英語名稱是 *Eolh-secg*，溫賽爾（Winsell）將它譯為「麋鹿莎草」（elk sedge），或是「鰻草」（Eelgrass）。沃德爾則將它解釋為 *ealhes ecg*「聖所之刃」（holy-place edge），或「聖劍」（sacred sword）。索森試圖將這兩個含義整合起來，他認為鰻草其實是複合詞隱喻，意思就是「劍」。另一方面，貝爾・默瑟（Beryl Mercer）和希德・博齊比（Sid Birchby）則將 *Eolh* 譯為「療癒卵石」——琥珀，並將它等同於具有護身作用的項鍊布里希嘉曼，這個解釋很有趣，但可惜似乎不太符合盧恩詩的解釋。

ᛉ *[Eolh secg] eard hæfþ oftust on fenne*
（麋鹿莎草［或鰻草］大多出現在沼澤）
wexeð on wature, wundaþ grimme,
（生長於水中，能將人割傷）
blode breneð beorna gehwylcne
（若有戰士以手握之）
ðe him ænigne onfeng gedeþ.
（必定染上鮮血）

古英語盧恩詩是唯一提到這個盧恩的詩，它清楚描述一種沼澤植物，其邊緣鋸齒會造成像是被紙張割傷的那種刺痛。因此我們可以推測，它究竟是具有保護作用、還是會帶來傷害，取決於你握的是莎草的上端還是下端。

埃爾哈茲的保護力經常被用在傳統的綁定盧恩和魔符／印記（sigils）中，尤其是被稱為「埃吉爾之盔／ Helm of Aegir」或「怖畏之盔／ Helm of Terror」的圖案（見下圖），它是由埃爾哈茲盧恩和八個十字組合而成。從鐵器時代的雕刻到冰島符文（Icelandic grimoires），一直都有出現這個圖案。在《沃爾松加薩迦》中，它被認為是巨龍法夫納用來變身的頭盔，華格納將它譯為「塔恩頭盔」tarnhelm，意思就是「隱形頭盔」。

現代含義

索森認為埃爾哈茲是一個保護符號。他發現這隻帶角的麋鹿就是在世界樹上啃食葉芽維生的雄鹿。這個盧恩也可以代表雄鹿、紫杉木弓，甚至是孿生神。如果將這個盧恩文字解釋為奧吉茲 *Algiz*，「天鵝」（或女武神變身的天鵝少女），那這個盧恩就代表一個人與他的佛爾格雅（fylgja，守護靈）之間的連結，而佛爾格雅經常會以動物身形出現。根據索森的解讀，埃爾哈茲的保護力來自一個人與其個人

守護神（功能上近似羅馬神話中的精靈）或精神守護者的關係。你也可以將手指張開成八字形的防禦手勢來代表這個盧恩。

　　彼得森從「麋鹿」一詞出發，將這個盧恩的含義追溯到古歐洲的狩獵魔法。奧斯本和龍蘭指出，古英語盧恩詩中所說的那種鰻草很危險，但如果一個人對環境的知識足夠，他就能避開危險、全身而退。沃德爾將這個古日耳曼文字讀作 *Akiz*，它源自哥德語的「斧頭」之意，並認為這個盧恩文字的形狀就是青銅時代儀式中使用的雙刀斧。根據他的解讀，古英語盧恩詩裡的盧恩名稱應該是 *ealhes ecg*，意思是「神聖刀刃」或「聖潔之劍」。

　　阿斯溫把這個盧恩讀作奧吉茲／ *Algiz* 或伊爾／ *Eolh*，並認為它是作為魔法上的「終止」功能來使用，而不像其他盧恩一樣作為表聲的盧恩。她認為孿生神最初就是華納神族的一對神，比如弗雷和弗蕾雅。因此，對她而言，這個盧恩的正位與逆位形式就分別代表陰性能量和陽性能量。當這兩個形式組合成綁定盧恩時，就代表婚姻。她還指出，把這個盧恩畫成橫向形狀，稱為「烏鴉腳／ crow's foot」，並將它與象徵女武神的渡鴉連結起來。不過她也同意其他作者的觀點，將這個盧恩視為一種連結與保護的力量。※

　　岡德森的論述試圖整合古弗薩克和後弗薩克盧恩字形的含義，他認為埃爾哈茲／ elk（*Elhaz*）和瑪納茲／ man（*Madhr*）都是代表人身形態的靈魂轉世。而它的三隻「手臂」就是構成彩虹橋（Bifrost bridge）的三個元素（風、火、水），以此來強調這個盧恩的連結功能。作為一種保護力量，它是熾熱的火能量，可驅除所有不淨，同時提供保護和使其聖潔。

　　為避免混淆，將這個盧恩稱為「保護」盧恩可能會比較單純一些，因為這是大多數論述者似乎都同意的觀點。大多數人也認同的第二個概念是，它是自然界和神聖界連結的助力。埃爾哈茲的魔法保護力是透過物質與精神的結合而獲得的。它的神聖效果不是從外部強加的，而是從內部開顯出來的。

※ 譯注：crow's foot 一般用來稱魚尾紋，但這裡因與女武神的烏鴉連結，因此直譯為烏鴉腳。

古人並沒有做什麼事情來讓一座森林變成聖地，因為它本質就是神聖的。魔法，是讓一個人敞開自己去意識到神性，以此（在現實世界）開顯出神性。在冰島建立殖民地的北歐人，在沒有古蹟廢墟也沒有傳說故事作為指引的情況下，他們就是用這樣的方式確認這個新家園就是他們的聖地，而這也是今天那些想要在新土地上恢復古老傳統的人必須要做的事。

跟其他論述者提到的一樣，格林認為，站著高舉雙臂的姿勢，就是日耳曼民族（和其他許多民族）祈禱時使用的姿勢，它就是埃爾哈茲盧恩的形狀。

這個盧恩與「人」和「紫杉」盧恩的關聯很有趣，但在古弗薩克中，這兩個含義也被其他盧恩完全涵蓋了。我發現，去探索埃爾哈茲這個盧恩文字作為原始森林駝鹿（Alcis）的這個含義會比較有用。麋鹿或雄鹿的角色在後來的神話中幾乎被掩蓋了；不過，這種動物本身依然是世界樹生態的一部分。四隻吃世界樹葉嫩芽的雄鹿是以侏儒的名字來命名。另一隻帶角動物艾克圖爾尼也以世界樹的樹葉為食，牠的角流出的水填滿了赫瓦格密爾之井，是九個世界所有河流的源頭。赫羅斯加（Hrothgar）的宮殿赫羅特（Heorot）屋簷上裝飾的鹿角，也代表他們依然相信這種角獸的保護力量。

如果將這個盧恩的形狀視為鹿角的形狀，就會出現許多有趣的可能性，因為自舊石器獵人時代以來，人類、動物和神靈之間的連繫一直是以「角」為象徵。這個盧恩張開成八字形的鹿角，就是岡德斯特魯普大鍋上薩滿巫師頭戴的力量之角（在凱爾特藝術中也有發現鹿角女神）。在青銅時代的斯堪地那維亞岩石雕刻中也有發現帶鹿角的人物。

帶角神是萬獸之主，祂們的肉身為我們身體提供養分，祂們的靈魂提供保護與靈啟。在中世紀神祇中一直可以看到帶角神，當代威卡信仰也一直保留著帶角神作為男神的主要形象。岡德森認為，弗雷似乎是最符合凱爾特宗教以帶角神作

為動物之王功能的日耳曼神，儘管沒有直接證據來證明這件事。至今，歐洲農民還是會使用角的記號作為保護，防止邪物入侵。

帶角神的形象是一種陽性能量符號，代表神在自然界中的實體化身。歐洲神話中常見的陰性能量符號是天鵝少女（swan-may），它跟這個盧恩的第二個可能含義 Algiz（天鵝）相關聯。帶角動物站在世界樹的頂端，但文獻資料也告訴我們，有兩隻天鵝在世界樹根部的烏爾德之井裡游泳。陸生動物站在樹頂，而鳥類卻在樹下，這看起來非常矛盾，但天鵝游泳的那片水域可能是從雄鹿艾克圖爾尼的角裡流出來的。因此，從某種角度來說，麋鹿和天鵝是同一樣東西的兩個面貌。

在凱爾特傳說中，天鵝可以是雄性或雌性，但在日耳曼故事中，魔法天鵝通常是少女。特別是女武神，她們披上天鵝羽衣就能四處飛翔遊歷，有一個故事就提到，鐵匠韋蘭為了抓住女武神，就把她的天鵝羽衣偷走讓她飛不了。這類故事都是源自薩滿文化的「獸妻」，具有力量的動物會自願或受薩滿強迫與他一起生活，保護他，並給予他力量。

這個信仰在北歐似乎被保留在「佛爾格雅／ fylgja」的概念中，fylgja 的英語同源詞是費奇 fetch[※]，是一種個人或家族守護靈，（根據索森的說法）它會化身為幾何形狀、動物或女性的形態出現（《薩迦》當中提到的所有佛爾格雅都歸屬男性擁有，因此我們只能推測它可能是以女性守護靈的形式出現）。

這個觀點的埃爾哈茲打開了非常有趣的可能性。如果這個盧恩被視為是人類開顯精神能量的一種方式手段，或是作為不同世界之間的一種連結，那麼，要讓這件事情發生的一個方法，或許就是與圖騰動物或盟友合作。古人相信這些神靈是獨立的存在體。我們或許可將它們視為一種精神的投射，或是內在個性特質的一種擬人化，來補足我們意識層面的人格特質。這樣的盟友如果找到合作者，它

※ 譯注：分身靈。

也會變得更加強大,而且在魔法實踐中有非常多功能,包括強化精神力、在危險時提供保護力,或是在心象觀想旅程中提供指引等。

將這個盧恩解釋為鋒利的莎草,甚至解釋為 *alhs*(神聖樹林),它的意象就改變了,但仍保留了某些含義。作為莎草,最讓人記得的是,戰士若用手握它,就會被它割傷。但如果動作很輕,你甚至可以在鋒利的莎草堆中穿行,使其彎折。無論是作為動物還是植物,埃爾哈茲的力量都無法被強迫使用。神聖樹林的危險則不太明顯,雖然塔西佗的書上某些段落提到,只有憑藉忍耐,人類才得以被允許走進聖樹林。不過我們要記得,樹林也是一座由「大自然」建造的寺廟,而非由「人」所造。

在芬蘭傳說中,英雄勒明凱寧(Lemminkainen)被派去追捕聖地麋鹿與冥府天鵝。在這趟冒險旅程中,他的身體被鰻草割成碎片,必須由他的母親將破碎不全的屍體重新縫合,才能再度回到人間。北歐傳奇裡這種精彩的對比讓我們想到,與埃爾哈茲有關的意象在某個層次上彼此相互關聯,那是現代學者無法了解的境界。這個盧恩的能量絕對帶有保護力,但這種力量,需藉由將我們的人性與自然界所顯現的神性整合起來才能展露。它的魔法在天界和在冥界一樣強大。我們只要讓自己根植大地,向著天空高舉雙臂,即可召喚它。

埃爾哈茲的解讀和運用

這個盧恩在占卜中出現,幾乎可以確定是代表對問卜者的保護,可能是藉由自然力量,或是允許先前壓抑的人格面向展現出來。威利斯說,它代表一種有益的新影響力、願意犧牲、以較小的代價換取更大利益。問卜者會受到保護(或至少得到警示)。彼得森認為,這個盧恩的出現表示「狩獵有好運」,工作任務能得到成果、因努力而獲得成就或得到報償。

索森認為埃爾哈茲是一個雙刃盧恩，對未受過訓練的人來說是危險的。你必須去熟悉、認同你所要接觸的力量，而不是去「抓住」它。這個盧恩也可以用來擊退攻擊，使攻擊者受傷。岡德森則認為，這個盧恩的主要用途是防衛和使之聖潔。它可以有效淨化能量。尤其對付幽靈和下層世界靈體，力量特別強大。

埃爾哈茲是魔法實務工作中最常用的盧恩之一。與其他盧恩結合成為綁定盧恩，能召喚它們的保護力量。跟安蘇茲結合，可保護電腦，跟萊多結合，可保護行李。若是單獨使用，將此符文畫在門上、窗台上可保護房屋，畫在汽車引擎蓋上可保護汽車。若有人遇到危險，可將它畫在額頭上，然後向外投射出去，形成一個保護結界。糜鹿盧恩的保護或淨化功能所使用的情境，都跟威卡傳統使用五芒星一樣。要特別注意，這個盧恩的逆位字形跟外圍加上圓圈的和平符號一樣，若沒有仔細看，很容易混淆。但也是這個原因，展示這個盧恩不太會引發議論，而且還經常可看到它出現在珠寶首飾上。

第十六個盧恩：ϟϟ SOWILO 索維洛

發音：So-WEE-lo

意思：太陽

索維洛令太陽之輪衝天飛翔
光明遍及陸地和海洋

古代含義

在外觀字形上，S盧恩是盧恩字母列中最簡潔的其中一個，它的形狀在拉丁字母和現代字母表以及在弗薩克中基本上相同。它的名稱也同樣顯而易見——就是太陽。探究太陽本身對古代民族的意義，可引領學習者進入一段有趣的旅程。

在古英語盧恩詩中，移動的太陽指引著遠航水手，並以其明亮光輝給予他希望和方向。

ϟ *[sigel] semannum symble biþ on hihte,*

（太陽對水手來說是高懸的希望）

ðonne hi hine feriaþ ofer fisces beþ,

（在他們出海梭巡魚群之時）

oþ hi brimhengest bringeþ to lande.

（直到那海上駿馬將他們載回岸上）

如果希格爾／ SIGEL 是水手的旅程盧恩，那麼它可說完全符合希格德莉法對這個盧恩的要求：

航海盧恩你須刻寫，若你想守衛

那海上奔騰的駿馬

你要將它們刻在船首和寫在船舵

將它們炙燒刻於船槳

無論浪花有多高、波濤多麼黑暗

你依然可從大海平安返回家鄉

——〈勝利賜予者之歌〉（*Sigdrifumál*）：10

冰島盧恩詩則是強調太陽摧毀冰層的能力，包括陸地和海上。在這首詩裡，太陽被看作是抵禦寒冷的金色盾牌。

ᛋ *[Sol] er skyja skholdr*

（太陽是天上的盾牌）

ok skinandi roðull

（是閃耀的光芒）

ok isa aldrtregi.

（以及冰的摧毀者）

盾牌這個意象讓人想起〈格里姆尼爾之歌〉當中的詩句：

斯瓦林高高聳立於太陽之前
為輝煌女神 ※ 豎起盾牌
我知冰山與海水將燃燒殆盡
若他從那裡掉落下來

——〈格里姆尼爾之歌〉：38

挪威盧恩詩中提到的含義與其他盧恩詩一致，但將太陽景象與對大自然和人類生命神聖循環的敬重連結起來。

$\wedge$ [Sol] er landa ljóme;
（太陽是大地之光明）
lúti ek helgum dóme.
（我向天神注定的命運低頭致敬）

這裡的動詞 lúta 的意思是「低頭」，鞠躬之意，就像先知詩人托馬斯（Thomas the Rhymer）遇到精靈國王后時「單膝跪地低頭致敬」。有一種祈禱方式就像埃爾哈茲盧恩字形一樣，人站立著高舉雙臂，但伊本・法德蘭（Ibn Fadlan）也描述過羅斯族商人會在他們的神像面前俯伏敬拜。很顯然，日耳曼人有時也會屈膝跪拜，尤其是敬拜太陽時。

古北歐文學中有許多關於太陽的文獻資料，大多是詩意的敘述。在《詩體埃達》〈艾爾維斯之歌〉（Alvismál）第15-16節，侏儒艾維斯（Alvis，全知者 All-wise）告訴索爾，人類稱太陽為蘇爾／Sól，眾神稱之為蘇拿／Sunna，侏儒稱之為杜瓦林的玩伴或侏儒的災難 ※※※，巨人稱之為艾格羅（Eygló，永遠的光明）、精靈稱之為

※ 譯注：輝煌女神也是太陽的別名。
※※ 譯注：侏儒曬到太陽會變成石頭。

美麗車輪（Fagra Hvél），阿薩族子民稱之為阿爾斯基爾（Alskír，普照之光）。

斯諾里對〈格里姆尼爾之歌〉第37-39節的內容提出論述，蒙迪弗利（Mundilfári）將他的女兒蘇拿（蘇爾）放在天空中，駕駛著兩匹神馬亞瓦克（Arvak，早起者）和亞斯維（Alsvith，全能者）。它們的高溫由一座名為鐵酷（或煤）的風箱來冷卻，前方還有一面名為斯瓦林的盾牌（Svalin，降溫者）。太陽的移動速度很快，因為凶猛的惡狼史柯爾（Sköll）在她後面窮追不捨，直到抵達庇護樹林，夜幕就此降臨。若被惡狼追上，大概就會發生日食。確實，在諸神黃昏末日之戰，原本注定惡狼芬里斯（Fenris）※ 會將太陽吞噬，但在那之前，太陽（在該處被稱為精靈之光／Elfbeam）會生下一個女兒，「可愛漂亮不亞於她」，由她照亮新世界。

現代含義

索森認為，這個盧恩意味著太陽和它的光、太陽輪、太陽馬車的輪子和太陽圓盤。這股力量是連接天地的閃電，引導巫師穿越世界樹的各條路徑。它也可以看作是旋轉的能量輪，也就是脈輪，藉著世界樹相連結。索維洛是邁向勝利的意志。它是指引追尋者穿越意識之海的光明燈塔，是代表北歐巨蛇之謎的盧恩，也是光明與黑暗之間的連繫。威利斯也持類似看法，將它視為戰勝邪惡的光。

奧斯本和龍蘭將這個盧恩解釋為古英語盧恩詩中提到的推動船隻的帆，或是讓航海者在太陽躲藏起來時感知方位的寶石（石英）。太陽是指路的燈塔，代表好天氣和旅途平安。彼得森認為，它代表生命力、覺知意識和完整圓滿，或是可平息驚濤駭浪的力量。

阿斯溫則強調，北歐神話中的太陽是屬於女性能量，並認為在北歐（或許日本也是），太陽的溫暖和陽光被認為具有滋養功能，因此是女性能量。她將索維洛和

※ 譯注：一般英譯版本譯為 Fenrir ／芬里爾。

萊多做出意義上的區別，一個是太陽圓盤，一個是載運圓盤的馬車——一個是控制者（索維洛），一個是被控制者。她也認為，索維洛很清楚是代表高我的盧恩，主導個體化的歷程。它提供精神上的指引。她還將索維洛與索爾的雷擊、光明之神巴爾德的神話，以及奧丁剩下的那隻眼睛做了連結（交給密米爾之井的那隻眼睛代表月亮）。

岡德森對索維洛的論述則是強調這個盧恩是無可匹敵與勝利的源泉，是意志的盧恩，在這裡的定義是帶領巫師穿越死亡與黑暗的那股力量。兩個索維洛組成的太陽輪，就是盾牌；單個的話，就是一把雷霆劍，既可攻也可守。不過，索維洛的意志力量主要是主動性和變革性的，能夠戰勝自我。跟其他力量一樣，意志力也是中性的，它的靈性價值取決於你用什麼樣的倫理原則來界定它的目標。

大多數論述者似乎都同意，索維洛是一個代表光明靈啟和運轉移動的盧恩，無論是將它解釋為太陽在天體軌道上滾動，還是指引船隻橫越海洋。這個盧恩文字的古弗薩克形狀也隱喻閃電，通常是從雲層擊向大地，就像在卡巴拉生命樹下層閃耀的閃電一樣。實際上在自然界中，是電力將閃電從地球往上吸到雲層，就像昆達里尼拙火從脊柱底部往上升一樣。因此，若用自然界術語來解釋這個盧恩，那麼索維洛的運動就是大地與天空之間的力量、人類性靈與神之間的力量相互吸引的結果。

在《太陽戰車》（*The Chariot of the Sun*, 1969）一書中，彼得・蓋林（Peter Gelling）和艾利斯—戴維森對青銅時代斯堪地那維亞的太陽崇拜文物證據做了詳細分析。從古代的岩石雕刻我們看到，太陽圓盤由一艘船載著、由馬匹來拉，或是作為男性形象的一部分（可能是身體部位，或是代表一面盾牌）。在一些雕刻中，男人或女人正在跳過一個太陽符號，大概是為了獲得它的能量。還有一個雕刻顯示，在一個神聖聯姻符號中，一名男性陰莖勃起面對著一名女性。蓋林和艾利斯—戴維森由此推斷，青銅時代人們就開始崇拜太陽神。

不過，在後來的北歐神話中，太陽被擬人化為女性，因為她在波羅的海地區的地位更為重要。我個人認為，在北歐，太陽並不是一開始就被「擬人化」為一位神，當時的人們崇拜太陽並沒有將它人格化。這其實比較符合北歐神話的風格，在北歐神話中，阿薩神族和華納神族都擁有人格和不同功能，而不是自然力量的神（可能除了索爾之外）。在神話中，反而是相對較無差別的巨人族與自然原始力量關係更密切，而且沒有出現關於大自然現象的寓言。

　　我懷疑斯諾里的蘇拿（Sunna）家族系譜是後來才添加上去的，那是古典神話的風格。儘管有些人將巴德爾的故事解讀成日光在冬天減弱的神話，但這種觀點可能是受到十九世紀民俗學家對太陽神話的執著所影響。如果巴德爾的故事是一個寓言，隱喻日漸消弱的隆冬太陽，那麼它比較可能是一種自然生態神話（vegetation myth），是受到地中海地區垂死之神主題的影響。早期的神話學家一開始就假設，神話是為了解釋自然現象而發明的；不過，這本身可能正是西方文明的一個神話。如果去分析美洲原住民和其他「原始」神話，會發現大量的文化英雄和創世故事——很多傳奇故事都是在解釋事物為什麼會發展成現在這個樣子——但關於大自然的寓言則相對較少。或許是因為人們跟大自然力量的關係一直都很緊密，覺得不需要對它們「多加解釋」。

　　另一方面，人們對太陽的崇拜、對於太陽力量的尊重和崇敬，一直持續到中世紀早期，有一事足資證明。《太陽戰車》書中的第二部分，蓋林和艾利斯—戴維森列舉了許多實例，顯示人們一直都喜歡用太陽符號來裝飾。青銅時代的太陽圓盤浮雕有四條或六條交叉輻條、同心圓，或是偶爾呈螺旋形。鐵器時代的裝飾則偏愛旋轉或直臂的 *fylfot* 十字架紋飾（萬字符／swastika），有時會跟蛇形結合或是跟船或馬放在一起。要特別注意的是，在世界各地文化中都可看到萬字符，有些是左旋、有些是右旋。在印度藝術中，它是相當受人歡迎的幸運符。有好幾種形式的卍字符被納粹象徵主義用來當作符號，其中跟他們關係最密切的是逆時針向左旋轉的直臂圖形。

先前段落曾提到，北歐文獻資料中關於禮敬初升太陽的實際做法，還有好幾首古英語盧恩咒歌教導使用者面向太陽、順時鐘方向旋轉，或將魔法物件放在太陽光下曝曬。北歐民間習俗裡也保留著增強太陽光的一些儀式，比如，在夏至這一天，將一個包覆稻草的車輪點上火，從山上滾下來，以及將燃燒的木頭圓輪拋向空中。把輪子滾進河中或池裡則是特別幸運，可能代表太陽沉入海中。

在一根木桿上安裝一個燃燒的焦油筒，然後舉著它在鎮上遊行，是蘇格蘭北部的一個冬至儀式（到十九世紀的聖火節／Up-helly-a 慶祝活動則變成燒小型維京船）。人類學家詹姆士・弗雷澤爵士（Sir James Frazer, 1959）認為，燃燒太陽火炬是為了祈求好天氣以及抵禦疾病、冰雹、雷電和其他災難。其中某些習俗需要由兩兩成對的年輕人參與，還有一些工藝製品，像是伽勒胡斯金角（Gallehus horn），雕刻圖文上也都有帶角彎生人物或獸角頭盔跟太陽符號一起出現（Gelling and Ellis-Davidson 1969, p.176）。

索維洛的解讀和運用

在占卜上，索維洛代表啟示、明晰洞見、指引出現、停滯期之後的變化或發展。它是奮鬥者的希望燈塔。太陽盧恩代表力量、能量、生命力、成功或好運、榮譽和成就。它也是真理之光和開悟意識。它也可能代表身體健康或是需要休息以恢復健康。它也可以解讀為一種旅行盧恩，尤其是水路旅行（如果是跟萊多和拉古茲一起出現），甚至代表一位水手、航海者。它所帶來的啟迪會透過一位老師的幫助而到來。如果是跟伊薩一起出現，那可能意味著意志力受到阻擋。這股力量如果過度，會造成任性妄為、傲慢、殘忍無情和孤立，最明顯的例子是納粹用它作為黨衛軍的符號。

魔法運用上，索維洛可以在旅途中提供指引，跟萊多、埃爾哈茲一起刻印在行李上可以有保護效果。呼召它的力量，可以幫助人們在物質世界與精神世界找到正確道路。它能讓你對一件事情突然「靈光一閃」（可以想像一下電燈泡的卡通畫面）。索維洛的積極主動力量可以用來打破慣性；它能對抗伊薩凝滯不動的能量、增強意志力、幫助人獲得內在指引，因此是對抗憂鬱或低迷情緒非常好用的一個盧恩。

作為一個代表勝利意志的盧恩，它可以用來點燃和維持所需的創意，直到事情完成。與耶拉結合使用，可促進自然生長和療癒過程，並可幫助植物利用太陽的能量。

岡德森指出，我們可將索維洛和萬字符理解為一種力量的流動，包括順時鐘方向的天體能量和逆時針方向的大地能量。萬字符也與索爾之鎚相關聯，可用來作為聖化物品之用。索維洛還能激發和增強活力，提升領導力和人格魅力。用它來做脈輪冥想也能得到非常好的效果。

埃爾哈茲和索維洛：研究與體驗

獸角的保護力

無論是解釋為麋鹿、天鵝、鋒利的莎草護界、孿生英雄，還是弗雷和弗蕾雅，埃爾哈茲都是一個具有保護力量的盧恩。遇到任何危險，你都可以做出鹿角手勢來防護，將大拇指、食指、小指往前伸，其餘兩指向下彎，就能迅速召喚它的保護力量，你也可以將它刻寫在行李、錢包、汽車、房屋或任何你想保護的東西上。它的力量會向外輻射，並隨著危險的強度而增強。

埃爾哈茲盧恩瑜伽的動作是：雙腳併攏站著，雙臂向上舉，這是一種古老的祈禱姿勢。若要增強埃爾哈茲的能量，可以直立站著，讓重心保持穩固接地，或

是先彎下身來，將兩隻手掌貼在地面，去感受深層力量。當你強烈感覺到那股能量時，將雙手放在身體兩側，慢慢站起來，同時把這股力量往上拉引。當這股能量充滿你全身，將手臂向上高舉，往外伸展做出一個直角，並從你的頂輪和雙手指尖將能量投射出去，或是將手臂慢慢從身體兩側放下來，讓這股能量形成一個保護球將你包在裡面。一邊這樣做，一邊觀想你的守護靈。

將這個儀式的第一部分平衡練習錄音下來然後播放，可以幫助你將這個方法內化成習慣。多做幾次練習，你就能瞬間幫自己建立這個防護罩，保護自己不受外來敵意、情緒或精神能量的入侵或攻擊，或者你也可以學習透過觀想方式來建立防護，只要站著就好，不需要動到手臂。用指甲在額頭、胸部或手掌上畫這個盧恩，可增強保護力。

守護靈與靈魂遊歷

如果有一位指導靈或盟友陪在你身邊，那靈魂旅程會比較安全和順利。佛爾格雅／fylgja（分身靈／fetch），是古北歐語的「個人守護靈」之意。分身靈會以人類身形、動物身形，或弦月形狀靈體走在它的本尊主人前面，但如果是精靈（fey），則會跟在主人後面。佛爾格雅也是來自一個動詞，意思是「跟隨」（古英語 folgjan），用於表示支持或陪伴某人、跟在此人身邊、歸屬於此人。根據索森的說法，佛爾格雅是「跟在每個人身邊的超自然存有，它是此人過去所有行為的存放處，而且會對此人生命產生相應的影響力；它是個人專屬神靈（the personal divinity）。身形通常是一個異性、動物或抽象形狀。」（Thorsson 1989, p.119）。

在北歐文化脈絡下，如果這個守護靈以人形出現，我比較喜歡稱它「佛爾格雅」。如果你想表示性別，可以用「佛爾格—柯納／fylgju-kona」代表女性守護靈，用「佛爾格—馬度／fylgju-madhr」來表示男性守護靈。

一個人的佛爾格雅會一直跟在他身邊，雖然通常只有具備「靈視能力」的人、或在緊急情況下才能看到它。《薩迦》當中提到的全部都是跟在男性身邊的女性佛

爾格雅。目前我們仍不清楚，這個分身靈全都是以跟主人性別相反的異性出現（就像榮格學派的阿尼姆斯／ animus 或阿尼瑪／ anima），還是佛爾格雅單純就是母系守護靈的一個個人分身。

在《埃達》的一些詩歌中，這個佛爾格雅的保護角色是由女武神（Valkyrie）來擔任，女武神是擅長魔法對戰的人類或超自然女性存有，通常是英雄的保護者和情人。其中還有一些故事的主題是「靈妻」（spirit-wife），只要披上某種動物的皮毛就會變身成那種動物。女武神最常出現的動物身形是天鵝。這種靈體配偶在西伯利亞薩滿教傳說中也相當常見。

在《薩迦》當中，*norn*（諾恩）、*dis*（狄斯）和 *fylgja*（佛爾格雅）這幾個詞彙有時會交替使用。它們代表的意思可能會因地區或個人而異。現代作者的定義也各不相同。如果你有發展出自己的觀點，最好可以比對一下索森在《弗薩克》這本書中的定義，還有岡德森的《條頓魔法》一書。

另一個跟此概念相連的詞彙是「哈明格雅／ *hamingja*」，它可以代表「好運、財富」、「生命力」或「守護靈」，也經常跟佛爾格雅交替使用。

在〈瓦夫蘇魯特尼爾之歌〉（*Vafþrúðnismál*）※ 第49節，哈明格雅是女巨人，很可能就是諾恩三女神。這個詞的詞根 hamr（「皮／外形」之意），支持了一種解釋：它是它所屬之人的一個內在面向。在《薩迦》故事中，一個人的好運有時是可轉移的——從一個人身上永久轉移到他的繼承人身上，或是暫時從一個國王轉移到他的追隨者身上。哈明格雅會以男性／女性的人類身形出現，或是以動物形式出現。

賽德魔法的行使者會用動物形體的 hamr 來做靈魂出體旅行。古北歐文獻中有非常多變身故事以及跟 hamr 同源的詞彙。文獻中出現的動物形體包括：熊、狼、天鵝、海豹、母馬和野兔，但幾乎任何一種生物都可以。奧丁可以變身為一條蛇或一隻老鷹，而且身邊還有狼、烏鴉和八足神駒斯雷普尼爾隨侍在側。弗蕾雅可

※ 譯注：《詩體埃達》其中一篇。

以變身為獵鷹或豬，也可變成母馬（後面兩種動物也是她的別名）。其他的神也有動物幫祂們拉車，這些動物也成了祂們的代表圖騰。

　　能夠輕易改變形體的人稱為「哈姆拉莫 hamrammr」──變形者（shapestrong）之意；以變身形式進行靈魂出體旅行稱為「哈姆法里爾 hamfarir」；「哈瑪斯克 hamask」則意指陷入動物狂暴狀態；「哈姆斯努斯 hamslaus」是離開其形體；「哈姆步雷沙 hambleytha」是跳出其外皮身形的動作。這讓我們聯想到美洲原住民納瓦荷族的一個詞彙「skinwalker」，指的就是變身成狼的女巫。為簡單明瞭起見，我喜歡將以動物形式出現的守護靈稱為哈明格雅／hamingja，將經驗豐富的賽德巫師進行靈魂出體旅行的變身形體稱為哈默／hamr。

　　盧恩儀式中包含的引導式冥想也是靈魂遊歷的一種方式。當你愈來愈熟悉其做法，可能會想要嘗試自己進行這樣的旅行。你可以在每次冥想開頭跟著指引前往世界樹（若有必要，可錄音下來，留下十或十五分鐘的空白時間，然後再錄下回程的引導），先到世界樹去遊歷，然後再前往你想要去的任何一個方向。如果你有佛爾格雅或哈明格雅的幫忙，那就更輕鬆了，只要請他們帶你到你想去的地方就可以。回程記得走原路回來。

　　埃爾哈茲／索維洛的冥想能讓你有機會與這樣一位指導靈／守護靈接觸。如果你不斷練習冥想，直到有一天遇到你的指導靈，並在這樣的時間裡相互熟悉認識，這位守護靈就會愈來愈具體清晰，對你也更有幫助。過程中，你要詢問你的守護靈，該怎麼稱呼她／他／它，以及是否願意繼續與你一起合作。你也可以詢問她，該以什麼方式敬拜她，以及她是否有什麼建議要給你。麥可‧哈納（Michael Harner）的書《薩滿之路》（*The Way of the Shaman*）※ 提供了一套經過實測且有實際做法的系統，可供學習此工作方法的人參考。

※ 譯注：台灣有中文版。

一定是要經過好幾次相遇經驗，你才有辦法清楚看見和聽見守護靈，以及輕鬆呼召她，之後也應該定期與她會面。你可以設置一個守護靈祭壇，放上你個人的佛爾格雅或哈明格雅的照片，來幫助你冥想。在薩滿實踐中，收集一個人的守護靈圖像是很常見的做法：牙齒、骨頭或毛皮（如果它不是瀕臨絕種的動物）；珠寶或其他首飾物品，以及在自己的魔法裝備上繪製守護靈圖像。

跟任何一種友誼一樣，為了讓彼此關係更好，你需要跟圖騰或守護靈培養感情。許多以此方式工作的人都跟他們的守護靈建立了穩固且持久的關係。也有一些人發現，他們的指導靈會以不同身形出現在不同靈魂旅程中，或是發展出一大群「隱形朋友」。薩滿守護靈能簡化和加速靈魂旅程的進行，而且通常是人們得到靈啟以及獲得有用資訊與建言的來源，若你在靈魂旅程中遇到任何干擾，他們也可以讓你迅速擺脫麻煩。

敬拜太陽

你可以從許多層次去體驗索維洛盧恩的能量。首先，也是最顯而易見的層次是太陽，對北歐民族來說，太陽是既有實體物理意義，同時又兼具形上學重要性的一種力量。正如我們先前對這個盧恩的討論提到的，敬拜太陽在日耳曼文化中似乎是一種尋常習俗。人們通常會在早晨時間進行這件事，以這種正向積極的方式來展開新的一天。記錄太陽的行進軌跡，可以讓人與白晝的時間進程保持同步。

在中世紀的冰島，時間不是以小時來計，而是以日光標記來計算，也就是藉由記錄太陽在某場所的位置變化軌跡來判定時間。一天分為八個時段，每時段三個小時（就像中世紀修道院的標準禱告時刻）。顯然，這種報時方法對於永久居住於某特定地點的居民最為準確，要不然就是要在一個地方住得夠久，足以記下一整年太陽的位置變化。

時間的知識就等同於一個地方的知識──時間和空間是同一樣東西的兩個面向。為你所在的環境進行日光標記，並用它們來確認時間，會是相當有趣的練習，尤其如果每次觀察都順便祈禱。這個練習可以讓你的個人時間與自然時間保持同步。

運用索維洛盧恩能量的另一種方法是，進行儀式的平衡練習之後半部分，可以在埃爾哈茲練習之後接著做，也可以單獨進行。方法都一樣，以站立姿勢開始，然後高舉雙臂。如果你在祈禱供奉時是將能量往外發送，那現在要改將你的手掌朝上，接收太陽的力量。同時臉部也要向著太陽，閉上眼睛，感受它的光輝。花幾分鐘時間感受太陽的光芒，每一次吸氣，都將太陽的力量吸入你體內。然後，慢慢將手臂放下來，置於身體兩側，彎曲膝蓋，做出索維洛盧恩瑜伽姿勢，停頓一段時間後，以雙手觸摸地面，將多餘的能量傳送給大地作為供奉。

在象徵意義上，所有順時針方向的運動都能讓人與太陽的能量保持和諧同步。很多傳統（以及歐洲民間舞蹈）當中都有順時針旋轉的舞蹈。它是讓舞者與北半球的柯氏力（Coriolis force）※和太陽的運轉移動保持一致，來提升正能量（或召喚好天氣），我們看起來太陽是每天由東往西移動，在冬至到夏至之間它是從南向北移動，另一個半年則是從北往南移動。當然，實際上變化的是地球的運行軌道。同樣道理，我們的魔法施作不是靠著強迫靈性力量來順從我們，而是藉由改變我們與世界的關係來運作魔法。

太陽曼陀羅（Sun mandalas）是世界上最普遍的宗教符號之一。各式各樣的十字圓輪、輻輪、卐字符和同心圓，幾乎在所有文化中都看得到，而且都是代表幸運、繁榮和權力的象徵。太陽輪的輻軸就代表一年四季。在北方，缺陽光比缺雨水更可能成為問題，在北極地區，漫長的冬季永夜之後，太陽回歸日對人們心理上來說是一個非常重要的日子。在這樣的環境下，難怪太陽會成為光明、指引和保護的象徵。

※ 譯注：地球自轉的偏向力。

勝利之符

索維洛這個盧恩的古英語名稱「希格爾 SIGEL」的詞根是 *Sig*，日耳曼語就是勝利的意思。這個詞根也經常被用在人名中，而且經常出現在咒語和祈禱文裡。例如，被 Sig-frid（勝利／自由）喚醒的女武神希格德莉法 Sig-drifa（勝利賜予者），以一種傳統祈禱方式向白天和夜晚的力量致敬，並祈求在場所有人獲得勝利。為儀式改編的「古英語旅途咒歌」，則是召喚「sig ／希格」力量來保護一個人的身心靈所有層面。

很可惜，現存所有可用來翻譯 sig 這個詞的英語詞彙都帶有拉丁詞根，因為在原始語言中，*sig* 的含義似乎無法以「得勝」和「勝利」這幾個詞來涵蓋。當然，這些意涵也都包含在內，但古老的用法似乎還帶有一種語感：無論一個人現在企圖做什麼事，最後都能得到比現在更好的「成果」。如果索維洛／希格爾是代表意志力的盧恩，那它有一部分的意涵就是在肯定一個人對於自己將來的期望，跟威卡傳統中使用的「As we will so mote it be（一切所求皆如願成真）」這句禱辭的意思一樣。

索維洛可以用來作為勝利盧恩，不一定是指征服或「以力戰勝」之意，而是比較類似「賦予力量」來推動某事情發生的這種性質。因此，非常適合用於祈禱文，以增強自己或他人的能力，或是放在綁定盧恩或咒語中來提供正向驅動力。索維洛也可用於消除精神上或肉體上的昏沉狀態。它可以帶來迅速的能量和解決問題的意志力。作為旅行盧恩，它可以幫助旅行者（或他的行李）抵達正確目的地。它也能帶來領悟和啟示。

團體儀式

若你是團體共學，可以參考本書第431頁埃爾哈茲和索維洛的儀式。儀式聚焦在「保護」這個主題上，因為是這兩個盧恩的共同點。埃爾哈茲的大地力量與索維洛的天界力量一起合作，就是一方面給出保護，同時也接受保護。

第 10 章

↑ 提瓦茲和 ᛒ 貝卡諾

　　提爾族開頭的這兩個盧恩，可以被看作陽性和陰性的配對。放在一起看，就是提爾之樹伊爾明蘇（Irminsul）和白樺樹貝卡諾／BERKANO（提爾是提瓦茲的別稱），這樣的配對讓我們看到，一股相似力量如何在不同環境中以截然不同方式發揮其功能。提爾之樹被樹立在集會處的正中央，它確實是中心點，是構成整個社會結構的軸心。白樺樹則始終與大地相連，即使是種在庭中內院亦然。提爾之樹指向天空，白樺樹深植大地，與生命之源緊密相繫。

但兩種樹都散放著光芒，顯現出它們的聖潔。提瓦茲這個名字意指天界耀眼的光芒。提爾是眾神中最強大者，光明閃耀、力大無比。而白樺樹也是黑暗森林中的一束光，是站在雪地邊緣的白色少女。她有時也被詮釋為是賜予人們自主權之禮的女神芙麗嘉之象徵。

第十七個盧恩：↑TIWAZ 提瓦茲

發音：TEE-wahz

意思：提爾

提瓦茲是提爾盧恩

勝利犧牲者成為司法正義之神

古代含義

提瓦茲 TIWAZ（或提爾 TYR）盧恩的發音就是字母 T 的發音，字形也很像，可能源自希臘和羅馬字母表中的字母 T。作為一位神，提瓦茲在詞源是印歐語的提烏斯／Dyaus 或提沃斯／Diewos，後者發展成拉丁語的 *divus* 和梵語的 *deva*，意思都是神，還有神的名字宙斯／Zeus、朱比特／Jupiter（Dyeu-pater），和戴安娜／

Diana。在條頓族語言中，這種關係從早期的一個字 *Teiwa* 看得最為清楚（奧地利發現的一個二世紀頭盔上就刻了這個字）。其詞根似乎帶有「明亮」或「閃耀」的意涵，在很多語言中，這個詞彙都是用來意指諸神。

提瓦茲／提爾是兩個以神命名的盧恩其中的一個，若要掌握它的含義，我們需要先了解擁有這個名字的神。不過，提爾本人的性格似乎並沒有那麼簡單易解。舉例來說，在古英語盧恩詩中，根本沒有提到他的好戰性格。

↑ *[Tir] biþ tacna sum, healdeð trywa wel*

（提爾是指路之星，對王子們）

with æþelingas; a biþ on færylde

（克忠職守；在其軌道上）

ofer nihta genipu, nefre swiceþ.

（戰勝黑夜迷霧，永不墜落）

這顆星星的身分一直存在著爭議。一種可能性是指火星，因為火星最明亮、最容易被看見。但是火星升起和落下的時間並不固定。指路之星需要比較可靠的恆星才行。從上下文脈絡來看，提爾之星比較可能是指極星。一個可能與此相關的神話是，索爾將巨人奧凡迪爾冰凍的腳趾扔到天上變成一顆星星的故事。在〈希密爾之歌〉（*Hymiskvidha*）※ 當中，提爾的父親據說是巨人希密爾。而〈詩歌辭藻〉（*Skáldskarpamál*）※※ 當中提到，希密爾是三位與海洋有關的巨人之一。貝爾‧默瑟提過，巨人奧凡迪爾（古英語 Orwendil）也應該被列為提爾的一位祖先。因此，這首古英語盧恩詩可能指的是，在更古早時代，提爾的功能是一位天神，祂繼承了祖傳的星星，在海上為航海者指路。

※ 譯注：《詩體埃達》其中一篇。
※※ 譯注：《散文埃達》第二篇。

不過，維京時代的人們紀念提爾是出於別的原因。

↑ *[Tyr]er einhendr ass*

（提爾是獨臂神）

ok ulfs leifar

（是從狼口逃生的不死者）

ok hofa hilmir.

（以及眾神廟之王）

上面這首冰島盧恩詩提到了提爾用捆魔索縛住惡狼芬里斯（Fenris，或譯芬里爾），結果被牠咬掉一隻手臂的神話，這大概是唯一流傳下來關於提爾的故事。不過，提爾也被稱為眾神廟之主。正如 *ás* 這個詞並不單指阿薩族的一位神，而是特別指「奧丁這位神」，*tyr* 這個詞（若保留或恢復其原始印歐語之含義）也可用來作為神的代名詞。奧丁是 Sig-Tyr 希格提爾（勝利之神）；索爾是 wagon-Tyr，戰車提爾（戰車之神）。

挪威盧恩詩基本上是冰島盧恩詩第一行的複述。在第二行，我們看到黑侏儒鐵匠鼓動風箱，大概是為了鍛造打仗用的刀劍。

↑ *[Tyr] er æniendr ása;*

（提爾是阿薩的獨臂之神）

op.værðr smiðr at blása.

（經常有鐵匠鼓風鍛劍）

斯諾里在他對眾神的描述中也支持提爾是善戰之神。

有一位神，名叫提爾。祂最勇敢、最有勇氣，有威力勝戰一切：勇士們應經常呼喚其名。勝過眾人且不受動搖者稱為「提爾勇士」。祂的見聞亦非常廣博，因此知識淵博之人也稱為智者提爾。（1987，〈欺騙吉爾菲〉[*Gylfaginning*]：25）。

以下則是女武神希格德莉法給齊古爾建言時提到的功用特性：

若想贏得勝利就刻寫勝利盧恩
將它們刻在你的劍柄上
有的刻在護手，有的刻在刀面
並呼喚提爾之名兩次

——〈勝利賜予者之歌〉(Sigdrifumál)：6

事實上，日耳曼和英格蘭的長矛上都有發現提爾盧恩。在早期，提爾可能在各個部落以不同名字被崇拜供奉，包括泰瓦／Teiwa、薩克斯諾／Saxnot 以及赫爾明／Hermin 等名號。維京人也將提爾視為戰神，但在《薩迦》當中，為人犧牲戰鬥贏得勝利的是奧丁，索爾則被稱為偉大的守衛者。那麼提爾的功能是什麼？

羅馬人將提爾與他們的戰神瑪爾斯做了連結，羅馬—日耳曼銘文稱祂為瑪爾斯—庭宙斯（Mars Thingsus）——也就是阿爾庭的提爾（Tyr of the Althing）。《薩迦》中有一段寫道，人民議會阿爾庭的大部分工作都在處理血仇。若問題不能透過談判解決，最後的補救之道就是霍爾姆剛（holmgang），這是一種受到嚴格監督的司法決鬥。舊文獻中多處都提到當時的這種司法決戰方式。因此，很明顯，提爾在戰鬥上的功能角色就是確保這類司法之戰符合神界正義。

現代含義

　　索森將提爾定義為天神，與透過戰爭和司法對抗而決定的正義特別有關聯。祂是掌管宇宙秩序的自我犧牲之君，判決精準而且謹慎。提爾盧恩也就是戰神瑪爾斯之樹伊爾明蘇，是將天界與大地隔開的聖樹。奧斯本和龍蘭將盧恩詩中的 Tir 解釋為北極星，是航海者的可靠指引。沃德爾則引用羅伊特（Reuter）的論點，認為 Tir 就是天界正中央的那顆星，標誌著聖樹伊爾明蘇與天界的交會點，伊爾明蘇象徵世界之軸，左右兩邊等長的雙臂與提爾盧恩非常相似。

　　根據維杜金德（Widukind）的十世紀編年史，伊爾明蘇是撒克遜人為紀念戰神瑪爾斯而豎立的聖柱，撒克遜人稱它為赫爾明（Hermin），以慶祝他們戰勝圖林根人（Thuringians）※。三十年後，查理曼大帝將這座聖柱摧毀。一本九世紀的編年史形容伊爾明蘇是「宇宙的支柱，支撐著萬物」（Ellis-Davidson 1964, p.196）。

　　拉丁語系作者認定羅馬神話的瑪爾斯就是提爾神，而且祂跟伊爾明蘇的關聯性也支持了這個理論：提爾就是最初的天神，也是世界樹之主（附帶說明，提爾盧恩的字形也是火星瑪爾斯占星符號的一部分）。岡德森同意此說法，並將這個盧恩的單箭頭字形詮釋為地與天的分隔，反映出提爾神的單一極性與專一性格（相較於奧丁的靈活多樣性來說）。

　　提爾盧恩比較像一支長矛（長槍），而不是一棵樹，而且實際上有時會刻在矛頭上。不過，到了維京時代，長矛已經變成跟奧丁關係比較密切，祂的長矛剛尼爾（Gungnir）※※ 能使被殺者成聖。這根長矛權杖可能是奧丁信眾從提爾信眾承接過來的另一個符號。艾利斯—戴維森指出，斯堪地那維亞的青銅時代石刻並沒有出現單手持長矛的人；不過，卻有各式各樣代表長矛的東西（還有斧頭和劍），以及一些類似神的人物手上拿著這些東西。

※ 譯注：早期的一個日耳曼部落。
※※ 譯注：或稱永恆之槍。

擁有長矛等同於擁有主權，這在古代地中海地區相當常見。根據地理學家保薩尼亞斯（Pausanias）的說法，赫菲斯托斯（Hephaistos）※ 為宙斯鑄造了一根名為多魯 doru 的權杖，多魯的意思就是「矛」。在羅馬，皇帝要展開軍事行動之前，會以手觸摸聖矛，同時大喊「瑪爾斯，醒來！」更常見的簡易長矛形式是權杖。根據奈吉爾·潘尼克的說法，一些古代法國撲克牌的「國王」牌會手持一根權杖，或者權杖末端就是國王的一隻手。

提瓦茲的解讀和運用

在占卜解讀中，這個盧恩可意指一件跟法律有關的問題，或是某人必須為自己的權利而戰、為尋求公平正義而戰。問卜者必須謹守自身職責並為更高真理來服務，必要時甚至要自我犧牲。這個盧恩可以為人帶來道德力量和追求成功的意志。威利斯說，任何一種跟競爭有關的事情，都可用提瓦茲盧恩來祈求勝利。它也意指意志的力量、必勝的決心以及衝突的可能性。彼得森認為，占卜中出現這個盧恩，代表在法律、政治，或是實體對戰或爭論中能夠取得勝利。索森則認為，這個盧恩代表透過自我犧牲來贏得正義和勝利。

阿斯溫則認為它是靈魂戰士的盧恩，掌管衝突與對抗，而且能夠激發克服困難所需的勇氣和能量。若與萊多結合為綁定盧恩，用在跟法律有關的事情上會有很好的效果。根據岡德森的說法，它有助於培養勇氣、力量和榮譽感，並讓人意識到自己的責任。它能結合精益求精的力量，促進秩序的形成。負面解釋則是代表僵化、偏見和缺乏遠見。

提瓦茲在魔法工作上也非常有用，無論是針對個人問題還是社會議題。它能幫助一個人集中能量，引導人專心一意實現既定目標，尤其是跟自律有關的事

※ 譯注：希臘神話中的鍛造之神。

情。遇到困難情況時，它能增強我們的勇氣和決心。它也是一個勝利盧恩，尤其在法律事務方面，不過，由於提爾是絕對正義之神，如果你要召喚祂，請務必確認你是正確的一方，因為祂會伸張正義，獲勝的未必是你這一方（如果你需要讓自己多點寬容憐憫心，召喚能解決衝突的索爾或弗西提會更合適）。先有此認識，然後就可以將盧恩刻寫在法律文件上。如果你在擔任法庭陪審員時感覺爭鬥氣氛過強，可以觀想一支刻有提瓦茲盧恩的長矛穿過這間法庭（能看到一件司法判決是基於正義而不是基於妥協，不是很有趣嗎？），或是把提瓦茲和索里沙茲都用上。在你的右手畫提瓦茲，在左手畫索里沙茲，可為你帶來平衡保護。

提瓦茲也適用於解決國際緊張局勢，但前提是你要願意祈求「正確」的一方得勝，未必是你這方會贏。若有些情況不得不使用暴力來對抗更大的暴力，尤其是戰爭，都可以召喚「縛狼者提爾」（Tyr Wolf-binder）來幫忙。這個盧恩跟索維洛經常被刻寫在現代和古代戰士的武器上，其他裝備則會刻上埃爾哈茲和索里沙茲來作為保護之用。

第十八個盧恩：ᛒ BERKANO 貝卡諾

發音：BER-kah-no

意思：白樺樹

貝卡諾是白樺樹、新娘和大地母親
帶給我們重生的堅實力量

古代含義

　　貝卡諾 BERKANO 盧恩的字形和發音，基本上都與希臘和拉丁語字母表中的字母 *B* 相同，雖然它在一些地中海語言中是用在以 *f* 作為詞根開頭的單詞。這個盧恩的古北歐語名字是 *bjarkan*，似乎是源自白樺樹的一個古老名稱，它比較接近古日耳曼語，而不是冰島語的 *björk* 或古英語 *beorc*。白樺樹（birchtree）這個名稱可能源自推定的印歐語詞根 *bherek*，意思是「明亮」或「閃耀」，因此白樺樹 *betula alba* 也意指「白色的樹」。

　　Beorc 這個古英語詞彙在定義上似乎是指「樺樹」，不過，奧斯本和龍蘭引用古英語盧恩詩的一個注解，將它解釋為 *populus*──楊樹，並認為這些詩句描述的應該是英國黑楊樹。

ᛒ [Beorc] byþ bleda leas, bereþ efne swa ðeah

（楊樹／樺樹不結果實，雖不結種子）

tanas butan tudder, biþ on telbum slitig,

（但會生出吸芽，因是從葉子長出）

heah on helme hrysted fægere,

（其枝條光輝壯麗）

geloden leafum, lyfte getenge.

（高舉著樹冠，直入天際）

　　另一種說法，樺樹是靠種子繁殖。不過，如果你將樹枝修剪掉，它又會從幼枝長成大樹。無論何種情況，北歐盧恩詩對這個盧恩文字的定義都不太是問題。冰島盧恩詩如此說道——

ᛒ *[Bjarkan] er laufgat lim*

（樺樹是多枝葉之樹）

ok litit tre

（是小樹）

ok ungsamligr viðr.

（以及青春之木）

挪威盧恩詩就比較耐人尋味。

ᛒ *[Bjarkan] er laufgrønstr líma;*

（樺樹的葉子最為翠青）

Loki bar flærða tíma.

（洛基的詭計則是僥倖）

第一行的意思很清楚，但是洛基的詭計跟一棵白樺樹到底有什麼關係？這跟很多複合詞隱喻一樣，相當晦澀難解。不過，我們相信〈勝利賜予者之歌〉當中的這節詩文指的應該就是貝卡諾。確實，平滑光亮的白樺樹皮似乎非常適合用來刻寫盧恩文字。

你須知悉樹枝盧恩，若你想治癒

並知道如何處理創傷

就將它們刻在林木樹皮上

那樹的枝條彎向東方

——〈勝利賜予者之歌〉（*Sigdrifumál*）：11

現代含義

奧斯本和龍蘭的看法幾乎跟所有人都不一樣，她們認為古英語盧恩詩中的 *Beorc* 是指黑楊，在北方，黑楊靠吸芽而非種子來繁殖，而且樹大高聳入雲。她們的解釋是，它代表持續不斷的成長，是陽性法則的一個實例。

索森則持不同看法，稱它為大地母親的盧恩，同時具有光明（女神納瑟斯）和黑暗（冥后赫拉）兩面。它的雙層字形代表懷孕的腹部和乳房。根據他的說法，貝卡諾揭露了女神子宮之出生、死亡和重生的永恆輪轉之謎。祂掌管人生過渡期之儀式。

岡德森也同意，這個盧恩就是代表大地女神納瑟斯，在北歐，納瑟斯的角色介於赫拉和芙蕾雅之間，後來演變為由日耳曼女神霍妲（Holda）擔任。貝卡諾「是

大地盧恩，她接受祭祀之牲禮／種子，並將其保存在自己體內，予以守護和滋養，直到時機成熟，再次回到外面的世界」（*Gundarsson* 1990, p.129）。此盧恩也掌管著春天的誕生過程，因此也被認為是狄斯女神的盧恩。

阿斯溫則將這個盧恩歸屬女神柏曲塔（Berchta ／ Perchta），跟沃德爾一樣。她說柏曲塔是母親和孩子的守護女神，祂在冥界的花園是嬰兒靈魂的最終棲息處。祂也可能是芙麗嘉的一個化身，特別照顧被遺棄的孩子。沃德爾則形容這個盧恩是閃亮的五月皇后（May Queen），她的樺樹就是五月樹。他將這個盧恩的形狀詮釋為一個打開的子宮，而貝卡諾就是佩斯洛誕生出來的結果，因為 *b* 音與 *p* 音是相關聯的。

實際上，任何高大、筆直的樹都可以用來做成五朔節花柱；不過，在斯堪地那維亞半島，人們習慣在四月或五月砍下白樺樹枝，然後將它搬到溫暖的屋內讓它抽芽。在房子的院子種一棵白樺樹是瑞典的傳統，年輕人會在五朔節這一天帶著白樺樹枝遊行，慶祝大地植物恢復生機。在夏至日，白樺樹也被帶到斯堪地那維亞的教堂內。阿斯溫告訴我們，在荷蘭的五月民間儀式中，人們會用白樺樹枝鞭打婦女來祈求懷孕生子，也會在新婚夫妻住家的門上繫上一束白樺樹枝。不過，到了聖誕節，那些愛調皮搗蛋的孩子，他們鞋子裡可能會被裝滿白樺樹枝而不是禮物。

如果我們認定貝卡諾是白樺樹而不是黑楊樹，那麼這個盧恩就可以被解釋為樹之女神的象徵——陰性特質與母性、滋養與保護的源泉。這個形象在許多文化中都出現，它是原型，超越各個不同民族的女神角色。

迦南人用樹幹來雕刻他們的母神亞舍拉（Asherah）。印度的村莊都有聖樹，人們會以供品敬拜附在聖樹上的木精靈（nymphs）※；樹精靈（dryads）在地中海也很常見。經常也有人認為樹木是他們祖先靈魂的棲息地。也有人認為某幾類聖樹能

※ 譯注：或譯寧芙。

夠保佑婦女在分娩時平安順產。樹精在歐洲民間傳說中很常見，而白樺樹則是日耳曼傳說中經常出現的白色少女的家。

在日耳曼時代早期，男神和女神的神像是用樹幹或樹枝雕刻成的，而且會以樹木原本的自然形態來代表那位神，只稍微雕出一些性別特徵。白樺樹外形上特別像少女，卻具有母性功能；無論是白樺樹或貝卡諾盧恩，都表達了女性奧祕的核心——出生、死亡、和形態轉換的根本悖論。

我個人傾向於將貝卡諾視為芙麗嘉的盧恩，因為祂是北歐女神當中母性最強、也最具皇后特質的女神。

樺樹主要是寒帶和高海拔地區的樹種。它一定是冰河時期之後最早回歸本居地的樹種之一，而且至今依然是西伯利亞地區少數的樹種之一，在此地，它以作為世界軸心，以及在薩滿儀式中通往異世界之道路的功能角色，高聳豎立，正立時向上通往天界，倒立時向下通往冥界。長久以來，它在北歐一直是神聖之樹。它的枝條會被用在桑拿儀式（sauna ritual）中來改善身體循環。阿斯溫說，早期拉普人會在慶典儀式中豎立一根朝北傾斜的樺木長竿，竿子頂端有一根釘子，代表北極星。

有一個實例可以說明貝卡諾作為治療盧恩的功能。珍妮・羅斯（Jeanne Rose）的藥草書中提到，樺木油聞起來有點像冬青，可用作防腐劑或肌肉痠痛搽劑。將樺木葉煎煮成藥湯，具有利尿作用，可溶解腎結石，用來漱口可治療口腔疼痛和口腔潰瘍。葉子泡茶可安神助眠。阿斯溫說，在荷蘭，人們會用樺樹葉製成的液體塗抹在頭皮上來治療脫髮，而且還可用來當作一種壯陽藥。

貝卡諾的解讀和運用

如果占卜的議題跟人生過渡期有關，那問卜者大概可預期會看到貝卡諾出現。它代表出生和生成、穩固扎根、陰性能量。岡德森把它稱為「創造生成」的盧

恩，是孩子出生後得到的第一個保護，是奠定這個孩子人生命運的最初疊層。所有跟女性生育魔法和女性奧祕相關的事物，都非常適合使用這個盧恩。它會先將其他盧恩的運作隱藏起來，直到其作用可以被顯露出來，而且它也是代表隱密轉化和成長的盧恩。阿斯溫說，這個盧恩對於治療女性困擾和月經問題非常有效，它具有強大的保護力量，尤其對小女孩。

根據威利斯的說法，它是跟有形物質的生成、滋養、母子關係、陰性法則、以及一般家庭事務有關的盧恩。在占卜中出現，預示著新事業的成功或開展。彼得森認為它代表治癒、復元、再生、從舊根長出新事物（因為被砍下的白樺樹枝會抽出新芽）。樺樹也具有跟柳樹同樣的止痛和退燒特性。它也可意指需要匯集和保存能量、養分以及庇護力。

提瓦茲和貝卡諾：研究與體驗

提爾之手

乍看之下，提爾似乎是阿薩神族當中功能較為隱晦不明的一位神，但若仔細觀察，會發現這號人物非常耐人尋味。

至高無上的天神、世界樹，以及手臂，共同組成了一個可追溯到更古早時代的符號複合體。蓋林和艾利斯—戴維森在《太陽戰車》書中對於獨臂符號提出了許多有趣的證據。青銅時代斯堪地那維亞的太陽圓盤石刻經常可看到單手手印。獨臂的愛爾蘭戰神努亞達（Nuadu）※，在戰鬥中被敵人砍掉一隻手臂後，祂的王權也跟著被廢黜，直到獲得一隻新的銀臂，才恢復統治權。「手」，無論是以掌印、武裝之拳（例如阿爾斯特紅手，the Red Hand of Ulster），還是權杖末端的手來表現，似乎都是王權的象徵。除了阿爾斯特人，許多蘇格蘭部落氏族也都有這樣的傳

※ 譯注：祂的身分是圖哈德達南部族的首任國王。

說，首領會砍下自己的一隻手，將它扔到一塊土地上來宣示主權。當然，手也是法律的象徵，買賣交易時握手至今依然構成合法協議。

潘尼克《眾神的遊戲》（*Games of the Gods*, 1989）書中〈王室中心、交易市集和神聖委員會〉這個章節提出的一些例證，或許可說明這些關聯性。中世紀的交易市集是一種格狀配置，日耳曼和凱爾特的空間建構都是依據這種概念，一般分為四個區域（有時分得更細），圍繞著一個神聖中心，也就是國王所在地。這個中心的標誌是一根木柱（代表該城鎮正中央種植的聖樹，同時也作為五朔節的花柱，至今在許多德國村莊的中央廣場依然可看到這種柱子），木柱頂端放著一隻手套。

這根柱子如果豎起來，就代表開市，而集市規則只在它所屬境內有效。一直到今天，加州的文藝復興園遊會開市時依然會大聲呼喊：「手套豎起來了（The Glove is up）！」艾利斯—戴維森在討論到巨魔格倫戴爾的手與赫羅特宮殿屋簷的象徵意義時說，那會讓人聯想到「一種古早傳統，大手臂就是象徵一位神的威力」（1988, p.159）。我認為這個例子應該就是這樣，中世紀市集中央大柱上的那隻手套，就等同於世界樹頂端的提爾之手。如果想要了解更多這些概念的背景脈絡，可閱讀哈斯楚普撰寫的《中世紀冰島文化與歷史》；亞爾文和布林利・里斯（Alwin and Brinley Rees）的《凱爾特傳統》（*Celtic Heritage*）；以及潘尼克的《眾神的遊戲》等書籍。

提爾與主權領域的關聯，讓我們重新審視戰爭與正義之間的關係。喬治・杜梅齊爾（Georges Dumézil, 1973）提出了印歐神話的「三功能模型」（tripartite model），其中提爾的功能角色與羅馬神迪烏斯菲迪烏斯（Dius Fides）或印度—伊朗神米特拉（Mitra）功能相似，反而跟阿瑞斯／瑪爾斯（Ares／Mars）的角色不同；作為一位神，提爾的主要職掌是跟宇宙和世俗秩序以及社會契約有關。古英語盧恩詩中的「提爾星對王子們克忠職守」這句，也支持了這個論點。總之，目前留下來的神話都沒有提到提爾有參與戰事。因此，或許祂不該被看作戰神，而應該是律法之神，尤其是司法之戰。霍爾姆剛／holmgang，或所謂的司法決鬥，不同於

其他類型的戰鬥，因為它受到嚴格的律法約束，而且是在正式劃定的圍場內進行。

到了後期，古印歐天神的角色職掌似乎被劃分開來了，索爾繼承了祂的天氣之神與守衛者責任，奧丁繼承了祂的主權之矛，提爾則負責維護地上和天上的運作律法。這個律法也體現在阿爾庭議會制度中。

阿爾庭就是言詞論辯與實體判決的場所。不過，日耳曼的法律程序並不一定是為了實現抽象正義，而是為了止息一場爭鬥——杜梅齊爾將此稱為「一種對法律的悲觀」。因此就算殺了人也可用贖罪賠償金來支付，或是賭上自身名譽來解決爭執。或許就是因為這種態度，讓提爾失去了一隻手臂，因為操弄惡狼的胃口確實是非常務實（但會非常痛，而且基本上有點不光彩）的一種解決方法。

提爾在縛住惡狼芬里斯這件事情上的角色，無法轉移到另一個神身上，此一事實也凸顯了祂的重要性。岡德森認為，提爾是縛狼故事的主角，而狼是混沌力量的化身，因此也是律法之神的頭號敵人。不過，狼與戰神之間的關係可能更為複雜。斯諾里告訴我們，「諸神把狼帶回家裡扶養長大，卻只有提爾膽敢去餵牠食物」（1987，〈欺騙吉爾菲〉：34）。

於是，狼把提爾的手含在嘴裡作為擔保，要諸神保證牠不會被繩索縛住掙脫不了，這不僅因為提爾或許堪稱阿薩神族第一尊貴之神，也因為平常都是提爾在餵食照顧牠。但提爾卻幫眾神縛住芬里斯，祂不僅違背自己的誓言，也背叛了對方的信任。祂和狼之間的連繫不只是祂的那隻手。提爾的角色幾乎已經變成像父母親一樣，祂和芬里斯也因此成為同一個原型的兩極化面貌。

這個故事或許是在反映，提瓦茲作為最高天神和絕對正義之擔保者的原始功能開始責任下放，以及奧丁從原本作為魔法和巫師功能（一種更加靈活彈性和不受控制的行為模式）之責任得到擴張，成為最高權力的擁有者，整個系統因此發生混亂。不過，提爾的犧牲也可以看作是上界法則與下界法則的衝突，或者說，兩種力量正試圖取得平衡。正如奧丁將自己獻祭給自己，而且為了獲得真實智慧獻出

了自己的眼睛，不受控的戰爭暴力（狼）也受到了宇宙正義（神）的約束。在功能上，提爾和奧丁的身體殘缺作用相同。

靈魂戰士

我們的社會存在著暴力／非暴力兩種極端。要把人變成士兵需要一番徹底洗腦，但當人們不習慣處理這種能量時，就更容易發生偶然性的家庭暴力。禁用槍枝或其他武器或許可減少事故的發生，但我們無法阻止人們用平底鍋和菜刀相互攻擊。若只因我們不會親手殺人，就認定自己是非暴力者，這其實很虛偽。就算一個人不忍心用腳踩死一隻蜘蛛，他吃豬肉漢堡時心裡也不會有任何內疚。除非我們在生理上可以靠著純素食來維持生命，否則，我們就是得靠其他生命的死亡才能活著，甚至連素食者也必須殺掉植物才能讓自己活下來。

在新異教信仰中，侵略是非常嚴重的事情，因為新異教是致力於讓所有地球子民都生活在愛與和諧狀態的一種宗教，只要稍微看一下人們對於優勢文化當中的競爭、暴力、貪婪之反應，大概就能猜出他們是否為異教信仰者。因為拒絕接受父權社會的價值觀，男性異教徒更容易去壓制自己內在的攻擊衝動，也因此連帶抑制了自己的生命力。雄鹿有角，可以與其他雄鹿戰鬥，那不是為了殺死對方，而是為了展現袘的雄風。任何在儀式中佩戴角神之鹿角的男性，如果他無法接受自己內在的這種能量，就等於是否認自己內在的神性部分。

當然，並不是只有男性才具備戰鬥能力。榮格說，一個表現出攻擊性的女人，往往會對自己的敵意感到困擾，但事實上，女性保護自己幼小後代的能力，與她的配偶保護家人的能力一樣，都是一種生存特徵。確實，在《薩迦》當中，女性跟男性一樣具有狼勁，尤其當她們沒有管道來抒發肢體暴力。女武神其實就是狂戰士的化身。

行使暴力的能力是人類的生存特徵，也是強大的天性驅力。現代科技社會幾乎沒有為我們提供這種能量的正向抒發管道，但生活壓力卻不斷讓我們的身體對我們發送荷爾蒙訊息，告訴我們若不戰鬥就要逃跑。如果將這些衝動都壓抑下來，早晚要付出代價，但若屈服於它，也會失去在社會中發揮功能的能力。在古代日耳曼文化中，狂戰士（berserkr）就是他們對此問題的解答，戰士可以在戰鬥時變成野獸展現自己的憤怒和狂暴。但在其他時候，如果還讓自己處於狂暴狀態，就像比亞菲的兒子克維杜夫（Kveldúlf，「夜狼」之意），那他就得承擔境內法律責任，因為那經常會變成犯法行為。

維京時代社會經常提供給人們這種以戰事來行使（或發洩）暴力衝動的機會。但在現代社會，我們必須找到其他方法來處理這種衝動，不是用否認或壓制，而是將這股能量加以轉化和鍛鍊。在克服暴力衝動的過程中，戰神提爾就是我們的守護神和榜樣，祂本身即是我們用來約束暴力的方法手段。

縛狼

狼與戰神的關係淵源極為古老。甚至有一場正義之戰，真正的勝利者是狼和烏鴉。從另一方面來說，狼也具有正面意涵。在拉丁神話中，把瑪爾斯的孿生兒子羅穆盧斯和雷穆斯養大的就是一隻母狼。歐洲神話也經常提到狼和人類的關係，比如用「狼」或「狼頭」來代表壞人，還有在滿月時會從人變成狼的狼人傳說。狼和熊是狂戰士最常使用的動物身形。有趣的是，在納瓦荷族民間傳說中，就是用「狼」來稱呼行使邪惡魔法的巫師。

事實上，狼並沒有比任何其他野生動物更貪婪或更凶猛，但牠們的智慧、耐力和群體組織使牠們成為可怕的捕食者。早期的人類很可能就是透過觀察狼的行為，而學會一些群體狩獵的技巧。北美的狼很少攻擊人類，但文獻證據卻顯示，歐洲的狼在飢餓時會攻擊任何可食之物（包括人類）。或許正因為狼和人實在太過

相似，歐洲的傳說故事才會把狼講得這麼可怕。我們害怕外面世界的狼，正因為我們太清楚自己心裡的那隻狼的力量有多大。

提爾的故事與惡狼芬里斯之間的關聯確實密不可分，因為芬里斯代表肆無忌憚的暴力和貪婪。斯諾里的〈欺騙吉爾菲〉第34節就把提爾和惡狼芬里斯的神話做了非常棒的總結。

提爾的作用之一是縛狼，這隻狼可代表我們本性之中帶有破壞力的狂暴面向，也可代表促使國族發動戰爭、公司企業大肆破壞環境，或是個人與內在自我作戰的那股力量。將提瓦茲盧恩的力量用在個人療癒上，也包括要學習處理戰士能量，以及對於武力的控制。

以下這段「繫縛內心之狼」的原始資料是由吉姆・葛拉漢（James Graham）所撰寫。這是一個非常強大的內在冥想練習，你可以先將內容錄音下來，自己一個人單獨進行，絲帶可用觀想的，也可實際用帶子綁在自己手上。

冥想：繫縛內心之狼

世間哪裡有人發起戰事，

哪裡就有惡狼芬里斯的身影；

但每個人心中也有一塊聖地，

那狼正靜靜等待。

要讓祂遠離中土人世

你必須將祂繫縛在那裡。

要綁住祂，你必須了解祂；

要找到祂，你必須往內心去尋。

現在沉靜下來，讓你的身與心止寂……

沉入自己內在最黑暗深處

那裡就是狼的棲居之地……
芬里斯是你的哪一個自己呢？
那裡是否住著足以摧毀你的恐懼？
是一股什麼樣的力量
矗立在你和你的真實意願之間？

去尋找那股將你幸福吞噬的力量，
你所厭惡的那個自己，
你渴望改變的事情，
去尋找你內心的敵人……
你就會遇到那隻狼。
但你要如何面對牠？
將提瓦茲盧恩寫在自己身上三次。
讓一切憂慮煙消雲散，
藉此盧恩之威力
讓你充滿力量、充滿勇氣，
以及付諸行動的堅強毅力。
你內心有黑暗陰影；那裡就是狼穴——
將牠從陰影處呼喚出來，賦予牠形狀，
把牠叫做芬里斯。
讓那影像穩穩定在你腦中。
其他人看到牠都瑟瑟發抖——只有你
能跟牠面對面。
已經很長一段時間，你一直在餵養牠；
你和這隻野獸彼此非常了解。

狼出來了——
用堅定的眼神看著對方。
在你所遇到的每一場衝突中
你都曾見過這隻狼——
當你想說話、卻又害怕說出時
牠卡在你喉嚨深處，
當你最需要意志和生命力時
牠讓你受傷和流血。
勇敢看著牠懾人心魄的目光，
看著牠銳利和帶血的牙齒，
牠那巨大無底的飢餓……
但不要再用恐懼去餵養牠。
請記得你身上有三個盧恩符文，
以深沉而均勻的呼吸，
保留你的實力。
現在呼召你內在的提爾大神；
呼喚你至高無上的靈魂之主。
呼喚提瓦茲的名字，
將祂從天界、
從祂的神祕森林、
從阿爾庭的律法之石呼喚下來……
祂以一道光柱緩緩而來，
如劍刃的一道閃光，
目標專一、全心一意，因祂是獨臂之神——

祂是最了解那野獸、卻無絲毫畏懼之神
祂因你的召喚而來，
祂的眼神
比那狼更加銳利——
祂看到你身上的盧恩符文，
祂的目光變得溫柔起來。
祂沒有拔出祂的劍。
正義之神從祂的劍帶抽出一根繩索。
祂將繩索一端拴在芬里斯的大脖子上；
你對著祂伸出你的手腕——
祂將繩索另一端繫在你手腕上；
你雙手合十交握……

神開口說話——
「你們不該互相殘殺——
這是我給你的第一個約束。
死亡會滋生更多死亡，
唯有了解你的敵人
無盡的循環才能停止。
對狼說話，牠會聽到；
傾聽那狼說話，聽聽牠說什麼。
你知道，相互理解可將你們繫住，
而你們之間的所有繫縛
必須好好維持。」

祂舉起那隻沒有手腕的右臂
發出警語——
「不要斷絕你們之間的任何連繫！」
提爾站在一旁等待，做見證人。
現在你必須對狼說話，
問牠為什麼要傷害你，跟牠談判，
接受補償。
狼想要的是什麼？
你可以給牠什麼？
每一項協議都是對你們雙方的約束，
每做一項協議，就用絲帶在手腕上繞
一次。
你一共繞了多少次？
你們之間達成了哪些協議？
都要牢牢記住！
這些就是你內心之狼的捆繩
那狼已被你牢牢繫縛。
就算絲帶消失，
繫縛依然存在。
現在請拉動絲帶
讓它的觸感將你拉回
現實世界……

你就是以此縛住內心之狼

就算絲帶消失不見，

束縛依然存在。

若要重新回想，只需在自己身上

畫出提爾盧恩

並再次將絲帶

繞在你手腕上……

　　你可以運用提瓦茲的力量來加強自律、加快事情進度，處理已經延遲的工作。也可用在其他活動上，比如玩板棋遊戲時，讓自己更加留意空間布局和國王的位置，也可用來處理跟正義有關的議題。

　　我發現，跟提爾有關的最佳小說故事，是保羅‧艾德溫‧季默所寫的〈提爾之手〉（The Hand of Tyr），收錄在瑪麗昂‧齊默‧布拉德利主編的《灰色祕境》（Greyhaven）一書當中。迪克‧法蘭西斯（Dick Francis）的小說《揮鞭之手》（Whip Hand），主角只有一隻手臂，對於恐懼與勇氣的關係有非常傑出的描寫。若想了解更多關於板棋遊戲和神聖空間的資訊，可閱讀奈吉爾‧潘尼克的著作《眾神的遊戲》。貝瑞‧羅佩茲（Barry Lopez）的《狼與人》（Of Wolves and Men）則為狼的自然歷史和民間傳說做了具啟發性的討論，可參考閱讀。

樹精靈

　　貝卡諾是古日耳曼弗薩克中第三個跟樹木有關的盧恩，另外兩個當然就是「荊棘／thorn」和「紫杉／yew」。古英語盧恩字母表則多了兩個：ᚪ ác（橡樹）和 ᚫ æsc（梣樹）。荊棘顯然具有危險性，紫杉樹也帶了一點險惡。而白樺樹則是一種比較友善、適合居家種植的樹木，除了能夠承受最惡劣的環境條件，而且樹形非常優雅、充滿療癒感。

我已經在艾瓦茲盧恩的章節中討論過樹木作為崇拜對象這個主題。樹木與女神的關聯，則以南方樹妖和斯堪地那維亞的 *iarnvidjur*（伊恩維朱爾，樹妻）或 *skogsrå*（史庫格斯洛，樹靈）的形態延伸到神話中。

這些樹精靈都是化身成美麗的年輕女性，但可從她們的背部是空心，或是皮膚看起來像樹皮來判斷她們的真實身分。民間故事當中出現的這些存有，似乎都是「精靈情人」主題的變體。有一個故事說，有個男人每天晚上都出去和他的情人睡覺，搞到精疲力盡，必須向他的朋友求助。但在別的故事裡，取悅森林精靈的獵人則會獲得獵物作為報償。甚至還有一個故事說，一名賣木炭的女人跟一個樹靈丈夫一起生活，還生了三個孩子。

日耳曼的民間傳說因為這些樹人、樹精（*bilwisse*，女巫）、樹妖（*wood-schrats*，根據格林的說法，人們會拜樹魔）、樹妻（*holzweibel*）和苔蘚少女而顯得多采多姿。雖然有時也會有雄性樹魔出現，但似乎大多是女性。在英格蘭，盎格魯撒克遜人將他們統稱為 *wuduælfen*（樹妖、樹精靈）。一個有趣的英國風俗跟砍伐老樹有關，工人在砍樹之前必須先對樹祈禱：

> 噢女孩，請把妳的木頭給我，
> 我也會把我的回報給妳，
> 當我在樹下生活。

（*Briggs* 1976, p.316）

我們在想，這個禱辭是否來自一種民間信仰，人們相信樹木有時會成為祖先靈魂的家，這個觀念可能一直延續至今，因為有些人會要求將他們的骨灰埋在樹下。

現代最有名的樹精靈，大概是托爾金在《魔戒》中所描繪的「樹人」（Ents）角色。世界上有多少種樹木，就有多少種樹人。他們的文化特徵是，對時間的思考是

以季節來算、而非以日計算，年的計算也是以十年來計。在《魔戒》當中，雄性樹人住在森林裡，而喜歡結果實和馴養樹木的雌性樹人則早已遠走他鄉，不知所蹤。

瑞典的白樺樹肯定是樹妻會選擇的樹種，它安全種植在農家院子裡，看顧著這一家人。

與土地靈同居共存

樹精靈只是斯堪地那維亞人所稱的「隱形者」（The Invisible）其中的一種，英國民間傳說中，精靈國裡住著無數種生物。到中世紀末，種類已經增加到包括死者靈魂和各種下放的神靈，還有跟人類生活有關的精靈。它們是根據功能來分類，除了森林樹精之外，我們還發現有山丘和峭壁靈、水精靈、人魚，以及生活在地底下的侏儒精靈。還有更多家中精靈，包括壁爐靈和庭院靈、礦物靈和磨坊靈。

這些大自然精靈有一個通稱叫做土地靈（Landvaettir）。它們的本質似乎是一種能量的匯集，包括區域的、族群的，或是個體生物的能量。人類的感官覺受無法處理純粹的能量場，因此將它們擬人化，然後以物理形態（人類、動物或植物）來感知。

土地靈的功能有時是一個地區的守護靈。就像我們在索里沙茲盧恩中討論過的，有巫師看到冰島被一位巨人、一隻大鳥、一隻龍和一隻公牛守護著。美洲原住民部落也有自己的區域動物。例如，根據奇佩瓦族（Chippewa）傳統，北方由白水牛守護，東方由老鷹守護，南方由郊狼守護，西方由黑熊守護。在西方儀式魔法中，各個守護方位也有各自所屬的元素大天使。國家和州郡地區也有自己所屬的圖騰，保存在紋飾徽章和習俗之中，像是「國鳥、國家象徵動物、國樹等」。例如，美國的圖騰是棲息在易洛魁世界樹頂端的老鷹，俄羅斯則是一隻熊。

無論我們去到哪裡，都可以邀請北歐諸神成為我們的守護神，就像盎格魯人、撒克遜人、朱特人，以及其他移居到不列顛的族群所做的事情一樣，冰島人

在他們的新土地建立殖民地時也做過同樣的事。但是，如果我們要像他們那樣敬拜這些神，我們也需要與我們居住地的本土神靈有所接觸。人們在不列顛和斯堪地那維亞這些地方已經居住了數千年，他們已經確定那裡就是他們的聖地。他們以石柱標誌地脈；墳地代表祖先靈魂的所在。美國的原住民族在這片土地上留下的印記則比較少。總之，無論你住在哪裡，人類學和地方民俗學都能為你提供一個起點。

舉例來說，在加利福尼亞州，美洲原住民的民間傳說告訴我們，灰熊和土狼是主要神靈，但該州內每個地區也都有自己的守護神。在沒有印度傳說的地方，你也可以像冰島人一樣與當地神靈接觸，去探索那個地區，對在地神靈力量敞開你的心。如果你在學習索里沙茲時沒有到荒野去跟巨人交談，那麼這裡你可以試試看，將重點放在森林和山丘精靈。

這件事也會發生在個人層面。許多年前，住在蘇格蘭芬霍恩（Findhorn）的一群人發現，他們可以跟他們種植的植物靈魂交流，得知何時該澆水、何時該採收等等。植物王國也回應人們的關照，用品質極佳的果菜來回報他們。在芬霍恩，他們稱呼與他們溝通的植物精靈為天神（devas）。有時也稱為花園精靈。瑞典人會在他們的前院種植白樺樹，但你自家院子裡生長的任何樹木之靈，都可以成為你的強大守護靈。

你可以回顧我們在耶拉盧恩章節中討論過的，關於園藝魔法的內容。如果你當時開始種植植物，那現在應該已經長得非常茂盛。撥一點時間與它們交談，聽聽它們說話。和你的樹說話。在你的花園裡設置一座聖壇（在花盆裡也可以，如果你種的是室內植物），並奉祭當地的土地靈。甚至苗圃裡面賣的水泥製「花園精靈」，也可以拿來作為土地靈的雕像使用。如果找不到合適雕像，將一塊大石頭或一根粗壯樹枝打入地下也可以。你可以在它周圍鋪上一圈小石頭——運用你的想像力，它會告訴你該怎麼做。

桑拿儀式

在斯堪地那維亞半島，樺木的主要用途之一是桑拿（sauna）※，芬蘭人都非常熟悉這種風俗，整個北歐地區也都有這種習俗，只是做法略有不同。出汗儀式似乎是極地的一種風俗習慣。古愛爾蘭人有所謂的「汗房」，冰島人也會在火山蒸氣的天然噴口附近讓自己出汗。最初桑拿都是在住家屋中進行，石頭是放在中央火爐加熱，後來人們開始建造獨立的桑拿屋。傳統的芬蘭桑拿屋有非常多其他用途，包括作為醫務室和產房使用。芬蘭有一位傳奇英雄就是在桑拿屋裡出生的。

桑拿本身也具有治療力量，可以淨化身心，讓人進入超然和清明狀態。根據維赫約里（H. J. Viherjuuri）的說法，

> 與許多其他原始民族一樣，古芬蘭人相信火是來自天上，是神聖之物。火堆和石頭堆則是祭壇。桑拿屋是祭祀死者的地方，人們相信，就算人死了，應該也會很開心回到這個愉快的地方。有時桑拿會用上等木柴來加熱，然後藉由各種儀式和咒語來驅除身上所有疾病和邪靈。甚至連愛情不順利都能用桑拿來解決。有些人認為在加熱的石頭上潑水是一種祭祀儀式。芬蘭語 löyly 這個詞的意思是「石頭上冒出的水蒸氣」，最初就是意指神靈／spirit，甚至是生命／life。芬蘭語的相關語言中，與 löyly 對應的詞是 lil，意思是「靈魂／soul」。芬蘭有句古諺是這樣說的：「人在桑拿屋內之言行應如在教堂一般」。桑拿屋裡禁止大聲喧譁、吹口哨、說髒話，因為一切邪惡之力都被驅散了。（*Viherjuuri* 1965, pp.17-18）

跟美洲原住民的汗水小屋一樣，其熱度是來自放在樺木、雲杉或松樹柴火堆中加熱的石頭，雖然桑拿屋通常是一種永久性建築，裡面原本就有設置加熱石頭

※ 譯注：或稱三溫暖。

的壁爐或火爐。但樺木的香氣與真正的桑拿體驗卻是密不可分。空氣乾燥時，人體能承受的溫度會比較高。當乾燥空氣把汗逼出來，水灑在石頭上，汗水又冒得更多，但多餘的水分會立刻被木頭牆面吸收。

正確的桑拿步驟如下：

1. 在攝氏60度的桑拿屋裡先趴著一段時間（大概二十分鐘），讓全身出汗。

2. 用拂帚或勺子將水灑在石頭上（「每個人一杯，桑拿也一杯」，但溫度控制良好的爐子可能不需要這麼多水）；溫濕度是設定在攝氏80度和濕度10%，覺得太熱的人可以移動到溫度較低的位置。

3. 用銀製或初夏樺木微捲的小樹枝來製作拂帚；乾燥的拂帚必須先在溫水中稍微浸一下，然後放在石頭上轉幾次。如有必要，可再浸一下水，但不要太濕。如果一次只有一個人使用，一根樺木拂帚可以做兩次桑拿。從身體最頂端開始向下拍打；腳底足心也要仔細拍到。拍打的動作可促進微血管的血液循環。

4. 在獨立房間或桑拿屋中用肥皂和布清洗身體，或先用拂帚打出肥皂水，然後再用拂帚將肥皂水拍打在身體上，去除身體汗垢和死皮。

5. 用溫水沖洗全身，同時將桑拿屋內的所有肥皂洗乾淨。

6. 跳入雪地、冰湖或極冷的水中來冷卻身體。身體變冷後，有些人會再回到桑拿屋出汗，然後再用拂帚拍打一次。

7. 讓身體在空氣中自然冷卻風乾，直到拂帚的葉子從皮膚上掉落。待恢復到正常體溫後，才可把衣服穿上。

8. 安靜休息十五到二十分鐘；然後就可飲食。

桑拿的民間傳說清楚說明了這種做法最初具有靈性意義，可能是某種儀式的重頭戲。羅馬人在古早時候會將亡者埋在家中的壁爐下。如果這是一種古代歐

洲習俗，那或許就能解釋為什麼芬蘭人相信桑拿對亡者的靈魂具有吸引力。這種關聯性在地下桑拿屋尤為明顯，因為那種經驗很像是進入到地下墳墓這個子宮裡面，在那裡可以跟祖先溝通，然後得到靈魂更新和重生。雖然我們無法確切得知，在前基督教時代桑拿是如何進行的，但我建議可依照以下方法來做：

1. 以靜默、虔誠之心進入地下桑拿屋，向石頭和火獻上你的第一個祈禱。在石頭上畫開納茲（〈）和瑙提茲（╀），並向海尼爾神（Hoenir）祈求智慧，因祂是人類被創造出來時賦予人類靈魂意識的神。

2. 在水桶上方畫拉古茲↑，然後當你在石頭上灑水時，在蒸氣中畫安蘇茲ᚨ，然後向奧丁神祈禱，將奧丁賜予的靈魂氣息吸進來。

3. 在樺木拂帚上畫貝卡諾ᛒ，用拂帚拍打身體的同時，向洛德爾神（Lodhur）祈禱，因祂是帶給我們身體感官覺受和循環的神。

4. 最後，你可以用伊薩丨讓自己冷卻下來。

你也可以在桑拿屋中召喚一個盧恩環將自己圍繞起來。逼出大汗時，第一回合可以向大地之靈巨人約雅德和火神洛基、埃吉爾和水神、精靈阿爾法，以及大地母神祈禱。如果有進行第二回合，就向眾神祈禱。當你進行桑拿，就等於是自願接受開納茲盧恩的淨化熱能。把自己獻給它，讓火來融化一切身心的不潔或不適，它們會以拉古茲的形態從你身上流出。

你可根據自身的經驗和耐力，把步驟分成幾個「回合」。先想好你要藉由這個淨化儀式達成什麼目標，然後將你的目標分為三到四個階段——例如，釋放身體壓力或疼痛，釋放過時的想法、情感創傷、靈性上的困擾不明。或是藉由熱度讓自己通過物質的三種狀態：固態、液態和氣態（分別代表北歐宇宙學當中的土界、水界和霧界三領域）。

如果你家中沒有桑拿屋，也可租用健身房或旅館飯店裡的三溫暖。如果是大型三溫暖房，可約幾個志同道合的朋友一起合租，自己辦個儀式。吟誦盧恩咒語時不必太大聲。如果你是跟陌生人共用三溫暖房，可用默唸或觀想的方式來進行。

團體儀式

如果你與團體一起共學，可參考第447頁提瓦茲和貝卡諾儀式。透過這個儀式，你可以體驗從外域到群體活動的過程——從異域荒野的混沌和疏離，進入到共同體的安全與秩序。

第 11 章

ᛗ 依瓦茲和 ᛗ 瑪納茲

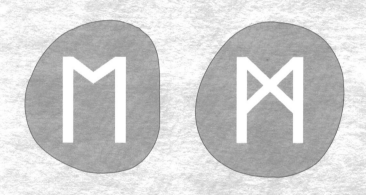

　　提爾族的第二組盧恩配對,我們要把焦點轉到人。我們思考作為人的意義,認識到個體性是自我與他者之間無數妥協和連結的結果,無論這個他者是在我們自身之外還是之內。依瓦茲 EHWAZ 和瑪納茲 MANNAZ 讓我們有機會探索自己這個個體、與其他人類的關聯,以及作為眾神的孩子之意義。

第十九個盧恩：ᛗEHWAZ 依瓦茲

發音：EH-wahz

意思：馬

依瓦茲是馬，能量的擴張

神聖之馬連結神明與人類

古代含義

　　依瓦茲是馬盧恩。這個字母作為 e 音來使用，是古日耳曼語的特徵，不過在後來的冰島語中，它是作為長音 a 來使用，這或許是後弗薩克中沒有出現這個盧恩的原因。

　　古英語盧恩詩將馬匹與貴族、財富，以及機動性連結在一起。

ᛗ [Eoh] byþ for eorlum æþelinga wyn

（馬是貴族們的娛樂，在戰士看來）

hors hofum wlanc, ðær him hæleþ ymbe

（馬為牠的蹄子感到驕傲）

welege on wicgum wrixlaþ spræce

（當富人在馬背上為牠誇耀爭辯）

and biþ unstyllym æfre frofur.

（馬是不安之人永遠的慰藉）

　　雖然古英語盧恩詩對馬的世俗功能做了明確解釋，但馬也是印歐民族的主要神聖動物之一。英國白堊丘陵上刻的「白馬」，雖然不是盎格魯撒克遜人所作，也確定是由他們維護保存。根據塔西佗的描述（《日耳曼尼亞誌》：10），祭司會將一輛聖車套在馬上，觀察牠們的嘶叫聲，以此來預卜吉凶。格林則舉了其他實例來說明馬的占卜用途，尤其是白色的馬（1966, II: p.2）。比如日耳曼和利沃尼亞民間文化，就有使用馬頭來嚇走惡靈的諸多實例。

　　在斯堪地那維亞半島，馬跟弗雷及華納神信仰的關係特別密切，而且未被騎過的聖馬會被圈養在聖樹林中（比如挪威的特隆赫姆）。在兩部《薩迦》當中也提到，種馬被稱為「弗雷法西」（*Freyfaxi*，弗雷的濃密長髮）。不過，神的馬有時也會被殺生作為獻祭，而且在中世紀歐洲，馬肉平常不能當作人的食物，因為只有在弗雷敬奉儀式當中才會食用馬肉。《薩迦》當中描述的種馬相鬥，最初很可能是一種占卜儀式。此外，人們相信賽德女巫（Seidhkonas）會在晚上變身成母馬，到異界去遊歷。

　　另一部提到馬的文獻是《弗拉泰島書》，當中有段情節非常奇異，講到農莊婦女如何用韭菜把馬的陰莖包起來，然後裹在亞麻布裡面，再拿出來當作祭祀物來拜。維京英雄埃吉爾‧史卡拉格里姆松（Egil Skallagrimsson）為了要召喚馬的力量來控制繁衍力，曾將馬頭架在一根木樁上（neidhstong），並在上面刻寫盧恩咒文來嚇走土地靈，直到國王埃里克和王后岡希爾德被趕出挪威。

馬也跟奧丁有關聯，祂是阿薩神族當中唯一一位自己騎馬而不是駕著馬車的神，雖然還是有超自然的馬來幫忙拉太陽馬車。不過，祂的八足神駒斯雷普尼爾可不是一匹尋常之馬，祂是洛基變身成母馬後，跟巨人族公馬斯瓦迪爾法利（Svadhilfari）生下的後代，能夠馳騁於不同世界之間。奧丁作為亡靈之神，確實與這匹馬非常相配；約狄斯（jódis，馬之狄斯女神）則是冥后赫拉的別名。斯雷普尼爾的後代格蘭尼（Grani）在《沃爾松加薩迦》中則是英雄齊古爾的坐騎。

現代含義

索森認為依瓦茲代表夥伴之間相互依存的共生關係，比如男人與馬、男人與女人，或是對立的雙方為了同一目標而協調合作。這匹馬是斯雷普尼爾、心靈旅程的運載者，或佛爾格雅或孿生馬或孿生英雄神祇。奧斯本和龍蘭將依瓦茲稱為提升肉體力量的卓越載具；也是靈魂的載體——我們的肉身。阿斯溫則認為它是人格面具或載具，將一個人的情感態度與外部世界連繫起來。她認為這是一個代表夥伴關係、彼此合作與協調的盧恩。也代表以太體，星際旅行的承載工具。

岡德森認為，依瓦茲是不同世界之間溝通交流的工具，是守護靈佛爾雅格的盧恩，或者動物分身靈、巫師的圖騰動物。由於馬對奧丁和弗雷都具有神聖意義，因此它也可以象徵神祕啟示和俗世繁榮的結合。也有人認為它是代表阿薩神族和華納神族結盟的盧恩。它主掌二元性的和諧結合，無論是對等關係（比如聯合統治、友誼和婚姻），或是上對下的指導關係（比如人／馬或神／人的關係）。

馬的馴化，大大擴展了人的行動能力，無論是為狩獵或放牧而四處移動、搬運物體或是發動戰爭。馬和騎士之間的關係因此變得非常緊密（愛爾蘭騎手弗朗西斯曾描述其賽馬經驗，感覺像是近乎神祕的結合）。心理影響力似乎是一種意識的擴張，馬匹能夠迅速從中獲得強大的精神與象徵意義。在古代，從愛爾蘭到西伯

利亞地區，馬祭是一項重要儀式；動物可代表主權、部落、太陽光，甚至是人們擁有的最有價值財產。刻在英國白堊丘陵上的白馬圖案，對凱爾特人和撒克遜人來說，同樣具有神聖意義。

有一個例子可以說明，人們對馬的崇拜、跟對古老印歐孿生神的崇拜有密切關聯。在印度神話中，孿生神阿什文斯（Asvins）是天空或太陽的兒子，祂們的父母變身成馬之後懷了祂們。祂們是眾神的醫生，會帶著馬頭或乘坐由馬匹拉駛的金色戰車出現。在希臘和羅馬眾神中，宙斯的兒子卡斯托和波路克斯（Castor and Pollux）這對孿生兄弟合稱「狄俄斯庫里」（Dioscuri），也經常被描繪成騎馬的英雄。

兄弟檔或孿生英雄的故事在日耳曼王室家族中相當常見，其中最常讓人想到的是盎格魯撒克遜的亨吉斯特與霍薩（Hengest and Horsa，意思就是公馬和馬）。根據塔西佗的說法，北海的一個部落那哈瓦里（Naharvali）崇拜一對名為阿爾奇斯（Alcis）的孿生神，「祂們年輕而且是兄弟，因而受到崇拜」（《日耳曼尼亞誌》：43），祂們的性質屬性等同於卡斯托和波路克斯。艾利斯─戴維森也提到拉特內文化時期（La Tène）※ 的一個骨灰甕，上面圖案顯示有兩人騎在馬上，中間連著一支橫樑，跟代表狄俄斯庫里的斯巴達符號非常類似（1964, p.169）。

雖然孿生神似乎主要與生育力、醫治，以及具有年輕活力的戰事技能有關，但祂們的二元雙生形象也可能帶有性暗示意味。塔西佗告訴我們，阿爾奇斯的祭司「身著女裝」在聖樹林中進行古老祭祀儀式。有趣的是，雖然羅馬人在立誓時常稱「以卡斯托和波路克斯之名」，但女性立誓時則只說「以卡斯托之名」。我們懷疑，這是否是某種印歐傳統的延續，婦女會向馬祈求力量來保佑自己懷孕生子。

馬也可代表一個人或一個部落的心靈或精神能量，一種可將人帶到神界的力量。在西伯利亞，鼓是薩滿巫師的「馬」。在一些非裔傳統當中（比如巫毒 Voudoun、翁邦達 Umbanda、薩泰里阿 Santeria 等），被神靈附身的信徒就是

※ 譯注：歐洲鐵器時代的第二個文化階段。

「馬」，神靈則是他的「騎手」。斯蒂芬・格洛塞茨基（Glosecki, 1989）認為，日耳曼文化可能也是用這個隱喻來描述附身經驗。

馬和騎手之間的授權關係非常重要——雙方合作無間的話，就能完成單方無法完成的事。但這種關係能否發揮效用，取決於騎手的智慧和被騎者的意願。需要靠雙方合作與協調才能成功。

藉由與對立的一方平等結合而得到一種昇華感，也會發生在性愛的結合當中。有人認為，這些孿生神最初並非同性別，而是一對兄妹（就像弗雷和弗蕾雅會變身成公馬和母馬），這在古代神話中相當常見。如果是這樣，那應該不會有孿生子作為主要角色的神話流傳下來。另一種可能性是，阿爾奇斯的性別轉換（就像薩滿巫師也有轉換性別的能力），象徵人類內在陽性和陰性面向的結合，以及在不同世界之間移動的能力。

因此，依瓦茲似乎是代表透過雙方精神或肉體能量的結合來達到能力的擴張，而且在有形物質世界和無形精神世界都能產生作用力。在物質世界中，它可被看作神聖種馬弗雷的盧恩。凡是需要雙方合作來達成和平目標、政治或社會的結盟、希望懷孕生子，都可祈求弗雷的保佑。想獲得神聖王權和實體權力也適用。在無形精神領域，依瓦茲可看作是奧丁的盧恩，因祂是入神魔法的大師，這個盧恩有助於促進與精神世界、神靈、內外靈性力量的結合與合作，是心靈旅程的保護盧恩。

依瓦茲的解讀和運用

依占卜內容脈絡而定，這個盧恩在解讀上可以代表變化和移動——包括精神上或肉體上的旅行或演變發展，或是因與他人合作而增加身體或精神上的能力。它也可意指一種可能性或需要，此人必須藉由改變自己與那件事情的關係，或是

跟相關人士的關係，來改變那件事情。它也可以作為入神或改變意識狀態等療癒工作時的保護盧恩。

索森認為，這個盧恩代表連繫、忠誠和團隊合作的法則，尤其是在協力關係當中，需要去接受與目前夥伴或是新夥伴之間的差異，與對方保持一種動態和諧。威利斯覺得，除了帶有改變的意涵，如果特別是跟移動或旅行有關的事情，那可能意指此人已走上正確道路，成功在望，或是能夠得到一個明智又可靠的人的幫助。

彼得森認為這個盧恩跟實體或星光體旅行、預卜能力相關聯。阿斯溫認為，在占卜中，這個盧恩指的是與母親或其他年長女性的關係、本能驅動力，或是女性性慾。若做負面解釋，它可能代表失去，或是跟某人關係破裂。

阿斯溫也建議可將埃爾哈茲和依瓦茲組合成一個綁定盧恩，來搜尋遊蕩的亡靈或召喚奧丁神的野地獵人身分。岡德森則建議可用這個盧恩來促進繁衍力，尤其是在魔法施作上，可作為共感魔法的一種輔助，它能帶來受智慧引導的力量，與任何可移動的載體（生物體或機械）建立融洽關係，也適用於實體或星光體旅行。它也可用來處理思想形態以及擴張一個人的力量。

第二十個盧恩：ᛗ ᛉ MANNAZ 瑪納茲

發音：MAN-naz

意思：人

以**瑪納茲**為名人人皆是主人

里格的所有孩子全都是親戚

古代含義

在古英語中，這個盧恩的名字是 *mann*，意思是「人」、「人類」。古北歐語 *madhr*（或 *mannr*）雖然是陽性名詞，但指的是「人類」，而非像巨人那樣的超自然生物，就像英語裡的 man 或 mankind 一樣。

在古英語中，男性可以稱為 weapmen（帶武器者），女性則是 weavemen 或 wifmen（編織者）。在冰島語中，女性可稱為 *kvenn-madhr*，男性則是 *karl-madhr*。有趣的是，一個 n 的 *man* 這個字在古代是一個中性詞，用來指人（human），是源自古高地德語和古北歐語（古諾斯語），僅出現在古代律法和詩歌之中。在古北歐語中，兩個 n 的 *mann* 是一個陽性名詞，在冰島語詞典中有整整兩大頁這個字的複合詞。在後弗薩克中，它的字形則從交叉的 *M* 變成中間完全封閉的形式ᛉ，很明

顯上端不見了，然後採用了跟古弗薩克的埃爾哈茲 ELHAZ Ψ 相同的字形。

　　古英語盧恩詩中對這個盧恩（以及人類處境）的解釋，似乎已經嚴重基督教化。雖然一開頭同樣依循傳統，強調親情和快樂的重要（這個盧恩的字形也可看作是兩個 wynn 溫佑／喜悅盧恩的結合），但詩歌作者又隨即指出，若僅依靠人的幫助，勢必陷入絕望。對於天主旨意和「脆弱肉體」的抱怨只是一個伏筆，後面緊接著就跟許多中世紀書籍一樣，勸告可憐的罪人，不要將希望寄託於俗世人間或肉體上。

　　正如奧斯本和龍蘭的看法，這首詩表達出人類生命的短暫本質，從漫不經心的歡樂到最後歸於塵土──這是對人類處境的一種絕望看法，認為一切命運最終都會以糟糕的結局收場。盎格魯撒克遜人的這種宿命態度，是承襲自早期日耳曼悲觀主義，他們認為，無論命運有多麼悲慘黯淡，至少人應該在面對困難時並肩作戰到最後，從中獲得一點點滿足感。

　　ᛗ *[Mann] byþ on myþe his magan leof:*
　　（快樂之人對其親屬深愛至極）
　　sceal þeah anra gehwylc oðrum swican,
　　（但每個人都注定要辜負他的友朋至親）
　　forðam drihten wyle dome sine
　　（因天主按其旨意）
　　þæt earme flæsc eorþan betæcan.
　　（將脆弱的肉體帶到人間塵世）

古北歐詩句描寫得更為有力。跟古英語盧恩詩一樣，冰島和挪威詩歌中也提到肉體將歸於塵土，而且使得塵土「增加」了、增強了，甚至變得更高貴了 ※。這讓人聯想到哈姆雷特的獨白，凱撒國王化為塵土之後進到乞丐的腸胃裡出巡。挪威盧恩詩第二句提到的鷹爪令人相當費解，我找不到完全合適的解釋。有人懷疑，這個句子會不會是指後弗薩克中這個盧恩的字形，因看起來就像鳥的爪痕，或是如岡德森所說，是指在不同世界之間當信使的老鷹。我有一位養鷹朋友則是觀察到，鷹爪的攻擊意味著死亡。

ᛘ *[Madhr] er moldar auki;*
（人是塵土之擴大）
mikil er græip á hauki.
（偉大乃老鷹之爪）

在冰島盧恩詩裡，人不僅使塵土增加，還是船隻的裝飾品。讓這節詩歌有了一個較為輕鬆的視角。詩中第一句的意思是：「人（或其他人類）是人們的歡喜或安慰」。

ᛘ *[Maðr] er manns gaman*
（人是人之歡喜安慰）
ok moldar auki
（以及塵土之增加）
ok skip.skreytir.
（和船隻之裝飾）

※ 譯注：意思是連高貴之人都難免化為塵土之命運。

〈至高者箴言錄〉第47節結尾也有出現這句話：

年少時我曾獨自旅行

卻在路上迷失方向

當我遇到另一位旅者

我發現自己像是富人

因人是人的喜樂安慰

　　在古北歐人的觀念裡，人的定義並不僅止於他們來自大地塵土且終將歸於塵土此一事實，也在於他們所做的事情（例如航駛船隻勇敢冒險），以及他們與其他人和群體建立情誼所帶來的歡樂。一個人本身的性格和勇氣固然重要，但人的價值多半是取決於他在群體中的位置。這是可以靠努力去贏得的，一個人要讓自己出類拔萃，可以加入偉大國王的戰隊，也可因為致力於促進自己家族親屬的利益而出頭天。一個沒有親朋友伴、也沒有戰友的人，就等於是外人，很可能會變成歹徒和惡人。在一個惡劣的環境裡，合作就是生存的關鍵。

現代含義

　　索森認為，瑪納茲盧恩是人類原型，是人類之父海姆達爾的盧恩，這證明了人類就是眾神的後裔（與眾神是一種繼承關係而非契約關係）。人是神性的具體化身，是人類各種潛能（智慧、理性、記憶、傳統）的具體化現。此外，索森認為這個盧恩也是典型的雌雄同體。它是瑪尼（Máni，月亮）的盧恩，是直覺與理性、本質與化形的結合。

　　岡德森對里格（Ríg）神話，以及它與凱爾特人和其他群體的關係做了引人深思的分析。他指出，繼承里格這個名字和主權的並不是他的兒子雅爾（Earl，意思是「貴族出身」），而是雅爾最小的兒子孔恩」[※]，他精通盧恩知識（〈里格頌歌〉

Rígsthula：46）。雖然孔恩跟他的兄弟一樣都是戰士，但因他擁有盧恩知識——也就是智慧，所以能夠繼承王權。根據這件事，岡德森將瑪納茲解讀為代表理性心智的盧恩，是左右兩邊大腦力量的交互作用，也是思想（胡金／Huginn）和記憶（穆寧／Muninn／Mimir）交互影響之結果。

阿斯溫也討論到〈里格頌歌〉的故事，她認為海姆達爾就是日耳曼神話提到的部落始祖「曼努斯」（Mannus）的對等人物，雖然在頌歌中海姆達爾是三個社會階級的祖先，而非部落始祖。她認為，從這個盧恩與伊瓦茲的相似字形來推斷，瑪納茲是「動物分身靈」（費奇）盧恩，因為人是最高等的動物，人的心智思想支配本能（就像靈魂支配一個人以何種身形出神遊歷一樣）。

將 M 盧恩與月亮（moon）連結，就有了更多各式各樣的聯想——比如月亮裡的人、月亮與生育繁衍的關係（女人和男人的月相週期）、靈魂過往經驗和集體無意識之探觸。這些都與卡巴拉的易首德（Yesod）輝耀之概念非常相似，因易首德主掌肉體生育力，而且是進入意象之星光體領域的途徑。海姆達爾就是神話中的「人類之父」里格，他生下了人類三個社會階級的祖先：統治者（雅爾／yarl）、農民（卡爾／carl）和奴隸（索拉爾／thrall），而且是掌管大自然生育力之女神弗蕾雅的超級英雄[※※]。

塔西佗（在《日耳曼尼亞誌》：2）告訴我們，古日耳曼人相信他們是土易斯陀（Tuisto）這位始祖神的後裔（據推測，土易斯陀這個名字與凱爾特神祇圖塔蒂斯〔*Teutates*〕相關聯，其詞源與凱爾特語 *tuath*「部落 tribe」相同，而日耳曼條頓族〔*Teuton*〕這個字也是）。塔西佗寫道，土易斯陀的兒子曼努斯據說是這些部落的始祖，曼努斯三個兒子的名字就是三個部落的名稱：北邊靠海的殷格沃尼（Ingaevones）、中部內陸的赫爾米農（Herminones），以及其他地區（可能是東部）的伊斯泰沃尼（Istaevones）。

※ 譯注：此段與第四章提到的「海姆達爾將盧恩文字和統治技術傳授給他的兒子孔恩」有所差異。據推測，雅爾是里格／海姆達爾給自己取的名字，因此孔恩是海姆達爾的兒子。

※※ 譯注：因為海姆達爾曾經變身成海豹，幫弗蕾雅奪回被洛基偷走的項鍊。

根據格林的說法，撒克遜人的血源來自殷格文沃（Ingvingvar，而且在丹麥和瑞典歷任國王當中也有看到殷格維 Ingvio 或英格維 Yngvi 這個名字），法蘭克人來自伊斯卡沃尼（Iscaevones）和伊斯肖（Iscio），圖林根人來自赫爾穆杜魯斯（Hermundurus，伊斯提歐 Istio 或伊爾明 Irmin，之前在「伊爾明蘇」相關段落提到過）。塔西佗告訴我們，其他部落也同樣相信自己就是曼努斯其他兒子的後裔。一份民族誌研究清楚提到，部落族群最常見的自我身分認同，就是以其語言中的「民族」或「人」這個詞來為自己的族群命名。很多例子顯示，部落族群在歷史上出現的名稱，都是他們的鄰居為他們取的名（比如「納瓦荷／ Navajo」這個名字就是這樣來的）。因此，條頓部落認為自己是「曼努斯／ Mannus」的孩子，也就不是什麼奇怪的事了。我們都是人類原始祖先的孩子。

研究瑪納茲時，我們面對到一個問題：身而為人的意義是什麼。北歐盧恩詩和〈至高者箴言錄〉當中提到的概念：人類應該相互依靠、讓彼此感到歡喜，也經常出現在英國文學中，尤其是莎士比亞的《哈姆雷特》，就是取材自史學家薩克索（Saxo Grammaticus）在丹麥歷史書中提到的霍文迪爾國王的兒子阿姆萊斯（Amlethus），其中似乎吸收了不少古日耳曼的文化精神（Malone 1964）。哈姆雷特最關心的事情之一就是身而為人的意義。他無法與其他人或自然界開心相處，就是他內心不適與不安的表現。

人是多麼了不起的傑作！多麼高貴的理性！多麼無窮的才能！身形動作何等優美又令人感佩！行為多麼像是天使！智慧多麼像是天神！宇宙世界的美好菁華！動物界的無上典範！但對我而言，這泥土塑成的完美作品究竟是什麼呢？男人令我提不起勁，女人也無法令我開心。（莎士比亞《哈姆雷特》，第二幕第二場 315-321 節）

雖然莎士比亞可能讀過薩克索的書，但他不太可能知道盧恩詩；不過，他卻抓到了盧恩詩的精神。人類既是神又是動物，以其智力與記憶力而展現其不凡，但人性的本質精髓在於與其他人類相處的能力。

瑪納茲的解讀和運用

這個盧恩在占卜中是好是壞，取決於它在牌陣中的位置，以及與其他盧恩的關聯。它的出現似乎也與人的自我認同和角色問題有關——身而為人究竟代表什麼意義，還有，人如何發揮自己的潛能、一個人與人類社會的關聯，以及個人的生命意義和功能應該是什麼。若該次占卜跟心靈問題有關，它可能代表需要運用集體無意識的力量，藉由種族記憶來尋找創意解決方案，以及用新的眼光看世界。

索森認為這個盧恩代表自我實現、人類潛能的達成、對人類現況的接受。岡德森說，瑪納茲有助於頭腦工作，能增強智力和記憶力，也能喚醒靈通力。它也可以跟歐瑟拉一起結合使用，來主張一個人的繼承權，特別是與志同道合的人一起合作。在魔法應用上，它是屬於巫師的盧恩，是已統整和受過訓練的心智。它的風險在於自傲，如果一個人認為自己與眾不同、比其他人更優秀的話。

阿斯溫發現，在占卜解讀上，這個盧恩通常泛指一般人，其性質則取決於其他一起出現的盧恩而定。如果是逆位，可能代表一個敵人，或者偶爾也指一名男性同性戀。它也代表跟法律有關的事情或狀況。這個盧恩能夠提升智力效能，尤其是與安蘇茲、萊多和依瓦茲結合使用時。威利斯認為，它是一個跟相互依存、責任、合作與社會關係有關的盧恩。也可代表從事服務業的人，或是需要獲得外界幫助的人。它也有助於讓思維更清晰、更有創造力，能夠提升創意視覺化的力量。不過，彼得森則認為，它代表自我、人性、人性弱點或不可靠，以及不信任。

依瓦茲和瑪納茲：研究與體驗

聖馬

　　馬盧恩代表自由與控制之間的奧妙關聯。馬是最早被人馴養、用來擴大活動範圍和增加力量的動物。探討過這個盧恩本身的含義後，我們大致已經了解它對古人的重要性。但對於身為現代人的我們，馬的意義在哪裡呢？

　　電影《黑神駒》（*The Black Stallion*）比同名原著小說更加捕捉到人與馬之間關係的奧妙。在現實生活當中，馬是巨大而且強壯的動物，而且個性通常有點傻氣，但在電影中，精湛的攝影技巧將男孩與馬之間的關係轉化為一種高超的隱喻。種馬是極為優雅卻又力大無比的動物，而男孩在體能上是較為弱小的生物，靠著馬與男孩的合作，他們共同攜手完成了單方無法實現的目標。男孩給了馬使命；馬將力量獻給騎手。在電影《魔戒二部曲：雙城奇謀》（*The Lord of the Rings: The Two Towers*）當中，我們看到甘道夫跟他的坐騎「影疾」（Shadowfax）也有相同的默契與美感。有幸觀看過法裔加拿大劇團卡瓦利亞（Cavalia）現場精湛馬術表演的人，也一定都知道，人與馬的連結可以達到多麼神奇的境界。

　　蘿拉・希倫布蘭德（Laura Hillenbrand）在她的著作《奔騰年代》（*Seabiscuit*）當中，相當傳神地寫出這種夥伴關係的本質。

　　　　人全神貫注於自由但滿負障礙。其活動力和經驗的廣度受限
　　　於相對虛弱、遲緩的身體而被窄化。馬則憑其驚人的體能天賦，
　　　將騎師從自身限制解放出來。當一匹馬和一名騎師齊身飛越徑賽
　　　跑道，瞬間，人的思想意念與馬的身體完美結合，成為比兩者之
　　　總和更為強大的東西。馬成為騎師精巧絕技的一部分；騎師也擁
　　　有了馬的優越體能。對騎師來說，馬鞍就是一處令人感到無比喜
　　　悅與超然存在的地方。（Hillenbrand 2001, p.80）

馬並不是唯一與人類擁有這種關係的動物。牧羊人和他的狗，馴象師和他的大象，彼此都能親密無間地工作。在現代，有些人可能會從跟一輛跑車、一架戰鬥機或一台電腦的互動中，找到同樣的能力擴張感。但馬是人類最初、也最美麗的僕人，牠的速度帶來的快感，能讓人經驗到一種超越界限、狂喜的感覺。也難怪，馬跟牠的表親佩格索斯（Pegasus）※和獨角獸，至今依然是奇幻題材的靈感來源。

人類是唯一能夠藉由這種親密互動不斷擴張掌握力的生物。駕馭一匹馬所需的技能，跟單純使用無生命工具完全不同（雖然在使用電腦時，人有時也會感到驚異）。馬有自己的意志，必須被理解。騎手或許比馬聰明，但除非馬願意跟他合作，否則他什麼事也做不了。因此，駕馭馬匹需要的不僅僅是體力和技巧；它需要一顆體貼理解的心。

埃爾吉

騎手和坐騎這種關係性質經常被拿來作為性隱喻。在完美的性行為中，雙方都會有一種能量被增強的感覺。雙人性行為所達到的狂喜狀態，是單獨一人無法達成的。其中一方進入到另一方，但這種進入究竟是主動行為還是被動行為？接受的人究竟是順從者還是征服者？事實上，在兩人的互動當中，兩種角色皆是。

這其實是一種矛盾，這就是為什麼人們經常會用性隱喻來描述人與神的關係。

北歐文獻中有一個相當隱晦的詞 *ergi*（譯音：埃爾吉），或許可解釋這種奧祕。這個字有兩種相互矛盾的含義：一個是用來作為性侮辱，一個意指某類魔法。例如，斯諾里在描述奧丁的巫術技能（據推測是弗蕾雅傳授給他的）時，這段結語令人印象深刻：

※ 譯注：希臘神話當中有翅膀的神馬。

但這種魔法的使用伴隨極大程度的女性嬌氣（ergi），而男性認為他們不能毫無羞恥地拋棄自己的男子氣概，因此通常是傳授給女祭司。（trans. 1990，《英格林加薩迦》*Ynglingasaga* : 7）

若作為一種性侮辱來使用，很顯然就是認為男性在性交當中扮演女性角色等於是一種侮辱。但我認為，這種「受方角色」應該是指靈性精神方面。

大多數宗教傳統都承認，精神狂喜當中帶有性慾成分。色情隱喻在神祕主義詩歌中比比皆是，密宗譚崔甚至發展出性愛瑜伽，作為與神結合的一種修練方法。通靈工作也會刺激身體所有能量中心，包括性能量；入神經驗也經常會激起一個人的性慾。不過，我相信這個隱喻主要是指：神更深刻進入到人的性靈之中，如美國作家 C. S. 路易斯所說：「在與神交流時我們都是女人。」

薩滿傳統中常見的異性裝扮，也可能是這種關係的表現，跟薩滿巫師進入「中介狀態」（liminality）※ 一樣。阿爾奇斯的祭司 *ornatus mulieribus*，會以女性裝扮作為騎馬攣生神的侍從角色。薩克索也提到，烏普薩拉這地方的弗雷節慶日（有獻祭馬匹）的特色是，會有女性化肢體動作、啞劇的舞台表演，還有「聽起來一點都不威武的錚錚鈴聲」（1979, vi, p.185）。發出錚錚鈴聲的飾物是薩滿服飾的傳統元素，變裝也是。

薩滿跟其他靈性修練技巧最大的區別是入神狀態，以及任意穿越異世界的能力。雖然巫師在做這些事情時是主動參與者，但任何一種入神狀態都需要放下的能力，要能夠放棄自身的意識控制。這也可以解釋為什麼那些只關心力量和控制的人會覺得它具有威脅性。矛盾的是，在精神世界中，若想獲得力量和控制，你得先將它們放棄。

※ 譯注：或稱閾境。

靈魂戰馬

中世紀教會和受其影響的人，一定會害怕任何帶有薩滿教意味的東西，因為在入神狀態中，人們會與各式各樣跟基督教無關的靈性存有互動。

薩滿經驗中處處可見與騎馬有關的意象。鼓是薩滿巫師的「馬」；有些薩滿巫師的魔法杖上會有馬頭。但更重要的是，薩滿會在化身為動物的靈體相助下進行靈魂旅行。這位盟友會引導或帶著入神狀態的巫師去到他（或她）想去的地方，也會當他們的顧問提供建議，還會幫忙薩滿巫師或其他人一起尋找訊息。他們會在內部世界成為彼此的夥伴，合作無間。

另一種經常用馬和騎手來做比喻的入神狀態是神靈附體。與許多宗教行為一樣，神靈附身究竟是一種靈性經驗、抑或一種心理學病理，端看它所帶來的影響以及其背景脈絡而定。雖然神靈附身在維京時代並不普遍，但有證據顯示，在更古早時代，日耳曼人也跟大多數其他文化一樣，將神靈附身視為一種宗教實踐。

這樣的經驗若要達到其效果，必須是一種自願性的夥伴關係。無論是完全入神狀態，或是對內在神靈的存在有些許覺知，它都是一種意識的交換。對人類這方來說，神靈附身經驗能帶來更高層次的覺知意識、生命的圓滿、知識智慧、能量活力，以及狂喜。但是，神靈從這種夥伴關係中到底得到了什麼？

神話中處處可見眾神為供品爭吵的故事。一直以來，人們都將這些故事解釋為，是無知的人類將自己的貪婪歸咎給神靈。但我認為，諸神從人類的奉祭中得到的，以及人們透過敬拜儀式和冥想邀請神靈進入我們生活中，是祂們體驗有形物質世界的另一種方式。眾神或許擁有威能和榮光，但祂們沒有肉體，也沒有人類的思想。我們不是祂們的奴隸，而是祂們的夥伴，透過互動各取所需，就跟戀人做愛、或是馬與騎手的合體一樣。

一起踏上靈魂道路

如果你在學習埃爾哈茲時已經開始和圖騰動物或盟友合作，那麼現在應該已經跟他們建立起良好關係。如果你對這段關係已經非常自在、習慣，現在或許是你與一位神靈接觸的好時機。你可以重新閱讀斯諾里在《詩體埃達》中對阿薩神和華納神的描述，或是閱讀艾利斯—戴維森的書來幫自己做好準備，但要對你即將看到的神靈保持開放心態。

像平常一樣布置好你的儀式場所，而且要確保你不會受到打擾。為了讓這趟心靈旅程進行得更順利，你可以自己擊鼓，也可使用薩滿研究基金會（Foundation for Shamanic Studies）製作的薩滿鼓樂錄音檔。或者你可能會發現，聆聽華格納的音樂作品或其他冥想音樂，能幫助你更易進入你想去的地方。

冥想方法你現在應該已經很熟悉。你曾用它前往世界樹，以及召喚你的盟友。這一次，你要做的是接受引導，去會見你現在最需要接觸的男神或女神（或其他任何一位神，也許是神需要你）。這趟旅程可能會帶你前往阿斯嘉特神域或某個世界；你可能會在中土米加德遇到你的神靈；或是進入到尚未被命名的地方。

不要對你的神靈現身的方式感到驚訝。你可能會看到很多人出現——請把注意力放在最頻繁出現的那個人，或是一意要接近你的人。問問這位存有叫什麼名字，然後仔細觀察或提出問題，看是否能幫助你辨認出這位神靈是誰。問這位神靈想要什麼樣的崇拜方式／供品，以及他或她要提供你什麼樣的幫助。

當你從旅程回來後，去搜尋你遇到的這位神的資料，盡可能地多了解她或他。很多北歐神祇我們可能只知道名字，但你在這趟心靈旅程中得到的東西應該跟你已知的知識一致，或至少不應該有矛盾。「主觀個人靈知」（Unverified Personal Gnosis，存在於我們個人心象中的訊息，簡稱 UPG）是一種真實體驗。它可以加深我們與男神／女神的關係，但不應被視為唯一真相。在隨後的冥想中，你可以詢問更多訊息。按照神的指示設置祭壇，在你能做到的範圍內，盡量滿足神的要求

（如果這位神想要的東西很昂貴，你可以告訴他或她，請神幫你把錢準備好）。

請注意，一個長時間未被奉拜的神靈或許不熟悉現代生活的條件，因此可能會提出不合理的要求。這種時候請不要猶豫，一定要向祂解釋、跟祂協商。你不該讓自己變成乞丐，只是為了討好祂。如果你經常與你的神靈溝通，就會愈來愈熟練。

用這種方式談論神聖存有，似乎有點奇怪；這些都是根據我自身的經驗。我們無法確定那些神靈是誰——只知道祂們存在，而且渴望跟我們溝通。我目前的理論是，雖然祂們最初是源於神聖智慧，超越一切擬人化形象，但我們所感知到的眾神之性格，其實是人類文化形塑出來的，而且會受到其感知的限制。我們愈致力將古老眾神帶進當代人類意識之中，祂們就愈能超越這種限制。

人類的族譜

每一個人都想知道自己從哪裡來，以此作為起點來了解自己是誰、是什麼人，因此每一個民族都會發展出一些神話來解釋人類的起源。在北歐文學中，有兩個故事講述了這樣的創世神話。第一個是關於眾神如何給予第一對人類阿斯克（Ask）和恩布拉（Embla）生命。第二個神話是里格（Ríg）的故事，是關於社會階級的起源。

眾神的禮物

阿斯克和恩布拉的故事出現在〈女先知預言〉中：

然後，來自阿薩神族
三位慈愛且強大的神，離開家園
祂們在海邊發現，虛弱無力的
阿斯克和恩布拉，命運未被注定
他們沒有呼吸，沒有精神意識

亦無任何姿態動作，更無身形容貌
奧丁給了他們氣息，海尼爾給了他們意識
洛德爾給了他們血肉身形

——〈女先知預言〉(*Völuspá*)：17-18

這三位大神就是奧丁和兩位同伴，有些學者們認為祂們就是「奧丁的三位一體本質」(hypostases)※。海尼爾 (Hoenir) 在傳說故事中出現過很多次。祂是坐在眾神審判席上的十二人之一。當洛基和奧丁殺死黑侏儒安德瓦利 (Andvari) 並拿走他的寶藏時，海尼爾也在場，而且祂也是被派往華納神族的人質之一。根據預言，在諸神黃昏之後，祂將擔任新一代眾神的祭司。至於洛德爾 (Lódhur)，我們一無所知。

Ask 和 Embla 這兩個名字通常被翻譯為「梣樹」(Ash) 和「榆樹」(Elm)。也就是說，日耳曼人的祖先 (也是一對男女)，並不是用地上的泥土塑造而成，而是從樹木創造出來的。人類不僅起源於樹木，在諸神黃昏之後、新世界形成，倖存下來的一對新人類種族的祖先利弗 (Lif) 和利弗詩拉希爾 (Lifthrasir) 就是來自生命樹的葉子。他們的物質肉身來自大地，但使他們成為人類——「為之注定命運」的，則是眾神賜予的禮物。那賦予他們身形的禮物是什麼呢？

洛德爾的禮物在古挪威語中是 *lá*、*lœti* 和 *litr*。*Lá* 有很多種翻譯，可譯為「生命」或「生命火花」。*Lœti* 是「運動」或「姿態」，而 *litr* 是「身形」或「外觀」——霍蘭德將它譯為「形態、舉止和外觀形色」。因此，洛德爾提供的是有形肉體以及使肉體能夠正常運作的東西。祂是利奇 *lich* 或萊克 *lyke* 的保護者※※，給了我們在世間行走的有形肉身。

※ 譯注：意思是，存在於三個不同實體的一位神。
※※ 譯注：lich 或 lyke 指的都是身形。

奧丁的禮物是 *önd*，字面意思是「呼吸氣息」，跟其他很多語言一樣，它的隱喻含義就是指「精神」或「靈魂」。這個概念在宗教中相當常見。風是大地的呼吸，這個星球的生命仰賴於大氣層的存在。吸進來的第一口氣，標誌著生命的開始；吐氣是這口氣結尾發出的聲響。呼吸使身體能夠新陳代謝。呼吸是使身體充滿活力的行為，是一種動態的、無形的，具有轉化力量的動作，標誌著兩種存在狀態的轉換，是物質世界和精神世界間的連接。或許我們可以說，這就是那位遊走於不同世界之間的神賜給我們的禮物。

海尼爾的禮物是 *ódhr*，也有多種翻譯，可譯為「感覺」、「心智頭腦」、「智力」以及言語能力。有一個形容詞也是這個拼法，意思是「瘋狂的」、「激烈的」、「憤怒的」或「渴求的」。但這個概念比它的暗喻要複雜得多。加州大學的馬汀‧舒瓦茲博士（Martin Schwartz, 1992, April）將 *ódhr* 及其較早的同源詞 *wodh* 往上追溯到它們的印歐語源，並證明它們和一些與智力有關的概念相關聯。

不過，沒有一個現代英語單詞可以包含它的所有含義。在較古老的語言中，心理活動並不是西方文明所發展出來的冰冷邏輯過程。相反的，與它相關的詞彙都帶有激動和運動的意涵，是指最初的原動力，就像帶電粒子的舞蹈。你或許可以這樣想像，當愛因斯坦頭腦意識中出現相對論時的那個感受，或是奧丁拾起盧恩時的那個經驗。在古日耳曼神學中，思維是一種狂喜狀態的行為。

我們如何從這件事認識人類的本質？一個人類同時具備了三種存在狀態。作為有肉身存在，我們是固體物質；藉由呼吸，我們不斷改變物質，讓這個星球充滿源源不絕的生命力；同時我們也是靈性存有，可以和眾神同享造物的欣狂喜悅。

◆ 里格的後裔

人類社會的起源是〈里格頌歌〉（*Rígsthula*）的主題，此部頌歌講述的就是里格的故事。在古代國王名單中，奧丁和弗雷是最為人熟知的祖先；但是〈女先知預

言〉開篇就說人類是「海姆達爾的孩子」，有人認為這可能影響了〈里格頌歌〉的作詩者，因為里格 Ríg 這個名字跟古凱爾特語 rix、拉丁語 rex、日耳曼語 reiks 或 rik 都是相同詞源，而里格就是海姆達爾。不過，也有一些作者仍然認定里格就是奧丁，他的行徑也確實符合浪遊者奧丁的性格。

這首頌歌呈現了民主體制公民的某些問題，因它似乎為以種族為基礎的階級社會提供了一個神話起源。故事中說，里格遊走於各世界之間，拜訪了三對夫婦：曾祖父和曾祖母、祖父和祖母，以及父親和母親。每對夫婦都正在從事與他們的社會階級（或人類發展階段）相符的特定行為；這三個階級分別是：奴隸、自由農民，以及貴族。里格每次都會睡在男人和他的妻子中間，九個月後，女人就生下一個兒子。這三個兒子分別是索拉爾 Thrall（娶了「女僕」Drudge）、卡爾 Carl（娶了「兒媳」Daughter-in-Law）、雅爾 Earl（娶了貴族女兒「厄爾娜」Erna）。所有人都生了自己的孩子，孩子的名字就是他們的階級角色。

里格的兒子和孫子輩都繼續其行為活動，這代表他們安於自己的命運，不敢有所奢望。不過，翻開日耳曼民族的歷史就會發現，事實上，存在著社會階級流動的機會。甚至在極為重視血統和家族關係的冰島，奴隸取得自由之後也可以闖出自己的一片天。在這首頌詩當中，是第三個家庭中年紀最小的兒子孔恩 Kon（「貴族後裔」之意）學習了盧恩文字，而且精通程度超越里格，最後獲得了國王之名和智慧。此外也要特別一提，儘管不平等確實存在，但這三個「階級」是生活在同一個集體社會中。雖然有社會地位階級之分，但生活方式並不像階級差異那麼大。〈里格頌歌〉講的是階級，但其實也講了整個族群共同體。

〈里格頌歌〉要我們去檢視我們對於遺傳、環境和自由意志之間關係的假設，來確定我們究竟要在這個人類大家庭中扮演什麼樣的角色。

◆ 你是誰？

　　研究瑪納茲盧恩給了我們一個很好的機會，可以來思考「身而為人」究竟意味著什麼。這是一個代表自我認識與接納的盧恩。一一列出是哪些特質讓你成為一個與眾不同的獨特個體。也列出你不滿意的東西。如果你是跟其他人一起共學，請彼此分享自己的清單，並相互學習接受不滿意的東西。如果你是單獨自學，可以透過冥想召請海姆達爾，告訴他，你不滿意的是什麼，請他來幫忙你轉化。將以下問題列出來並作答，然後交給你的學習夥伴，或將這些問題錄成音檔，給自己一些時間來作答：

　　　你是誰？

　　　你叫什麼名字？

　　　你的外貌長相如何？

　　　你喜歡自己的哪些外表？

　　　你不喜歡自己哪些外表？

　　　你是你的身體嗎？

　　　你真正擅長什麼？

　　　你不擅長什麼？

　　　你是內向還是外向？

　　　你的靈魂長什麼樣子？

　　　你的圖騰動物或守護靈是什麼？

　　　如果你是動物，會是哪一種動物？

　　　你最早的一個記憶是什麼？

　　　你最美好的回憶是什麼？

　　　你最糟糕的回憶是什麼？

你的夢想是什麼？

你是被你的身體、你的心智頭腦，還是你的情感所支配？

你大部分時間都處在哪一個意識狀態？

你曾想到的最棒點子是什麼？

真正讓你感興趣的事情是什麼？

你叫什麼名字？

你是誰？

團體儀式

如果你是跟團體一起共學，請參考第455頁的依瓦茲／瑪納茲儀式。這個儀式是以創世故事和里格的故事為基礎，提供你一個脈絡環境，讓你去接觸你的深層自我、你的族群共同體以及神靈，與他們溝通。

第12章

↾ 拉古茲和◇ 殷瓦茲

　　在拉古茲 LAGUZ 和殷瓦茲 INGWAZ，我們將一個神祇盧恩跟一個自然界盧恩配成一對，神祇盧恩的力量體現在社會（以及自然界）領域，自然界盧恩則與女神密切關聯。拉古茲是水域的盧恩，雖然在北方神話中，海洋同是陽性能量和女性能量的家園，但在凱爾特和日耳曼神話裡，內陸水域往往屬於女性能量。跟家園四面環水的納瑟斯女神一樣，英格維神（Yngvi，也就是殷瓦茲）的起源地就在北海沿岸的低地國。這兩個盧恩都跟生與死的循環有關；想要解開這片肥沃土地背後的奧祕、了解依賴這片土地而生的民族，這兩個盧恩就是關鍵。

第二十一個盧恩：「LAGUZ 拉古茲

發音：LAH-gooz

意思：湖泊、韭菜

來自**拉古茲**湖泊的生命源源不斷

泉井來自大地母親深處之黑暗

古代含義

拉古茲盧恩代表 L 音，它的字形很可能源自希臘和羅馬字母表對等字母的顛倒形狀。這個字的意思就是水———一個湖泊或一條河流，在古北歐語稱為 *Logr*，古英語稱為 *Lagu*。若作為雙關語或搜尋其關聯詞，古日耳曼語的 *Laguz* 也讓我們聯想到 *Laukaz*，韭菜。

在古英語盧恩詩中，拉古 LAGU 就是盎格魯人和撒克遜人冒險橫越前往不列顛的那片狂野海洋。這些詩句是出自一位內陸作者之手，他對那狂妄不羈的海浪感到萬分害怕。

「[Lagu] byþ leodum langsum geþuht,

（大海對人來說似乎無邊無際）

gif hi sculun neþan on nacan tealtum

（若他們冒險登上搖晃之船）

and hi saeyþa swyþe bregaþ

（海浪將令他們恐懼驚怕）

and se brimhengest bridles ne gymeð

（這匹海上駿馬並不受韁繩所羈）

　　類似感受也出現在其他古英語詩歌中，比如〈流浪者〉（Wanderer）這首詩，主角描述他的流亡就像被迫橫渡寒冬冰冷的海浪，眼中所見不是他國王的皇宮，而是「滾滾黃色波浪，海鳥戲水，伸展牠們的翅膀，雪與冰雹和霜齊落海上」（哈默[Hamer] 1970, ll.46-48）。「擔心顧慮永無止境，這片冰冷海浪不斷摧折他疲憊的心靈」（ll.55-57）。在〈航海者〉中，作者將航海的孤獨艱辛描寫得更加淋漓盡致，儘管如此，「內心之渴望此時激勵著我，應繼續在這片波濤參天的大海，與鹹澀海浪對抗……以親眼見識遠方陌生的異域土地」（ll.33-38）。對某些人來說，水域不僅是令人苦惱之地，也是充滿冒險之途。

　　對維京人想必亦然，對他們來說，大海不僅僅是漁夫的獵場，也是戰士的戰場。或許正因如此，冰島盧恩詩的態度較為冷靜。在詩裡，溪流與噴泉乃是平常，大海則用一個複合隱喻詞來表現。

「[Lægr] er vellanda vatn

（水是泉湧之流）

ok viðr ketill

（亦是大水壺〔或噴泉〕）

ok glommunga grund.

（和魚的國度）

挪威盧恩詩則以自然界現象開頭，但結尾卻提到黃金寶物，意味曖昧不明。

「*[Lægr] er,*

（水之所在）

er fælr ór fjalle foss,

（是山腰落下的瀑布）

en gull ero nosser.

（但裝飾之物是金子做的）

這不禁讓人聯想到凱爾特人和日耳曼人的祈願聖水池。在傳說故事中，寶藏始終跟水緊密相連。其中最著名的就是黑侏儒安德瓦利的寶藏，他曾化身成梭子魚，看守藏在瀑布下的黃金寶物。這批寶物裡面有一枚魔法戒指，最後落入尼伯龍根人（勃艮第人）手中，於是安德利瓦就對奪走戒指的人下詛咒，凡持有戒指之人必定遭來災禍。最後英雄哈根將黃金丟入萊茵河，寶物再次回到水中。這個故事有很多不同版本，比如《沃爾松加薩迦》、《尼伯龍根之歌》，當然還有華格納的歌劇《尼伯龍根的指環》。

如果將這個盧恩的含義擴大到包括「韭菜」，那就會出現另外一系列含義。希格德莉法給齊古爾的建議也包括以下這些指示：

你應在酒杯畫盧恩祝聖

並小心避開危險

然後將一根韭菜丟入杯中

這樣我就知道

你永遠不會喝到

被下了詛咒的蜂蜜酒

——〈勝利賜予者之歌〉（*Sigdrifumál*）:9

　　格林從條頓神話中蒐集了很多對於韭菜的描寫。在古北歐語中，熬煮受傷韭菜意指鍛造寶劍；韭菜據說可用來占卜，也可驅走邪靈。屋裡掛一根韭菜可以辟邪（*Grimm* 1966, IV: p.1682）。英雄赫爾吉（Helgi Hundingsbane）出生時父親給了他一根韭菜，大概是為了給予他力量和勇氣。

　　還有一些證據顯示，韭菜在華納神族信仰中具有重要功能。在《弗拉泰島書》中（參見依瓦茲盧恩章節），用韭菜把馬的陰莖包起來，裹在亞麻布裡面，就可以長期保存。可能因為韭菜是一種氣味濃烈的植物，葉子又長又柔韌的關係。不過，在挪威西南部一個四世紀中葉的女性墳墓中發現到一把骨柄刮刀，上面刻著「linalaukr」這樣的銘文，意思就是「亞麻和韭菜」（linen and leek），最後的音出現了一個綁定盧恩和一個倒過來的菲胡，像這樣：

（安東森 [Antonsen] 1975）

　　後人推測這把刀具有儀式用途似乎相當合理，而且擁有這把刀的女性是一位女祭司。弗蕾雅的某些化身也跟亞麻布的織造有關，而韭菜，如前所述，可以保存東西，不只具魔法用途，也有實際物理上的保存功能。這句「Linalaukr」很可能是某個魔法祈請咒的一部分。

現代含義

索森認為，拉古茲代表有機生命的基本能量和祕密資源：是原始潛能、最初的生命，以及藉由死亡穿越水域。它屬於未知，是其他界域在中土的體現。奧斯本和龍蘭則以古英語詩歌為本，強調水是一種強大、不可預測、充滿危險的大自然現象，不受人類掌控，是一艘無法受控制的船。

岡德森的解釋比較在自然現象上。他認為，這個盧恩象徵最原初之水，是從赫瓦格密爾之泉流出、充滿原生菌和毒液的河流，亦是從神聖泉井流出的水。人們對於這個自然現象帶有一種矛盾心理，因它能夠帶來繁榮興旺，同時也具有破壞力。賦予生命的流動之水和停滯不動的死水，以及有毒的水形成強烈對比。拉古茲是將生命帶到光明之中的盧恩。跟韭菜一樣，它是一種辟邪之物，可保護人免受危險侵害，尤其是摻在酒水之中的毒咒。它是代表生與死之過渡的盧恩。

阿斯溫認為拉古茲是一個女性盧恩，與納瑟斯和／或約雅德相關聯。她推測，納瑟斯是土易斯陀（Tuisto）的母親，也是瑪納茲和殷格維的祖先。阿斯溫也認為，咒語中使用的 "lauka" 這個字，可能是一個巫術上的隱喻，也是指韭菜，在賽德魔法大鍋中熬煮的那種藥草。因此，從這個關聯來看，水也可意指星光體（astral substance）。它是一個傳輸媒介，可以用來影響其他人，尤其是透過夢境。威利斯的解釋也類似，他認為拉古茲代表女性、女性能量、月亮週期或是羊水。彼得森則是另一種解釋，他認為韭菜是男性陽具的象徵，拉古茲是代表陽性能量法則。

拉古茲也可解釋為女神納瑟斯的盧恩，祂的神廟位於大海中的一個小島上，而且也是以船隻作為象徵符號的神祇之一（因此有些羅馬作家認為祂就是站在太陽船上的古埃及女神伊希斯／Isis）。有一位大地母神尼哈倫尼亞（Nehallenia），在荷蘭沿岸外海的一個小島上也有一座神殿，往來經過的船隻也會祈求祂的保佑。條頓人的宗教信仰特色，一貫都是將船舶、水、繁衍力和生命週期等這些概念連結

在一起。這個觀念很重要一定要記住，在早期的北歐，地域領土女神與土地分水嶺緊密相關，而且祂們的神殿一定是設在河流的源頭，或是聖泉的所在地。

人們會將這些水流解釋成地球女神的血液，無論是在地下或在地表，因為地球就是祂的身體。根據某些理論，水流系統可能是地脈能量的載體。鵝或鴨子既是傳統薩滿的騎騎，也是凱爾特的領土分水嶺女神的象徵符號。或許是因為北方人深知，水既是液體也是固體，所以土和水之間的區別就沒有那麼重要了。俄羅斯異教徒稱呼大地女神為「潮濕的大地母親」，這就是一個明顯的例子。

這個盧恩的現代解釋，似乎都集中在跟水和女性相關的各種概念上。即使是盎格魯撒克遜人的危險警告，也只是在描述試圖限制強大的自然力量可能會有什麼後果。這些含義都讓人想到卡巴拉當中跟庇納（Binah）和易首德（Yesod）這兩個輝耀有關的原型。威利斯給出的定義，尤其跟易首德高度相關，因為同樣強調月亮和星光體。索森的解釋則比較接近庇納的能量、空間之海，或是一切有形顯化之物的誕生源頭「原始湯」（primordial soup）。這裡要特別提醒一下，在北歐神話中，月亮是陽性，而以大釜鍋為眾神釀造麥酒的埃吉爾是統治大海深淵的神，祂的妻子瀾則是深淵的破壞力量。生命孕育於子宮的水之中，但也要有一股噴泉之液將精子帶到這個目的地。拉古茲的形狀有點像陽具，因此我們也可把這個盧恩解釋為男性的向上湧動之精力，同時也是女性的敏銳感受力之能量。

拉古茲的解讀和運用

在占卜上，拉古茲可代表一位女性或女性影響力、新生命，或創造力從潛意識深處湧現，或是需要讓自己更具靈活彈性，或是學習理解和順應生活潮流，也可能代表一段過渡期。威利斯說，它支配著受孕和出生的力量。也代表與心靈或

無意識有關的事情，與靈魂（星光體）領域、想像力領域接觸連結。它也可意指需要順其自然，或是代表一種保證，很快就能得到其他人的同理和幫助。

根據彼得森的說法，韭菜是一種治療草藥、一種香脂油、心靈或肉體的保護劑、毒物的中和劑、直覺的輔助劑。可將這個盧恩刻在用於這些目的的工具上。岡德森則說，拉古茲可以在暗中推動其他盧恩的作用力。

拉古茲是巫術咒法最好用的盧恩之一。它對女性生殖週期、尤其是月經具有強大影響力。在子宮部位上方先畫一個翻倒的佩斯洛，然後再畫一個拉古茲，可幫助緩解經痛，使經血順利排出，或是刺激分娩時的子宮收縮。它也是助產士手掌上可以畫的「救助盧恩」之一 ※。也因此，孕婦在使用這個盧恩符文時要特別小心。把它與菲胡結合成綁定盧恩，然後用在夫妻身上，應有助於受孕。

吟誦拉古茲，同時在兩眉中間畫這個盧恩，可化解寫作障礙或驅除拘束感和停滯感。把它跟烏魯茲結合，力量可以加倍。這個盧恩也可以跟降雨魔法中使用的烏魯茲和索里沙茲一起使用。但是要小心，務必清楚說明你要多少水量。

韭菜可以和其他辟邪藥草摻進花環或乾燥花束中，掛在屋內。在華納神祭拜儀式和北歐女性神祕儀式中也都用到這種藥草。不建議把它摻在蜂蜜酒裡喝，但如果是要作為立誓或祝福的灑水之用，可以在蜂蜜酒中放一根韭菜莖稈，或是在製作蜂蜜酒或其他魔法藥水時，用韭菜莖稈來攪拌。奶油韭菜湯也是北歐節慶活動中的一道佳餚。

※ 譯注：參見佩斯洛章節。

第二十二個盧恩：◇ ✕ INGWAZ 殷瓦茲

發音：ING-wahz

意思：殷格、英格維

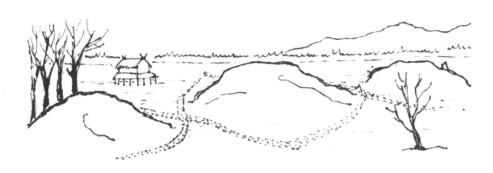

殷瓦茲乘駕馬車周遊世界

死後為土地留下嶄新生命

古代含義

Ng 盧恩只在古日耳曼和古英語弗薩克中出現。和提瓦茲一樣，這個盧恩的名稱也是一位神的名字。因此，古英語盧恩詩就成了我們了解這位神的一個主要資訊來源。這首詩告訴我們：

✕ *[Ing] wæs ærest mid East-Denum*

（殷格首次現身是在東丹麥人部落）

gesewen secgun, oþ he siðan est

（之後便乘浪東去）

ofer wæg gewat; wæn æfter ran;

（其身後有馬車跟隨）

ðus Heardingas ðone hæle nemdun.

（因此黑爾丁格人稱祂為英雄）

根據一些歷史學家的說法，黑爾丁格人（*Heardings*）可能就是阿斯丁格人（*Asdings*），汪達爾人（Vandals）建立的王朝。一部分南遷的部落把這個名字帶到整個歐洲，而溫德爾人（Wendels）則在瑞典建立了英格林王朝（Ynglings），他們的歷史被斯諾里・斯圖魯松記錄在《英格林加薩迦》當中。不過，這位神的起源似乎是在歐洲大陸、德國北邊的沿海平原，祂可能就是在那裡被認定是殷格維（Inguio），土易斯陀之子曼努斯的兒子，而其後代就是殷格沃尼人（Ingævones）。國王名單中的英格維／Yngvi 或殷格維／Inguio 這些人物就是古英格蘭王國以及瑞典許多王室的祖先，到《沃爾松加薩迦》（*Volsungasaga*）時代之前，「英格林」（Yngling）一直被當作一種尊稱來使用。

任何值得歌頌的日耳曼國王，其祖先都可追溯到某一位神，因此我們可以假設，東丹麥人崇拜信仰的殷格就是一位神。這位神的性質可透過詩中提到的馬車來推斷，甚至透過《英格林加薩迦》當中記載的瑞典王室習俗推測出來。尤其是馬車，顯示出英格維就是華納神族的一位神，因為會乘坐馬車四處遊歷的神，根據塔西佗的紀錄，在歐洲大陸是大地女神納瑟斯，之後是在瑞典（〈奧格蒙德・巴什傳說〉，收錄在約翰・麥金尼爾 [John McKinnell] 翻譯的《維加格魯姆薩迦》〔*Vigaglums saga*〕當中），當時馬車載的是弗雷神。

跟史基爾德（Scyld）和弗羅迪（Frodhi）一樣，殷格可能是一位守護牧人與農作豐收的在地神祇名字，祂的所有化身後來都被歸入「弗雷／Freyr」（意思是「國王、上主」）這位神。詩歌中描述的這段海上旅程，將殷格與史基爾德連結了起

來，因為史基爾德在《貝武夫》中是丹麥人的祖先。在故事當中，名叫「斯凱法」（捆麥盾牌之子，Scyld the Scefing ／ Shield son of Sheaf）的這個孩子，被放在一艘裝滿寶藏的船漂流在海上，他成為國王後，在位時間很長而且國土繁榮昌盛，死後進行船葬，代表他再次返回海上。

這個故事被記錄在不同版本的古英語文獻中，其他故事則記載，這個孩子跟著一捆麥子漂流而來。歷史學家馬姆斯伯里的威廉（William of Malmesbury）提到，古代僧侶們要主張他們對一塊土地的權利時，會把一面圓盾牌放到河流讓它往下流，盾牌上放著一捆麥子和一支蠟燭。艾利斯—戴維森的書中也提到：「這些傳統進入到中世紀後，開始把一個來自神的孩子、一捆麥穀，以及一艘靠超自然力量移動的船結合在一起。」（ 1964, p.105）。

現代含義

索森告訴我們，殷格是孕育產生大量所需的種子能量。它象徵退回、轉化，以及重新回返的循環；在無意識中運作的東西、一個潛能倉庫，必須經過孕育期來獲得力量。殷格是古日耳曼的繁衍之神，大地母親的配偶，祂把祂的力量交給她，然後在春天釋放。

岡德森對這個解釋做了更詳盡的說明，他稱殷格是與貝卡諾相對應的陽性能量，貝卡諾是被犧牲的一方，其種子為人類和大自然帶來豐饒。殷格把人跟大地以及華納神的自然智慧結合在一起。它的字形（古日耳曼字形）可能代表種子或被閹割的男性，他們放棄自己的男性身分（至少是在某段時間內），超越性別界線，尋求薩滿智慧。這個盧恩能夠將力量儲存起來，把活躍的力量轉換為潛在力量。威利斯則認為，這個盧恩的形狀讓人聯想到男性的陰囊、種子囊。

根據阿斯溫的說法,「英格維」(Yngvi)也是弗雷的名號之一,意思是「～之子」,而「英格的土地」(Land of Yng)可能就是「英格蘭」(England)這個名稱的精神面含義。她認為,這個盧恩的古英語字形 ᛉ 是女性生育能力的象徵,而古日耳曼語字形 ◇ 則是男性象徵。如果將古英語字形首尾相連、串在一起,看起來就像一條 DNA 鏈。殷格也可以是代表遺傳繼承和輪迴轉世的盧恩,生命力量(哈明格雅)就是藉由它傳遞給一位被選定的繼承人。

奧斯本和龍蘭則根據古英語盧恩詩,將殷格解釋為乘坐馬車的神,祂所經之路波浪因此止息,或者代表心靈創造力的釋放。它的力量能豐富我們的想像力和改造宇宙。殷格也可代表一個指路明燈或一塊燃燒的木頭(在壁爐的火堆中),或是代表星座當中的牧夫座(大熊星座則是神的馬車)。

雖然殷瓦茲盧恩很明顯與神相關聯,但我們並沒有看到任何跟這位神有關的神話,只有少數民間習俗提到祂。另一方面,我們得到的資訊清楚顯示,殷格還有一個身分和穀神一樣,種子被種下、發芽、砍伐下來,這樣它就能進入大地然後再重新誕生。收穫的穀物可製成麵包或啤酒,並在人類身體中得到新生。在一些跟約翰·巴萊康(John Barleycorn)有關的民謠歌曲中,也可以看到同一個神話的不同版本。「結實纍纍的弗羅迪」(Frodi the fruitness),這位傳奇的丹麥國王,他的名字後來也成為神的名字,人們會在其墓地供奉祭品來祭拜祂。在飢荒時期,瑞典英格林王朝的國王們有時也會被期待用生命獻祭,以祈求土地恢復肥沃生機。

與豐饒之神(和女神)信仰有關的象徵符號包括船隻和馬車,因為在北歐,食物不僅是來自陸地,也來自海洋。在農耕週期循環中,出生與死亡乃是必然之序。船隻載著神的靈魂穿越冥府／子宮的水域,這樣祂就可再次重生。祭拜穀神與祭拜祖先有相當密切的關聯。人們一直以來似乎都深信,亡者是在墳地土墩內繼續生活著。

若是用火葬，陪葬品有時也會有馬車跟骨灰一起埋葬。有時則以船葬，或是在船隻四周擺滿石頭，作為亡者穿越漆黑大海的交通工具。名聲特別顯赫的人，人們也會在他們的墓地獻上供品祭拜他們，這些人因此得到「精靈／elves」或半神（demigods）的地位。從這個脈絡來看，弗雷在阿斯嘉特的住所「阿爾夫海姆」（Alfheim）就有了另一層新的意義。

殷瓦茲也是一個代表出生與死亡、繁衍生育力的盧恩，因為這都是大自然循環的一部分。它的兩種字形可以有很多種解釋。古日耳曼盧恩字形是一個封閉的菱形，可以看作是雄性或雌性種子、陰囊或卵巢。古英語盧恩字形是兩個交叉相連，讓人聯想到印度的男神和女神經常被描繪成這個姿態，象徵透過性的結合使其力量得到圓滿與平衡。有一個印度教符號跟這個盧恩非常相似，就是代表濕婆和夏克提（陽性能量和陰性能量）的結合。殷格可能是一位男神，但若要發揮功能，祂必須與女神互動。祂是從大海母胎子宮誕生的孩子；祂是愛人，祂的擁抱使大地母親碩果纍纍；祂也是犧牲的祭品，重新回到大海或墓地土墩之中，使土地獲得新生命。

殷瓦茲的解讀和運用

殷瓦茲代表創造力（尤其是陽性形態的創造力）、從一個階段過渡到另一個新階段、一個結束帶來一個新的開始、轉化、為某個正向目的而犧牲，以及繁衍生育力。因此，它與菲胡和耶拉有非常密切的關係，也是非常適合用於園藝植栽的盧恩之一。此外，它也是一個代表釀造力的盧恩，尤其適合用在啤酒釀造。

威利斯說，殷瓦茲代表完成、過渡或嶄新的開端，一項工作任務圓滿成功，或是從焦慮中解脫出來。彼得森認為它代表外部世界的和平與豐盛，肉體上的歡愉，寧靜和愛。阿斯溫則指出，種子字形可用來當作一個魔法陣，或是用來含攝

包藏其他盧恩符文的能量。我們也可以把殷瓦茲看作是耶拉和開納茲能量的擴大進展。

很明顯，殷瓦茲也是一個代表性慾的盧恩，對於提振男性精力能量特別有用，但使用的人必須了解，它的力量需要靠施與受的平衡來產生。為了讓這個盧恩發揮功能，男女雙方或兩股力量必須均等互動。若是運用於冥想，它可以作為一個關鍵概念，讓我們了解生命週期的靈性意義，了解死亡乃生命之一部分。

拉古茲和殷瓦茲：研究與體驗

水之國度

在古代歐洲，大地和水之間的關聯，是其他不住在這裡的人很難理解的，尤其如果你成長的環境中從來屋頂都不會漏水、溪流從水泥涵洞流過、大河被截彎取直，只偶爾來一場大風雨宣洩雨水，提醒人們「洪泛區」這個詞彙的含義。但對於我們的北歐祖先來說，情況就大大不同了。

根據某些學者的說法，盧恩符文是來自北海沿岸，而北海就是一片沼澤和草原，有時陸地與海洋近乎相融在一起。冰島和瑞典的湖泊眾多，多山的挪威則是峽灣深深切入陸地。因此你就知道，在這樣的環境下，人們為什麼要時時刻刻留心陸地和水的關係。就跟我們人的身體一樣，地球也是被提供生命力的液體所滲透和滋養。也難怪，古代歐洲人會以分水嶺來作為地區分界，並在河流源頭奉祭。奉獻的財寶會被投入湖泊之中。沿著海岸，低窪的近海島嶼則被劃為女神的聖地。

水是生命之源，這個角色大家都能理解。水永遠不會消亡——即使消失，也只是從液態變為氣態而已。它被吸收到雲層之上，然後從雲上再次落下，變成維持人類生命的雨水。大海和溪流裡面有滿滿的魚，靜止的水潭，即便已成死水，

也因含有原生酵母而沸騰起泡。未出生的哺乳動物在子宮的水域裡孕育成長。有機生物可以不需要吃東西，但必須經常喝水才能維生。因此，在生育、健康和更新這些方面，水有著強大的魔法力量。

研究拉古茲提供一個很好的機會來檢視你與這個元素的關係。下雨天，就出去散步走走，不要帶傘。去親近湖泊、水池或大海。參觀水族館，調查一條河流的水源流域。每天至少喝一大杯水，喝水時，先在上面畫 ↑ 符文，然後用一點時間想想它的來源。

這也是讓你去探索釀製技術以及製作藥草茶和浸漬液的絕佳時機。大鍋開始冒泡的時候，對著它吟誦合適的盧恩咒，把咒語的魔法力量唱入這些汁液裡。

拉古茲之水是療癒和轉化的源泉，是解開女性奧祕的一把鑰匙。塔西佗告訴我們，豐饒女神的神殿坐落在一座小島上。當祂繞巡境區土地之後，在祂的雕像被送回神殿之前，會先進行一個沐浴儀式。這讓人聯想到希臘女神赫拉的祭拜活動，每年會有一次，人們將祂的雕像帶到大海或神聖泉水中洗浴，以恢復祂的青春和童貞。納瓦荷族的變形女巫（Navajo Changing Woman）也是，她會走入日落之中（大概是指大西洋），從老婦人變成年輕少女。

療癒魔法浴

在拉古茲，伊薩的靜態力量已被哈格拉茲的轉化力量啟動。現在水流暢通無阻，可以用來進行更新儀式。進行方式跟我們之前在烏魯茲盧恩時做的增強力量的魔法浴類似，但重點不同。

如果有泡澡專用的熱水浴盆（hot tub），那是最好不過；但家裡一般浴室裡的浴缸也一樣效果非常好。由於你要把浴室用來作為水的神殿，那首要任務就是要徹底將它清潔乾淨。完成後，在你躺在浴缸就能看到的地方布置一個祭壇。準備一支藍色或綠色蠟燭或玻璃燭台，以及一個可以放置香草的容器（香草氣味請選擇

較為清新的，不要帶甜味，比如松枝）。也可再放上一些合適的圖片，比如岡德斯特魯普大鍋（上面刻有戰士被投進大鍋裡重生的圖像）[※]；或是湖泊或大海的照片；海神或人魚之類的圖片也可以。另外也可先錄製好一段至少半小時的自然環境水聲，在儀式時播放，效果會很好。

晚上，在你確定不會受到干擾時進行這個儀式。首先，在房間四周點上蠟燭，或是張開雙手順時針方向繞行房間一圈，同時一邊吟唱「拉啊啊—古茲」（Laaa-guz），以此宣示這個房間為神聖空間。在浴缸放熱水時，可在水面畫 ↑ 符文為它祝聖。然後在熱水中加入浴鹽或少許海鹽。如果你的鹽沒有香味，也可倒入一些氣味較濃烈的精油（比如迷迭香）。

現在點上蠟燭和熏香，然後熄燈。打開預先錄製的水流音樂。進入浴缸之前，先用一點時間做正向肯定語的祈請儀式：

我躺臥於生命之湖
子宮之水由此甦醒
一切疾厄盡除，一切邪靈消散
拉古茲之水令我全身肢體煥然一新

然後在身上畫拉古茲符文，從腹部往上畫到胸前。

躺在浴缸裡，將你的四肢一一放鬆。調整呼吸，讓呼吸變得均勻。一邊聽著水聲音檔，一邊觀想那個畫面。想像自己漂在湖面上、大鍋裡，甚至是海洋深處。讓溫熱的水將你全身放鬆，想像你身體上所有的壓力、緊張和疼痛都消失了。如果你的煩惱是心靈或精神上的，也讓它們也一起隨著流水洗去。讓身體也跟著完全消融於水中。被這賦予生命的水擁抱著，你感覺自己的身體再次從骨頭

※ 譯注：參見佩斯洛章節。

成形。讓你內心最在意的事情變成圖像畫面出現在你眼前。水聲錄音檔結束，以及（或是）水變涼了，就是你該回到正常意識的時刻。

離開水面，像阿斯克和恩布拉被眾神從水中拉到岸上，讓海尼爾為你喚醒意識，奧丁賜給你呼吸，洛德爾賜給你運動力量和外表身形，你因此再次得到保護。把浴缸裡的水全部放掉，代表你所有的壓力都隨之消散。用乾淨毛巾將身體擦乾。告訴自己，你的生命已得到更新，再次恢復活力。

你可以在需要的時候隨時進行這個儀式，比如疾病恢復期、月經結束時，或是壓力特別大的那一週之後。拉古茲也可以跟其他盧恩結合，用於特定目的，例如：與埃爾哈茲結合，重點放在麋鹿、莎草以及陰暗池塘中的天鵝圖像，以獲得魔法保護；與烏魯茲結合，可獲得健康和力量；與菲胡和殷瓦茲結合，可以促進生育力。

和平與豐收之神

殷格維／Inguio 或英格維／Yngvi，根據塔西佗記載的日耳曼民族神話系譜，就是我們在討論瑪納茲盧恩時提到的，土易斯陀之子曼努斯的其中一個兒子。殷格在瑞典王室和伯尼西亞王國的盎格魯國王中，則以其祖先或其名字之一部分的方式出現。

斯諾里追溯了海神尼約德和他兒子弗雷的瑞典王室血統，說道：「弗雷的別號就是英格維；過了很久之後，這個名字在其種族中成為極受尊崇之名，祂的親屬後來都被稱為「英格林」（Ynglings）（《英格林加薩迦》：10）。他進一步講述，英格維—弗雷死後是如何在祂的土堆裡繼續活著，而且人們會到其墓地獻上供品祭拜祂。當人們知道弗雷死了，但田地依然四季豐收，祂們決定讓他留在土堆裡而不將祂火化，並「稱祂為大地之神，此後一直獻祭供奉祂，以祈求豐收與和平」。

斯諾里還提到丹麥國王「和平—弗羅迪」(Peace-Frode)，這個名字與薩克索在《丹麥人事蹟》(*Gesta Danorum*)當中提到的三位國王也有關聯。這部書的第五卷記述，最後一任國王是偉大的和平締造者和律法制定者。有趣的是，和英格維一樣，弗羅迪國王剛死時也沒有向人民公開。被安放於土墩墓地之前，他的遺體被裝在一輛馬車裡四處巡遊，為境內農村祈福。由於弗雷的名號之一也是 *inn fródhi*，「結果豐碩者」，這兩位人物在角色功能上幾乎完全相同。艾利斯—戴維森(Ellis-Davidson, 1964)依據盧恩詩推測，祭拜和平與豐收之神的習俗，就是由汪達爾人從瑞典南部帶到丹麥和低地國家的。

正如之前在討論這個盧恩時所提到的，英格維與土地繁衍力關係非常密切。而且，人民平安和土地豐收並沒有因為國王的軀體死亡而受到破壞——事實上，死亡可能正是這個循環的重要組成部分。任何觀察過大自然循環的人都不應對死亡感到驚訝，在自然循環中，死亡和埋葬——腐爛的屍體或種子——正是下一季豐收的先決條件。

在《通往地獄之路》(*In The Road to Hel*, 1943)一書中，作者艾利斯—戴維森告訴我們，日耳曼民族會在不同時間和地點進行土葬和火葬兩種儀式。火葬似乎是為了讓靈魂得到解脫，以加入奧丁或阿斯嘉特的神明行列。死後「進入山丘」並被埋葬在土墩墓地中，以確保死者在冥界能延續其生命，死者的力量仍可保佑其後代子孫。後者顯然跟祭祀神明祖先英格維相關聯。

人們對英格維的信奉崇拜，似乎就是植物靈信仰的北歐版本，在整個中世紀期間，民間的植物靈崇拜習俗被保留在默劇和歌曲當中流傳下來，傳頌的主角都是植物或穀物的擬人化，比如約翰·巴萊康就是一株大麥和大麥釀造的麥酒，他在盛年時未被砍伐，直到垂垂老矣變成長鬍子老人才被收割。英格維則是提供了一個角色榜樣，讓人看到一個人活著時可以過得多麼美好而且貢獻良多，而死亡不過是轉化成另一種形態的生命。

英格維是一位不把統治焦點放在戰爭上的男性人生榜樣（雖然有時也會涉入其中）。許多英格林國王都會戴著豬冠頭盔上戰場，但他的勇氣和凶猛通常不是為了征服，而是為了防禦和保護。土地要肥沃多產，需要靠境內和平，這樣人們才能安心耕種並迎來豐收。世俗力量可防止戰爭踐踏田地。但仍需要有精神力量來討大自然歡心，如此才能保佑田地獲得充足雨水和陽光。一位國王真正的考驗，並非在戰場上打敗敵人，而是能否讓田地莊稼順利成長。正是這股力量，男性得以集中精力並傳下後代，女性得以覺醒，以便再次接收它。

冥想沉思股瓦茲，對男性和女性都能帶來強大效果。對男人來說，它可以成為揭開男性人生奧祕的一把鑰匙，透過參與一個神話人生，從海上漂流的斯凱法（Sceaf）開始，到光彩耀眼的青春時期，然後與女王／女神結合為神聖婚姻，生育後代並保衛他們，安穩治理國土，最後死去，成為祖先神靈。當然，並不是每一個人都實際上照這條路走，但每一個人生過程都是強大的隱喻。對一名女性來說，沉思男性人生週期，可以讓她對自己跟男性的關係有一個全新的理解。

召請祖先

古老習俗這樣告訴我們，我們會在死後繼續活著保佑我們身後的人，無論他們是不是我們真正從己身所出的後代。在我們仍活在地球上時，也可以召請我們自己的精神和肉身祖先，祈求他們用智慧和力量來保佑我們。敬拜祖先的習俗在世界許多地方都有，尤其是農耕民族。中國和非洲至今都延續著這樣的傳統。天主教國家則有「亡靈節」（Day of the Dead），家族親友會在死去親人的墓地上野餐，也是基於同樣的概念。

對我們來說，「祖先」這個概念，並不限於我們那些不太可能轉身進入墳墓之中接受異教崇拜儀式的肉身祖先，也包括我們所認定的精神祖先。舉例來說，我就經常召請「驕傲的希格麗德」（Sigrid the Proud）這位北歐傳奇中的斯堪地那維亞

女王，如果奧拉夫國王也允許她崇拜古老神明，她應該也會願意讓追求她的奧拉夫國王保有他的基督教信仰，而且秉持宗教寬容的態度公開這樣宣示。

根據日耳曼民族傳統，祭祀祖先的時間點，是在秋分後的第一個滿月前後舉行的秋宴慶典。這似乎就是日耳曼版本的凱爾特薩溫節（Samhain），一方面紀念死去的親人，同時也是新一年的開始。在某些地區，也會在這個時候同時祭拜阿爾法和狄斯；其他地方的狄斯女神祭則是訂在二月份。慶祝活動通常會有豐富盛宴，有食物也有飲料，有些則是單純用傳遞共飲紀念酒的方式來慶祝。在給勃和溫佑的章節中我們都曾討論到這些內容。

除了向祖先敬酒外，你也可以用矮桌設置一個祖先祭壇，擺上照片和蠟燭來紀念他們，或是直接在桌子下面或在地板上擺一個盒子，只要不讓小動物或幼兒爬進去即可。另一種做法是用雙層供桌當祭壇，把神像擺在第一層，祖先照片放在下層。如果你家有院子，也可以拿一塊木頭刻上「祖先」的名字，然後把它插在土堆或石頭堆上。

無論你用哪一種方式，當你向祖先做「獻血」（blót）祭祀時，或是當你覺得需要力量和指引時，都可點上蠟燭，在祭壇／土墩上獻上鮮花和食物。召請這位祖先的名字，稱頌他們的美德，然後把你接下來這一年想要祈求的事情告訴他們。用一點時間去感受你與大地的連結，以及死亡與重生的人生循環。

團體儀式

如果你是和團體一起共學，可參考第470頁開始的團體儀式，召請從海上誕生然後返回海上的豐收之神英格維／弗羅迪／斯凱法，以及大地和水域女神納瑟斯（約達）。

第13章

ᛗ 達嘎茲和 ᛟ 歐瑟拉

　　進入達嘎茲和歐瑟拉，代表我們已經來到提爾族的尾聲，也即將學完全部二十四個古弗薩克。如果你是跟團體一起共學，這也代表你們已經共同走過一整年的學習旅程。這條路有時看似漫長而乏味；但事實上，我們足跡所到之處非常廣闊——因為這些盧恩符文涵蓋了九個世界。但就在旅程即將結束之前，我們發現到兩個盧恩，一個象徵嶄新黎明，過去足跡所到之處，現在我們知道那是心的國度；另一個盧恩讓我們明白，路上與我們同行的夥伴皆是我們靈魂的至親。

第二十三個盧恩：ᛗDAGAZ 達嘎茲

發音：DAH-gahz

意思：白晝

達嘎茲是光輝燦爛的拂曉曙光
為所有人帶來生命和成長與光明

古代含義

「白晝／day」這個字在所有日耳曼語言中基本上都相同，古英語是 daeg，瑞典語和丹麥語是 dag，古北歐語是 dagr，德語是 Tag。甚至跟拉丁語的「死／dies」這個字也相關聯。不過，很長一段時間以來，這幾個相關聯的齒音的拼寫方法卻非常多。在古日耳曼語和盎格魯撒克遜符文中，硬音 d（比如 day）和軟音（比如 the）都拼寫為 d；t 的硬音是以 t 拼寫（比如 Tyr），軟音則以 þ 拼寫（比如 thorn）。根據理查‧克里斯比（Richard Cleasby）和古爾布蘭德‧維格弗森（Gulbrand Vigfusson）的說法，這個盧恩的古日耳曼字形似乎是把兩個拉丁字母 D 背對背放在一起所組成，這是必要的做法，因為單一的 D 已經演變為 þ。後弗薩克的發明者則用 t 來代

表 d 和 t。若用拉丁字母來書寫古英語和古諾爾斯語（古北歐語），則使用 þ／Þ 和 ð／Ð（有時後者會寫作 dh，用於音譯）。

　　好在，這個盧恩的含義跟它的字形比起來單純直接多了。古英語盧恩詩勾勒出白日光線的美好畫面。

ᛗ *[Dæg] byþ drihtnes sond, deore mannum,*
（白晝乃神所差遣，深受人們喜愛）
maere metodes leoht, myrgþ and tohih
（是偉大造物主之榮光，是歡樂和幸福）
eadgum and earmum, eallum-brice.
（無論是富是窮，平等為眾人服務）

　　在古英語詩歌中，白晝的光亮、青春和溫暖經常與寒冷、老年和黑暗形成對比，這在北方是可以理解的，那裡受到冬季白晝時間漸少的心理衝擊可能非常劇烈。在古北歐神話中，「白晝」被人格化為女巨人「黑夜」和一位神祕人物戴林（Delling，「光明閃耀者」）的兒子，戴林據說也是阿薩神族的一員。這種安排或許是反映一個事實：北歐的時間單位「太陽環」*solarhringar* 是從夜晚開始計算（就像猶太人的一天從日落開始，歐洲的萬聖節和聖誕節假期都是從前一天晚上開始一樣），然後分為兩部分：「日落／日出」以及「日出／日落」。因此，白晝是黑夜所生。然後，斯諾里說：

　　　　眾神之父將黑夜和她的兒子白晝放在天上，並給他們兩匹馬和兩輛戰車，讓他們每二十四小時駕著戰車繞行地球一周……白

畫的馬叫做斯金法克西（Skinfaxi），整個地球都被牠燦爛的鬃毛照亮。（1987，〈欺騙吉爾菲〉[*Gylfaginning*]：10）

在〈瓦夫蘇魯特尼爾之歌〉（*Vafþrúðnismál*）※當中，我們看到一個更詩意的版本。

告訴我，加格若特［勝利忠告者］

若你希望測試你的能耐就請上座

請問每天在我們頭頂上

為人類拉開白畫的那匹馬叫什麼名字？

那馬叫做斯金法克西［閃亮的鬃毛］

每日為人類拉開黎明之序幕

哥特蘭人認為牠乃眾馬中最優秀

其鬃毛燦爛耀眼閃閃發亮

——〈瓦夫蘇魯特尼爾之歌〉（*Vafþrúðnismál*）：11-12

白畫和黑夜經常一起受到人們敬拜。當希格德莉法（女武神布倫希爾德的另一個名字）被齊古爾從長眠中喚醒時，她做的第一件事情就是在祈禱中向白畫讚美致敬，根據霍蘭德的譯本，禱辭的開頭是「向你致敬，白畫，向白畫的兒子們致敬；向夜晚和夜晚的女兒致敬」（〈勝利賜予者之歌〉：2-3）；這段禱辭也出現在本書許多儀式中。

白畫也被視為時間的一個單位，「日光標記」的分隔是由觀察太陽與當地景色地標的位置來確定。在〈至高者箴言錄〉81節，它被列入只有在結束時才能信任的

※ 譯注：《詩體埃達》第三篇。

東西——「夜晚時方能稱讚白晝……」它的其他含義，似乎都是作為太陽含義的延伸。

在某些弗薩克字母表中，達嘎茲是以最後一個盧恩字母的角色出現。以甦醒來作為總結，這個象徵別具意義；不過，讓初升的太陽告訴我們，我們已經回到家，也具有同樣的效果。

現代含義

奧斯本和龍蘭遵循古英語盧恩詩的傳統說法，認為達嘎茲就是來自造物主太陽的力量與撫慰之光。索森說，達嘎茲是代表太陽光的盧恩，尤其是黎明或黃昏的日光，同時也是甦醒的盧恩。它代表太陽光剛剛出現或即將消失、因而特別引人注目的那些時刻。這是矛盾與中介狀態的「神祕時刻」，左右腦思維的相互融合，形成兩者並容且能帶來靈感的第三種狀態—兩極性（bipolar）的創造力。達嘎茲是眾神賜給人類的意識之光。它的出現預示了希望和幸福的曙光，有時會在你意想不到的地方現身。

岡德森對斯諾里書中提到的白晝概念的故事，有一番頗具啟發性的分析，他認為那是一個代表整合與超越的神話。他進一步對達嘎茲分析，認為它是給勃的能量交換後的一個完成狀態，也代表在埃爾哈茲與女武神完成結合的那個時刻。他認為這個盧恩象徵一種神祕啟蒙，在那耀眼到令人張不開眼的瞬間，求道者和宇宙融為一體。因此，他認為，這是一個能夠引導人們走向轉化的冥想盧恩。

阿斯溫認為，這個盧恩可代表黎明，也可代表正中午。她將它視為一個時間（時序）的盧恩，跟耶拉剛好相反。對她來說，達嘎茲表達的是一種劇烈的變化，當那個能量達到飽和，會被轉化為它的對立狀態。它可以代表一個階段的結束和下一階段的開始。它是在不改變自身本性的情況下催化變化的發生。她把這個盧

恩的各個面向跟許多人物做關聯，比如洛基、巨人蘇爾特（毀滅性的火焰），以及看守阿斯嘉特的海姆達爾。它是兩極的結合與轉換器。阿斯溫認為達嘎茲是夏至節的盧恩。她也將這個盧恩與巴德爾的死做了連結。

我的看法是，耶拉是代表夏季收成的盧恩，而達嘎茲則是代表冬至太陽重新出生的盧恩，這個區分法比較符合當地「一天」從傍晚開始算的事實，就像冬天是一年的開始。這也比較能支持她所引用的資料，一些後來的維京人來到愛爾蘭紐格萊奇的新石器時代墳塚，在入口處刻下了達嘎茲符號，因為在這裡，只有冬至黎明的曙光能照亮進入墳塚中心的通道。

索森將這個盧恩的「中介狀態」特性歸因於它的字形，達嘎茲盧恩的形狀就是相反兩極的結合，形成一種平衡狀態。它也同樣可解釋成給勃和開納茲的組合。這個字形也讓人聯想到莫比烏斯環或象徵永恆無限的倒 8 字形。達嘎茲也代表了薩滿所展現的兩種不同力量的微妙平衡，他們能夠同時在兩個世界穿梭遊走，不受任何約束。這是因為他們具備了將內部與外部感知統合的能力。內外知覺的統合造成意識狀態的改變，是薩滿啟蒙的一部分。

不過，古英語盧恩詩和盧恩名稱本身提供的解釋並沒有那麼複雜：達嘎茲就是白天的明亮光線，在夜晚的黑暗之後為人類歡呼稱頌，而且能揭露和釐清事物。在特性和功能上，它跟索維洛有非常密切的關聯。從宇宙學來說，黑暗之後必然就是黎明。因此，達嘎茲也可意指有形事物得到澄清，或靈性精神面得到頓悟啟蒙。

如果你有在練習盧恩瑜伽，達嘎茲的瑜伽姿勢就是埃及神祇歐西里斯的神像姿勢，雙臂交叉置於胸前，雙手手指搭在肩膀上，代表一種連結，因為歐西里斯是司掌轉世重生到永恆之境的神。

達嘎茲的解讀和運用

　　大多數人對這個盧恩的解讀都是正面的——在占卜中，達嘎茲的出現預示著好事即將來臨！如果生命一直陷在困境，這個盧恩告訴你，已經可以看到隧道盡頭的光。作為季節指標，它意指春天即將到來。威利斯認為這個盧恩代表任何一方面的增長和成長，取決於其他相關的盧恩而定。它也可能意味著緩慢而節制的進展，而不是突然而來的成功，但最終結果可能會是一個巨大變化。讓自己保持陽光的心態，並持之以恆。彼得森稱它為「當下此刻」的盧恩，代表一個轉折的契機訊號，告訴你要好好抓住機會。

　　在魔法施作上，達嘎茲代表日出或日落時刻。它可以用在一項魔法的最開始或結束。也可以用來增強其他盧恩符文的轉化力量，它象徵、或是有助於嶄新的開始或成功的結果。

　　阿斯溫發現，達嘎茲對於轉化意識特別有用，你可以在自己的眼睛上畫這個盧恩，順序是從一隻眼畫到另一隻眼，讓線條在前額中央的「第三眼」位置交叉，藉此將左腦和右腦連結起來，以改變意識狀態。在魔法施作上，阿斯溫會用它來指定時間和空間之外的區域，也就是「世界與世界之間的交界處」。因為具備這種特性，如果要讓東西或人變成隱形，它就是一個非常好用的方法。

　　事實上，有一些客觀證據顯示，這個「第三眼」確實存在。普林斯頓大學的研究人員用腦部掃描儀確認出，位於前額正中央後方的那個點，就是大腦左右兩半葉的相連處，「對於我們了解其他人的想法和感受扮演著關鍵角色。」（Zimmer 2004, p.63）

第二十四個盧恩：ᛟ OTHALA 歐瑟拉

發音：OH-tha-la

意思：祖產

歐瑟拉是聖潔的心之家園
是身體與心靈親族的歸屬之地

古代含義

　　o音在古日耳曼弗薩克中是以歐瑟拉這個盧恩字母來代表，其字形很可能是來自希臘字母 Omega Ω。在古英語弗薩克也是相同字形，發音是埃索爾 ETHEL，意思是家產或財產。但在後弗薩克中，o音則以 *u* 或 *au* 表示。之後，古英語的 *ós*（源自 *As*，歐斯，一位神的名字）似乎被古北歐語借用變成了 *óss*。

　　古北歐語 *ethel* 的同源字是 *ódhal*（音譯：歐達爾），它有很多種含義。最古老的意思可能是指「貴族」，跟古英語的 *æthel* 一樣，意思是一位王公或諸侯。藉由推導，其含義擴大為由父輩傳到子輩連續三代（或三十年）保有的家產，或是藉由一些法律規定使其變成不可讓渡的家族財產。祖產（odal lands）的概念跟英國法律中

規定的「限定繼承權的財產」（entailed property）非常類似。

　　古英語盧恩詩清楚說明了家產的性質。

ᚯ [Eþel] byþ oferleof aeghwylcum men,

（家產是所有人珍愛之物）

gif he mot ðaer rihtes and gerysena on

（只要他能好好守住和適當使用）

brucan on bolde bleadum oftast.

（就能在自家宮殿坐享無盡的繁榮）

　　雖然歐瑟拉盧恩沒有出現在兩首北歐盧恩詩歌，但維京時期對家產土地的態度也清楚呈現在其他文獻中。特別是〈至高者箴言錄〉，處處可見跟這個主題有關的精闢見解：

　　自己的家園更好，儘管很小

　　每個人的家都是一座宮殿

　　就算只有兩隻山羊和一個茅草屋頂

　　亦勝過向人乞討

　　　　　　　　　　　　——〈至高者箴言錄〉（Hávamál）：36

現代含義

　　索森認為，歐瑟拉是家族的堡壘、神聖的界域、精神遺產，或是一個宗族或家族藉由佛爾格雅（fylgja）代代傳遞下去、不可讓渡的精神傳承。整體來說，就是

這些精神品質構成了家族守護靈（kynfylgja）。這個盧恩主掌了家族資源與繁榮興旺的明智管理。這是一個代表親屬關係的盧恩符文。

這也是奧丁的盧恩，象徵著兩個世界的區別：一個是受到保護之親族共同體的封閉有序世界，另一個是開闊無藩籬的異己世界（盧恩智者就是前往這個世界去獲取知識）。歐瑟拉是秩序與混亂之間的平衡狀態，族群在其中受到安全保護；它是內部的、自我的，有別於外部、直系的社會群體，它是屬於心靈的家園。它預示著安定的繁榮和幸福，而且持續興旺，雖然人們必須時時保持警覺之心來維持這個宗族的習俗和秩序。占卜中出現這個盧恩，可能代表一個新家，或是與外界良好互動而帶來好的成果。它的反面意義，或如果含義遭到扭曲，就變成極權主義和奴隸制度。

岡德森將歐瑟拉的概念加以推衍，認為它是內域（innangarth）和外域（utangarth）之間的邊界。它在「內院」（garth）之中，但並不僅僅是家族繼承的領地，而是包括親族關係、社會地位、法律和習俗。血親（kindred）的認定方式受複雜的法律管轄限制，但親族群體（odal group）則可藉由各種交流互動而擴大。所謂「流民」（outlaw），就是離群露宿者（outlier），他生活在族群共同體的邊界之外。

岡德森還對家族守護靈（kin-fylgja，家族的佛爾格雅）做了進一步討論，家族守護靈就是一個家族宗長或地位最崇高者之「威能」的體現。在他死後，佛爾格雅會將她的保護力轉移給他最傑出的後代（《維加格魯姆薩迦》當中就記錄了這樣一個事件，一位身形巨大、帶著武器的女性出現在格魯姆面前，格魯姆認出她就是他祖父威格傅斯的守護靈）。岡德森指出，這個遺產不只包括從一個人的肉體祖先那裡繼承的遺傳基因，還包括一個人前世的精神傳承。作為古弗薩克的最後一個盧恩，歐瑟拉「包含了」所有其他盧恩的力量，是我們的神祕遺產。

阿斯溫認為歐瑟拉是給勃和殷瓦茲的結合，並稱它為「殷格的禮物」。她認為這個祖產包括魔法層面的傳承。在古代傳統中，這意味著為奪取和保衛領土而流

血。我們在一塊土地上生活，並拚死守護它，乃是為了後代子孫。這也是國王自我犧牲獻祭的奧祕所在，他所流的血可令這塊土地更新。進一步推論，這個盧恩代表需要謹慎選擇婚姻伴侶，因為他們的血統和信仰會成為未來家族與土地之關聯的一部分。

歐達爾（Odal，祖產）盧恩也代表對家庭、村莊和國族的忠誠美德。奧斯本和龍蘭指出，在盎格魯撒克遜法律中，祖產土地是由繼承而來，或是擁有永久產權，而不是因封建土地制度而得到的土地。埃索爾（Ethel）的意思是「家／home」，是人們透過反思和沉思來獲取經驗並提高創造力的地方。

歐達爾盧恩還包含了許多力量極為強大的概念。它是神聖界域的象徵，無論是在有形物質層面還是精神層面，都是非常好用的盧恩。無論一個人是否擁有財產，都可以觀想一個神聖空間，成為你無法被人剝奪的一個庇護所。這個盧恩也跟人類對個人空間和所屬群體的需求相關聯。

一個經常與歐瑟拉放在一起討論的概念是：靈魂上的親屬究竟是否由基因來決定。納粹在他們的「民族／Folk」理論中濫用了這個概念，並試圖利用條頓族的宗教信仰來推動種族清洗。如今，我們很容易就能看出這種排他性思維的危險。不過，也有人可能會拿相同論點來爭辯，說美洲印第安人也厭惡那些「偷走」美國原住民信仰的歐洲人。這個遺產盧恩可意指物理上（遺傳基因的）、文化上的或精神上的（業力輪迴）遺產。每一個族群的後代子孫都會自動自發去認識他們自己的文化和宗教嗎？也有一些沒有血統關係的人，但他們卻對另一種文化的生活方式有著本能上的嗅覺天賦，那又該怎麼解釋？輪迴轉世理論為這類問題提供了可能的答案。我們的「根」並非只有一個。

作為代表親屬關係的盧恩，要解釋歐瑟拉，首先需要定義所討論的家族或族群共同體。有很多人跟他們的血親關係很疏遠，但卻在宗教或其他親近團體中找到新的家人。這種現象在一些改變宗教信仰的人當中尤其常見。歐瑟拉也可以意

指跟某個靈魂族群緊密相連，而不是身體血親遺傳的族群。歐達爾親族群體（odal kin group）可以由一個文化或宗教共同體特意去建構形成，並將其能量結合起來發展出一個族群守護靈（佛爾格雅），來維繫這個群體。對於這類試圖恢復古老宗教的團體來說，歐瑟拉就是主掌和賦予他們企圖力量的盧恩。

歐瑟拉也涵蓋了我們與大自然環境的關係——不只是家族財產，還包括我們居住的土地。雖然我們走的是北歐靈性之路，但生活在北美洲的我們，也須向我們所在的這片土地上的美洲原住民部落兄弟姊妹請益，才能真正了解他們的靈魂生態。有些盧恩書籍作者會把這個盧恩跟達嘎茲的順序位置顛倒，但根據我們從古英語盧恩詩中得到的資訊，把歐瑟拉放在最後，作為後面十二個弗薩克的總結，來跟耶拉做一個平衡，應該會比較恰當。

我們的祖產也包括自然環境——我們的親族群體所賴以生存的土地。若一個人能將一片土地和居住其上的生物納入成為他心理上的親族，此人跟土地的關係一定會有所改變。進入美洲原住民汗水小屋的人，進去之前都會先向「我所有的親族」致敬。親族關係可以用種族、文化來定義，也可以用環境來定義。歐瑟拉這個盧恩則包含了這三者。

願我們皆能視萬物為親人，讓我們熱愛的土地成為我們的祖產家業。

歐瑟拉的解讀和運用

在占卜中，這個盧恩可指一個人的家族（無論是肉體上還是精神上），以及他在其群體中的位置。它也可代表生活狀況——例如找房子或找志趣相投的室友。它也可意指尋找親近團體或與土地建立關係。威利斯將它定義為建築物或土地、一個人的房子或家庭住所、祖產或遺產、遺傳的心理或身體特徵、工作。彼得森認為，這個盧恩代表祖產、祖先的故鄉、庇護所，或內在本性或本質。

岡德森說，歐瑟拉可用來加強家族連繫和恢復家族文化傳承。它能幫助一個人從他繼承的所有遺產（包括前世）獲得智慧和力量。在占卜中，它可代表跟一個人的肉體或靈魂祖先家園接觸。它也有助於取得財產和不動產，例如土地所有權，並保護你擁有的財產。也可以用在處理法律繼承事宜上。它界定了其他盧恩的作用位置。

跟保護或強化家屋與家族關係有關的所有事情，都可使用歐瑟拉。與埃爾哈茲組合成綁定盧恩，可守衛家園界線。跟瑪納茲結合，可凝聚族群共同體。跟菲胡或耶拉結合，可帶來繁榮興旺。與安蘇茲和達嘎茲結合綁定，可以激發我們重新去發現古老傳說和儀式，並打開我們的眼睛，看見我們的精神遺產。

達嘎茲和歐瑟拉：研究與體驗

破曉

達嘎茲這個盧恩本身的字形就是一個謎。看起來像雙刀斧的刀面，又像是蝴蝶的變形。如果把稜角去掉弄得圓一點，就變成倒 8 無限數字、莫比烏斯環，或物理學上的「奇異吸引子」符號（strange attractor）。

在魔法運用上，它是三個火象盧恩當中最溫和的（另外兩個是開納茲和索維洛）。它的能量是屬於漸進式，而非瞬間發生的療癒、聚焦、回歸中心，以及領悟。它是一個能夠釋放緊張和負擔，而且還能提振精神的盧恩，是一個動態之中保有穩定力的盧恩。

覺醒

達嘎茲的其中一個含義很明顯跟靈性覺醒有關，覺醒這個概念在新時代圈一直受到某種程度的關注。它的意思似乎有點像是基督教信仰圈所謂的「改宗」

（conversion），不過，當然不限於任何一種神學信仰。用較為一般性的詞彙來說，它是對靈性精神世界的突然頓悟覺知，或逐漸了悟的過程。

這種現象在一般凡俗社會中可能更為戲劇性，因為很多人原本都是不可知論者或無神論者。不過，就算在幾乎沒有人會去懷疑神靈存在的那些傳統文化裡，很多人一輩子可能也都只看到這些宗教的外在形式而已。就像我們都相信確實有英國女王和美國總統的存在，但對於親眼看過他們的人來說，其信仰的本質是非常不同的。

在靈性覺醒過程中，意識改變的曙光讓人清楚看到，過去一些事情只是故事或影子。它改變的不僅是事實，還有信仰的質地，彷彿一種失而復得的感覺。

這樣的過程，以異教文化為例，就是薩滿的成巫過程。神靈的「呼召」通常是藉由創傷事件發出的訊號，例如生重病。但也可能是出現一連串夢境或其他形態的嚴重干擾。認識這些經驗的本質，並學習如何處理它，是避免發瘋的唯一選擇。在傳統大環境裡，至少還有文化脈絡可以來解釋這些現象。在現代西方文明中，任何人只要開始看到光環，或聽到神靈跟他說話，很可能都會被認為發瘋了。

儘管如此，如果你堅持繼續學習盧恩，並照著一些書籍（比如這本書）的練習去實踐，可能會發現你的意識開始發生變化。「通靈」經驗並不是什麼太過不尋常之事──共時性（同步性）、天眼通（靈視力）或天耳通、具象徵意義的夢境，以及栩栩如生的「清明夢」或是入神經驗，這些都是。你可能一直都對這些研究感到興趣，因為你曾經有過一些別人認為「奇怪」的經驗。

你應該不會發瘋。但如果你想要把這份新的覺知意識融入到現實生活中，常識和紀律準則就是必要的。靈性經驗是真實的──但它也具高度主觀性，很容易陷入自我欺騙。魔法是一門藝術，不是一門科學，擁有比擬對照所具有的一切優點和缺點。

以下是一些參考準則：

• 請記得，靈性經驗不會自動為你帶來靈性價值──是看你如何使用它。

• 從入神狀態和通靈心象得到的預卜內容，可能跟透過邏輯或研究得出的結果同樣有效，但未必就比較優越──這是兩種不同方法，應該盡可能透過其他訊息進行驗證。

• 你看到的事實，即使是用靈魂的眼睛看到的，也不一定與其他人所見一模一樣，即使那些人跟你走在同一條靈性道路上。

• 當你在解釋這些從心理層面獲得的訊息時，應該要把你的身體狀況考慮進來──比如血糖太高和太低、睡眠不足、月經週期或生理上的波動等，都可能會讓你出現負面經驗（或誤導你以為那是一種高頻經驗）。

• 請你用常識來評估你得到的所有心理洞見──靈性洞見不應該讓你變得盲目！

奧斯塔拉女神

　　耶魯節和仲夏節之間的每一個節日，都是在慶祝達嘎茲的來到，讚頌太陽光即將逐漸轉強。但最能代表這個盧恩的節慶女神應該是奧斯塔拉（Ostara）。根據神學家比德（Venerable Bede）之說法，古英語的 Eostre（音譯：愛歐斯特），也稱為 Ostara ／奧斯塔拉，是人們在「春季女神月」（Eostremonath）舉行慶典的女神，英語就以祂的名字作為四月復活節的基督教節日名稱。

　　關於這位女神以及祂的祭拜資料，我們知之甚少。但是，有些東西還是可以從詞源和歷史脈絡推斷出來。祂的名字的詞根意思是「輝煌」或「閃耀」，後來演變為 East（東方）這個詞，因為太陽就是從這個方位發出黎明的光芒。祂有時會被描繪成一個身穿白衣、全身發光的少女。現在復活節慶祝活動會以雞蛋和兔子（野

兔）作為象徵物，很可能就是從祂的節日傳下來的。在北歐，野兔是一種神聖的動物，有很多禁忌，但只有在節日這一天可被食用。

你可以在四月春季節慶期間或任何一天的黎明，召喚奧斯塔拉女神和黎明的力量來進行更新儀式。將那些讓你生活變得黯淡、你希望擺脫的事情一一列在紙上。在太陽升起前，將自己淨化梳洗，換上乾淨衣服（如果可能的話，請穿白色衣服）。然後到戶外去，找一處可以看到日出的地方。擺好木柴和引火物（或在火盆或鑄鐵鍋中放木炭），並準備一些帶有甜味的藥草或樹脂熏香塊（乳香或沒藥都可）。並準備一瓶牛奶和一些麵包或蛋糕。

太陽升起時，面朝太陽，以古老的祈禱敬拜姿勢，雙臂交叉抱在胸前，這也是達嘎茲盧恩瑜伽姿勢。當陽光逐漸照亮整個地平線，開始對白晝和其他神唸一段祈禱辭，這段禱辭來自〈勝利賜予者之歌〉，也收錄在本書第二部第13章的團體儀式中。

接著把火點燃，並在火上撒藥草或熏香塊。然後用以下這段禱辭向女神致敬，並依據你個人需要和季節做必要的調整。

美哉！東方升起的奧斯塔拉女神！

祢是歡笑之女神，光明之女神

黎明已掌管黑暗

仁慈的女神，祢的榮光無比燦爛

冬季暴風已被溫暖和風取代

光明少女之大能威赫顯耀

[處處盡是綠意盎然

百花盛開，百獸繁衍

牛乳以及一切人類所需

冰凍大地此刻恢復生機〕

至高至聖的女神，請聆聽我們／我的祈求

願祢之光明無邊照耀

令悲傷消逝，為我們／我賜福

保佑一切順利成功，季節豐收

願所有對祢發出祈求之眾生

同享此春天之繁榮／光明！

　　把你要驅逐之物的那張清單投入火中。一面看著紙張燃燒，一面把你列出的每件事情都觀想成一個場景，在這個場景中，光線逐漸增強，直到你眼中所見都是光明。你也可以自行添加一些詞句來化解每一個問題，比如：「如同黑暗被白晝摧毀！」

　　當柴火完全熄滅，太陽高照時，將灰燼撒在乾淨的泥土上，把牛奶倒在上面，加入餅乾蛋糕，然後用泥土完全覆蓋起來。感謝眾神和大自然的力量，然後到室內吃一頓豐盛的早餐。雞蛋應該非常應景，或者煎餅也可以。

內域

　　在先前的討論中，我們有幾次提到「外域／Utgard」（牆外荒野之地）這個概念。現在該是我們思考內在聖地的時候了。Garth（內院）、gard（花園）和guard（守衛）這幾個詞都來自同一個詞根——受邊界保護的區域。歐瑟拉盧恩似乎也符合此一概念，從它的字形來看，就是一個封閉區域和一個開放區域並存。它跟埃及的象形繭（cartouche container）※本質上相同，可以用在綁定盧恩，把其他盧恩符文寫在橢圓形長框中保護起來。內院／garth的圍牆就是內部神聖之物與外部世界之間的屏障。

※ 譯注：或稱王名圈、王名框，是一個封閉的橢圓形，其中一端外部有一條線與之垂直相切。

同樣這個詞根還有另一個字 gird（圍住），這個動詞代表保護行為的建立，範圍可以大到像有圍牆的城堡，也可僅限於一位靈魂遊歷者的四周空間，比如，在一個古英語符咒（史東姆斯的《盎格魯撒克遜魔法》書中第十六個符咒），開頭這樣寫道：「*Ic me on thisse gyrde beluce and on Godes held bebeode...*」，可簡要翻譯為：「我以此杖將我圍起；在此邊界之內我受到──[某某神的名字]之保護」。

　　在宗教術語中，innangarth（內域）的意思是 *temenos*，聖地、神廟轄區、石牆內圍。但在石牆豎立之前（或有些是使用木樁），神聖的空間就是火光所及之範圍──也就是家屋正中央的火堆。

　　在克洛曼儂氏族部落居住的外層洞穴裡面的火堆周圍，曾經發現「維納斯女神」的小雕像，這是第一個以人形出現的神聖象徵物。雖然薩滿巫師後來深入到地下坑洞，在洞穴牆壁畫下了他們的狩獵符咒，但家屋火堆仍然是人們的主要祭拜處。在很多文化當中，火堆壁爐就是祖先的聖龕。

　　儘管後來斯堪地那維亞半島有建造獨立的「神明屋」（godhouses）來供奉神像和祭祀（這樣也很好，因為犧牲獻祭時會把動物的血灑在房間四周），但位於廳堂中央的長型火堆仍是所有日常活動的主要地點，家庭儀式也都是在這裡進行。壁爐或火堆──食物和溫暖的來源，至今仍是每個家屋的重心，但當代文化似乎已經忘記，家屋也是神聖之地。

　　眾神也會在戶外舉行盛宴，但最常與蘇姆貝爾（sumbel，詩歌宴、祝宴儀式）連結在一起的場景是宮殿大廳（hall）。阿薩神和華納神都很喜歡被我們迎接到家中。不過，從較為家庭內的層次來說，人們可以祭拜「家屋靈」，在挪威和丹麥稱為尼斯 *nisse*※，在瑞典稱為托姆特 *tomte*。這種存有相當於英語的布朗尼 *brownie*※※、拉丁語的潘納特 *penate*，或荷蘭語的侯德蓋斯特 *holdergeest*。在古高地

※ 譯注：有著老人面孔和小孩體型的小精靈。
※※ 譯注：善類小精靈。

德語中，我們發現到 *inguomo* 或 *ingeside* 這個詞，意思是內部區域的守護者。日耳曼屋靈通常都留著紅色頭髮和鬍鬚，而挪威的尼斯則穿著灰色衣服。他們全都戴著紅色帽子。

根據傳統，托姆特是住在斯堪地那維亞家庭中靠近壁爐的一塊岩石中。如果你家沒有壁爐，可以把一塊石頭放在爐子旁邊。石頭的大小和形狀可自行決定，但一定要夠大塊，才不會在掃地時跟著清掉！大概像一顆哈密瓜大小的乾淨岩石就可以了。

把要放置石頭的區域打掃乾淨，如果是放在壁爐旁邊，請重新生一次火。等晚上家人都到齊時，一起將石頭放在壁爐或火爐旁，並在它周圍放上鮮花。在石頭旁邊放一個紙杯裝的牛奶、啤酒或威士忌，然後放一紙盤餅乾或麥餅（但是，請不要直接提到這些祭品）。然後唸出以下禱辭：

小精靈，歡迎來到這間房子
請讓這個屋子充滿歡喜
開心接待所有朋友和陌生人
以歡樂和音樂，潔淨和秩序
請讓這個房子有充足的食物和飲水
讓這房子繁榮和興旺
所有人都和諧與健康，擁有愛心和好運
敬愛的精靈，我們感謝你的協助和幫忙

把火點燃，在火上撒一點藥草。在柴火燃燒時，試著觀想這個房屋的屋靈（如果你用的是爐子，可開火燒開水泡茶）。把供品放在屋外過一夜，隔天早上把剩下的都燒掉。每次舉行家庭宴會時（比如感恩節、慶祝生日等）或是需要他來幫忙找回失物以及準備大掃除時，都可以向家屋小精靈獻上一些小供品。

氏族和親屬

　　早期的日耳曼人並沒有種族的概念，是直到維京時期（因為受到內陸地區國王希望在這裡強力推行君主封建制度的壓力），「民族」（nation）的概念才開始出現意義。在大遷徙時期，人們開始意識到所謂部落或民族的意義，但隨著次級群體的分裂和新聯盟的形成，民族的組成分子也跟著改變。所謂「同族人」（people），實際上就是由一群像一支遷徙大軍般一起前進的人所組成，他們並不是因為有共同血緣，而是基於共同利益建構出來的。

　　過去和未來都具重要性的是親屬群體——氏族以及大家庭。古時候的人應該很難理解核心家庭這種現代模式。在古代，最能滿足生存目的的單位是大家庭，成員包括多代同堂的家人，還有僕役、脫離奴隸身分的自由人、家族賓客（可能會待上一整個冬天或更長時間），有時因為這家主人的地位和興趣，還會有戰士同住。這群人平常一起工作，也一起舉行祭祀和安撫當地土地靈和家族祖先的儀式。宗族（clan），或親屬（kindred，哥德語 kuni），是一種「血緣共同體」，一種較為鬆散的家族群，這群人有一個共同的血緣祖先。

　　正如我們先前在給勃章節討論過的，婚姻就是兩個家族的社會地位與經濟實力的結合，它會影響到親族群體當中的每一個人，因為它牽涉到非常複雜的忠誠關係與義務網絡。對於每一位個體來說，除了與他（或她）實際生活在一起的人之外，關鍵群體就是所謂的「家族／aett」——在這裡，不是指盧恩符文的三個分族，而是指親屬關係的八個等級。

　　在冰島，同源親屬關係（cognatic lineage）由一對祖先夫婦及其後代，以及與你有婚姻關係的人所組成。「血統／stock」是指你所有的祖先，而「親屬／kindred」是指你在幾等親之內的所有親戚。你的「親人／kinsmen」則是你可以指望從他們那裡得到某種幫助的人。最初所謂的家族／aett 或親族／kin group，可能是由共同持有土地的人所組成。「進入家族／coming into aett」一詞則用於非婚生子女的認祖

歸宗。這些複雜親屬關係的完整討論，可參閱哈斯楚普撰寫的《中世紀冰島文化與歷史》（*Culture and History in Medieval Iceland*, 1985）。

等親關係決定了財產繼承權，以及該支付或可接收的財產份額。在一個王室家族中，它會決定誰有資格被推選為新的首領。

一個部落內的聯盟經常會變動，但對於直系親族的忠誠則是絕對的——不幸的是，這種忠誠最後通常都演變為血仇之戰，有時甚至延續好幾代，我們現在讀到的大部分冰島薩迦裡面的故事就是這樣來的。不過，還有另一種形態的關係也同樣持久—— 曾經對主人宣誓效忠的戰士。尤其是古英語文獻當中，處處可見這樣的例子：在一場注定失敗的戰鬥中，戰士拒絕拋棄他的主人，即使他們的困境是因主人的誤判所造成。

雖然現在崇拜古老日耳曼眾神的現代人，不太可能來自同一家庭、甚至來自相同種族血統，但他們可以透過對眾神的共同虔誠之心而連繫在一起。正如赫威格・沃爾夫拉姆（Herwig Wolfram）所說：「任何人只要承認部落的傳統，無論是出生於這個部落，還是『被接納、吸收』進入部落，都算是這個氏族的一分子，因此也是這個『以傳統為血緣』（descent through tradition）之共同體的一員。」（1988, p.6）

正是這個「以傳統為血緣」，決定了誰是我們精神靈魂上的親人，即使我們必須如同當年大遷徙的日耳曼部落一般，在前進過程中讓此傳統逐漸發展成形。湯姆・強森的看法是，外人被引介進入「家族宗教」內部是必然的，這樣當家裡的男人不在的時候，其他家庭成員就可接手擔負奉祭工作。任何一群有同一信仰對象的人，都像一個家庭單位一樣運作著，它的形成是為了靈性上的生存，而非為了經濟上的活命。

過去二十年發展起來的日耳曼異教傳統當中，有些團體會稱自己為「同家人／hearths」或「同族人／kindreds」。只要團體成員皆能認識到，他們的結合是基於一種選擇和接受，未必是血親遺傳，那麼我認為這兩個用語都滿合適的。

團體儀式

如果你是團體共學，本章儀式在第483頁。儀式目的是透過實際經驗來探索達嘎茲和歐瑟拉概念背後的意涵。

第14章

帶回盧恩

　　現在你已經將古弗薩克二十四個盧恩全部「拾取」起來（譯注：原文這裡的 taken up 有兩層含義，一方面呼應〈至高者箴言錄〉139節奧丁倒吊在世界樹上、從智慧之井拾取盧恩文字的神話傳說，另一層意思是研究討論二十四個盧恩文字的含義，這也是本書前半部的主旨所在。），而且逐漸了解它們的含義。若要真正完全純熟精通，可能得窮盡一生時間，甚至更久都有可能。從某個角度來說，就算奧丁本人也未必是完全精通盧恩的大師，因為隨著世界變遷，盧恩符文的含義也可能隨之改變，新的見解和含義關聯性也會跟著出現，因此祂才總是一邊痛苦撿拾、一邊驚奇呼喊。為了延續你的學習之路，你必須將知識教導給別人，而且你必須實際使用盧恩，不斷不斷使用它們，唯有如此，它們才會繼續向你揭示它們的奧祕。這就是為什麼我花了近二十年時間來準備這本書。每當我認為一切已經完備，總會發現還有新的內容要涵蓋進來。就算到現在，這件工作也還在持續進行，因為我不斷在探尋盧恩文字的新含義。「一個盧恩會牽動另一個盧恩的含義」，確實如此！

冥想盧恩的含義可以帶來有力的啟發，但是能夠揭露盧恩符文奧祕的最強大方法，是透過與外部世界的真實情境互動。因此，在最後這一章中，我提供關於盧恩占卜應用的一些建議，並用兩個儀式來總結這一段撿拾盧恩文字的學習階段。

占卜

「至高者」奧丁問道：

你知道如何刻寫嗎？
你知道如何解讀它們嗎？
你知道如何上色嗎？
你知道如何驗證它們嗎？

——〈至高者箴言錄〉（*Hávamál*）：144

這裡翻譯為「刻寫／engrave」的那個詞是 *rist*。翻譯為「解讀／read」的那個動詞，與中世紀英語 *rede*（商議 counsel）來自相同詞根。因此，第二個問題是在問你，是否知道如何解讀盧恩符文或從盧恩符文獲得建議。第三個動詞的意思似乎跟「取得／to get」有關，我認為它的意思是指，透過上色使你刻寫的盧恩符文能夠看得更清楚。第四個技巧，「驗證」，是指去證明一項法則或定理——確認你的解釋是否應驗或是否準確。因此，這些詩句是一個相當好的摘要，讓我們清楚看到運用盧恩符文來占卜的過程。

古日耳曼人和維京人如何使用盧恩文字占卜，我們至今仍無法確定。這是確實之事，伊夫‧柯德拉托夫（Yves Kodratoff, 2003）指出，口傳知識中有很多資料是將盧恩用在其他目的，比如身體治療。但是，各種不同的參考資料似乎都提到，

人們會用某種方式來拋擲盧恩，而這正是目前盧恩符文最常見的用途。古代用於占卜的盧恩，可能是刻寫在長約十五公分的樹枝上（先將樹枝劈成兩半，然後將盧恩文字刻在平整的那一面），而不是刻在小圓塊或小木塊上。

古日耳曼人會把一組盧恩符文拋擲在地上，然後從中抽出三個盧恩來得到答案，而且一天頂多只做一次盧恩占卜。珍．西布利將一種在斯堪地那維亞農村使用的方法重建：在一塊白布上拋擲盧恩符文木籤（後弗薩克），一次拋擲一族（aett）※。解讀時，先看看哪幾根盧恩木籤掉落在一起，然後看看這些掉落在白布上的木籤構成了哪幾個盧恩字形。不過，這個技巧需要相當多的練習，無論是拋擲的手法或解讀，都需要經驗。比較簡單的一種方法是現代發展出來的，也就是盧恩符文牌陣（毫無疑問，這是受到塔羅牌占卜解讀法的啟發）。

三符文占卜法

在盧恩占卜中，意義的解讀是從所抽到盧恩符文、該符文出現在牌陣中的位置，以及問題的性質，這三者之間的關聯性來判定的。

最簡單的方法是從一個袋子或盧恩符文盅裡抽出三個符文，然後解釋它們之間的關係。舉例來說，如果你現在要買新車，想要尋求一些建議，而你抽到的三個符文是：ᚺ、ᛉ 和 ᚲ，可能會得出這樣的結論：你可能會在住家附近突然發現一輛車或是得到相關購車資訊，而且你要特別仔細檢查引擎的部分。

「盧恩圓桌會議」是非常有趣且具啟發性的討論會或娛樂活動。先請小組當中某個人提出問題，然後抽出三個盧恩符文，接著進行小組討論，把可能的含義找出來。以下這個實例，是在加州進行的一場三符文牌陣討論會的內容。

首先，提問者的問題是：他不知道是否應該換工作。抽到的三個盧恩符文是：

※ 譯注：八根木籤。

ᚲᛖᚲ

佩斯洛告訴我們這是一場賭博——任何事情都可能發生。但達嘎茲和耶拉則指出,這個變化將打開嶄新視野,一個舊的循環週期正在結束,新的循環即將展開。結論——換吧!

第二個問題,提問者想知道,「一項大規模靈性修練計畫」未來前景如何。抽到的三個符文是:

ᚠᚢᛟ

在討論中,小組得出的結論是:這個想法非常有創意,而且在實際執行上會有一股很龐大的能量可資利用。結果是形成一個家庭以及在遺產方面有所貢獻。在我們得出這個結論後,提問者才告訴我們,這個計畫是為異教徒家人建造一處基地家園。我們一致認為這項計畫成功的可能性很大。

第三位提問者問到關於他自己孫子的監護權爭奪戰。抽到的三個盧恩是:

ᚢᛁᛋ

就問題的脈絡來看,我們認為烏魯茲是指在這件事情上已經耗費了大量精力。伊薩的出現代表提問者需要暫時靜止不動,讓整件事情能夠安定下來。這也可能意味著目前情況不會有什麼改變。不過,牌陣以索維洛作為總結,這可能代表提問者最終會獲得勝利。提問者說,目前她擁有孩子的監護權,我們認為這次盧恩占卜的結論是,至少在夏天結束之前,這個小孩的監護權仍在她這邊。

盧恩占卜跟希伯來字母占卜不同,希伯來字母都是子音,抽到任何子音組合

都能拼出一個單詞，盧恩文字通常沒有這麼明確；雖然偶爾答案也會非常清晰。有一次，我正在煩惱是否要去冰島參加一個節慶活動，於是我就詢問盧恩，我是不是該去。我得到的答案是：

$$RI\diamond$$

我看到這三個盧恩，突然笑了出來。答案很明顯：「萊多，你將旅行前往依薩（冰島），在耶拉節慶之時（夏至日）。」後來我真的去了，而且旅途非常愉快。

過去／現在／未來牌陣

三符文占卜的更複雜版本是「過去／現在／未來」牌陣，每一時期分別抽出三個盧恩。以購買新車的問題為例，我們得到以下牌陣：

過去：ᚠᛁᚾ

現在：ᛁᛏᛏ

未來：ᛗᛋᛏ

可以這樣解釋：過去，有錢買好車，後來車子慢慢變老舊，最後突然壞掉。現在，需要回到第一法則——結合陽性和陰性力量，在合乎法律的範圍內去進行此事。未來，會出現買新車的契機；你會依循正確道路順利完成此事，而且會完全滿足你的需求。

除了橫向解釋，你也可以從垂直方向來解釋這些符文。以垂直陣形來解釋，財運來自最左邊這一欄，也代表新車。最右邊一欄代表將那輛老車開到終點的人，同時也代表推動交易完成的人。老車突然壞掉導致需要找到合適的新車。

◆ 元素牌陣

　　另一個很好用的盧恩牌陣是元素牌陣。在這個陣形中，正中央這個盧恩代表提問者和／或問題核心，而其他盧恩分別置於四個方位／元素的位置，並根據它們的含義進行解釋。舉例來說，如果你的問題跟感情有關，這個牌陣可以這樣解釋：

(北)
ᛋ　　ᚠ

(西)　　　ᛗ　　　ᛝ **(東)**

ᛉ
(南)

　　問題的主要核心是「對於兩人關係的需求」。在北方（代表穩定和土元素的方位），我們看到菲胡，這是代表性能力的盧恩——也暗指雙方之間的性吸引力是關係穩定的因素，而且也是關係持續下去的關鍵。在南方（代表熱情／火的國度），我們看到歐瑟拉，代表這份熱情讓雙方關係聚焦在家庭中。在東方（代表溝通／風的來源），達嘎茲意指兩人的連結關係能夠帶來新的洞見和覺醒。在西方（代表循環週期和潮汐起落／水元素），則出現太陽盧恩索維洛，顯示這趟旅程最後能得到勝利成果。總體而言，這個牌陣顯示兩人關係很好、很正向，彼此能夠相互支持。

◆ 九個世界牌陣

最後，如果提問者的問題跟靈性成長有關，我喜歡使用九個世界牌陣，也就是根據世界樹上的九個世界之位置來擺放盧恩。抽到的第一個盧恩放在正中間，陣形如下圖：

8. 阿斯嘉特

6. 約薩爾夫海姆

4. 華納海姆　2. 尼夫爾海姆

1. 中土米加德

3. 穆斯貝爾海姆　5. 約頓海姆

7. 斯瓦塔爾夫海姆

9. 冥界

第一個盧恩是正中央位置的米加德，也就是中土人類世界，代表提問者的處境或心態，或是他／她跟問題之間的關係。第二個盧恩是「北邊」的尼夫爾海姆（霧與冰之國），有兩種可能情況：做負向解釋，就是代表導致事情無法進展或陷入停滯狀態的可能因素；如果是正向解釋，就是代表讓事情穩定下來的因素。第三個盧恩是「南邊」的 穆斯貝爾海姆（火巨人之國），代表熱情或強烈動機，可能為問題帶來好的影響，也可能帶來壞的影響。第四個盧恩是華納海姆，這是與大自然循環力量打交道的華納神族之故鄉。它代表我們的情緒、潮汐和週期，以及可能影響生產力的因素。跟第二個盧恩一樣，這些因素可以是正面積極的循環模式，也可能代表這件事情陷入重複循環的困境。第五個盧恩是約頓海姆，代表大自然力量的巨人之國。約頓就是巨人的意思，代表極其強大，且通常是混亂無序的能量。他們的力量可以破壞或打破一個局面，並帶來改變。

第六個盧恩的位置是在光精靈王國約薩爾夫海姆。雖然這裡的精靈（或阿爾法）也包括死者的靈魂，但居住在此界的精靈似乎屬於比較高階的靈，可能是尚未轉世投胎的靈魂，也可能是已經超脫輪迴不再轉世的靈魂。他們的世界似乎是屬於一種原型模式（archetypal patterns），在占卜解讀中，我們把這裡看作是可能影響最終結果的主要議題或靈魂課題。它的相對方向是第七個盧恩，黑暗精靈的國度斯瓦塔爾夫海姆，代表我們個人潛意識所迫使的行為模式。按照索森對這個「世界」的解釋，它是舊創傷和記憶留下的「陰影」。若要處理這些陰影，我們必須直接去面對它們、理解它們。第八個盧恩，要往上移動到世界樹的頂端，眾神居住的阿斯嘉特。這個位置的盧恩是代表哪一位神或神的能量跟這個問題有利害關係，或是能夠主宰問題的結果。最後一個盧恩，是代表赫爾冥界，也就是祖先的國度。它讓我們看到整件事情的潛在（地下）面向，是跟社會或文化背景或是集體無意識相關的層面。如果答案還是不清楚，我可能還會抽出第十個盧恩，代表「兀爾德之井」（Well of Wyrd），看看諾恩三女神要說什麼。

舉例來說明，假設提問者問，他（或她）是否該尋求更深入的正式靈性訓練，九個世界牌陣可以這樣解讀：

8. 阿斯嘉特 — I

6. 約薩爾夫海姆 — ↑

4. 華納海姆 — ＜　2. 尼夫爾海姆 — ↾

1. 中土 — X

3. 穆斯貝爾海姆 — ϟ　5. 約頓海姆 — ↿

7. 斯瓦塔爾夫海姆 — ß

9. 冥界 — ◇

在中土米加德，整件事情的核心以及提問者的「本家」（基本狀態），我們看到給勃，禮物，這是一個代表交換的盧恩。它顯示提問者在心靈狀態上已經來到施與受平衡，而且願意將自己接收到的東西傳遞出去了。在代表停滯和／或穩定之國度尼夫爾海姆，我們看到一個流動盧恩拉古茲，表示這件事情正在發生變化。在熱情之國穆斯貝爾海姆，是太陽盧恩索維洛，表示熱情驅使提問者走上的這條道路將會得到成功勝利。吹來變化或混亂之風的約頓海姆，出現的是艾瓦茲，這是代表世界樹及其關聯領域的盧恩，表示這股能量即使偶爾出現混亂，仍有其固定模式。在華納海姆，開納茲的火炬告訴我們，家中的火仍在燃燒，只要提問者經常跟自己的本居地接觸，他（或她）就會順利平安。

提瓦茲出現在約薩爾夫海姆，表示這項訓練在知識和架構層面所採取的形式是很理想的。不過，貝卡諾出現在斯瓦塔爾夫海姆，代表跟母親有關的一些個人問題，可能會影響提問者從這項訓練得到收穫的能力。在眾神之家阿斯嘉特，我們看到伊薩，代表眾神是他穩定的來源，是不會變動的潛在信仰基礎。在祖先的故鄉赫爾冥界，我們看到耶拉，代表提問者有認識到人類宗教修練背後的輪迴循環模式。該是我們回到祖先之路的時候了。提問者所受的訓練，對這件事情會有很大幫助。

傳統上，是在一塊亞麻布上拋擲盧恩符文，或是將抽到的盧恩擺在白布上。在你記住這些盧恩陣形之前，可以先用一張紙來練習，在紙上把陣位畫出來。你可以從袋子裡面直接把盧恩符文抽出來，也可以把盧恩符文塊放在有蓋的杯子裡面搖晃後再抽。將兩個盧恩配成一對，可以讓我們更清楚聚焦它們的含義。同樣道理，一個盧恩也要放在其陣位所代表的脈絡意義中來解讀。做盧恩占卜之前，先祈求奧丁和諾恩女神的祝福，是聰明的做法，禱辭如下：

我在此請求奧丁協助

請求眾神之父、騎樹者，揭露祢的盧恩──

讓我準確解讀其真義。

來自烏爾德泉井之先見

請容我抽取，令智慧顯現。

向所有阿薩眾神及眾女神致敬，請幫助我──

神聖祝福的賜予者

願此祈求帶來好運。

◆ 實踐和學習

　　還有其他的盧恩牌陣，比如年度之輪，做法是，為每一個月抽出一個主要盧恩，然後再另外抽一個次要盧恩來協助解釋。我的建議是，先抽其中一個月的盧恩，將它記錄下來，然後把抽到的盧恩放回去，再抽下一個月的盧恩，這樣你才能保有最多選項。

　　若你能對盧恩符文冥想，會發現它們的含義在你面前變得愈來愈清晰。練習方法是：隨機抽出兩個盧恩，然後去推敲這兩個盧恩的含義，看它們如何相互澄清彼此的含義。當你幫別人做盧恩占卜時，請向問卜者說明每一個陣位所代表的意義，比如：「第一個盧恩符文代表中土米加德，也就是這件事情的核心」，或是「現在我們來幫阿斯嘉特抽一個符文，看看阿薩眾神對這件事有什麼看法」，諸如此類。你會發現，問題、盧恩符文，以及陣位這三者結合起來，會讓這個符文所代表的含義被限定在一個小範圍內，這樣你就能更明確將含義陳述出來。不過，有的時候你得出的結論你自己並不清楚它的含義，但是對於提問者來說意思卻很清晰。

盧恩魔法咒

除了占卜溝通和冥想之外，盧恩符文也可以用在魔法咒上。《埃達》當中很多地方都提到盧恩咒，大家最熟悉的就是〈至高者箴言錄〉的詩句，以及〈勝利賜予者之歌〉當中希格德莉法的建言。詩文中都談到，盧恩符文可用於戰鬥、治病、分娩、靈魂遊歷、控制天氣、引誘、獲得智慧、提升辯才等等。

很可惜，很多時候，這些名目似乎變成是某些盧恩大師吹噓的內容，任何有能力使用盧恩符文的人都應該要知道，哪些盧恩可以用在哪裡。在古代，是盧恩大師們親自將盧恩知識傳授給學徒。而今天，我們必須請求奧丁本人親自來教導我們，而且要打開自己的心，透過研究和冥想來接收這些知識。以下列出的這些盧恩用途都是建議性質，而非硬性規定。所有的選擇都應依據當下情況來判斷，通常，當你把自己的能量放進來時，可能會收到一些靈感，告訴你要使用某一個盧恩，若用理智判斷應該不會那樣建議，但結果卻出奇合適。

◆ 應用實例

綁定／停止：Ｉ

鬆綁／啟動：ᚼ♢ᛁ

保護：ᛦᛐ

成功：ᛋ

治療：♢

　退燒：ᚼＩ

　止血或骨頭接合：Ｉᛚ

　強化肌力：ᚢᛋ

　促進血液循環：ᛚ♢

酒飲祝聖、防止酒被下毒：ᛚᛦ

性忠誠：ＩᛉＭ

財富繁榮：ᛦ♢◇ᚢＸ

司法、官司勝利：ᛏᛋᛦ

演說／溝通交流：ᚠ

　緩和：ᛚ

　約束：Ｉ

學習／智慧：ᚠᛋＭ

火：く

　止息：Ｉ

　啟動：♦ᛋ

分娩順產：ᚲᛒᚾᛋ　　　　　　　　平息紛爭：ᛁᛁᛒᛜ

為新生兒祈福：ᛋᛈᛞᚠᛒ　　　　　毒咒反制：ᚾᚤ

性吸引力：ᛈᛜᛞᛒ

防禦庇護

很多留存下來的古代銘文，都是刻在物件上用來保護物品的咒語。我們之前也提到，可以用綁定盧恩或銘文來製作保護汽車或行李的護符。這類銘文的另一種用途是保護你的家屋。一般人只隱約知道有盧恩符文存在，對於盧恩符文並無太多成見，因此，如果你在自己的房子外面畫庇護符文，大概也會被認為是某種裝飾吧！吟誦盧恩符文咒，可從屋內形成一個盧恩保護結界（盧恩環／盧恩圈 rune ring），一邊繞行整個房子、一邊唱誦盧恩咒，同時把符文向外投射出去（住在公寓的人最適合使用這種方法），或是從屋子外面，繞著屋子一邊唱咒、一邊用聖水或聖油畫盧恩符文。

如果要把庇護盧恩做成裝飾，可先創造一個保護性質的綁定盧恩，然後直接把它漆在牆壁上，或是做成一塊牌子固定在建築物上。跟用在其他保護咒一樣，第一個使用的盧恩都是埃爾哈茲。其他可自行添加的是：北邊放代表北極星的提瓦茲來看護你，西邊放菲胡來呼召華納神的保護力，東邊放索里沙茲來獲得索爾的協助，南邊放索維洛來獲得太陽神蘇拿的庇護祝福。然後把每一個綁定盧恩放在耶拉或歐瑟拉中包起來。用來保護房屋的通用綁定盧恩是歐瑟拉加埃爾哈茲。

你也可以將盧恩銘文鑲嵌在家門上方。例如，你可以把一個古代頭盔咒語拿來改編：「我的名字是（某某某）：明智判斷危險：可為我帶來好運。」（haitia: farauisa: gibu auja）

（以盧恩文字拼寫你的名字）

:ᚾᚨᛁᛏᛁᚨ:ᚹᚠᚱᚨᚢ:ᛋᚨ:ᚷᛁᛒᚢᚨᚢᛃᚨ

你也可以從兩部《埃達》當中爬梳出合適的銘文。〈至高者箴言錄〉裡面有很多詩句都非常好用，除非你家裡情況很緊急，否則我不推薦你用第 1 節。比較適合的是第37節：「自己的家園更好，儘管很小。」維京人也有一句相同意思的話：「世上無一處比得上自己的家」，可以用盧恩文字把這句英文寫出來：

$$\text{ᚦᚯᚢᚱ:ᚳᚱᚠᛋ:ᛁᛋ:ᛒᛖᛏᛖᚱ:ᚦᚾᚩ:ᛁᛏ:ᛒᛖᛋᚪᚠᚠ}$$

或者，如果你想更簡潔，可寫成古北歐語：*"Bú es betra, thót litit sé"*。以後弗薩克來書寫是這樣：

$$\text{ᛒᚢ:ᛁᛋ:ᛒᛁᛏᚱᚠ:ᛏᚠᛏ:ᛚᛁᛏᛁᛏ:ᛋᛁᚠ}$$

一旦你開始用這樣的方式去思考，就會聯想到其他用途——例如：把開納茲和埃爾哈茲結合成一個綁定盧恩，畫在爐子或壁爐上方，或是在保險絲盒旁邊畫上索里沙茲和索維洛的綁定盧恩，在你擔心水管不通的地方畫上拉古茲和埃爾哈茲綁定盧恩，諸如此類。

團體儀式

如果你是跟團體一起共學，到這裡你們就即將結業了。結業儀式從第495頁開始。這個儀式也可以改成個人自學的版本。接下來一章是盧恩啟蒙儀式（runic initiation），一次只針對一個人來進行，是專為想要從入門進到更高階學習的人所設計的儀式。無論你是在哪一階段，都可利用這個機會練習書寫（或填空完成）一首你自己的盧恩詩。

我往下深深凝視——

拾取盧恩符文，邊撿拾邊瘋狂呼喊

然後再次墜回地面

——〈至高者箴言錄〉（Hávamál）：139

若有機會去探訪任何一家新時代書店，一定會看到一堆書告訴你，透過某種系統或修練方式，你就能達到靈性開悟。

個人的靈性頓悟，雖然很可能是這項學習的附加結果，但並不是我們學習盧恩符文的目的。就連得到盧恩的奧丁本人，後來也沒有揚升到天界來逃避業力之輪。祂也沒有為了個人私利而將盧恩知識占為己有。前人告訴我們，奧丁在得到盧恩之後，就將它們送給了別人——其中一些給了諸神，另一些給了精靈或侏儒，還有一些給了凡人。

我建議已經讀完這本書的各位，也同樣這樣做。如果你讀完後只是闔上書本、把書放在一邊，為自己讀完一本書而沾沾自喜，那麼，此刻在你的意識中閃閃發光的那些盧恩符文，很快就會像仙女送來的金子一樣轉眼消失、隨風飄散。留住盧恩符文的唯一方法是將它們送給別人。持續深究和冥想，但最重要的是，將它們實際用於占卜或治療、防衛保護或保佑祝福。這樣，它們就會成為你生活的一部分，而生活也會繼續教導你盧恩文字的意義。

第二部

儀式

The Rituals

導言

學習方式有很多種，知識也有很多種。經過閱讀和思索盧恩符文，我們是用頭腦來理解它們。利用能夠顯現盧恩符文能量的活動，我們將它們融入我們生活之中。若要將盧恩內化和融入我們的靈魂，則是透過冥想和儀式。同時用這三種方式來研究盧恩的人，永遠不會忘記盧恩的含義。

在你閱讀這本書的過程中，你可能會單獨一個人針對每一個盧恩進行某些儀式。但是，任何參加過同好者聚會、到過儀式會所或巫師集會的人都知道，當儀式結合一群人的能量，它的影響力會增強。如果你有幸與其他同好一起研究盧恩，你會發現，進行以下儀式會對你們內化盧恩有很大幫助。就算你是單獨自學，也能從閱讀儀式過程和實際冥想獲得利益。

所有儀式都擁有相同基本結構。首先是小組一起吟唱整組弗薩克，觀想這二十四個盧恩符文發出柔和的光芒，圍成一個圓形結界，把儀式場所整個圍起來，為接下來的儀式活動創造一個受到保護且聚焦的空間。接下來是祈請該盧恩符文對應的男神和女神。之後是儀式的「工作」部分，可能會包括獻供、祈禱、唱咒、演出神話劇，或是其他可體現該盧恩符文意涵的活動。這些活動是要讓我們的頭腦做好準備，來進行接下來的引導式冥想，這樣訊息才能在冥想中進入到更深的意識層次。在進行每個儀式之前，你可能會想要事先閱讀冥想內容。如果你是和團體一起共學，那麼最好等到儀式進行時。冥想結束後，等所有人都確實回到現實世界，請向所有被召請的力量表達感謝，然後將符文結界圈拆除。儀式工作需要能量，因此現場可準備一些食物，或是之後一起出去吃點東西。如果有人是開車來參加儀式，一定要非常確定，他們都已經確實回到現實世界落地扎根。

你可能會注意到，某些儀式引用了《詩體埃達》的詩節，但內容比其他譯本更自由隨興。你也可以自行換成另一種譯本。儀式中所引用的素材內容，如果是我課堂上的學員所編寫的，都有註明作者名字。另外，遇到「祭司」或「女祭司」這類稱謂的角色分配，請不用拘泥於性別。

第1章

拾取盧恩

儀式旅程

　　第一次聚會的儀式是一種尋路（pathworking）或帶路性質的冥想，是為了引導我們前往世界樹與盧恩相會。為了幫助團體成員集中心神，開路冥想需在受保護的結界圈內進行。儀式的各個部分則可分配給不同成員來負責。冥想部分最好是由聲音洪亮、悅耳、速度平緩且富有感情的人來朗讀。

　　你也可以用鮮紅色的筆，將每一個盧恩文字寫在一張大紙卡或是半張列印紙上，這是一個很好用的方法。當你們要建立盧恩結界圈時，可依次輪流舉起每一張紙卡，或事先將它們貼在房間四周圍牆壁上，圍成一個圓圈，這樣學員在繞行房間時就能同時看到盧恩符文。

　　除了盧恩紙卡外，執行儀式其實不需要任何工具或道具，但你會發現，如果你用儀式匕首、盧恩符文杖，或儀式魔法杖在空中畫出你所唸誦的符文，它能幫助所有人把焦點集中在這個符文上。祭壇也能為儀式活動提供焦點。不需要很精緻華麗。用一塊布蓋在一張小桌子或盒子上，或是先拿一塊布繡上或畫上盧恩文字，可畫在布邊四周，也可畫成一個圓圈。然後在布上面擺一對蠟燭和盧恩文字紙卡（一張張疊起來）。

為了讓大家集中心神，順利進入適當的心理狀態，可以先從為這個神聖空間祝福開始。有些人可能是從別的異教傳統前來學習盧恩符文，如果能先讓大家建立一個儀式圈，然後進行四方祈請（honor the quarters），可能會讓這些成員覺得更自在放鬆一些。如果是已經有在修習北方異教傳統的人，則可從索爾之鎚儀式開始，或任何一種習慣的方式也可以。如果你願意，也可以將這個開場部分加到建立盧恩符文環（結界）的儀式內容中。

　　維京人的宗教儀式通常是在戶外的神聖樹林或聖地、家屋大廳，或固定寺廟和神殿中進行。但他們一定都會有一個步驟是先在一塊地上建立防護結界，宣示儀式範圍並先為它祝聖。

　　如果這塊地方原本就是大自然的一部分或永久獻給眾神，或者，你現在要進行的儀式原本就是你文化的一部分，那就不需要在儀式前建立神聖空間（就跟耶誕節早上拆禮物前不需要先建立儀式結界一樣）。不過，我們現在是要試圖找回我們祖先的靈魂信仰，需要盡可能獲得所有幫助，讓我們能夠在凡常生活中轉換我們的心理狀態。尤其，如果我們在一個很凌亂的客廳裡聚會時，更需要這麼做。如果你已經是儀式工作的老手，經驗非常豐富，你也可以自己設計自己的開場和結束步驟，或是直接使用艾德瑞得・索森在《弗薩克》一書中提供的索爾之鎚保護儀式（the Hammer Rite）。

　　我目前比較喜歡的做法是，讓全體成員一起呼召盧恩符文環來展開盧恩儀式──成員一一加入圈子，同時大家一起吟唱盧恩符文聖詠，並在空中畫每一個盧恩符文。到聚會結束時，大家應該都已經熟記所有的弗薩克，也能夠憑記憶呼召盧恩環了。

建立神聖空間

　　全體成員站著圍成一圈，面向祭壇。帶領者面朝北方，開始吟誦盧恩符文，一邊吟唱一邊在空中畫寫每一個符文，接著順時鐘方向向右輪，由成員輪流吟誦，等全部的弗薩克都呼召完畢，每一位成員也都進入到結界圈中。之後的儀式，全體成員會一起呼召盧恩符文環（結界圈），或者你也可以選擇吟唱下面這首〈弗薩克之歌〉（*Futhark Song*）。

ᚠ 菲胡 FEHU	ᚺ 哈格拉茲 HAGALAZ	ᛏ 提瓦茲 TIWAZ
ᚢ 烏魯茲 URUZ	ᚾ 瑙提茲 NAUDHIZ	ᛒ 貝卡諾 BERKANO
ᚦ 索里沙茲 THURISAZ	ᛁ 伊薩 ISA	ᛖ 依瓦茲 EHWAZ
ᚨ 安蘇茲 ANSUZ	ᛃ 耶拉 JERA	ᛗ 瑪納茲 MANNAZ
ᚱ 萊多 RAIDHO	ᛇ 艾瓦茲 EIHWAZ	ᛚ 拉古茲 LAGUZ
ᚲ 開納茲 KENAZ	ᛈ 佩斯洛 PERTHRO	ᛜ 殷瓦茲 INGWAZ
ᚷ 給勃 GEBO	ᛉ 埃爾哈茲 ELHAZ	ᛞ 達嘎茲 DAGAZ
ᚹ 溫佑 WUNJO	ᛋ 索維洛 SOWILO	ᛟ 歐瑟拉 OTHALA

　　現在我們已呼召盧恩符文，接下來就用珍妮佛‧提夫特的〈弗薩克之歌〉來唱出它們的力量。

Fe - hu, U - ruz, Thu - ri - saz, An - suz, Rai - dho, ke - naz,
菲 - 胡, 烏 - 魯茲, 索 - 里 - 沙茲, 安 - 蘇茲, 萊 - 多, 開 - 納茲,

Ge - bo, Wun - jo, Ha - ga - laz, Nau - dhiz, I - sa,
給 - 勃, 溫 - 佑, 哈 - 格 - 拉茲, 瑙 - 提茲, 伊 - 薩

Je - ra, Eih - waz, Per - thro, El - haz, So - wi - lo,
耶 - 拉, 艾 - 瓦茲, 佩 - 斯洛, 埃爾 - 哈茲, 索 - 維 - 洛,

Ti - waz, Ber - ka - no, Eh - waz, Man - naz, La - guz, Ing - waz,
提 - 瓦茲, 貝 - 卡 - 諾, 依 - 瓦茲, 瑪 - 納茲, 拉 - 古茲, 殷 - 瓦茲,

Da - gaz, O - tha - ra. Twen - ty and four bright drops of
達 - 嘎茲, 歐 - 瑟 - 拉。 二十四滴光明的

heart's blood. Fire and ice cre - ate the world.
心血。 火與 冰 創造 這 世界。

祈請

請另一位成員誦讀希格德莉法祈禱辭，來祈求眾神的祝福。

> 「向白晝致敬，向白晝的光明之子致敬
> 向夜晚致敬，向夜晚的女兒歡喜致敬
> 願祢以慈愛之眼看顧我們，為我們祝福
> 保佑這裡所有人勝利成功。
> 我們召請眾男神與眾女神
> 召請賜予我們一切萬物的大地女神──
> 請賜給我們智慧言語和財富
> 並在此生，擁有一雙治癒之手！」
>
> （〈勝利賜予者之歌〉（Sigdrifumál）:2，非精準翻譯）

第二位朗讀者可以唸誦這個禱辭，或自行創作類似風格的祈禱文：

> 奧丁，至高者，我們在此向祢致敬──
> 謎語大師、騎樹者、偉大的神，請來到我們中間。
> 文字的鐵匠，請塑造我們的智慧和意志
> 跟隨祢的道路，即是獲得祢的灼見真知。
> 願聖詠的蜂蜜酒賜予我們靈感
> 讓聲音、身形和感官清晰說話。
> 眾神之父──
> 願我們習得盧恩之智慧
> 願盧恩之威力為我們揭開奧祕！

冥想

　　這個時候，要將所有燈光都調暗或關掉。引導所有學員為自己找到舒服的位置和姿勢。朗讀冥想文字稿的人需要準備小盞蠟燭或迷你手電筒。如果喜歡的話，也可用中速度節奏的穩定鼓聲伴奏。朗讀冥想內容時，遇到黑體的盧恩符文名稱，聲音要加重。完成冥想後，要留一點時間讓所有人都能回復到正常意識狀態。最後才把電燈全部打開。

　　你現在很放鬆，寂靜不動，
　　你穩穩扎根在大地上。
　　吸氣……吐氣……吸氣……吐氣……
　　（吸氣4拍，暫停2拍，吐氣4拍，暫停2拍）
　　讓人世間的煩惱全部隨著吐氣消散。
　　你現在很放鬆，很平靜，你受到保護，安全地坐在這裡。
　　接下來，你要往前走，然後，你會安全地回來，
　　你會記得所有你需要知道的事情。

　　你現在全身都很放鬆，感覺堅實的大地支撐著你。
　　讓你的意識往下沉，沉入內部，
　　進入地球核心……現在，重新將它拉出來。
　　讓它的力量充滿你全身……

　　現在，離開你的身體。
　　你看到一處熟悉的地方。
　　看一下地面；是青草地還是石頭地？

感覺它的觸感質地，聆聽周遭的
聲音。
當你仔細凝視，你會看到一條路的
起點。
跟著這條路往前走，離開你熟悉的
領域，
穿過灌木叢，你看到一片樹林，
再往前走，這片樹林變成一座大森林，
再往前走，森林變得更密、更暗，
現在，你穿過一條濃密的林蔭隧道。

然後，林木慢慢變得稀疏，
你眼前出現一片空地。
空地正中央有一棵大樹，
比其他樹木還要高大雄偉，
它的枝葉無比廣闊，你無法看到它的
邊界，
樹幹高聳，直入雲霄。

你看到這棵樹底下有三條巨大的根，
深深扎入土壤中。
你走到最靠近你的那條根，看見一條
通道打開了。
你走進去，發現一道朦朧、溫和的光，
你看到前方有一條路。

你從北方往東方走，
一路盤旋而下，
再從東方走到南方。
然後你轉往西方，
感覺身體四周繚繞著一股涼爽的
霧氣，
一層一層的薄霧，
滋潤著你，撫慰著你，
層層薄霧像一道簾幕，將你與世界
隔開。

你飄浮在霧中，
聽到不遠處有一條大河隆隆咆哮，
水流湍急，沖刷著岩石，
然後往下墜落形成轟隆的瀑布；
在繚繞的霧氣之中，你看見
雷霆洪河的怒吼，洪河深處出現一
道閃光，
是一條魚──陽光照在牠身上形成
的反射。
霧氣飄蕩，像漩渦旋轉。你進入那
道漩渦，
突然瞥見，霜白的霧淞，
那是世界樹的盤根。

盤根之下有一口井，在陰影中如鏡面般漆黑。

那口井非常深，諾恩三女神每天都從那裡取水飲用，

並在世界樹下編織世人的命運。

世界樹從地底根部往上抽伸、高聳入雲，

樹幹覆蓋著皺摺板狀的樹皮，

讓想要爬樹的人很容易攀爬。

你現在是在世界樹的根部、還是樹幹？

你是在地底深處、還是在高處？

距離和方向在這裡沒有任何意義。

大樹的頂端，樹枝已經磨損變得非常平滑；

那裡就是至高者奧丁倒吊懸掛的地方

他在那裡度過了九個夜晚，獨自一人，

懸掛在世界之間。

你要尋找盧恩嗎？

在你爬到樹上之前，請你祈求奧丁的祝福。

然後，小心翼翼，慢慢向上爬。

讓世界樹的枝條擁抱著你的身體……

然後往後倒下，哦求道者，懸掛在世界樹上，

倒吊於大地和天界之間，

你感應到，你身體之下的深淵打開了，

無比廣大浩瀚，在樹根和樹枝之上，

是九個世界，以及將各世界連結起來的靈魂的脊柱……

風在你耳邊低語，烏鴉在你身邊盤旋，

鳴叫著牠們的智慧，牠們棲息在世界樹上。

你繼續倒吊著，寂靜愈來愈深沉；

你的身體被綑綁，但你的靈魂自由飛翔。

現在，呼召神聖的盧恩符文！

讓這些符號在你面前翱翔——

你會找到盧恩，並正確解讀符文，

那具有驚人重量的符文，

具有強大魔法力量的符文，

是那位最聰明睿智的神所賜予；

每一個盧恩都有一個名字，你要仔細看，

接受它，

讓它成為你自己的符文！

菲胡是牛群與沃田，
弗雷輕鬆為友尋得財富；
烏魯茲野牛激勵大地，
以精神力量塑形造物；
索里沙茲，索爾之刺，
是解放仇敵或與其戰鬥之力；
安蘇茲、歐斯，是奧丁之智慧，
溝通交流之欣狂喜悅；
乘上萊多即刻就走，
一邊工作同時將世界環遊；
開納茲知曉創造之火，
壁爐與大廳因火炬而轉化改造；
給勃使禮物與贈禮者合為一體，
以其能量之平等交換；
溫佑獲得願望之神的福佑，
喜悅匯聚眾人於安心自由之家園；
哈格拉茲在此歡迎冰之種子，
傷害融化後即成為醫治；
瑙提茲是必要必需，
諾恩盧恩是受需求逼迫之命運；
伊薩是冰、是慣性，
停止和寧靜；
耶拉年輪圓滿豐收，
時節成熟即得相應報酬；
艾瓦茲，世界樹的紫杉，

生與死之弓，將各個世界緊密相連；
佩斯洛從盧恩骰杯倒出命運之籤，
說出成人或孩子的機運和變遷；
埃爾哈茲埃爾克是鋒利糜鹿莎草，
圖騰力量為人提供保護；
索維洛令太陽之輪衝天飛翔，
光明遍及陸地和海洋；
提瓦茲是提爾盧恩，
勝利犧牲者成為司法正義之神；
貝卡諾是白樺樹、新娘和大地母親，
帶給我們重生的堅實力量；
依瓦茲是馬，能量的擴張，
神聖之馬連結神明與人類；
以瑪納茲為名人人皆是主人，
里格的所有孩子全都是親戚；
來自拉古茲湖泊的生命源源不斷，
泉井來自大地母親深處之黑暗；
殷瓦茲乘駕馬車周遊世界，
死後為土地留下嶄新生命；
達嘎茲是光輝燦爛的拂曉曙光，
為所有人帶來生命和成長與光明；
歐瑟拉是聖潔的心之家園，
是身體與心靈親族的歸屬之地。

靜下心來，思索你學到的東西：
「你所認識的這些盧恩符文，
不在女皇眼界之內，
也不是任何人的孩子……
對人類的後代有益，
對巨人的兒子無用。
任何說出盧恩符文的人，我們向他
致敬，
任何認識盧恩符文的人，我們向他
致敬，
掌握盧恩要義的人，喜悅平安，
聽到盧恩之名的人，即得力量！」
(改編自〈至高者箴言錄〉:146、164)

你所獲得的盧恩，會一直留在你身邊。
現在，你必須重新喚起你的覺知意識，
讓你的身體四肢重新獲得控制力。
小心地從樹上往下爬——
樹幹的樹皮都是板狀而且有皺摺的。
你可以踩在上面往下爬
現在，你站在盤根錯節的樹根之中
在諾恩三女神的命運之井旁邊。
請向奧丁表達你的感謝……
現在霧氣升騰，灰色雲霧將你吞沒，
涼爽的雲朵輕撫著你，樹根和泉井

消失隱藏。
你轉身往前走，
從西方走到南方，
再從南方走到東方，然後再次回到
北邊。
你從拱起的樹根底下現身
你看到世界樹高聳在你上方。
你面前出現一條路，那是你來時走
過的路。
循著這條路往前走。
穿過森林隧道，回到你原來的地方。
你再次回到光亮之中。
你往前看——那裡是你熟悉的地方。

穩穩坐著，感受你肉體的重量，
身體底下是堅實的地面。
回到你的身體裡面。
回想你剛才學到的東西。
現在吸氣，吐氣，再吸氣，吐氣。

(從這段開始加快速度)
吐出一口氣，伸展你的全身。然後
張開眼睛。

你再次回到神聖結界。

你踏在堅實的土地上。你現在穩穩站著。

四周是一片漆黑。你坐下來，穩固在自己的中心點——

現在吸氣，吐氣……再吸氣，吐氣……

所有雲霧現在都已消散；凡人的視覺甦醒，

歡迎盧恩符文的持有者，再次回歸凡常世界。

回到現實人間

我們應該要向呼召的神靈表達感謝。

感謝諸位男神，感謝諸位女神，

感謝賜予一切萬物的大地女神！

感謝眾神之父奧丁，盧恩符文大師，

送給我們這智慧的禮物！

打開結界

先面朝北方，然後開始逆時鐘方向繞行，同時觀想盧恩結界圈逐漸退去，沉入地底之下。

會後聚餐和接地扎根

儀式結束後，一定要留出一點時間，讓每一個人在回家之前確定都已恢復到平常的意識狀態。最好的方法就是準備一些食物和飲料，每次聚會都要提供，讓成員有機會相互交流。比較合適的食物包括斯堪地那維亞餅乾或家鄉麵包、起司、蘋果、蘋果蘇打水，如果想要喝點小酒，也可以準備啤酒或蜂蜜酒。

請注意，每個人對入神冥想的反應都不同。在冥想過程中，有些人可能會覺得好像在聽一個故事。也有人會睡著，然後自動醒來，他們會把聽到的內容記憶在潛意識裡。也有少數人可能很難恢復到正常意識狀態，可以用鹽巴、水和食物讓他們清醒過來。如有必要，你可能需要單獨帶他們再做一次冥想，將他們在冥想過程中可能留下的靈魂碎片重新撿回來。

第2章

菲胡／烏魯茲

創造豐盛的儀式

　　這個儀式的目的是為了顯化華納神賜予的豐盛和財富禮物。進行這個儀式之前，你需要準備一塊布、金色蠟燭、畫有ᛝ和ᚾ的紙卡，還有神像圖片。每個人都可準備一張存款憑單，或是一張遊戲紙鈔。然後還需要一支金色墨水筆、一個酒杯或牛角杯、一罐牛奶、一盤麵包或蛋糕，以及一盤外包金箔紙的巧克力金幣。祈禱辭可以由帶領者（班長）來朗讀，也可以分配給小組成員來擔任。如果實際情況允許的話，男神弗雷請由女性成員負責召請，女神弗蕾雅則由男性成員召請。

建立神聖空間

　　全體成員站著圍成一圈，面朝北方。開始輪流吟唱盧恩符文歌，一邊吟唱一邊在空中畫出每一個盧恩文字，然後依序向右邊輪，等全部的弗薩克呼召完畢，所有人也共同建立起圓形結界。之後的儀式，全體成員會一起呼召盧恩符文環（結界圈）。

ᚠ 菲胡 FEHU	ᚺ 哈格拉茲 HAGALAZ	ᛏ 提瓦茲 TIWAZ
ᚢ 烏魯茲 URUZ	ᚾ 瑙提茲 NAUDHIZ	ᛒ 貝卡諾 BERKANO
ᚦ 索里沙茲 THURISAZ	ᛁ 伊薩 ISA	ᛗ 依瓦茲 EHWAZ
ᚨ 安蘇茲 ANSUZ	ᛃ 耶拉 JERA	ᛗ 瑪納茲 MANNAZ
ᚱ 萊多 RAIDHO	ᛇ 艾瓦茲 EIHWAZ	ᛚ 拉古茲 LAGUZ
ᚲ 開納茲 KENAZ	ᛈ 佩斯洛 PERTHRO	◇ 殷瓦茲 INGWAZ
ᚷ 給勃 GEBO	ᛉ 埃爾哈茲 ELHAZ	ᛞ 達嘎茲 DAGAZ
ᚹ 溫佑 WUNJO	ᛊ 索維洛 SOWILO	ᛟ 歐瑟拉 OTHALA

祈請

男神和女神

「向白晝致敬，向白晝的光明之子致敬
　向夜晚致敬，向夜晚的女兒歡喜致敬

願祢以慈愛之眼看顧我們，為我們祝福

保佑這裡所有人勝利成功。

我們召請眾男神與眾女神

召請賜予我們一切萬物的大地女神——

請賜給我們智慧言語和財富

並在此生，擁有一雙治癒之手！」

（〈勝利賜予者之歌〉（Sigdrifumál）：2，自由翻譯）

召請弗雷

（點上金色蠟燭）

讚美弗雷大神！讚美偉大的弗雷，

人類的協助者，我們讚美祢！

肥沃土地之父，最英勇的戰士，

現在請賜下祢的祝福。

祢是尼約德和納瑟斯的後代。

在阿爾夫海姆，所有人都崇敬祢。

祢的光芒融化了巨人少女的心——

我們向祢致敬，格爾德的丈夫！

豐饒之神弗羅迪，請保佑我們田地結實纍纍

小牛和母牛繁衍成群；

捆麥盾牌之子史基爾德，請保佑我們田地豐收

歡喜迎接祢賜予的金色穀物；

殷格維國王，我們將向祢致敬，當祢的聖體馬車

重返人間巡行，我們依然崇敬你。

金鬃野豬古林博斯帝，願祢保佑我們，

生命如陽光般燦爛光明——

如種馬那般強壯，祢的力量使我們豐盛豐滿，

敬愛的神和愛人，請讓我們重獲新生！

召請弗蕾雅

(點上金色蠟燭)

「頌讚芙蕾雅！頌讚偉大的女神，

至高至聖的女神，我們讚美祢！

布里希嘉曼的持有者，華納神的新娘，

我們在這裡大膽向祢呼求。

賜予者葛芬，金色光芒的女神，

請將祢的恩惠賜給我們。

祢高坐於壯麗的瑟斯靈尼爾宮殿；

愛的亞麻女神。

祢是秀爾，我們向祢致敬，戰豬希爾帝斯維尼的騎士，

祢是野豬─奧塔的救世主。

金色的古薇格，在烈焰中疾速奔跑，

在火焰中重塑祢的命運。

大海中的瑪朵，美麗又堅強，

祢是眾神和人類的情人；

華納神的母馬，祢是馳騁戰場的戈恩多爾，

氣宇非凡的國王。

生命的女神，請點亮燭火——

讓我們看見祢的榮光！」

(改編自《布里希嘉曼》)

獻供

我們的男神與女神，我們大聲呼喚祢，
豐饒之神弗雷和弗蕾雅，兄弟和新娘。
為我們帶來好運，為大地帶來豐富物產，
請聆聽我們的讚美，為我們加持力量！
帶著滿心感謝，我們獻上供品——
一切獻祭回歸本源，
庇佑祝福源源不斷！

（將存款單和遊戲紙鈔放在祭壇上）

現在我們為祢獻上納瑟斯不斷增長的黃金；
（獻麵包）
獻上歐德姆布拉的乳汁，滋養人類的生命；
（獻牛奶）
獻上弗蕾雅的璀璨淚水，保佑眾人幸福安康。
（獻巧克力硬幣）
現在請接受我們獻供，生命的男神與女神！

豐盛祈禱文

哦，令顯化加倍之諸神，
我們向祢祈求豐盛——

不貪婪、不侵略

亦不剝奪其他人的生命或生計，

只透過自然、正向、生產力旺盛的

耶拉年輪之轉動，

讓我們擁有充足的食物、火以及同伴，

感謝祢帶來的豐盛！

諸位同伴，現在請安靜下來，

讓眾神清楚看見你的心

你需要的一切東西……

(所有人以默禱方式向諸神祈求所需之東西，同時，祭司或女祭司用金色墨水筆在每個人的存款單或遊戲紙鈔上面畫出代表豐盛的綁定盧恩)

財富連禱文

(*帶領者*)：幸運之神，請保佑我們財富滿滿——

(*全體*)：願財富迅速降臨我們身上！

(*帶領者*)：黃金女神，請賜予我們豐盛富裕——

(*全體*)：願財富迅速降臨我們身上！

(*帶領者*)：願財富收入像米穀在田裡茂盛發芽——

(*全體*)：願財富迅速降臨我們身上！

(*帶領者*)：願我們滿手黃金財富，但不受黃金財富所束縛——

(全體)：願財富迅速降臨我們身上！

(帶領者)：請幫助我們一心一意專注於工作——

(全體)：願財富迅速降臨我們身上！

(帶領者)：請保佑我們身體健康，工作永不疲累——

(全體)：願財富迅速降臨我們身上！

(帶領者)：請賜予我們靈感，從事有價值的工作——

(全體)：願財富迅速降臨我們身上！

(帶領者)：請保佑我們找到自己熱愛的工作——

(全體)：願財富迅速降臨我們身上！

(帶領者)：請保佑我們找到各式各樣的收入來源——

(全體)：願財富迅速降臨我們身上！

(帶領者)：請讓我們擁有慷慨之心，與他人分享我們的財富——

(全體)：願財富迅速降臨我們身上！

(其他人可在這裡加上他們自己的請求)

(帶領者)：弗雷和弗蕾雅，請將祢們的恩惠賜給我們——

(全體)：願財富迅速降臨我們身上！

冥想

在此階段，除了祭壇上的蠟燭，其他燈光都暫時關掉。引導所有學員為自己找到舒服的位置和姿勢。朗讀冥想文字稿的人需要準備小盞蠟燭或迷你手電筒。接近冥想尾聲時，請一個人將存款單或遊戲紙鈔發回給它們的主人，當人們睜開眼睛時就能馬上看到存款單和紙鈔。

朗讀冥想文的人請把速度放慢，留一點時間讓成員進行視覺化觀想。冥想結束時，務必留一點時間讓人們恢復到正常意識狀態；然後才把燈打開。

你現在很放鬆，寂靜不動，
你穩穩扎根在大地上。
吸氣……吐氣……吸氣……吐氣……
（吸氣4拍，暫停2拍，吐氣4拍，暫
停2拍）
讓人世間的煩惱全部隨著吐氣消散。
你現在很放鬆，很平靜，你受到保
護，安全地坐在這裡。
接下來，你要往前走，然後，你會
安全地回來，
你會記得所有你需要知道的事情。

你現在全身都很放鬆，感覺堅實的
大地支撐著你。
讓你的意識往下沉，沉入內部，
深深沉入地心……現在，重新將它
拉出來。
讓它的力量充滿你全身……

現在，離開你的身體。
你看到一處熟悉的地方。
看一下地面；是青草地還是石頭地？
感覺它的觸感質地，聆聽周遭的聲音。
當你仔細凝視，你會看到一條路的
起點。

跟著這條路往前走，離開你熟悉的領域，
穿過灌木叢，你看到一片樹林，
再往前走，這片樹林變成一座大森林，
再往前走，森林變得更密、更暗，
現在，你穿過一條濃密的林蔭隧道。

然後，林木慢慢變得稀疏，
你眼前出現一片空地。
空地正中央有一棵大樹，
比其他樹木還要高大雄偉，
它的枝葉無比廣闊，你無法看到它的
邊界，
樹幹高聳，直入雲霄。
你繞著大樹行走……它的根部交纏著
許多小徑。
有一條路，將你帶往西方……

穿過荒野土地，你繼續往前走，
看見冬褐色的歐洲蕨攀附在山坡上，
小徑長滿了多刺的荊豆花。
結冰的泥土在你腳下喀啦作響。
世界因冰冷而顯得死寂，安靜到沒有
一點聲音。
整片土地彷彿墜入朦朧之境，
只偶爾見到奮力掙扎而出的樹叢

讓平坦的風景變得分裂破碎。
在這裡，即使是荊棘，亦必須努力求生。
天空昏暗，你在冰冷的風中瑟瑟地發抖。
你停在山坡上，想要努力看清自己的
道路。
你正在尋找那應許之地。
你正在尋找的那片土地
它會提供你所需要的一切。
你正在尋找豐盛的源頭，
但現在你眼前所見，盡是一片朦朧迷霧。
也可能是塵埃，因它似乎正在滾動──
塵埃像是烏雲翻滾翻騰
似乎有某樣東西正在靠近。

大地顫抖，發出深沉巨吼
與風的呼嘯聲相互呼應迴盪。
現在你看見晃動的獸角和巨大肩膀。
只有一隻野獸，但身形巨大無比──
是野牛，古代的野牛。

你環顧四周──但你無處可逃。
這隻動物擋在前方，讓你無法前往你
想去的地方。
牠粗壯的腿令大地強烈震動。
有那麼一瞬間，你幾乎看不到牠──

但在灰濛濛的黑雲當中你瞥見了牠
的身影。
看似陌生，但一切又似乎非常熟悉。
就是它們在阻礙你獲得財富。
請仔細看清楚……
看清楚它們的形狀……
然後為它們命名……

*（請留一點時間，讓大家觀想清楚那些
阻礙他們獲得成功和財富的東西）*

然後，你看到這隻野牛再次衝向你。
牠的腳蹄在貧瘠的土地上發出雷鳴。
牠朝著你衝過來，尖銳的牛角放得
愈來愈低。
你不能跑開。
你必須從這頭野獸身上吸取力量，
你必須正面迎接牠。
只有你自己才有辦法轉化你自己的
阻礙。

當牛角正面指著你，
力量也從那裡爆發出來。
請張開你的雙臂，擁抱這股狂野的
能量。
讓野牛眼中翻騰的火焰將你點燃！

現在，這股力量已經朝你撲來！
抓住牠堅硬的彎角，緊緊抓住牠！
那股力量穿透了你的身體，讓你全
身驚顫！
那股衝力把你整個人往上翻——
你飛了起來，往上飛、愈飛愈高……
然後降落在一片茂密的青草地。
你滾到草地上，大野牛的身影還在，
但牠的兩支牛角變成指向地面。
這隻野獸正在舔舐著地上冰凍的泥土。
現在聳立在你面前的不是公牛。
因你看到牠走動的時候巨大乳房跟
著左右擺動。
每走一步就有白色的乳汁流出。
當牠的乳汁碰觸地面。
大地開始變成一片翠綠。
河水開始流動，穿過貧瘠的土地，
樹木開始發芽，灌木開始開花，
歐德姆布拉的乳汁滲進土壤深處。

四周開始升起霧氣——
請回想那些阻礙你獲得成功的東西。
現在，你看到它們的形狀全都改變了。
你已經來到華納神族的土地。
你所渴望、所需求的一切
現在在你眼前清楚顯化成形。

（請留一點時間，觀想顯化出來的財富
和繁榮景象。）

仔細看清楚。
將它們好好記住。
相信你所看到的一切。

你循著彎曲的小徑往前走。
你再次看到那棵高大雄偉的世界樹。
你繞著它走。

然後，你面前出現了你來時走過的
那條小路。
循著這條路往前走。
穿過森林隧道，回到你原來的地方。
你再次回到光亮之中。
你往前看——那裡是你熟悉的地方。
穩穩坐著，感受你肉體的重量，
身體底下是堅實的地面。

回到你的身體裡面。

回想你剛才學到的東西。

靜靜坐著，回歸中心——

吸氣，吐氣……再吸氣，吐氣。

(從這段開始加快速度)

吐出一口氣，伸展你的全身。然後張開眼睛。

你再次回到神聖結界之中。

歡迎盧恩符文的持有者，再次回到現實人間。

你現在已經回到神聖結界之中。

眾神的禮物

(帶領者)：請仔細看，你面前出現的是什麼！
現在是顯化的時刻！
現在，荒野魔法將生命賜給我們和這片土地！
請仔細看，眾神如何將美好的禮物送給所愛的人——
請接受繁榮財富的祝福！

結實纍纍的田野，滿滿的都是金黃色的穀物。
這是弗雷的種子，它可以餵飽你的飢餓！
（用 ◇ 盧恩為麵包祝聖，然後傳下去。）

母牛有足夠的乳汁可以餵飽所有的人。
這是芙蕾雅的禮物，願它解除你的口渴！
（用 ∩ 盧恩為牛奶祝聖，然後倒入牛角杯，傳下去。）

所有美好事物的賜予者，都會為我們帶來繁榮財富。
請拿取眾神賜予的黃金，明智地使用它！
（用 ᛈ 盧恩為「金幣」祝聖，然後傳下去。）

(全體)：敬愛的男神和女神，在此刻
祢們已經用祢們的力量為我們庇佑祝福：
慈愛眾神在此刻，大威大力庇佑我。
接受之時亦施捨，分享神愛是生活。

Lord and Lady in this hour, you have blessed us with your power.
慈愛眾神 在此刻, 大威大力 庇佑我。

As we receive, so may we give; as we have shared your love, we live.
接受之時 亦施捨, 分享神愛 是生活。

重返人間

感謝眾神

感謝眾男神，感謝眾女神，

感謝大地女神賜予的一切！

我們感謝弗雷和弗蕾雅賜予的所有禮物，

無論過去、現在或未來。

讓我們帶著弗雷和弗蕾雅的祝福

進入塵世人間！

打開結界

先面朝北方，然後開始逆時鐘方向繞行，同時觀想盧恩結界圈逐漸退去，沉入地底之下。

第3章

索里沙茲／安蘇茲

巨人魔法

　　這個儀式的目的，是運用安蘇茲的魔法咒術來操控索里沙茲的能量，特別是在改變天氣這方面，無論你是要祈求更多雨水，還是希望少下一點雨，都可用這個儀式作為魔法儀式的範本。先識別失衡的力量是哪一種，然後依照這裡介紹的模式和步驟來進行。如果你所在地區目前天氣非常好，也可藉此機會去探知，是什麼力量造成好天氣，然後去強化這股力量。如果天候狀況不佳，可將它擬人化為一位巨人，並使用安蘇茲咒法與它戰鬥。做法包括本章所介紹的自由聯想咒語吟唱和尋路工作，或是其他法術。儀式文本則提供了祈雨和祈晴兩種選擇。

　　你可依照自己的需要來調整天氣魔法以及尋路工作的相關內容。自己重新寫一個新的文本，觀想眾神在你進行儀式時，以其法力來影響你所在地區的天氣。

　　進行這個儀式，需要準備一塊祭壇布（最好是白色或藍色）、為每一位神祇分別準備一座燭台或單支蠟燭、熏香、畫有安蘇茲和索里沙茲盧恩的紙卡，以及索

爾和奧丁的照片。另外還需要準備一盤或一籃麵包、一杯蜂蜜酒或蘋果酒，如果是祈雨，則需要多準備一碗雨水。另外也可再多準備一根魔法杖或木槌（大約2.5公斤重的短柄木槌，不是木工用的鐵鎚），以及一面鼓。

務必記得，天氣魔法的施作必須與你所在地區的氣候相配合。因為在進行魔法工作時，你操作的是非常嚴肅的能量，影響力極大，你應該不會想要看到情況變糟。如果你沒辦法事先充分研究當地氣象狀況，知道自己到底該做什麼，那就只要單純請求諸神賜給你「適合這個季節的天氣」就好。若想了解更多關於改變天氣的倫理和技術，可閱讀依南娜・阿爾騰（Inanna Arthen）的文章〈天氣魔法的理論與實務〉（*Theory and Practice of Weatherworking*），收錄於 *Fireheart* 1989 年春夏版。

討論會結束時，或在儀式完成後的聚餐時間，請記得提醒大家，下個月要學習的盧恩文字是萊多和開納茲。可先閱讀下一章的內容做課前準備，並盡可能依照建議在課後進行延伸閱讀和實際去體驗。下一個儀式，每個人都要準備一根蠟燭，放在玻璃燭杯中，帶到課堂上。

建立神聖空間

全體成員站著圍成一圈，面朝北方。開始輪流吟唱盧恩符文歌，一邊吟唱一邊在空中畫出每一個盧恩文字，然後依序向右邊輪，等全部的弗薩克呼召完畢，所有人也共同建立起圓形結界。儀式帶領者也可以使用儀式槌，在每一位成員頭頂上方做祝聖手勢。

ᚠ 菲胡 FEHU	ᚻ 哈格拉茲 HAGALAZ	ᛏ 提瓦茲 TIWAZ
ᚢ 烏魯茲 URUZ	ᚾ 瑙提茲 NAUDHIZ	ᛒ 貝卡諾 BERKANO
ᚦ 索里沙茲 THURISAZ	ᛁ 伊薩 ISA	ᛗ 依瓦茲 EHWAZ
ᚨ 安蘇茲 ANSUZ	ᛃ 耶拉 JERA	ᛘ 瑪納茲 MANNAZ
ᚱ 萊多 RAIDHO	ᛇ 艾瓦茲 EIHWAZ	ᛚ 拉古茲 LAGUZ
ᚲ 開納茲 KENAZ	ᛈ 佩斯洛 PERTHRO	◇ 殷瓦茲 INGWAZ
ᚷ 給勃 GEBO	ᛉ 埃爾哈茲 ELHAZ	ᛞ 達嘎茲 DAGAZ
ᚹ 溫佑 WUNJO	ᛋ 索維洛 SOWILO	ᛟ 歐瑟拉 OTHALA

大自然巨人

最原始的力量，我們祈求保護——
考里（Kári ／ COW-ree），我們稱祢為智慧風神，
羅羯（Löge ／ LOW-geh），火焰之神，請聆聽我們的呼求，
海洋之神，埃吉爾（Aegir ／ EYE-yeer），請打開祢的大釜鍋，
老祖先尤彌爾（Ymir ／ EE-meer），物質世界的本源，
請看顧和守護我們的魔法工作！

祈請

索爾

紅鬍子大神，火鬍子大神，雷電的使者，
賦予人類生命力的風暴之神，喜愛盛宴之神，

自由之父，最勇敢的戰士，

多納爾，守衛者，我們非常需要祢。

請聆聽我們的呼求，偉大的英雄，請前來幫助我們。

祢的兩隻大山羊帶著禮物飛奔而來。

祈求祢為眾生帶來繁榮：請賜給大地充沛雨水，

請為這個季節降下豐沛甘霖！

奧丁

飛翔於天際的胡金，現在請聆聽我們的呼求：

司掌記憶的穆寧，是意義的賦予者。

巡遊四方的烏鴉，請前來幫助我們：

令我們永遠聰明，令我們永不忘懷，

黑色之鳥帶給我們的智慧話語。

奧丁，眾神之父，祢賜予我們精神靈魂。

願我們得以掌握其思想和意義。

言語、思想與智慧的守護者，

祢的聖歌和咒語時時刻刻啟發著我們。

魔法實作

施咒

(帶領者)：請聆聽至高者的話語：

「然後我開始成長茁壯且智慧增長

靈感豐滿且效率高超

一個字接一個字

一首詩接一首詩

（〈至高者箴言錄〉：141）

我習得第三個盧恩咒，若我需要
阻撓敵手之攻擊
我便令其刀刃變鈍
使其武器失去傷害力

（〈至高者箴言錄〉：148）

我習得第四個盧恩咒，倘若敵人
束縛我的手腳
我便唱咒斷開鎖鏈
鐐銬從我雙腳飛離
繩索從我雙手脫落。」

（〈至高者箴言錄〉：149）

我們口中所唱之咒語，威力無窮
可以打破乾旱的束縛！
（這時，帶領者以手勢提醒右手邊第一位成員，請他或她開始唸出第一
行。然後以逆時針方向，每位成員接在他或她左手邊那位成員之後，依
序輪流讀出下一句。如果成員人數不夠多，就從頭再輪一次。）

版本一：祈雨

（作者：保羅・艾德溫・季默）

（第1位成員）：下雨……

（全體）：下雨……下雨……

（帶領者此時可舉起祈雨魔杖）

（第2位）：哦，下雨……

（全體）：下雨……下雨……

（第3位）：濕潤的、涼爽的雨水……

（全體）：下雨……下雨……

（第4位）：滂沱的、濕潤的大雨……

（全體）：下雨……下雨……

（第5位）：請降下，甜美的雨水……

（全體）：下雨……下雨……

（第6位）：請降下，大雨……

（全體）：下雨……下雨……

（第7位）：請降下，雨水……

（全體）：下雨……下雨……

（第8位）：請降下，滂沱大雨……

（全體）：下雨……下雨……

（第9位）：請降下，涼爽濕潤的雨水……

（全體）：下雨……下雨……

（第10位）：大雨滂沱，請降下豐沛的雨水……

（全體）：下雨……下雨……

（第11位）：潮濕的、冰涼的、豐沛的雨水，現在已經降下……

（全體）：下雨……下雨……

（第12位）：豐沛的雨水，降落在濕潤的大地上……

（全體）：下雨……下雨……

（第13位）：請為這片乾涸的土地降下濕潤涼爽的大雨，解除大地的

飢渴，洗滌和療癒這片土地……

(全體)：下雨……下雨……

(帶領者)：請大雨降臨，潤澤乾渴的土地。

願我們敞開心靈去理解

狂風暴雨賜予者帶來的禮物。

索爾大神，大地女神的孩子，請駕著雲雨來吧！

索爾，來吧，我們呼喚祢的名字！

我們的話語現在就是我們的意志！

我們擊鼓，跳神聖之舞。

打雷！打雷！閃電打雷，來吧！

（全體成員手拉手以逆時針方向轉動跳舞，同時繼續齊聲呼唱：

「打雷！打雷！閃電打雷，來吧！」）

版本二：阻止洪水氾濫（祈晴）

（作者：希拉里・阿耶）

(帶領者)：現在我們齊聲唱咒，

令大雨停歇，令太陽光明照耀。

現在我們祈願，陽光和雨水平等均衡。

不要讓大地乾涸，也不要讓大地腐爛。

讓眾人播下的種子平安生長。

（這時，帶領者以手勢提醒右手邊第一位成員。請全體成員順時針方向
緩緩移動，全體成員同聲祈求，然後每一位成員輪流唸出自己的那一行
禱辭。）

(全體)：哦，雨水

（第1位）：請適時和緩降下。

（全體）：哦，河川

（第2位）：請流入水庫豐滿儲藏。

（全體）：哦，太陽

（第3位）：請讓地球繁盛開花。

（全體）：哦，大地

（第4位）：請莫再哭泣悲傷。

（全體）：哦，索爾

（第5位）：請吩咐雷電不要帶來傷害。

（全體）：哦，索爾

（第6位）：請讓農夫順利播種。

（全體）：哦，索爾

（第7位）：豐收盛宴之父。

（全體）：哦，索爾

（第8位）：請令肥沃土地繁榮興旺，

（全體）：哦，索爾

（第9位）：請令作物茂盛生長。

（全體）：哦，索爾

（第10位）：紅鬍子大神，請吩咐你的閃電善加克制。

（全體）：哦，索爾

（第11位）：旅人的親密夥伴。

（全體）：哦，索爾

（第12位）：請不要再打擊他。

（全體）：哦，索爾

（第13位）：請在分水嶺降下輕盈的雨水即可。

（全體）：哦，索爾

（第14位）：請微笑迎接蘇拿的到來。

（全體）：哦，索爾

（第15位）：請保佑這片大地繁花盛開。

（全體）：哦，索爾

（第16位）：請讓大自然平衡運轉。

（全體）：哦，索爾

（第17位）：莫為穀物的生長而悲傷。

（全體）：哦，索爾

（第18位）：請微笑舉起盛宴的酒杯。

（全體）：哦，索爾

（第19位）：請吩咐你的雷聲暫停。

（帶領者）：太陽光明照耀，祝福這片土地。

願我們敞開心靈去理解

狂風暴雨賜予者帶來的禮物。

索爾大神，大地女神的孩子，請吩咐洪水現在退散！

冥想

除了祭壇上的蠟燭，請將所有燈光都暫時關掉。引導所有學員為自己找到舒服的位置和姿勢。朗讀冥想文字稿的人需要準備小盞蠟燭或迷你手電筒，以緩慢的速度朗讀冥想內容，冥想結束後，請留一點時間讓大家回復正常意識狀態。

你現在很放鬆，寂靜不動，
你穩穩扎根在大地上。
吸氣……吐氣……吸氣……吐氣……
（吸氣4拍，暫停2拍，吐氣4拍，暫停2拍）
讓人世間的煩惱全部隨著吐氣消散。
你現在很放鬆，很平靜，你受到保護，安全地坐在這裡。
接下來，你要往前走，然後，你會安全地回來，
你會記得所有你需要知道的事情。

你現在全身都很放鬆，感覺堅實的大地支撐著你。
讓你的意識往下沉，進入內部，
深深進入地球核心……現在，重新將它拉出來。
讓它的力量充滿你全身……

現在，離開你的身體。
你看到一處熟悉的地方。
看一下地面；是青草地還是石頭地？
感覺它的觸感質地，聆聽周遭的聲音。
當你仔細凝視，你會看到一條路的起點。

跟著這條路往前走，離開你熟悉的領域，
穿過灌木叢，你看到一片樹林，
再往前走，這片樹林變成一座大森林，
再往前走，森林變得更密、更暗，
現在，你穿過一條濃密的林蔭隧道。

然後，林木慢慢變得稀疏，
你眼前出現一片空地。
空地正中央有一棵大樹，比其他樹木還要高大雄偉，
它的枝葉無比廣闊，你無法看到它的邊界，
樹幹高聳，直入雲霄。
你繞著大樹行走……它的根部交纏著許多小徑。
有一條路，將你帶往西方……
（版本一：祈雨）
（你看到一片土地，一片荒地。
這片棕色的大地，已被高溫烤得乾涸，
湖泊水位變得很低，只有一點點水，
其他大多是泥沙淤積。）
（或版本二：祈晴／阻止洪水氾濫）
（你看到一片土地，一片荒地。
被大雨淹沒的山坡正在鬆動下滑；

山崖在崩塌，
混濁的洪水將房屋和農田淹沒。）

（以下兩個版本共用）
仔細看這片土地。有什麼東西潛伏
在其中？
某樣看不見的東西在空中微微發光。
這片荒地的西邊，有海風在呼嘯。
你感覺你的腳下，有一股力量正在
移動。
你的身邊四周，這片空曠之地
充斥著一股力量，你感覺得到但是
看不到。

現在，你的探索旅程開始了。請集
中心神：
在你心中默想安蘇茲盧恩。
觀想安蘇茲，它的字形浮現在天空，
兩道枝條斜向下方。你看見藍色天
空裡
有兩個小黑點。它們在天空中飛翔，
張著翅膀朝你飛來。
是兩隻黑色羽毛的鳥，牠們愈飛愈
近，身形也愈來愈大——
現在飛得非常近，來了，牠們的羽
毛如夜色般漆黑。

這兩隻黑色烏鴉，一直繞著你飛，
速度非常快，
然後直直朝著你面前飛來，朝著你
的眼睛飛來。

你還來不及眨眼，烏鴉就飛進來了——
飛進你的眼睛，飛進你腦子裡——
在你腦中編織智慧的圖板。
你所知道的一切……你所記得的
一切……
現在，你能夠用新的眼光去看：
用烏鴉般犀利的眼睛看著你所知的
一切。
你要如何運用這股新獲得的力量呢？
現在，閉上其中一隻眼睛；用單一
隻眼去看——
現在你知道怎麼做了。你有了新的
領悟。

你再次看著身邊四周這片土地。
你現在已能看見它的祕密。藏匿在
南方的是火巨人。
孔武有力的石巨人在地底下走動。
波光粼粼的海面上，浮現出一個安
蘇茲的字形……

風巨人，天氣巨人，瘋狂席捲而來。

(版本一：祈雨)

（在乾涸的荒地上，風巨人正在席捲
順時針旋轉的漩渦，夾著狂風北上。
暴風雲被帶往北方，
逐漸遠離海岸，將暴風雪帶到中土，
一位風巨人，天氣巨人，瘋狂席捲，
他將祝福的雨水帶離這片土地。）

(或版本二：祈晴)

（這片氾濫的荒地上，風巨人正在席捲
一股溫暖的熱流，不懂事的孩子，
沿著海岸向北捲動，
溫暖的空氣升起，狂風逆時針轉動，
帶著濕氣，向東旋轉——
一位風巨人，天氣巨人，瘋狂席捲，
將蜂蜜酒如風暴一般傾倒在這片土
地上。）

(以下兩個版本共用)

你要如何運用你新獲得的力量呢？
穆寧，記憶的烏鴉牠回想起
主掌巨人力量的盧恩符文。
索里沙茲盧恩——回想索里沙茲……
現在，深吸一口氣，將這股力量吸
進你體內：

烏鴉問，你還記得紅鬍子大神嗎？
索爾，雷霆者，那位打敗巨人的神，
你還記得嗎？
烏鴉穆寧將風暴製造者顯化在你面前。
阿薩的索爾大神！
索爾大神的形體，正從你身上長出來，
一團白色的雲，有時順時針旋轉，
有時逆時針旋轉。
現在，把那股濕氣吐出來，把那股
力量吐出來。
你吐出的那口氣，擁有索爾大神的
身形和力量。
能量從你身上流出，將這位大神的
形體填滿。
神的形體慢慢成形，感受這位神的
身形。
現在，請用這位大神的眼睛看著前方。
看著那位天氣巨人。

烏鴉胡金說，請伸出你的手
緊緊抓住索爾大神的手——抓住閃
電雷光！
烏鴉胡金說，索爾之鎚擁有巨大無
比的力量。
你的手現在握著這把鎚子。

能量正在流動，你全身充滿電力、
充滿力量——

（版本一：祈雨）
（你感受到這股力量正在霹靂作響，
推動層層烏雲。
舉起盧恩符文，舉起鎚子。
伸向北方，捕捉從北方吹來的狂風；
伸向南方，捕捉從南方吹來的狂風。
召喚層層烏雲，將它們圍成一圈。
在地面上方，將它們融合在一起，
將這兩股急速旋轉的氣流匯聚成一
個巨大的索里沙茲符文。
大地女神的孩子正在空中馳騁發威！
閃電雷光，大雨傾倒！

現在，你脫離這位天氣智者，再次
回復為你自己，
你看著雨水滋潤著乾渴的草地。
紅鬍子索爾大神駕著積雨雲，
在乾渴的大地上方發出巨大雷響，
擲出耀眼的閃光。

天際響起號角聲，騎馬的人在空中
飛騰，

獨眼大神奧丁與英靈戰士，
在灰黑色幽靈般的暴風雲上馳騁。
奧丁和阿薩神索爾聯手合力行動。
現在你已知道，你有能力幫助這片
土地。）

（或版本二：阻止洪水／祈晴）
（將這股力量順時鐘旋轉，將它推入
大海中，
索里沙茲……將那股暖流推回南方，
先是往下，然後轉向西方，沿著赤
道而行。
將來自北方的寒冷海水往下推；
把厄爾尼諾聖嬰送回他原來的地方。

大地女神的孩子正在空中馳騁！
火光閃耀，乾燥的風現在吹起！
現在，你脫離這位天氣智者，再次
回復為你自己，
你看著這片晴朗而湛藍的天空。
紅鬍子索爾大神將雨水瀰漫的雲層
驅散，
在濕漉漉的大地上方發出巨大雷響，
擲出耀眼的閃光。

天際響起號角聲，騎馬的人在空中
飛騰，
用尖銳的蹄子將灰黑色暴風雲層踏碎，
獨眼大神奧丁與英靈戰士，
在天空馳騁。
奧丁和阿薩神索爾聯手合力，
你也與祂們一齊行動。
現在你已知道，你有能力幫助這片
土地。）

（以下兩個版本共用）
你面前出現一條明亮的小徑
蜿蜒繞著那棵雄偉的世界樹。
那是你來時走過的路。
循著這條路往前走。
穿過森林隧道，回到你原來的地方。
你再次回到光亮之中。
你往前看──那裡是你熟悉的地方。

穩穩坐著，感受你肉體的重量，
身體底下是堅實的地面。
回到你的身體裡面。
回想你剛才學到的東西。
現在吸氣，吐氣，再吸氣，吐氣。
（從這段開始加快速度）
呼出一口氣，伸展你的全身。然後
張開眼睛。
你再次回到神聖結界。

眾神的禮物

以下兩則禱辭作者為保羅・艾德溫・季默。

ᚠ（畫出此盧恩為蜂蜜酒祝聖）

祈求我們的父親奧丁之助力
以及詩神布拉吉，侏儒之酒釀
我們傾倒詩歌，這濃烈的酒液
現在請喝下這杯喀瓦西之血
牢記那騎在世界樹上的流浪者
盜取寶物將它送給人類
格蘿德床上的倒吊之神
贏得詩人的奇妙靈酒
之後變身為羽鳥帶著禮物一起飛走
神奇的蜂蜜靈酒，令人得以吟詩作歌
我們滿懷感激，高達提爾獲得之禮
我們讚頌這位烏鴉大神！
（將蜂蜜酒傳下去）

ᚦ（為麵包祝聖）

穀麥是索爾的姊妹；當雨神在天空馳騁，
祂必須看顧關照，祂在麥田裡的親人——
索爾大神，傾瀉祢的風暴，
讓大地再次懷孕生產！
讓甘甜的種子在土裡滋長，
貪婪地喝著降落的雨水，

如同血液一般在淤泥中流淌，

令種子緩緩成長

長成豐滿的食物，餵養大地女神窩裡的孩子，

索爾大神，請傾瀉祢的風暴；將大地覆蓋，

讓我們永遠年輕的母親再次生下孩子！

（將麵包傳下去）

重返人間

感謝眾男神和眾女神

讚美眾神，讚美女神，

將恩典賜給地球一切眾生！

我們感謝索爾，我們敬拜奧丁，

以話語和意志守護人間塵世！

現在，讓我們感謝偉大的大自然力量

保佑我們平安：

大自然巨人

尤彌爾，他的身體支撐著我們，

埃吉爾，是海洋的開創者，

羅羯，是火焰之神，

考里，是智慧的風神，

約頓巨人，原始的大自然力量，

請保佑我們，在你的領地國土順遂平安。

打開結界

　　先面朝北方，然後左轉開始逆時鐘方向繞行，觀想盧恩結界圈逐漸退去，沉入地底之下。帶領者可拿著鎚子逆時針方向繞行整個房間，成員在後面跟著走。

第4章

萊多／開納茲

火的旅行

　　進行這個儀式時，需要準備大地女神駕駛馬車的神像。可以一尊維倫多夫風格的維納斯女神黏土小雕像，放在裝有蠟燭的玩具馬車裡；也可以依照在丹麥沼澤中發現的青銅時代神像風格，在一塊木頭上雕出女神的頭部和三角形身體；或是直接用印表機印出一張女神圖片，貼在畫有馬車圖案的紙板上豎立起來。

　　如果有人忘記帶蠟燭來，你可能需要幫他們準備小燭台，每個人都要有一盞蠟燭。帶領者還要準備一面鼓。最適合本次儀式的食物和飲料是麵包和啤酒，另外還要點香，最好是松樹或長青樹味道的香。

建立神聖空間

全體成員站著圍成一圈，面朝北方。開始輪流吟唱盧恩符文歌，一邊吟唱一邊在空中畫出每一個盧恩文字，然後依序向右邊輪，等全部的弗薩克呼召完畢，所有人也共同建立起圓形結界。

ᚠ 菲胡 FEHU

ᚢ 烏魯茲 URUZ

ᚦ 索里沙茲 THURISAZ

ᚨ 安蘇茲 ANSUZ

ᚱ 萊多 RAIDHO

ᚲ 開納茲 KENAZ

ᚷ 給勃 GEBO

ᚹ 溫佑 WUNJO

ᚺ 哈格拉茲 HAGALAZ

ᚾ 瑙提茲 NAUDHIZ

ᛁ 伊薩 ISA

ᛃ 耶拉 JERA

ᛇ 艾瓦茲 EIHWAZ

ᛈ 佩斯洛 PERTHRO

ᛉ 埃爾哈茲 ELHAZ

ᛊ 索維洛 SOWILO

ᛏ 提瓦茲 TIWAZ

ᛒ 貝卡諾 BERKANO

ᛖ 依瓦茲 EHWAZ

ᛗ 瑪納茲 MANNAZ

ᛚ 拉古茲 LAGUZ

ᛜ 殷瓦茲 INGWAZ

ᛞ 達嘎茲 DAGAZ

ᛟ 歐瑟拉 OTHALA

祈請

「向白晝致敬，向白晝的光明之子致敬
向夜晚致敬，向夜晚的女兒歡喜致敬
願祢以慈愛之眼看顧我們，為我們祝福
保佑這裡所有人勝利成功。
我們召請眾男神與眾女神

召請賜予我們一切萬物的大地女神——
請賜給我們智慧言語和財富
並在此生，擁有一雙治癒之手！」

〈勝利賜予者之歌〉（Sigdrifumál）：2，非精準翻譯

冥想

關掉所有燈光，只留一盞燈或蠟燭給朗讀冥想文的人。朗讀時速度放慢，而且要留一點時間讓大家做視覺化觀想。

你現在很放鬆，寂靜不動，
你穩穩扎根在大地上。
吸氣⋯⋯吐氣⋯⋯吸氣⋯⋯吐氣⋯⋯
（吸氣4拍，暫停2拍，吐氣4拍，暫停2拍）
讓人世間的煩惱全部隨著吐氣消散。
你現在很放鬆，很平靜，安全地坐在這裡。
接下來，你要往前走，然後，你會安全地回來，
你會記得所有你需要知道的事情。

你現在全身都很放鬆，感覺堅實的大地支撐著你。
讓你的意識往下沉，進入內部，
深深沉入地心⋯⋯現在，重新將它拉出來。
讓它的力量充滿你全身⋯⋯

現在你人在地球，
坐在〔你居住的國家和城市〕的一個
房間裡，
時間是二十一世紀的〔某某年代〕。
你是乘著某種交通工具而來的。
你肚子裡的食物來自某家商店；
你穿的衣服是某家工廠製造的。
你住在一個滿是陌生人的大城市裡。
你的日子由時鐘和日曆所定義。
刺眼的燈光傷害你的眼睛。
機器的轟隆聲讓你忍不住縮起身體。

但現在，你即將出去旅行。
我們要去的地方，沒有汽車可以載
你過去。
你必須呼召一匹靈魂戰馬
載你走這條路。
讓自己集中心神，
讓四周景色逐漸退去；
呼召那匹要帶你去旅行的馬，
讓牠帶你穿越時空，到各個世界
遊歷……

你看見牠從黑暗中現身
那匹即將載你去旅行的馬。

你爬上去，眼前隨即出現一條路，
在黑暗中閃閃發光。
你開始循著這條路往前走。

城市的燈光愈來愈稀疏，
只有零星的路燈在閃爍，
然後你看到煤氣燈發出柔和的光芒。
馬蹄子踩在鵝卵石上，發出空洞的
響聲。
你聽到其他馬蹄的喀噠聲
在你前方和後方，在你四周街道上，
但他們被濃厚的迷霧遮住了。
這裡是你的目的地嗎？
這地方似乎仍是太過擁擠，
到處都是人群和煤煙的臭味。
你繼續往前走。

現在你看到人們提著燈籠穿過街道。
你往窗內看，看到銀製的燭台。
街道開始變得泥濘。街道上的房屋
漸漸變少。
閃爍的燭光從凹凸不平的玻璃透出來，
空氣中瀰漫著木頭燃燒的味道。
你走過一個小鎮，
四周景色變成鄉村

星光下一片漆黑。

你從一座農莊的大門往內看，

看到大型壁爐發出紅色的光。

桌子上擺著燈心草製成的蠟燭。

你看見泥土路上有木製車輪的印子。

這裡是你的目的地嗎？

村民們擠成一團，他們害怕黑暗，

害怕說出自己心中的想法。

四周景色愈來愈遼闊，光線也變得

愈來愈暗。

房子變小了，數量也變少了；

道路變窄、也變崎嶇了。

微小的燈火在漆黑的夜裡拚命閃爍。

這裡顯然是很容易迷路的地方。

遠處有另一匹馬正在嘶鳴；

你看到其他騎士的黑影。

他們知道他們要去哪裡嗎？

他們走在同一條路上嗎？

你催促你的馬朝那些人走去，

但他們卻消失了。

你必須一個人獨自繼續走這條路。

你在尋找什麼呢？

你真正要走的那條路是什麼？它通

往何方呢？

你繼續向前走，頭也不回往前走，

尋找你自己的道路。

寒風將你的衣裳吹亂，

夾帶著森林和海洋的香氣。

你騎在一片種植著常青樹的曠野林中，

你努力要看穿那些黑影，

野狼的長嘯讓你瑟瑟發抖。

然後，終於，你看見樹幹之間透出

微微的光。

道路變寬了；你眼前出現一片房子

是原木建造的堅固房屋。

房屋與房屋之間的空地上燃燒著篝火。

森林裡面有燈火在閃爍。

人群從四面八方湧過來。

火炬的火焰遇到冷空氣化成煙霧往

上飛竄。

你終於能夠看清楚身邊的同伴。

你不再是孤單一人。

你聽到馬蹄聲和馬車的嘎吱聲響。

馬車和騎士們的黑色身影

從樹叢裡紛紛冒出來。

只有你一個人手上沒有火。

你停下來，將手伸向最近的一棵樹，

請它賜給你一根樹枝，這樣你也可以

有火了。

這根木頭在你手中起了變化，

最外層是粗糙的樹皮，末端是一團布

沾著瀝青。

刺鼻的氣味瀰漫在空氣中。

你加快速度趕上去。

現在人們圍繞在你身邊。

他們身上穿著粗布衣、動物的毛和皮——

他們外表看起來很奇怪，但你認識他們。

房子非常簡陋，森林是原始荒野，

但這地方感覺就像家一樣。

這就是這條路要帶你來的地方嗎？

好像還缺了某些東西——

（現在開始擊鼓）

鼓聲從遠處傳來，聲音愈來愈響亮……

森林裡火光閃耀；

人們聚集在篝火四周。

熊熊燃燒的火把從北邊那條路逐漸

靠近；

同時傳來人群開心喜悅的聲音。

路上馬蹄聲喀噠作響；

車輪隆隆，群眾發出歡呼！

就在人群眾馬之中

有一輛馬車從黑暗中衝出來。

馬車上坐著一位女神，祂已經周遊

過許多世界——

祂就是轉動的地球和馬車

祂是樹木，也是火焰。

（點燃四分之一數量的蠟燭、玩具馬車
上的燭台，還有房間四周的其他蠟燭。）

就是現在，就是這個地方，

你的道路把你帶到這裡。

現在，沉入你身體裡面，睜開你的

眼睛。

這裡是地球正中心，就是我們迎接

納瑟斯女神的地方，

是過去和現在合而為一的神聖中心。

拜訪眾神

眾騎士圍成一個圓圈
推動太陽輪的神聖馬車！
我們的母親千里迢迢前來與我們相會，
讓我們用火光和盛宴來歡迎祂！

(全體)：我們千里迢迢來到神聖中心，
我們在各個世界之間蜿蜒前行，
聚集親人家屬點燃火炬
眾親好友在今天點燃光明！

(繼續擊鼓維持吟唱節奏，全體成員圍成一圈輪流將馬車往前推給下一位。馬車推到誰面前，帶領者就用細支蠟燭將他／她帶來的蠟燭點燃。)

(帶領者)：大地的孩子，請接受神聖之火！

繞完一整圈之後，將馬車放在祭壇前方。以下這首歌可以在這裡唱，也可以在祝宴時候唱。

盛宴之日

(全體)：1. 噢，眾神千里迢迢而來
參與盛宴之日；
我們開心相會、歡喜迎接
祂們的馬車正往這裡前進！

人們歡欣歌唱

高舉熊熊火把；

對著天空和大地

唱出無限喜悅！

(獨誦)：肥沃的土地正在等待

陽光和雨水；

空虛的心靈正在盼望

再次找到真愛！

2. 現在眾神賜給我們

歡喜的禮物，

為我們顯露，豐盛寶藏財富

教導每一粒種子，如何生長茁壯！

太陽和月亮也加入

和星星們一起開心遊玩；

光芒無比耀眼，眾人驚奇讚嘆

直到世人領悟其真相！

在每一顆心靈裡面

生命的聖火會被點燃；

儘管眾神終將離去

光明之火會在我們心中繼續燃燒發光！

火的魔法

你需要什麼樣的知識？
你要燒掉的有毒思想是什麼？
現在，從閃爍的火焰去看出它的影像——
專心看著火焰……讓火將它轉化！

(所有人都注視著他們手上的蠟燭火焰，呼召要被照亮或轉化之物的形象。同時繼續平穩敲擊鼓聲。)

祝宴

我們千里迢迢從不同地方來到此地。
但我們都是同一母親所生的孩子。
讓我們同聲慶賀，神聖母親燃起的親情！
請高舉受到祝福的啤酒，
(畫ㄑ為啤酒祝聖)
生命之魂魄，
它的火光點燃了人們的心靈。
請舉起受到祝福的穀物，(畫ㄕ為麵包祝聖)
生命之糧食，
它的養分溫暖了人們的身體。

回到當下時刻

現在，該是我們回到人間的時候了，

我們是從那裡來的。

閉上眼睛。

在腦海中觀想，你看到森林裡的篝火。

現在，回想你來時經過的村莊和農莊，

然後是燈火通明的城市，

你看到古代路燈、煤氣燈……然後是

現代的電燈。

感謝你的駿馬帶你四處遊歷。

穩穩坐著，感受你肉體的重量，

身體底下是堅實的地面。

現在，你人在 [某某國家和城市]

你在二十一世紀。

回到你的身體裡面。

回想你剛才學到的東西。

現在吸氣，吐氣，再吸氣，吐氣。

（從這裡開始加快速度）

呼出一口氣，伸展你的全身。然後張開眼睛。

你現在已經回到我們這個房間。

感謝神力加持

現在讓我們感謝眾神的威力大能

一路保護我們平安——

阿薩男神，阿薩女神，請接受我們的讚美與致敬。

打開結界

先面朝北方，然後開始左轉逆時鐘方向繞行，同時觀想盧恩結界圈逐漸退去，沉入地底之下。

第5章

給勃／溫佑

喜悅之禮

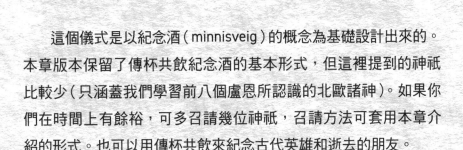

　　這個儀式是以紀念酒（minnisveig）的概念為基礎設計出來的。
本章版本保留了傳杯共飲紀念酒的基本形式，但這裡提到的神祇
比較少（只涵蓋我們學習前八個盧恩所認識的北歐諸神）。如果你
們在時間上有餘裕，可多召請幾位神祇，召請方法可套用本章介
紹的形式。也可以用傳杯共飲來紀念古代英雄和逝去的朋友。

　　蘇姆貝爾（sumbel，祝宴儀式）的步驟基本上非常簡單。先呼召盧恩符文結
界，建立神聖空間，利用冥想來設定場景。成員在自己的杯盤裡盛好食物，然後
開始祈請眾神，從地球母親開始。

　　這類儀式通常會準備的飲料是蜂蜜酒或啤酒；不過，未必一定要使用真的含
酒精飲料，我們一直都只用馬汀內利（Martinelli）氣泡蘋果汁，效果同樣非常好。
眾神祝聖過的牛角酒杯本身就已經擁有能量，它所帶來的「亢奮感」和酒精飲料完
全不同。岡德森也提過，只要咒語使用得當，只用礦泉水也能達到同樣效果！

　　傳飲牛角杯時，輪到的人可自行加入自己的禱辭、祈請文或誓詞，或單純為
牛角杯祝聖，飲酒之前先舉杯向神敬酒。傳飲牛角杯時，沒有輪到的人請保持靜

默。藉這個時間打開你的覺知意識，觀想這位神，感受這位神的力量。當酒杯傳到你手上，請在心裡默默與這位男神或女神對話。過程當中，可能在某個時刻（因人而異），你會經驗到意識上的變化，品嚐到與眾神同在的喜悅。第一次進行這個儀式可能不會有這種情況發生。當你愈來愈認識你所祈請的這位神，感受就會愈來愈明顯，也能更快聚焦來進行儀式任務。

在這個版本的儀式中，接在地球母親之後祈請的是旅途守護者海姆達爾。接著是祈請弗雷和弗蕾雅。進行完第一個祈請後，請擁抱你左右兩邊的人，觀想他們是愛與生命的男神或女神。然後進行能量交換。這時，將裝滿小禮物的馬車或籃子傳下去，每個人自己選擇拿走一樣禮物。禮物不必很昂貴，只要選擇大家用得到的東西即可──比如放置蠟燭的小玻璃燭台，或是可用來裝盧恩符文的小布袋或皮袋。

接下來是向索爾進行祈請，祈求賜予力量和「好」天氣。帶著這股力量，傳遞共飲的牛角杯之後，跟你身邊的人進行臂力交換，用你的右臂勾對方的右臂，然後左臂勾左臂，形成一個交叉。在原地站立片刻，站穩腳跟，感受索爾大神賜予的力量。最後是向狂喜賜予者奧丁進行祈請。傳遞酒杯時，默想祂所賜予的禮物──靈魂、靈感的蜂蜜酒、盧恩符文。傳完牛角杯後，帶領者拿出裝有盧恩符文塊的碗，一一到成員面前，讓每個人抽出一個盧恩符文，當作是奧丁送給他們的禮物。若有必要，可先閱讀書中對每一個盧恩文字的解釋。

如果時間足夠，可再加上其他諸神的祈請文。全部祈請完畢後，最後一個步驟是向你所祈請的眾神和其力量表達感謝，然後打開結界。建議可另外準備一些食物，在儀式結束後提供給大家食用，有助於接地扎根回到現實世界。

進行一場完整的祝宴儀式，可在房間四周為每一位神明單獨擺設一個祭壇，每個祭壇各準備一塊布、一座燭台、神明雕像或圖片，以及擺放供品的小玻璃杯和盤子。成員一邊食用自己盤中的食物，一邊輪流傳遞共飲酒杯，如果覺得受到這位神明的啟發，可把少量食物放到那位神明的祭壇上。如果要祈請的神明有很

多位，比較好的做法是，祈請時每一位成員都舉自己的酒杯敬酒即可，飲酒前大家各自說出自己想加的禱辭，或默禱，然後留一點時間沉思冥想。以十五位神明和十五位團體成員來說，祈請要花上很多時間。

要執行這個儀式，至少需要一個大容量的高腳杯或牛角酒杯。你可以購買大號的牛角，然後自己打磨做成酒杯，如果內面還是很粗糙，可塗上融化的石蠟，這些材料都可在 Tandy Leather 工藝用品店買到。創意復古協會（Society for Creative Anachronism）的活動會場上，也經常可以買到牛角酒杯成品。網路上也可找到牛角的供貨商。

牛角杯裡要裝多少酒呢？大概每一輪需要用到一整瓶啤酒（或三分之二瓶的葡萄酒）。確切數量取決於團體人數多寡和牛角杯的大小（如果杯子容量很小，可能需要在儀式中途重新把酒加滿）。以我們的實際經驗來說，三瓶馬汀內利氣泡蘋果汁可供十幾位成員做七位神明祈請儀式。禮物可放在娃娃車裡用布蓋起來，也可以放在大籃子裡。要讓大家抽的盧恩符文塊，放在碗裡面會比放在袋子裡方便。

建立神聖空間

全體成員站著圍成一圈，面朝北方。開始輪流吟唱盧恩符文歌，一邊吟唱一邊在空中畫出每一個盧恩文字，然後依序向右邊輪，等全部的弗薩克呼召完畢，所有人也共同建立起圓形結界。

ᚠ 菲胡 FEHU	ᚺ 哈格拉茲 HAGALAZ	ᛏ 提瓦茲 TIWAZ
ᚢ 烏魯茲 URUZ	ᚾ 瑙提茲 NAUDHIZ	ᛒ 貝卡諾 BERKANO
ᚦ 索里沙茲 THURISAZ	ᛁ 伊薩 ISA	ᛗ 依瓦茲 EHWAZ

ᚨ 安蘇茲 ANSUZ	ᛃ 耶拉 JERA	ᛗ 瑪納茲 MANNAZ
ᚱ 萊多 RAIDHO	ᛇ 艾瓦茲 EIHWAZ	ᛚ 拉古茲 LAGUZ
ᚲ 開納茲 KENAZ	ᛈ 佩斯洛 PERTHRO	ᛜ 殷瓦茲 INGWAZ
ᚷ 給勃 GEBO	ᛉ 埃爾哈茲 ELHAZ	ᛞ 達嘎茲 DAGAZ
ᚹ 溫佑 WUNJO	ᛋ 索維洛 SOWILO	ᛟ 歐瑟拉 OTHALA

冥想

儀式開頭先朗讀冥想文，營造本次蘇姆貝爾祝宴儀式的情緒和背景。

讓你的意識往下沉，
感覺堅實的大地支撐著你，那是我們的地球母親。
安心倚靠在祂的胸膛，
吸氣……吐氣……吸氣……吐氣……

祂的胸膛堅實可靠，讓人安心，但現在你獨自一個人。
你環顧身邊四周；發現自己迷路了，
四周土地荒蕪而且陌生。
從你的眼角餘光，
你看到具有威脅性的身影。
你已經準備好要對付他們——
憑你一人之力單打獨鬥。
無兄弟同伴者即是手無寸鐵。
但誰會來助你一臂之力呢？

突然有一個人的身影出現。他是誰？

是朋友？還是情人？

那是你可以信賴的同伴。

那些陌生身影開始往後退避。

你這輩子從未如此開心

你過去生命中從未出現過這樣一個人。

你想對他表達你雀躍的心情，

但你能送給這位同伴什麼禮物呢？

你有什麼東西可送給他呢？

請進入你的內心，尋找合適的禮物。

你現在伸出你的一隻手，當你這樣做的時候，

你的同伴也向你伸出一隻手。

你們雙臂交叉形成十字，有一份禮物要送給你。

那是什麼？

你到現在才恍然明白，那是你需要的東西！

那是免費致贈的禮物！

這個交叉的十字將你們的生命連結起來；

這兩條線將相愛的人連結在一起。

這兩條線就是愛與忠誠的連繫。

你們一起往前走。你剛才瞥見的威脅身影也消失不見了。

你們手牽手共同贏得勝利，

一同走過這冬季的奇遇。

這兩條線，將你連結到一座高大的廳堂

那裡燃燒著溫暖的火光。

你已經讓自己踏上通往溫暖火光的道路，

你將到達那個有酒有寶藏的富裕之地。

你的心感到非常溫暖，你知道，

這裡就是你藉著溫佑與其他人連結的地方。

現在，將意識帶回自己身上，睜開眼睛。

吸氣、吐氣，再次吸氣、吐氣。

讓剛剛那座大廳變成現在這座大廳，

還有那裡面的盟友，現在跟這群人合為一體。

（請轉身面向祝宴桌）

兄弟們，請顧好存在的界限。

姊妹們，請注視神聖的核心。

因為埃吉爾為阿薩眾神釀造麥酒，

因為哈爾※為中土眾生帶回魔法蜂蜜酒，

我們將這些禮物回敬給偉大的眾神。

（在食物和飲料上畫給勃盧恩 X，然後讓所有成員把自己的盤子裝滿食物，
然後回到座位上。大家可以在祈請時一面吃東西，一面傳遞牛角酒杯。）

蘇姆貝爾祝宴

　　每一次召請之後，都要傳飲一輪牛角杯。成員可各自加上適合該位神靈的禱
辭，對於收到的禮物表達感謝，如果有所感應，則可以對該位神靈獻上供品，或
舉起牛角杯敬酒也可。當牛角杯輪回到主祈者手上，他（或她）就將剩餘的酒倒進
供碗裡。若時間允許，也可以多召請幾位神靈。

※ 譯注：奧丁。

敬大地母親

艾謝、艾謝、艾謝，大地的母親，

我們深深扎根，尋求古老的智慧；

我們從神聖土壤中汲取力量。

納瑟斯女神，現在我們向祢祈求，

我們虔誠祈求──一次神聖豐收。

願祢賜給我們美好生命，大地的新娘和母親──

願祢帶給里格的後代美好的贈禮，

地球母親，我們讚美祢！

(對著燭火獻供，將麵包和鹽傳下去。)

敬海姆達爾

奧丁與埃吉爾的女兒們所生之子，

君王里格，我們向祢致敬。

願祢保佑祢的子孫後裔。

海姆達爾，請聆聽我們虔誠的祈求！

(海姆達爾可被召請的身分有：通往神界之路的大門守衛者、弗
蕾雅的守護者、能看見和聽見一切的眾神守望者、九道海浪的兒
子、公羊化身，以及最特別的是人類之父的身分。)

敬弗雷和弗蕾雅

國王和女王，我們大聲呼喚祢，

豐饒之神弗雷和弗蕾雅，兄弟和新娘。

為人類帶來好運的神、為大地帶來豐收的神，

請聆聽我們的呼求，前來助我們一臂之力！

以虔誠感謝之心，我們在這裡獻上供品──

與祢交換溫佑的美好奇蹟。

我們歡迎祢，來到男人和女人之中。

願祢帶來喜樂，美麗的國王和女王！

(弗蕾雅可被召請的身分包括：帶來愛情、好運、繁榮財富的女神，大地果實賜予者格芙昂；弗雷可被召請的身分包括：帶來愛情、好運、生育力和生意興隆的神，和平與豐收的賜予者。觀想你左右兩邊的成員就是男神和女神，與他們互相擁抱。把馬車推出來繞一圈，讓成員從馬車中拿取一樣禮物。)

敬索爾

紅鬍子大神，火鬍子大神，雷電的使者，

賦予人類生命力的風暴之神，喜愛盛宴之神，

自由之父，最勇敢的戰士，

多納爾，守衛者，我們非常需要祢。

請聆聽我們的呼求，偉大的英雄，請前來幫助我們。

祢的兩隻大山羊帶著禮物飛奔而來。

祈求祢為眾生帶來繁榮：請賜給大地充沛雨水，

請為這個季節降下甘霖！

(索爾被召請的身分包括：抵禦危險的保護者、賜予體力的神，以及雨水和陽光的使者。祈雨時召請的神。成員傳飲牛角杯之後，與隔壁成員手臂勾在一起，彼此交換力量。)

敬芙麗嘉

芙麗嘉，美麗的女神，命運的全知之神，

祢的美麗如白樺樹那般明亮。

命運的諾恩三女神，以智慧編織人類的命運，

阿斯嘉特的女王，眾神之父躺在祢懷中。

十二位法術高強的少女隨侍在祢身邊，

火堆閃耀明亮火光，

河水從泉井之中流出：

光明閃耀的女神，騎乘公羊拉動的駕車，

保佑著母親和婦女，

保佑初生的嬰兒，他們是女人的血脈。

祈求奧祕命運的母親，帶給我們生命的智慧！

(芙麗嘉可被召請的身分是：眾生之母、眾神之后、智慧與愛的源泉、家的守護者、我們汲取寧靜的神聖中心。)

敬奧丁

奧丁、奧斯基、沃坦、溫佑！

眾神之父，最真誠的愛人，

靈魂精氣的賜予者，曾經以自己作為獻祭，

祢是最偉大的禮物，也是最偉大的贈禮者，

現在請打開狂喜的奧特羅里爾：

世界樹尤格德拉希爾的騎士，盧恩符文的發現者，

釀造詩人靈酒的布拉吉，

讓我們一飲而盡，向祢帶來的喜悅致敬——
眾神之父，歡迎來到我們的祝聖宴席！

(這裡所召請的奧丁是盧恩文字、詩歌蜂蜜酒以及欣狂喜悅的賜予者。可稱呼他為奧斯基、願望的實現者、望取——願望實現之神。傳飲牛角酒杯的同時，也將裝有盧恩符文塊的碗或杯子傳下去，讓每位成員自己抽出一個盧恩。牛角杯全部傳完一輪後，靜默沉思片刻，感受一下眾神臨在的幸福感。)

回到現實人間

感謝眾神與四方

食物已食用完畢，酒杯也一飲而盡。
我們的祝宴到此就要結束。
向阿薩男神致敬，向阿薩女神致敬，
感謝諸神來到我們身邊，

(唸出本次蘇姆貝爾儀式所召請的所有神明名字)

我們感謝祢的祝福和保佑。

打開結界

面朝北方，然後開始左轉逆時鐘方向繞行，同時觀想盧恩結界圈逐漸退去，沉入地底之下。

第6章

哈格拉茲／瑙提茲

需求之火

這個儀式是要讓我們實際體驗冰冷與火熱的激烈轉換,以及點燃需求之火,後半段是與諾恩三女神相會。要執行完整儀式,需要準備以下物品:

- 鑽木取火工具(弓鑽、鑽桿、生火底板、加壓板、火絨、乾燥木頭、細木屑、引火物)、火柴
- 用來生火的火爐或木炭火盆以及木頭
- 蠟燭
- 一個大鍋或金屬鍋,用布蓋起來
- 一塊乾冰
- 一瓶水
- 乾淨的火鉗
- 鼓
- 白色冰淇淋或雪酪
- 蘋果氣泡酒、香料

- 紙杯、碗、湯匙
- 盧恩符文塊、盧恩碗

　　將盧恩符文碗放在祭壇上，祭壇上擺放三顆礦石代表諾恩三女神，放一顆白水晶代表哈格拉茲，放一根紡錘（用來紡羊毛的那種）代表瑪提茲。然後在祭壇後面放三把椅子給諾恩三女神。

　　徵求一名成員負責鑽木取火、一名助手、一名鼓手（如果不是帶領者兼任的話），以及另外三名女性代表諾恩三女神。帶領者的角色也可為男祭司和女祭司分別執行。如果成員人數較少，可以自行縮減儀式規模。比如，可略過點燃需求之火和乾冰的部分（不過，如果能夠完整執行這部分儀式，效果會很好），從「火焰解凍寒冰」這句話開始進行這個儀式，並由帶領者手持蠟燭繞行一圈。諾恩三女神的祝禱可由一名女祭司來負責誦唸即可，但如果由三名女祭司一起進行，效果會更好。

　　儀式開始前，成員最好可以盡量讓自己處於寒冷狀態（比如把窗戶打開、脫掉外套等）。傳遞冰塊時，負責鑽木取火的人就同時準備好要使用的鑽火工具。理想的情況是，鑽木取火者要能夠成功將火生起來，但這件事並不是那麼容易做到，又不能讓儀式耽擱。鑽木取火者和帶領者應該先商量好，要花多少時間來生火。如果十或十五分鐘後火還是生不起來，那就由助手偷偷劃一根火柴，讓儀式可以順利進行下去（可在紙梗火柴上面刻寫ᚺ盧恩）。

建立神聖空間

　　全體成員站著圍成一圈，面朝北方。開始輪流吟唱盧恩符文歌，一邊吟唱一邊在空中畫出每一個盧恩文字，然後依序向右邊輪，等全部的弗薩克呼召完畢，所有人也共同建立起圓形結界。

ᚠ 菲胡 FEHU　　　　ᚺ 哈格拉茲 HAGALAZ　　　ᛏ 提瓦茲 TIWAZ

ᚢ 烏魯茲 URUZ　　　ᚾ 瑙提茲 NAUDHIZ　　　ᛒ 貝卡諾 BERKANO

ᚦ 索里沙茲 THURISAZ　ᛁ 伊薩 ISA　　　　　ᛖ 依瓦茲 EHWAZ

ᚨ 安蘇茲 ANSUZ　　　ᛃ 耶拉 JERA　　　　ᛗ 瑪納茲 MANNAZ

ᚱ 萊多 RAIDHO　　　ᛇ 艾瓦茲 EIHWAZ　　ᛚ 拉古茲 LAGUZ

ᚲ 開納茲 KENAZ　　　ᛈ 佩斯洛 PERTHRO　◇ 殷瓦茲 INGWAZ

ᚷ 給勃 GEBO　　　　ᛉ 埃爾哈茲 ELHAZ　　ᛞ 達嘎茲 DAGAZ

ᚹ 溫佑 WUNJO　　　ᛋ 索維洛 SOWILO　　ᛟ 歐瑟拉 OTHALA

點燃需求之火

（以下內容由雷伊·安·赫塞提供）

暴風使我們瑟瑟發顫。
冰之種子令我們徹骨發寒——

（將冰塊放在金屬碗中，依次傳下去；每一個人都要用手握住一
顆冰塊或捧著碗底，直到感覺發冷。同時一邊吟唱「哈─格─拉
茲……」）

感覺被寒冰層層包裹冰凍……
我們要去哪裡找到火來解凍呢？

（鑽木取火者開始用弓鑽和鑽桿生火；鼓手開始擊鼓，剛開始速度要放很慢，然後逐漸加快，大約在十分鐘後，或是火生起來時，鼓聲達到最高潮。如有必要，請使用火柴助燃！）

瑙提茲，瑙提茲，我們現在需要你！
需求之火賜給我們自由解放之力！

（鑽木取火的人正在生火的同時，全體成員齊唱以下歌曲）
轉啊轉，紡錘轉啊轉；終點就是起點。
旋轉纏繞命運紗線，
死亡就是重新出生。
轉啊轉，紡錘轉啊轉……

（過十分鐘，或是火生起來之後，所有人齊聲吟唱「瑙提茲、瑙提茲……！」鑽火者用這把火點燃一根蠟燭，然後手持蠟燭走到帶領者的乾冰大鍋那邊，這時帶領者將水倒在乾冰上製造出霧氣，或另一種做法：略過生火和乾冰部分，直接由帶領者手持蠟燭和一顆冰塊或白水晶繞行房間一圈。）

火焰使寒冰解凍；寒冰令火焰固著，

世界以此智慧而圓滿運作。

萬物各有其形，有時靜止有時流動；

此乃世界運行之道。

（鑽火者手持蠟燭繞行一圈。然後全體成員穿上外衣夾克保暖。）

冥想

朗讀者請把速度放慢，並留一點時間讓大家進行視覺化觀想。

此刻我們聚在一起，在我們的庇護聖所，

讓我們一起進入內在世界。

你現在很放鬆，寂靜不動，

你穩穩扎根在大地上。

吸氣……吐氣……吸氣……吐氣……

（吸氣 4 拍，暫停 2 拍，吐氣 4 拍，暫停 2 拍）

讓人世間的煩惱全部隨著吐氣消散。

你現在很放鬆，很平靜，你受到保護，安全地坐在這裡。

接下來，你要往前走，然後，你會安全地回來，

你會記得所有你需要知道的事情。

你現在全身都很放鬆，感覺堅實的大地支撐著你。

讓你的意識往下沉，沉入內部，

深深沉入地心……現在，重新將它拉出來。

讓它的力量充滿你全身……

現在，離開你的身體。
你看到一處熟悉的地方。
看一下地面；是青草地還是石頭地？
感覺它的觸感質地，聆聽周遭的
聲音。
當你仔細凝視，你會看到一條路
的起點。
跟著這條路往前走，離開你熟悉
的領域，
穿過灌木叢，你看到一片樹林，
再往前走，這片樹林變成一座大
森林，
再往前走，森林變得更密、更暗，
現在，你正穿過一條濃密的林蔭
隧道。

然後，林木慢慢變得稀疏，
你眼前出現一片空地。
空地正中央有一棵大樹，
比其他樹木還要高大雄偉，
它的枝葉無比廣闊，你無法看到它
的邊界，
樹幹高聳，直入雲霄。
你繞著大樹行走……它的根部交纏

著許多小徑。
你開始朝著北方和東方移動。
你看著身邊四周，整個世界都是霧
茫茫一片白色，
到處都是白色積雪，天空是一朵一
朵的白雲。
雲層下的空氣──也是白色的嗎？
你在寒冷冰雪中瑟瑟發抖。你呼出
來的氣，也是白色的。
寒冷鑽進你白色的骨頭；
你的白色牙齒不停打顫，喋喋不休。
你感覺你的肺部正在結霜。
有樣東西重重撞擊你的頭部。

撞了一次，又撞了一次！
有樣東西從你的額頭前方掠過，你
的額頭感到一陣刺痛。
正當你舉起雙手護住你的臉時，
突然有樣東西撞擊在你裸露的皮膚
上，那冰冷將你的皮膚凍傷。
你的四周圍開始下起冰雹，
因為太過冰冷，你的皮膚都凍傷了。
你開始奔跑，像雞蛋那般大的石頭
擊落在你身上，
你盲目奔跑，擾動那片純白的世界，
你死命想要逃跑。

你在尋找庇護的地方；
你看見一棵碎開的樹變成引火的
木柴。
你抓了一塊大木板，
一邊跑一邊將它舉在頭頂上：
冰雹打在上面發出咚咚的鼓聲。
木板上面還緊連著樹枝和樹皮。

即便是這樣，你也不能讓自己停
下來：
如果你站著不動，就會凍成一座
雕像。
跑步使血液快速流動，
讓心臟加速跳動，
你靠著用血液生火來讓自己保暖。
你聽到前方傳來轟鳴聲響。
冰雹從某樣東西反彈回來，
但除了一片霧白，你什麼也看不見。
你發現那片白色正在移動——
成堆的冰雹開始顫動翻攪——
冰雹從一座結冰的峭壁彈了回來。
你趕緊轉身，沿著崖邊奔跑；你死
命地跑，穿過那片咆哮的白。
最後，你聽見，不是用眼睛看見，
峭壁裡有一個洞穴。

你身邊迴盪著空洞的喧囂回音。
你跟隨著你的聽覺穿過一片光亮
進入到山洞裡。
你頭頂的鼓聲停止了，
黑暗讓你的眼睛得到休息，
但你還是覺得非常冷。一股冰冷的氣
息讓你不寒而慄。
黑暗中有個冰冷的東西正在移動。
你必須有光！
你必須讓自己保暖！你現在迫切需要火！

你用笨拙的手削出一支鑽火的鑽桿，
在樹枝上削出一個小凹洞，然後塞進
一些軟樹皮，
那是收集火絨的地方。
你用你的弓弦繞住鑽桿，
然後用一片樹皮將它蓋住。
你水平拉動弓弦，
鑽桿像紡錘一樣開始轉動。
你不停來回拉動……鑽桿不停旋轉……
你正在轉動鑽桿，
你正在轉動紡錘。
你正在紡織自己的未來……
這把弓上刻著瑙提茲盧恩字形；
摩擦你的需求就能將火點燃。

現在，你終於看見
一道微弱的煙霧往上裊繞！
你聞到木頭燒焦的味道，然後──
火花出現了──在黑暗中閃爍發光。
然後火光又消失，但你現在滿懷
希望。
手上的弓鑽愈拉愈快。

火光再次閃現，你對著它吹氣，幫
它助燃。

你用手指輕彈火絨，火燒起來了！
現在鑽桿和木頭都變成了小火焰
的燃料。

冰魔和冰巨人聚集在一起。
他們呼出的冰冷氣息讓你全身發顫，
但是火燒得愈來愈旺，他們全都逃
掉了。
火勢愈來愈大，你的身體開始暖和
起來。
現在你可以看到
冰雹落在洞口。
你撿起其中一個。
你將它舉起來，看見六個交叉的平面，
那是冰雹的結晶形態──

哈格拉茲盧恩的形狀！
你將它豎起來，看到「H」字形
在冰層裡面。

現在，溫度變得很高
洞穴冰壁開始融化
變得很薄而且透明──
現在它完全融化了，你可以看見
背後的黑暗……那條黑色縫隙

是會吃人的無底深淵？還是歡迎的
大門？
洞穴突然往下墜落，掉進地球身體
裡面；
原來你坐的地方只是一個入口。
一個大型洞穴在你身體底下打開了，
反射出一道微微的火光
你看見三個黑影人在那裡。
其中一人手上懸著一根桿子，
跟你手上的取火鑽桿一樣正在旋轉，
但是它的軸心有一條絲線正在
成形……
這是你的生命絲線。
你看著它，突然回想起來
有好幾股絲線絞撚在一起
形成了現在的這個你……

第二位黑影人拿起絲線
對它進行丈量。
這是你的生命絲線。
你看著它，然後看見了你現在的生
命形狀……

第三位人物正在裁減絲線。
這是你的生命絲線。

你看著它，然後了解到自己的真實
道路——

過去和現在存在的目的
是要讓你做好準備……
此刻三個黑影人抬頭往上看。他們
看到你了。你聽到他們正在對話……

(第一位說話者)：誰是轉動命運和光
明希望的軸？
(第二位說話者)：誰是這道人生謎題
的解答？
(第三位說話者)：誰是所有道路相會
又再次分岔的十字路口？
(三人同聲)：是我。是我。是我。有
膽的就進來……

你無懼黑暗。往下走入洞穴裡面。
第三位黑影人丈量著你的命運尺度，
昏暗之中透出微微的光。
拿好。現在你的命運就在你自己的
手中。
你的生命現在由你自己掌控。
現在就活出它的模樣。

讓這份知識成為你生命存在的一
部分。
好好守護它。好好運用它。

現在，你身後出現明亮的光。
你轉身離開洞穴。
你身邊四周的冰正在融化。
綠色之物開始從飄浮的冰雹內部冒
出來。
甜美的陽光下，大地一片歡欣。

你穿過一片草地。
循著彎曲的小徑往前走。
你再次看到那棵高大雄偉的世界樹。

你繞著它走。

眼前出現一條路，那是你來時走過
的路。

循著這條路往前走。

穿過森林隧道，回到你原來的地方。

你再次回到光亮之中。

你往前看─那裡是你熟悉的地方。

穩穩坐著，感受你肉體的重量，

身體底下是堅實的地面。

回到你身體裡面。

回想你剛才學到的東西。

現在吸氣，吐氣，再吸氣，吐氣。

（從這裡開始加快速度）

呼出一口氣，伸展你的全身。然後張開眼睛。

你再次回到神聖結界。

改變命運

你們已經看見自己的命運

知道是什麼需求在驅使你們。

哈格拉茲會讓所有艱難命運都化為神聖。

你們想要改變這注定的命運嗎？

（全體）：我們想要改變。

現在是吟唱聖詠咒歌的時候了，

我們要在烏爾德之井迎接生命智慧。

現在我們呼召諾恩三女神，我們已經看見命運之需求，

預見命運之安排——

過去已經發生、現在正在發生，以及未來即將發生之事。

願我們所見成真，願我們所說成真，

願我們瞭然明白一切所聽聞之事！

請賜福予我們，

從我們言語中孕育出好運。

(**烏爾德**)：我是轉動生命和光明希望的軸。

我是你出生即注定之宿命。

我是你的過去……

(*舉起雙手，在空中做出ᚨ盧恩字形。*)

(**薇兒丹蒂**)：我是這道人生謎題的解答。

我的存在是一張網，你現在被編織於其中。

我是你的現在……

(*舉起雙手，在空中做出ᚦ盧恩字形。*)

(**斯庫德**)：我是所有道路相會又再次分岔的十字路口。

我是推動你前進的必然性。

我是你的將來……

（舉起雙手，在空中做出 ᚾ 盧恩字形。）

（全體）： 點起火焰施魔咒，

幸運盧恩用心求。

諾恩明白我們需要，

改變、機會、選擇顯現！

Light the fire and cast the spell, Read the runes of fortune well.
點 起 火 焰 施 魔咒，幸 運 盧 恩 用心 求。

What we need the Nor- nir know... Change and chance and
諾 恩 明 白 我們 需 要…… 改變、機會、

choice now show...
選 擇 顯 現……

（所有成員齊聲吟唱或吟誦盧恩符文時，帶領者或扮演諾恩三女神
的成員隨著唱誦的盧恩繞圈移動。帶領者手捧盧恩符文杯走到成員
面前。每一位成員開口問「我需要改變什麼？」然後從杯子裡抽出
一個盧恩符文。帶領者將這個盧恩唸出來，並解釋它的含義。）

祝宴

(助手將冰淇淋端出來)

古老的歐德姆布拉

從冰封的世界舔舐出生命。

她甜美的乳汁，灑在冰雪之上

是哈格拉茲的神聖食物。

(將冰淇淋盛到碗中，然後傳下去。助手將熱蘋果酒端上來。)

需求之火燃燒起來，冰雪已被融化。

現在——以此火杖改造它！

(將火鉗浸入鍋中)

火與水井現在結合。

喝下此飲料即能改變命運令眾人歡喜。

(將蘋果酒倒入杯中，然後傳下去。)

回到現實世界

感謝神力加持

諾恩三女神，現在是離開的時候。

珍重再見，我們祈求祢的祝福和保佑——

烏爾德：

以宿命女神之祝福

我保佑你——⊦

願你與過去全部和解。

薇兒丹蒂：

以存在女神之祝福

我保佑你——⊦

願你的心向當下一切敞開。

斯庫德：

以未來必然女神之祝福

我保佑你——⊦

願你追隨你的至樂。

打開結界

先面朝北方，然後開始逆時鐘方向繞行，同時觀想盧恩結界圈逐漸退去，沉入地底之下。

第 7 章

伊薩／耶拉

融化冰雪

　　伊薩和耶拉儀式的目的是祈請冬季和夏季的大自然力量，以及從原始大自然現象的交互作用來認識古北歐創世神話。這是一個有趣的思考方式，如果我們將這個故事當作一種隱喻，用它來解釋科學家所假設的宇宙演化過程，那麼或許可以這樣說，尼夫爾海姆的冰冷寒霧與穆斯貝爾火焰的相遇，就是代表導致地球表面及其大氣演化的化學反應。此外，索森在《弗薩克》書中對這個過程的神祕學解釋，也值得我們思考。

　　當創世過程開始，冰與火兩股力量就必須以平衡狀態存在。達成這個平衡就是此儀式的重點。儀式開始前，先將成員分成「冬季組」和「夏季組」，可直接用房間南北兩邊將成員分成兩半，或是用出生月份來分，十月到四月之間出生的人是冬季組，從四月之後到十月之前出生的人是夏季組。

這個儀式需要準備：
• 一本《散文埃達》

- 一碗碎冰
- 溫暖濕潤的毛巾
- 數根蠟燭
- 一罐鮮奶
- 麵包
- 一籃金色蘋果

祭壇上面可擺放綠色和無葉樹枝來作裝飾。

建立神聖空間

全體成員站著圍成一圈，面朝北方。開始輪流吟唱盧恩符文歌，一邊吟唱一邊在空中畫出每一個盧恩文字，然後依序向右邊輪，等全部的弗薩克呼召完畢，所有人也共同建立起圓形結界。

ᚠ 菲胡 FEHU	ᚺ 哈格拉茲 HAGALAZ	ᛏ 提瓦茲 TIWAZ
ᚢ 烏魯茲 URUZ	ᚾ 瑙提茲 NAUDHIZ	ᛒ 貝卡諾 BERKANO
ᚦ 索里沙茲 THURISAZ	ᛁ 伊薩 ISA	ᛗ 依瓦茲 EHWAZ
ᚨ 安蘇茲 ANSUZ	ᛃ 耶拉 JERA	ᛘ 瑪納茲 MANNAZ
ᚱ 萊多 RAIDHO	ᛇ 艾瓦茲 EIHWAZ	ᛚ 拉古茲 LAGUZ
ᚲ 開納茲 KENAZ	ᛈ 佩斯洛 PERTHRO	◇ 殷瓦茲 INGWAZ
ᚷ 給勃 GEBO	ᛉ 埃爾哈茲 ELHAZ	ᛞ 達嘎茲 DAGAZ
ᚹ 溫佑 WUNJO	ᛋ 索維洛 SOWILO	ᛟ 歐瑟拉 OTHALA

創世之初

我們祈請大自然力量顯現；
與我們在中土米加德相會。
我們在各個世界遊歷，
在神聖宮殿匯聚一堂。
聽眾神如何回答甘格利 ※
所問及之創世問題：

（讀者可閱讀《散文埃達》開篇〈欺騙吉爾菲〉關於創世的描述從
「同樣至高者（Just-as-high）說：金倫加鴻溝位於北方……」到
「男人稱為阿斯克，女人稱為恩布拉，兩人孕育出人類種族，被賜
予中土米加德作為居住之地。」）

冥想

將碎冰傳下去，這次，請每個人拿起一塊冰握在手中。朗讀冥想文的人請放
慢速度，而且要留出一點時間來讓大家做視覺化觀想。

你現在很放鬆，寂靜不動，
你穩穩扎根在大地上。
吸氣……吐氣……吸氣……吐氣……
（吸氣 4 拍，暫停 2 拍，吐氣 4 拍，暫停 2 拍）
讓人世間的煩惱全部隨著吐氣消散。
你現在很放鬆，很平靜，你受到保護，安全地坐在這裡。

※ 譯注：吉爾菲的化名。

接下來，你要往前走，然後，你會安全地回來，
你會記得所有你需要知道的事情。

你現在全身都很放鬆，感覺堅實的大地支撐著你。
讓你的意識往下沉，沉入內部，
深深沉入地心……現在，重新將它拉出來。
讓它的力量充滿你全身……

現在，離開你的身體。
你看到一處熟悉的地方。
看一下地面；是青草地還是石頭地？
感覺它的觸感質地，聆聽周遭的聲音。
當你仔細凝視，你會看到一條路的起點。
跟著這條路往前走，離開你熟悉的領域，
穿過灌木叢，你看到一片樹林，
再往前走，這片樹林變成一座大森林，
再往前走，森林變得更密、更暗，
現在，你穿過一條濃密的林蔭隧道。

然後，林木慢慢變得稀疏，
你眼前出現一片空地。
空地正中央有一棵大樹，

比其他樹木還要高大雄偉，
它的枝葉無比廣闊，你無法看到它的邊界，
樹幹高聳，直入雲霄。
你繞著大樹行走……它的根部交纏著許多小徑。
有一條路，將你帶往北方……
寒冷霧氣在你四周盤旋。
空氣中凝結著細雨般的冰珠；
你舔舔自己的嘴唇，舔到鹹鹹的霧淞。
霧淞落在路面上，凍結成冰。
冰霜在你腳下喀啦作響，
你還是繼續往前走。
溫度變得愈來愈低。
半空中懸浮著一粒粒冰晶。
一面白色冰牆在你眼前延伸開來，
你看不到它的盡頭。
你環顧身邊四周——
整個世界一片白茫茫……

這是原始冰層；你曾經碰觸過它。

你被冰層層包住，你的身體也結冰了。
你無法動彈，甚至沒有動的渴望——

你沒有任何動作，沒有一絲意志，
沒有任何欲求……

你的眼睛被冰冷光線遮蔽；
你的耳朵被寂靜震聾，
無聲比有聲還要吵雜響亮。
現在，你不需要做任何努力，
所有感官覺受都已停止。
一切寂然靜止，所有覺知意識都消
失了……

現在，你只單純活著……
你是你自己，那個最純然的「我」。
你不需要任何東西，也不需要其他
任何人……

另一種情況會是什麼樣子？
當你無法動彈，你能渴求什麼？
當你無所知覺，你還能做什麼事？
唯有啟動意志，行動才會發生，
你知道，沒有需求就什麼都不會發生。
在寂靜的最核心，你祈求改變……

時間一分一秒流逝──那是新的開始。
時間往前走，有些東西變得不一樣了。
你感覺臉上的冰──正在融化。

你感覺自己在顫抖，
當那溫暖、粗糙的舌頭舔舐你臉上的冰。
冰融化了，你的身體一點一點露出來。
你的頭部露出了；你的眼睛能看見東
西了，耳朵也聽到聲音了。
然後是肩膀和軀幹，上臂、下臂，以
及手指，
那巨大而溫暖的舌頭讓你身體慢慢回
復溫暖。
現在你可以再次感受你身體的形狀。
母親溫暖的舌頭再次把你創造出來──
你的大腿自由了，小腿和腳趾也解凍。

被濕潤的氣息吹過的地方，白霜都融
化了。
現在你直挺挺站著，
身體形狀和功能都完全恢復了。
你看到身邊四周
原本黑暗的大地現在覆蓋著一片翠綠。
南邊有大火正在燃燒；

熱氣朝你撲面而來；冰冷寒意被拋在你身後。

你已經改變了，

你的身體現在是平衡的。

你是人類的典型模範，是新創造出來的。

既靜止又流動，既溫暖又是原始的冰，

讓世界運轉的所有潛能，都在你身體裡面。

現在，你看到自己身後的冰，還有先前的世界，

你看到那些路徑和世界樹，

還有那條回家的路。

吸氣，吐氣。你伸展新生兒般的身體。

現在，你在所有世界的中心。

現在睜開你的眼睛⋯⋯站著⋯⋯

你面對著其他人⋯⋯

轉動年輪

祭司或女祭司繞著圓圈，用溫暖的毛巾擦拭每個人的手。鼓手開始以緩慢的節奏擊鼓，祭司（或女祭司）幫忙將全部成員分成兩半，分別站在房間兩端，各自排成一列，彼此面對面。

(冬季組)：我是冬天，一年當中最艱辛的季節！

——整片大地是無盡的冰雪——

沒有任何人聲吵雜擾亂我的寧靜，

世界回到原始的平靜。

(夏季組)：我是夏天，一年當中最美麗的季節！

我是溫暖的熱度，讓世界重新現形！

萬物生長、欣欣向榮，

人心振奮，穀物豐收！

(冬季組)：羅羯的孩子們，我的冰會將你們凍結——

(夏季組)：歐德姆布拉的食物，我的火會將你消滅——

(帶領者)：大家聽我說！爭吵不會有任何好處！

若兩邊敵對分離，夏天和冬天都會受苦——

唯有交替運轉，所有人才能得利——

年輪的運轉就是冷暖交替！

(帶領者將冬季組引導到夏季組的隊伍中，讓所有人圍成一個圓圈，一起唱以下這首由黛博拉・本德創作的歌曲：〈嘿吼，你在嗎？〉)

(全體)：太陽升起，月亮升起，

播種時節，乾旱時節，有霧也有雨，

播種，生長，收穫，休息，

太陽升起，月亮升起……

Sun come, Moon come, Seed time, dry time, fog and rain,
太陽升起，月亮升起，播種時節，乾旱時節，有霧也有雨，

Sowing, growing, reaping, resting, Sun come, Moon come, etc
播種， 生長， 收穫， 休息，太陽升起，月亮升起……

（舞蹈結束後，所有人都坐下來。）

祝宴

以下內容由蘿拉・曼德斯提供。

> 我們獻上歐德姆布拉的乳汁，
> *（將牛奶倒入牛角杯，ᚾ）*
> 牠從原始冰層舔出生命
> 並滋養世界！
> *（將牛角杯順時鐘傳下去）*

> 我們獻上神聖的收穫，
> *（舉起麵包，ᛃ）*
> 生命的糧食
> 讓人類身體得到熱量！
> *（將麵包傳下去）*

我們獻上伊敦納女神的蘋果，

(舉起一籃蘋果♪)

財富豐盛，青春永駐！

(將蘋果傳下去)

(全體)：花朵結成果實，

然後變成種子，又長成大樹……

重返現實人間

現在，閉上眼睛。

寒冰在你身後，世界在你面前，

光明耀眼，花開綻放。

你現在要離開世界樹。

眼前就是你來時走過的那條路。

循著這條路走。穿過森林隧道，回到你原來的地方。

你再次回到光亮之中。

你往前看——那裡是你熟悉的地方。

穩穩坐著，感受你肉體的重量，

身體底下是堅實的地面。

回到你身體裡面。

回想你剛才學到的東西。

現在吸氣，吐氣，再吸氣，吐氣。

(從這裡開始加快速度)

呼出一口氣，伸展你的全身。然後張開眼睛。

你現在已經回到我們的房間。

打開結界

先面朝北方，然後開始逆時鐘方向繞行，同時觀想盧恩結界圈逐漸退去，沉入地底之下。

第8章

艾瓦茲／佩斯洛

樹與井

在學習艾瓦茲和佩斯洛時，我們探討到自我犧牲與自我認識、死亡與出生之間的關係。這個儀式的主要目的在於進行初步啟蒙（是非常小的一個啟蒙儀式，但具有強大象徵意義），參加此儀式的人，需要做出承諾，表明自己願意致力尋求智慧。另外要特別說明，那根繩子只是暫時套在脖子上，參加者一定要信任儀式帶領者，而且要知道，情緒上的驚嚇害怕比在脖子套上繩索這個行為本身還要危險。如果覺得自己現在（或一時）還沒準備好要做出承諾，可暫時留在「聖殿區」等待其他人完成儀式。注意，請不要批判那些選擇不參加此部分儀式的人。唯有忠於自己的感受，在正確時機進行這個儀式，才能有所收穫，否則沒有任何意義。

請安排一名男祭司和一名女祭司共同主持這個儀式，但祈請的部分可另外指派人擔任。搖籃曲可由其中一名祭司來擔任，或另外指派一名成員來唱誦。進行「世界樹」儀式之前，最後一個進入房間的人要協助兩名祭司處理繩索和詢問成員問題。

這個儀式需要準備：

- 奧丁和芙麗嘉的神像或圖片
- 兩支燭台蠟燭
- 一條大約九十公分長的繩子或粗繩
- 一籃紫杉或松樹樹枝
- 一碗水
- 一個牛角杯或酒杯以及礦泉水
- 一碗莓果（可用新鮮的或冷凍解凍的莓果）
- 一盤水果或胚芽麵包

　　這部分可自行決定要不要做：儀式開始前，播放氣氛陰沉和詭異的音樂，比如西貝流士的交響詩〈塔皮奧拉〉（*Tapiola*），或是巴克斯的交響樂〈松樹訴說的故事〉（*The Tale the Pine Trees Told*）。當其他人排隊進行儀式時，沒有參加儀式的人請待在自己座位上。

建立神聖空間

　　全體成員站著圍成一圈，面朝北方。開始輪流吟唱盧恩符文歌，一邊吟唱一邊在空中畫出每一個盧恩文字，然後依序向右邊輪，等全部的弗薩克呼召完畢，所有人也共同建立起圓形結界。

ᚠ 菲胡 FEHU　　　　ᚺ 哈格拉茲 HAGALAZ　　　ᛏ 提瓦茲 TIWAZ

ᚢ 烏魯茲 URUZ　　　ᚾ 瑙提茲 NAUDHIZ　　　ᛒ 貝卡諾 BERKANO

ᚦ 索里沙茲 THURISAZ	ᛁ 伊薩 ISA	ᛖ 依瓦茲 EHWAZ
ᚨ 安蘇茲 ANSUZ	ᛃ 耶拉 JERA	ᛗ 瑪納茲 MANNAZ
ᚱ 萊多 RAIDHO	ᛇ 艾瓦茲 EIHWAZ	ᛚ 拉古茲 LAGUZ
ᚲ 開納茲 KENAZ	ᛈ 佩斯洛 PERTHRO	ᛜ 殷瓦茲 INGWAZ
ᚷ 給勃 GEBO	ᛉ 埃爾哈茲 ELHAZ	ᛞ 達嘎茲 DAGAZ
ᚹ 溫佑 WUNJO	ᛋ 索維洛 SOWILO	ᛟ 歐瑟拉 OTHALA

祈請

致奧丁

以下內容由雷伊・安・赫塞提供。

(男祭司)：諸位圍繞在神聖大廳，

光明火焰照耀於諸位之身，

請仔細聽、仔細看，仔細感覺和知曉

這位神的示現降臨。

祂是騎世界樹的人、說謎語的人、盧恩符文的傳授者。

祂失去眼球的那個眼坑無比漆黑，

如同祂獻出眼球的那口井那般深沉。

祂的馬蹄聲

是悲戚輓歌的步伐，是薩滿的鼓聲。

祂既能揮動長矛，又有能力變身，

祂是祭品，也是被祭祀的神。

這位流浪者披著灰色斗篷來到我們面前，

神情嚴肅、身邊有兩隻狼陪伴，

祂佇立於十字路口，提出疑問謎題，

然後狡黠給出答案。

祂贏得詩歌蜂蜜酒，擅長吟詩寫作，

擅長施展魔法，

祂將自己倒吊，而且野心勃勃，

從嘴裡吐出鼓舞人心的啤酒。

(點燃奧丁神像前的蠟燭)

致芙麗嘉

(**女祭司**)：諸位圍繞在神聖大廳，

光明火焰照耀於諸位之身，

請向阿斯嘉特神域皇后敞開你的心：

她知道所有人的命運，卻始終沉默不語。

諾恩女神編織命運的紗線，穿過的是祂的織機。

祂是智慧的子宮，祂是守護者，

是教母、世界之母，是國王們的寶座。

智者女神身穿白袍

身邊圍繞著聰慧的仕女：

贈送禮物的女神、療癒靈魂的女神，

負責聆聽誓言的女神，知曉命運之歷史，

看守祕密的女神，知道所有隱密不宣之事，

讓愛綻放散播的女神，

祂是門庭的守衛者，能抵擋一切險厄危難。

祂是母親們的守護母神

庇佑新生兒健康平安。

(點燃芙麗嘉神像前的蠟燭)

世界樹

(女祭司):「告訴我,費約爾斯維〔廣大智慧者〕

我要問,我要知道——

那棵樹枝遍地伸展的大樹

是叫什麼名?

(男祭司):密米爾之樹是它的名字,

而且無人能說出它的根從何處長出;

什麼能令它傾頹倒下?亦無人知曉。

就算火和鐵都無法令它傾倒。

(女祭司):告訴我,費約爾斯維〔廣大智慧者〕

我要問,我要知道——

既然火和鐵都無法讓它毀壞傾倒,

那麼這棵大樹結出的果實是什麼模樣?

(男祭司):

若有婦女承受極大之痛苦,

就將這棵樹所生之漿果扔進火裡烤,

那裡面藏著的東西就會露出,

這果實擁有左右人類命運之力量。」

〈斯維普達格之歌〉（Svipsdagmál）:19-22)

(**女祭司**)：密米爾之樹生長的森林深邃而荒涼。

那裡樹木茂密繁多，亦存在著眾多欺瞞。

尋找生命樹之人必須無比勇敢；

他們必須願意面對恐懼和危難；

他們必須戰勝自我；

為了抵達光明

他們必須願意穿越黑暗。

敢於踏上追尋之路的人，現在請排隊等候

時機成熟即將展開旅程。

面對死亡

(**女祭司**)：願意繼續往前走的人

請在這裡做出承諾

為了獲得智慧，願意以自我為獻祭。

(願意加入宣誓的人，請在房間入口處排隊。每一位成員進門時，
祭司都會問他問題。)

(**男祭司**)：你願意騎上尤格德拉希爾這匹戰馬嗎？

(**學員**)：我願意。

(**男祭司**)：為了獲得智慧，你願意將自己作為祭品獻給自己
嗎？

(**學員**)：我願意。

(**男祭司**)：你願意為了獲得重生而面對死亡嗎？

(**學員**)：我願意。

(女祭司將繩子鬆鬆地套在每位學員的脖子上，稍微拉緊，然後立即鬆開。)

(女祭司)：你已通過考驗，願這根來自世界樹的樹枝
指引你的道路。
(女祭司發給每人一枝紫杉或松樹樹枝。然後請學員找位置坐下來，準備
進行冥想。)

改變

冥想

朗讀者請將速度放慢，並留一點時間讓大家做視覺化觀想。

你現在很放鬆，寂靜不動，
你穩穩扎根在大地上。
吸氣……吐氣……吸氣……吐氣……
(吸氣4拍，暫停2拍，吐氣4拍，暫停2拍)
讓人世間的煩惱全部隨著吐氣消散。
你現在很放鬆，很平靜，你受到保護，安全地坐在這裡。
接下來，你要往前走，然後，你會安全地回來，
你會記得所有你需要知道的事情。

你現在全身都很放鬆，感覺堅實的大地支撐著你。
讓你的意識往下沉，沉入內部，
深深沉入地心……現在，重新將它拉出來。
讓它的力量充滿你全身……

現在，離開你的身體。

你看到一處熟悉的地方。

看一下地面；是青草地還是石頭地？
感覺它的觸感質地，聆聽周遭的
聲音。

當你仔細凝視，你會看到一條路的
起點。

跟著這條路往前走，離開你熟悉的
領域，

穿過灌木叢，你看到一片樹林，
再往前走，這片樹林變成一座大森林，
再往前走，森林變得更密、更暗，
現在，你穿過一條濃密的林蔭隧道。

然後，林木慢慢變得稀疏，
你眼前出現一片空地。

空地正中央有一棵大樹，
比其他樹木還要高大雄偉，
它的枝葉無比廣闊，你無法看到它
的邊界，
樹幹高聳，直入雲霄。

它的樹幹多瘤而且粗糙；
樹枝上長著深綠色毛絨般的針葉。

它的名字叫做尤格德拉希爾；人們
稱它世界樹。

你繞著樹幹走……看見它的底部出
現一條蜿蜒的石頭路。

道路兩邊是一座座
隆起的黑色墳丘。

道路轉向北方；寒冷的灰霧
從潮濕地面升起；整個世界變得
陰沉；

穿過昏暗的尼夫爾海姆，你凍得全
身瑟瑟發抖。

然後你轉向東方，
一陣疾風將霧氣吹散。

清新的空氣讓你全身充滿活力。

在結冰的山峰上，你看到一座座石
頭堡壘，

那是巨人的家園約頓海姆；
一隻身形龐大的老鷹拍打翅膀鼓起
一陣風。

你繼續往前走，世界慢慢變得溫暖
起來。

空中閃耀著明亮火光，
穆斯貝爾的孩子們正在火焰中跳舞。

流浪者循著蜿蜒道路繼續前進。

現在空氣因大海的氣息而變得濕潤。

耳邊傳來海浪聲和鳥鳴，
浪濤之上飄來遠方果園的香甜氣息，

那是華納諸神的遊玩之地。

現在，你再次站在世界樹的中心點。
樹枝上似乎有什麼東西在騷動，
一隻松鼠向上衝——
迅速穿過光精靈的國度。
在那之上，阿斯嘉特神域的光更加
耀眼明亮。
在那裡，眾神稱世界樹為雷拉／
Laeradh（庇護者）。
一道彩虹在樹頂閃爍發光。
當松鼠往下飛奔，深色針葉也隨之
顫動，
遮住阿斯嘉特的光。
樹幹底部有一個開口；
松鼠快速往內衝，
你小心翼翼跟著牠進入漆黑之中。

道路蜿蜒往下深入，進入到中土米
加德。
你再次呼吸到尼夫爾海姆的冰冷
霧氣，
聽見泉水冒泡的聲音，那是赫瓦格
密爾之井。

你徘徊於漆黑的斯瓦塔爾夫海姆；
從這裡開始，往下是通往赫爾冥界
的道路。
但你選擇走另一條路，
它藏在世界樹的根部底下。
你可以聽見不遠處一條大河的咆哮聲。
霧氣飄蕩，如漩渦打轉；你跟著霧
氣往前走
然後瞥見，一片霜白，
那是世界樹的根部。
根部底下是烏爾德之井，
如鏡面般漆黑躺在黑暗之中。
那口井很深，諾恩三女神每天從那
裡取水，
並在樹根附近編織世人的命運。

你得繼續往前走，
你轉向東方。
被白霜覆蓋的樹根，邊緣如水晶般
銳利。
你腳下的白霜喀啦作響，
但其下方，一片如玻璃明鏡般開闊
的水面閃閃發光；
智慧的密米爾之井靜靜躺在那裡。
交錯的樹枝形成一面銀色的網。

在這裡，密米爾之樹就是這棵世界
樹的名字。
你小心翼翼將身子湊近，往裡
頭看……

明亮的表面隨即變成一片黑暗，
你的視線被向下拉往深處。
在那黑暗最深處，有一個光點——
那是奧丁的眼睛，閃耀著明亮的光，
將你的大腦燒灼；痛苦中燃起智慧
的火光，
極為燦爛，極其浩大，那耀眼光輝
令你幾乎無法承擔……

影像碎裂了，光芒四射的碎片閃閃
發光——
那顆將影像打破的發光漿果現在漂
浮在水中。
那是從密米爾之樹掉落下來的果實；
你從水中撈起漿果，品嚐它的甜蜜
滋味。

回憶的漩渦令歲月倒流：
你想起今天以及種種煩惱，
然後是上個星期，去年，時間繼續
倒轉，

更遙遠的回憶正在展開。
你看到那條漫長的道路，是它將你
帶到今天……
過去種種時光，種種生活，相互連
結成一張圖，
它將你從出生帶到重生。
你是什麼？你是誰？你叫什麼名字？

風在樹枝之間穿梭低語。
竊竊私語聲愈來愈響亮，
擾動水面的平靜。
你彎身向前，聆聽；井裡的巨大
吼聲——
你聽到了，你記在心裡——一個字
詞……一個名字……
那名字只屬於你……

水波洶湧；波浪將你淹沒；
你被洶湧的溪流帶走。
波濤洶湧；你從井裡翻騰而出。
你從那片漆黑之中被推擠出來……
然後戛然停止……你坐在一塊堅硬
的地面上……
在世界樹的根部……

一股扎實的力量撐在你身體後方和身體之下，

你被世界樹支撐著；

你休息、呼吸、感受樹幹之內流動的能量，

將中土米加德與其他世界全部連繫起來。

你感覺自己來自那極深之處——

你凝視著無止境的高空——

這裡是中土，你的居所……

現在，你回想起發生過的事情。

你接受所有實相。

隨著每一次呼吸，你看到正在發生的事情：

過去、現在、未來，都是這條時間之河的一部分。

你讓自己休息、放鬆，這裡讓你感到安全、安心。

世界樹是你的搖籃。

你現在是新生的嬰兒，醒來之後就是一個嶄新的生命。

出生

由一名成員哼唱搖籃曲，如果可以的話，加上樂器輕聲伴奏，男祭司和女祭司一一擁抱每一位成員，在他們的額頭上親吻，將每個人「叫醒」，然後輕聲問：

(女祭司)：世界樹的孩子，你得到的那個字是什麼？

智慧之井的孩子，你叫什麼名字？

(成員回答自己名字)

(男祭司)：_____（成員名字），我以神聖的智慧井水
為你繫上這個名，*(灑水)*
現在你是我們的家人！

(女祭司)：歡迎你，我的兒子／女兒。
我用密米爾之樹的禮物為你祈福──　*(把漿果放入成員口中)*
願你擁有堅強的靈魂！

祝宴

當所有人都得到祝福後，男祭司和女祭司回到原位為食物祝聖。

(女祭司)：此水來自神聖之井 *(手畫Ⅼ為牛角杯祝聖)*，
漿果落在此井之中，
這是子宮和大海之水，
現在以芙麗嘉之名為它祝聖！

(男祭司)：麵包從有根穀物長出 *(手畫Ｉ為麵包祝聖)*，
以及膨脹成熟再次掉落的果實，
生命的權杖、力量強大的世界樹
此刻由至高者奧丁為它祝聖！

重返人間

感謝眾神

(**女祭司**)：感謝眾神，賜予我們一切——

感謝祢賜給我們 ＿＿＿＿＿＿＿ (*每個人各自對收到的東西*

表達感謝)

我們感謝眾神之母芙麗嘉——

智慧的子宮，命運的編織者。

母親，我們感謝祢和祢的侍女們，

在我們出生和重生之時

為我們賜福。

(**男祭司**)：向至高者奧丁致敬和致謝——

騎樹之人，盧恩符文的賜予者，擁有智慧之人，

眾神之父，我們感謝祢

感謝祢用自我犧牲為我們帶來禮物。

回到現實世界

現在，閉上眼睛。

世界樹在你身後。

你面前就是你來時走過的那條路。

循著這條路往前走。穿過森林隧道回到你原來的地方。

你再次回到光亮之中。

你往前看——那裡是你熟悉的地方。

穩穩坐著，感受你肉體的重量，

身體底下是堅實的地面。

回到你身體裡面。

回想你剛才學到的東西。

現在吸氣，吐氣，再吸氣，吐氣。

（從這裡開始加快速度）

呼出一口氣，伸展你的全身。然後張開眼睛。

你再次回到人間世界。

打開結界

先面朝北方，然後開始逆時鐘方向繞行，同時觀想盧恩結界圈逐漸退去，沉入地底之下。

第9章

埃爾哈茲／索維洛

太陽照耀旅途平安

　　在這個儀式中，我們要結合埃爾哈茲的大地之力與索維洛的天空之力，來祈求保護力。祭壇上應同時擺設象徵麋鹿與太陽的物品。一種做法是，在祭壇上放一個盒子，布置成雙層祭壇，然後用布將盒子和桌子蓋起來。將太陽象徵物放在上層，麋鹿象徵物放在下層。另一種方法是，用撲克牌桌當作祭壇，桌子上半部蓋上白色或金色布條，作為索維洛太陽祭壇，下半部蓋上黑色或棕色布條，作為埃爾哈茲祭壇。索維洛祭壇要使用白色或金色蠟燭或燭台，埃爾哈茲祭壇則使用棕色或綠色蠟燭或玻璃燭杯。

　　適合用來做太陽象徵物的物品包括：稻草編織的花環、黃銅圓盤，或是用圓形硬紙板包上金箔紙。也可以使用刻有索維洛太陽符文的金色盤子。如果可能的話，可將太陽圓盤豎在一艘小船或一輛小馬車上。埃爾哈茲符文的象徵物品包括：一組鹿角、刻有埃爾哈茲符文的圓盤、動物毛皮和獸皮、動物或女武神的圖像。

　　祝聖用的食物，可選擇蜂蜜酒、金黃色葡萄酒或蘋果汁作為飲料，以及圓形的扁平酵母麵包或挪威脆餅。

儀式一開始，先藉由模擬太陽的每日起落軌跡來建立神聖空間。傳統做法是手舉火把將一塊土地圈圍起來，來宣告結界範圍；在這個儀式中，太陽的起落軌跡範圍是由黎明開始算起，到翌日黎明結束。太陽的移動則是以點燃相對應的「方位」蠟燭來作為象徵（以冰島的日光標記法劃出八個方位）。

儀式開頭的繞行和祈請，是要創造出一個不受時間局限的儀式空間，在這個空間中，所有時間都同時存在。結束儀式時則是反過來；將八盞燈和蠟燭熄滅，將我們帶回到現實世界的線性時間軸，無論什麼時間點，太陽都只會出現在一個方位。

儀式的第二部分是平衡大地和天界的能量，這部分我們在先前（第一部第9章）的討論中已經介紹過。這時候要把上、下祭壇的埃爾哈茲和索維洛蠟燭都點燃。這個平衡儀式能夠讓我們營造（或再次創造出）一種帶有動能的覺知意識，將它運用於冥想中，來尋找自己的個人指導靈或守護靈（佛爾格雅），然後透過守護靈的幫忙，讓太陽不要受到惡狼的追逐傷害。已經做過這部分個人練習的人，在這個儀式冥想中與自己的佛爾格雅會面時力量會更強大；如果是在這個儀式冥想中才第一次與自己的守護靈相會，也可以在之後補做個人練習，來培養自己與守護靈的關係。

進行完冥想的內在工作後，接著透過團體太陽舞蹈將能量引導到外部。從個人舞蹈開始，順時針方向移動。建議開始時速度放慢，讓每個人都能完成熱身。有些人可能會想要用「舞蹈」來感謝他們的佛爾格雅守護靈——也就是以跳舞的方式模仿守護靈的動作，或讓守護靈直接使用其保護對象的身體來做出動作，直接讓守護靈顯化於有形世界。在這個個人舞動階段，所有成員都可藉由跳過太陽象徵物來實際感受太陽的力量，斯堪地那維亞半島青銅時代石刻上就有描繪這種做法。與凱爾特習俗中的貝爾丹（Beltane，朔火節）或仲夏的跳篝火本質相同，但在客廳裡用太陽象徵物會比較安全。

祝宴部分，要讓所有人從舞蹈中回復到平常意識狀態，然後是自我祝禱。自我祝禱的儀式是改編自史東姆斯（Godfrid Storms）《盎格魯撒克遜魔法》一書，我們將「古英語旅途咒歌」做了簡化。原書中對於基督教聖者與先知的冗長祈請文，替換成向土地靈和至高者奧丁致敬和祈請，原本以聖者祝禱來組成旅行者的神祕保護盔甲，則改成由眾神力量來授予加持力。召請眾神力量時，要記得停留一點時間，讓成員依照指示在身體各部位畫盧恩符文。

將譯文改編為詩歌形式（為了讓文字更有力量且更容易記住），有時在文義上會做些調整；但其結構和精髓（尤其前半部分），基本上都沒有改變。為了符合韻律並保留多層次意涵，我們在詩句中選擇使用原本的「*sig*／希格」這個字，而不將它翻譯成「victory／勝利」[※]。吟唱「希格聖詠」（Sig-galdor）時，請依順時鐘方向在每個方位都畫索維洛太陽符文。請記得，唱誦時速度放慢，這樣才能讓每個人都有足夠時間完整畫出盧恩符文。

開始進行儀式之前，請先讓成員知道整個儀式流程。尤其是天地能量平衡的部分，要先示範身體動作，並說明各種跳舞方式，並示範自我祝禱時在身體畫盧恩符文的動作，有助於儀式順利進行。

建立神聖空間

全體成員站著圍成一圈，面朝北方。開始輪流吟唱盧恩符文歌，一邊吟唱一邊在空中畫出每一個盧恩文字，然後依序向右邊輪，等全部的弗薩克呼召完畢，所有人也共同建立起圓形結界。

※ 譯注：請參考第一部第9章「勝利之符」的內容。

ᚠ 菲胡 FEHU　　　　ᚺ 哈格拉茲 HAGALAZ　　　ᛏ 提瓦茲 TIWAZ

ᚢ 烏魯茲 URUZ　　　　ᚾ 瑙提茲 NAUDHIZ　　　ᛒ 貝卡諾 BERKANO

ᚦ 索里沙茲 THURISAZ　ᛁ 伊薩 ISA　　　　　　　ᛗ 依瓦茲 EHWAZ

ᚨ 安蘇茲 ANSUZ　　　ᛃ 耶拉 JERA　　　　　　ᛗ 瑪納茲 MANNAZ

ᚱ 萊多 RAIDHO　　　　ᛇ 艾瓦茲 EIHWAZ　　　　ᛚ 拉古茲 LAGUZ

ᚲ 開納茲 KENAZ　　　ᛈ 佩斯洛 PERTHRO　　　◇ 殷瓦茲 INGWAZ

ᚷ 給勃 GEBO　　　　ᛉ 埃爾哈茲 ELHAZ　　　　ᛞ 達嘎茲 DAGAZ

ᚹ 溫佑 WUNJO　　　ᛋ 索維洛 SOWILO　　　　ᛟ 歐瑟拉 OTHALA

（八位成員手持未點燃的蠟燭，走到八個方位上。）

（帶領者）：請讓神聖的火焰點燃──

太陽之火在陰影中閃耀發光；

閃電形狀的長矛從大地指向天空，

標記出一條通向世界樹的道路──

索維洛，我呼召你，為我們指引方向！

（點燃手上的點火小蠟燭）

古代人標記時間

乃依據太陽在天空移動的軌跡。

每一個日光標記，都帶有一個祝福，

我們因此能與世界和諧相處。

（帶領者手拿點火蠟燭［如果可以的話，請一名成員手捧太陽圓盤跟在後面］，依序走到每個方位上，同時鼓手開始擊鼓。每到一個方位，都要問問題。由那個方位的人負責回答，然後由帶領者將蠟燭點燃。）

(**全體，面向東方**)：這裡是什麼時刻？

(**持東方蠟燭者**)：這裡是清晨，它的祝福是能量；

一個嶄新的日子，一個嶄新的誕生，

為世界帶來新的希望……

(**全體，面向東南方**)：這裡是什麼時刻？

(**持東南方蠟燭者**)：這裡是上午，它的祝福是成長；

陽光逐漸增強，心靈受到振奮，生命開始成長……

(**全體，面向南方**)：這裡是什麼時刻？

(**持南方蠟燭者**)：這裡是下午，它的祝福是力量；

天空充滿光明，那是生命的火焰，是心的火光……

(**全體，面向西南方**)：這裡是什麼時刻？

(**持西南方蠟燭者**)：這裡是正午，它的祝福是技能純熟；

正確運用力量和技能，便能帶來勝利……

(**全體，面向西方**)：這裡是什麼時刻？

(**持西方蠟燭者**)：這裡是黃昏，它的祝福是圓滿；

事情已經完成，心願終於成真……

(**全體，面向西北方**)：這裡是什麼時刻？

(**持西北方蠟燭者**)：這裡是夜晚，它的祝福是知識；

沉思一切行動作為，能帶來領悟和理解。

(全體，面向北方)：這裡是什麼時刻？

(持北方蠟燭者)：這裡是午夜，它的祝福是神祕智慧；

因為黑暗是孕育新世界的子宮⋯⋯

(全體，面向東北方)：這裡是什麼時刻？

(持東北方蠟燭者)：這裡是退潮時刻，它的祝福是歇息；

現在是心靈、靈魂和肉體更新的時刻⋯⋯

(全體) 太陽圓盤顯道路，

黑夜白晝常輪轉！

陽光進駐此聖地，

結界已立護平安！

(八個方位都完成後，全體成員面向祭壇。將太陽圓盤和點火蠟燭擺在祭壇上。)

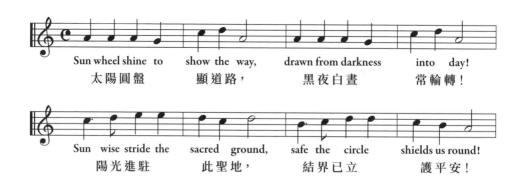

Sun wheel shine to show the way, drawn from darkness into day!
太陽圓盤　　　顯道路，　　　黑夜白晝　　　常輪轉！

Sun wise stride the sacred ground, safe the circle shields us round!
陽光進駐　　　此聖地，　　　結界已立　　　護平安！

平衡天地力量

往下沉，碰觸大地……

（所有人坐在地上或採跪坐姿勢）

感受大地扎實的支撐力，感受大地的厚實深沉……

將手掌貼在地板上。

讓意識向下沉、往內走——

往下到達世界的根部。

（點燃下部世界祭壇的蠟燭）

碰觸最核心深處的力量

然後將它慢慢向上拉，

穿過大地，穿過地面，

穿過你挺直的脊椎，

平衡而且讓人感到安心。

找到你存在的核心。

這裡是你的佛爾格雅守護靈棲居的地方。

迎接那股在暗中保護你的力量。

在心裡默默召喚你靈魂的守護者，

它可能會以各種形式出現。

請它來找你——

祈求它保佑你——

請它今晚來到你身邊……

現在起身，雙腳穩穩站著。

雙臂向上高舉，向天空致敬，

（舉起雙手站著，做出埃爾哈茲盧恩瑜伽姿勢。）

然後將你身體裡的力量往天空釋放……

（挺直站著，高舉雙臂向天界致敬，

拿起點火蠟燭，將天空祭壇的蠟燭點燃。）

風、以及遼闊的天空，

還有太陽的閃亮盾牌。

我們向蘇爾和蘇拿致敬，

巨人稱之為艾格羅、侏儒稱之為杜瓦林的玩伴，

永遠的光明和精靈之光，

蒙迪爾法利的女兒，天空的美麗之輪，

她的光芒圍繞著你，

她的光輝擁抱著你；

你深深吸一口氣，全身都充滿了光。

從你的頭頂沿著你的脊椎向下移動，

微微震顫，你正在改變……

把你的手臂放下來，把光帶下來，

身體往前彎，向東方敬拜，

深深一鞠躬，把太陽的力量重新歸還給大地。

（彎身鞠躬並觸摸地面）

（請全體成員坐下）

冥想

你現在很放鬆，寂靜不動，

你穩穩扎根在大地上。

吸氣……吐氣……吸氣……吐氣……

（吸氣4拍，暫停2拍，吐氣4拍，暫停2拍）

讓人世間的煩惱全部隨著吐氣消散。

你現在很放鬆，很平靜，你受到保護，安全地坐在這裡。

接下來，你要往前走，然後，你會安全地回來，

你會記得所有你需要知道的事情。

你現在全身都很放鬆，感覺堅實的大地支撐著你。

讓你的意識往下沉，沉入內部，

深深沉入地心……現在，重新將它拉出來。

讓它的力量充滿你全身……

現在，離開你的身體。

你看到一處熟悉的地方。

看一下地面；是青草地還是石頭地？

感覺它的觸感質地，聆聽周遭的聲音。

當你仔細凝視，你會看到一條路的起點。

跟著這條路往前走，離開你熟悉的領域，

穿過灌木叢，你看到一片樹林，

再往前走，這片樹林變成一座大森林，

再往前走，森林變得更密、更暗，

現在，你穿過一條濃密的林蔭隧道。

然後，林木慢慢變得稀疏，

你眼前出現一片空地。

繚繞的寒霧散去。

你看見空地正中央有一棵大樹，

比其他樹木還要高大雄偉，

它的枝葉無比廣闊，你無法看到它的邊界，

樹幹高聳，直入雲霄。

但粗糙的樹幹上結著霜。

每一根樹枝和葉尖都包在冰裡面。

你小心翼翼行走於閃閃發光的地面，

你繞著這棵大樹，然後朝東邊走。

世界寂靜無聲，等待著

黎明前的寒冷灰色時刻。

太陽什麼時候會升起？它一定會升起嗎？

還是，整個世界將被囚禁在這昏暗之中，

既不是黑夜，也不是白晝？

你面向東方，舉起雙臂——

向太陽祈禱，祈求她為世界帶來光明。

你一邊回想她的萬丈光芒，
一邊尋找你內心如光閃爍的答案。
你呼喚她的名字，感覺你身體裡面
慢慢出現光芒……
外部的光和內在的光逐漸聚集；
東方天空正在變亮，從灰色慢慢變
成淡玫瑰色。
從玫瑰色慢慢變成珊瑚色，
光線愈來愈亮，現在整個天空變成
金黃色。
天空升起一道光的盾牌，穿透薄霧；
每一滴霧都閃閃發光，
包裹著世界樹尖的冰滴，也彷彿開
始燃燒，
光線投射在地面上，閃閃發亮……

你在黎明時分彎身鞠躬敬拜。
冰塊在你身邊四周喀啦脆裂，落下
時發出叮咚聲響。
萬道彩虹閃耀光芒，
然後，瞬間，全都消失不見。
眼前只見波光鄰鄰的湖水拍打著海岸；
海面出現一條陽光大道，金光閃閃。
鋒利的莎草在晨風中搖曳。
莎草顫動，一頭帶角的麋鹿
從草堆裡升起，

那是中土米加德最強大有力的一對獸角，
在半空中刻畫出一個保護盧恩的字形。
然後這隻麋鹿又再次低頭覓食，
蘆葦叢中出現了某個白色物體；
一隻銀色的天鵝朝著太陽方向緩慢滑
行，在金色水面上。

你跟著天鵝滑過水面，
前方延展出一片美麗的土地──
你想要到那裡去，但要怎麼找到路呢？
如果遇到危險，誰會保護你呢？
麋鹿再次抬起牠沉重的頭部，
牠彷彿在對你說──
「看看你身邊四周，阿斯克和恩布拉
的孩子──
請用心看，請用心聽
你的守護靈會來到你身邊……」

你環顧四周，等待動靜。
是動物嗎？還是鳥類？
還是深海生物呢？
是圖騰獸，還是光精靈？你看到什麼？
（這裡請多停留一點時間）
似乎有什麼東西在動，朝你的方向過來，

動了一次、兩次、三次，它正在等待你……

（這裡請多停留一點時間）

歡迎它，問它叫什麼名字；它會是你陽光之路的指導靈嗎？

（這裡請多停留一點時間）

你們相會了，你轉身循著太陽明亮的道路往前走。

這時，你看得很清楚——

天空有兩匹光芒四射的駿馬拉著一輛閃亮的戰車；

車上乘坐著一位美麗女神，

揮動金色韁繩。

你跟著他們迅速穿過森林，

所有會傷害你的東西

都被你的指導靈趕走了。

但你頭頂上有影子掠過——

一個黑色身影跳了下來——

張著大嘴巴，流著垂涎的口水，

牠正在追逐太陽。

美麗的太陽女神飛得很快，

但是那隻狼速度更快。

如果狼把太陽抓住了，這世界將會失去光明。

現在只有你能幫助他們，如果你的指導靈幫忙的話。

你們一起飛上去，你騎著它，一起飛向太陽……

（這裡請多停留一點時間）

現在你離太陽非常近，但那匹狼也趕到了。

你迅速抓起戰車前面的盾牌。

它的光芒將那匹狼擋住，但狼還是在後面緊追不捨。

要趕走狼，還需要其他力量幫忙；

大地之力，往上升起，你召喚天空之力。

你伸出手臂，從你的盟友身上吸取力量。

一股強大力量擊穿你的身體，

大地之力衝向天空；

你手中握著一把閃亮的雷霆寶劍！

那狼露出獠牙大聲咆哮，還流著垂涎的口水，

但你的意志毫無動搖；

你將心神集中在那把閃亮的刀劍上。

它指向你的敵人；光芒四射、雷霆萬丈。

光影飛躍！

刀劍激烈交鋒！

火光四射！

那隻狼被逼著往後退，遠遠被甩在後面。

你挺直身體，看著狼的身影逐漸遠去、變小，

但你和你的盟友，帶著寶劍和盾牌，守護著蘇拿女神的戰車，一直到天空的盡頭。

馬匹往下跳，

跳進樹梢的黑暗之中。

黑夜的樹林正等待著他們回來休息。

但是你和你的盟友繼續往下方走、往內走，

你們要一起去尋找位於世界中央的那棵世界樹。

時間已是黃昏，你發現自己來到一片空地，你身邊就是世界樹；

你的盟友一直陪伴著你，該是道別的時候了。

但你知道如果你呼召他，你的盟友就會馬上來到你身邊，

他會保護你平安

走過世界的每一條道路。

世界的每一天，太陽落下又升起——但現在，她永永遠遠都在你心中閃耀著光明……

你面前出現一條路，那是你來時走過的路。

穿過森林隧道，回到你原來的地方。你再次回到光亮之中。

你往前看——那裡是你熟悉的地方。

穩穩坐著，感受你肉體的重量，身體底下是堅實的地面。

回到你身體裡面。

回想你剛才學到的東西。

現在吸氣，吐氣，再吸氣，吐氣。

（從這裡開始加快速度）

呼出一口氣，伸展你的全身。然後張開眼睛。

你再次回到神聖結界。

冥想結束時，鼓手請把速度放慢，但仍然要繼續擊鼓不要停，讓所有人能重新集中心神，回到當下。開始跳舞之前，留一點時間讓所有人能重新回到自己的身體。

太陽舞

我們圍著神聖太陽圓輪跳舞，
我們跳起勝利之舞；
厄運終止，災難遠離，
所求一切都將如願！

帶領者將太陽圓盤放在房間正中央，鼓手開始以活潑的節奏擊鼓。所有人以順時鐘方向繞著太陽圓盤各自跳舞，可模仿守護靈佛爾格雅的身形動作，也可單純隨著鼓聲舞動身體。然後跳過太陽圓盤祈求好運。所有人都各自跳完自己的舞之後，全體圍成一圈，大家一起跳舞，跳到最高潮，然後慢慢停下來。留一點時間讓所有人回復正常呼吸速度，然後才進行祝宴。

祝宴

蘇拿女神，我們現在向祢致謝，
光明閃耀的女神，金色溫暖陽光，
光芒四射，使樹上果實成熟。
祢的靈魂在這滿溢的牛角杯中燃燒！
(舉起牛角杯，畫 ϟ 祝聖。)

生長在金色田野的穀物，

接受風和水、陽光和土壤的祝福，

然後被烤成麵包。

以蘇拿之名，我們祈求保護和力量！

(舉起圓麵包，畫 Y 祝聖。)

旅途平安的自我祝禱

舞蹈結束，祝宴也已結束。

現在我們必須離開神的大廳。

在離開之前，讓我們分享一個祝禱：

(全體)：我以此杖，將自己圍在圈內，

現在我已受到諸神之保護。

(畫一個圓圈將自己圍起來)

不受疾病侵擾，不受一切傷害，

遠離所有暗夜之恐怖干擾，

遠離無所不在的恐懼，

以及一切令人厭惡之事物。

我吟唱，希格聖詠，希格權杖是我的支柱，

(以順時鐘方向在每個方位各畫一個 ϟ)

無論是言語，無論是工作，希格今日安全守護我。

不受噩夢之困擾，不受敵人之傷害。

生活中一切平安，無災無難。

神聖的土地靈，請為我庇護，

偉大的至高者，請將我懷抱守護。

我們祈求祖靈和阿薩神、華納神之加持保護。

祢們的力量就是我們的堅強靠山。

沃坦在我的頭盔，我揮舞提爾之劍，

（在頭頂畫ᚠ，在右臂畫ᛏ）

弗蕾雅在我的鎧甲，索爾在我的盾牌。

（在胸前畫ᛈ，在左臂畫ᛞ）

任何危險或困境，都無法威脅到我，

眾神之力令我遠離一切危難險厄。

祈求眾神賜我勝利，

守護我人生旅途平安順利。

（在額頭畫埃爾哈茲／索維洛的綁定盧恩）

現在，我們已得到埃爾哈茲和索維洛的保護。

雖然它們的火焰現在要被熄滅，

它們的力量將永遠存在我們體內。

（女祭司將埃爾哈茲蠟燭吹熄；男祭司將索維洛蠟燭吹熄）

回到現實世界

拆除太陽結界

　　所有人都跟著男祭司和女祭司繞行一圈，然後一一將八支蠟燭吹熄。繞完一圈之後誦唸或吟唱以下詩歌：

（**全體**）太陽圓盤永照耀，

行過白晝入黑夜！

安全離開此聖地，

逆時針轉開結界！

打開結界

先面朝北方，然後開始逆時鐘方向繞行，同時觀想盧恩結界圈逐漸退去，沉入地底之下。

第10章

提瓦茲／貝卡諾

提爾之樹

　　這個儀式的目的，是要把代表荒野保護力的白樺樹，變成社群共同體中心的提爾之樹伊爾明蘇（Irminsul）。這次，我們不會在儀式脈絡中進行冥想，而是要透過冥想來找到平安走出雜亂荒野的方法。因此，冥想會放在儀式最開頭。儀式開始前，除了男祭司和女祭司外，所有人要先集合在儀式房間外面。儀式第一部分，如果能用狼嗥的聲音，或是帶有混亂或暴風雨氛圍的背景音樂，效果會更好。還需要準備一根長桿子——最好是用白樺樹枝削成的長竿。如果不方便取得，也可用其他天然木桿代替，或是將一根較長的木釘漆成白色也可以。

　　另外，還需要準備足夠數量的白樺樹小樹枝，每個人要分到一小枝，然後準備一隻質料厚實的手套（右手），比如擊劍手的手套或園藝用手套，如果可以的話，可準備一個聖誕樹架或一桶沙子，讓桿子可以豎起來。神聖內域的部分，需要準備一捆夠長的紅紗線，將成員圍在一個矩形範圍內，並準備四根蠟燭（最好是放在玻璃杯中）。其他還需要點火用的細支蠟燭，一個牛角杯和蔓越莓汁或紅酒，以及一大盤麵包。

建立神聖空間

全體成員站著圍成一圈，面朝北方。開始輪流吟唱盧恩符文歌，一邊吟唱一邊在空中畫出每一個盧恩文字，然後依序向右邊輪，等全部的弗薩克呼召完畢，所有人也共同建立起圓形結界。

ᚠ 菲胡 FEHU	ᚺ 哈格拉茲 HAGALAZ	ᛏ 提瓦茲 TIWAZ
ᚢ 烏魯茲 URUZ	ᚾ 瑙提茲 NAUDHIZ	ᛒ 貝卡諾 BERKANO
ᚦ 索里沙茲 THURISAZ	ᛁ 伊薩 ISA	ᛖ 依瓦茲 EHWAZ
ᚨ 安蘇茲 ANSUZ	ᛃ 耶拉 JERA	ᛗ 瑪納茲 MANNAZ
ᚱ 萊多 RAIDHO	ᛇ 艾瓦茲 EIHWAZ	ᛚ 拉古茲 LAGUZ
ᚲ 開納茲 KENAZ	ᛈ 佩斯洛 PERTHRO	◇ 殷瓦茲 INGWAZ
ᚷ 給勃 GEBO	ᛉ 埃爾哈茲 ELHAZ	ᛞ 達嘎茲 DAGAZ
ᚹ 溫佑 WUNJO	ᛋ 索維洛 SOWILO	ᛟ 歐瑟拉 OTHALA

荒野外域

所有人都坐下來。把燈光關掉；播放狼嗥的音樂。靜下心來，集中心神。

(帶領者)：想像你站在一片荒蕪的土地；
冰川的寒冷空氣連你的骨頭都要凍僵。
你遠離家園，寂寞又孤單，
四周盡是貧瘠荒地，

舉目盡是雜亂無章的石塊和積雪，
寸草不生。
你漫無目的徘徊遊蕩，突然一片陰
影籠罩；
唯一聽見的聲音是狂嘯的風——
那是風嗎？好像還有其他聲音——
是狼嗥聲……狼的哀歌是最荒頹的
樂音……

你為何孤單一人？你為何害怕黑暗？
是因為可能藏著惡狼，
可能是巨魔或屍鬼；
還是更恐怖的東西——也可能是人
類嗎？
這裡是荒野外域……城牆邊界外的
區域；
是異類離群者遊蕩的曠野；
是沒有律法的化外之地。

你怎麼會在這裡？你是逃犯、亡命
之徒嗎？
你犯了哪些罪行而必須離群索居？
你背棄了什麼誓言？你被憤怒情緒
吞噬嗎？
你是受自私或恐懼所困的人嗎？

你被回憶推著，繼續往前走。
總有一處讓人安心的地方吧……
你看到前方冰河岸邊一片模糊景象。
灰綠色樹枝在微風中顫抖，
夾帶著一絲夏天的氣息。
雪白如冰，白樺樹閃閃發光的樹幹
覆蓋了這片土地。
終於找到一處庇護所，
你朝那片樹林走去。
那片樹林背後，樹木更加濃密，枝
條糾結纏繞，
你想要回頭，
但你背後那條路已經關閉起來了。
你只能往前走，
想辦法走出這座迷宮，
你正在尋找出路。
你想要追尋的是什麼？是同伴嗎？
是秩序嗎？
突然間，有個東西掉落在你身後的
灌木叢中——
你迅速轉身——是狼還是人呢？

似乎有微微火光在閃爍，
(點燃蠟燭，關掉背景音樂。)
火光代表你周圍有人。

帶著懷疑的眼神，你們相互注視。

這群人看起來有點危險。你能信賴他們嗎？

他們要尋找的東西跟你一樣嗎？

你能在哪裡找到知識，

然後看清自己的出路呢？

（助手請拿著「樺木」長桿走到前面）

（女聲）： 我是母親樹——

我是貝卡諾；我是阿斯克和恩布拉；

我的葉子裡藏著利弗和利弗詩拉希爾 ※

當歐德姆布拉舐掉尤彌爾身上的冰霜，

第一個出現的就是我。

冬雪將我的蒼白包裹；

春天冒出盎然的綠芽；

夏天我在森林裡閃耀發光。

秋天的風鞭打我的四肢。

我的旅途就是四季的流轉；

唯有流轉變遷，我才能繼續生存。

我是種子，深埋在地底之下；

我是大樹，向微風低頭鞠躬。

無論外形如何變化，我的本真依然活著；

禁得起暴風和四季變化。

請接受我的禮物，然後明智地使用它；

我庇護純潔的靈魂。

（帶領者將一捆白樺樹枝傳下去；每位成員用這捆樹枝在自己身上拍打幾下，然後傳下去。）

（全體）： 白樺樹的拍打讓血液開始歌唱，

激勵我升起面對敵人的力量。

母親樹現在是我的支柱。

請賜給我帶來好運的枝葉！

（帶領者）： 我把幸運枝葉和愛贈送給你。

願神聖藥草為你抵禦一切危險。

（帶領者將整捆樹枝解開，發給每人一枝樹枝。）

那樹已在我手中，讓我們將它帶在身邊；

陪伴我們蹣跚前行。

（眾人一起走到入口）

※ 譯注：Lif and Lithrasir，隱喻女性和男性，詳見第一部第11章。

有人將纏繞的枝條掰開；

另一個人將枝條踩住，其他人就可順利通行。

同心協力，我們就能一起走出森林；

我們可以尋求正義，找到與人和諧相處的方式。

但我們過去以來都是狼——

我們必須願意讓自己改變，

遵循共同體內部的戰士之道。

（開燈，拿著樺木桿的人幫大家帶路，進入聖殿。）

阿爾庭

(帶領者)：我的家人，請聽我說，我們已經一起來到這裡，

但要如何使這裡安穩有序呢？

我們如何判斷哪裡是外部、哪裡是內部呢？

我們要築起邊牆來抵禦黑暗

並標示出邊界：

從東邊到南邊——

(兩名成員分別從兩個角落拉起紅紗線)

從南邊到西邊——

從西邊到北邊——

從北邊到東邊——

讓我們一起呼召大地的古老力量來保護四方：

諾德里（北方）——

奧斯特里（東方）——

蘇德里（南方）──

維斯特里（西方）──

讓我們帶著火繞行邊界

宣告我們的範圍。

（帶領者從祭壇上拿起小支蠟燭，順時鐘方向繞行，將四個角落的蠟燭
點燃。）

我們築起圍牆抵禦混亂，

但我們要以什麼為中心呢？

將白樺樹豎立在這裡，

我們便可在這個世界務實扎根！

（將長桿帶到正中央並豎立起來）

這雄偉的生命之樹，

祖先棲居在她的根部下方

黑暗之深處。

眾神居住在高高的樹頂，

她的樹冠拂過天界。

在以其軀幹為軸的平面上，

是人類居住的中土世界。

我們已找到我們的中心點，

但我們可以在哪裡找到律法來管理群眾呢？

這是提爾大神之手，

在祂的保護下，我們就能昌盛繁榮。

（帶領者將手套套在長桿頂端，然後將桿子靠在牆上或插在支架上。）

(全體)：手套豎起來了！

(領導者)：手套已經豎起來，提爾大神現在降臨！
讓邊界內的所有群眾都依循此法生活！
我們向神聖的伊爾明蘇歡呼致敬！

祝宴

讓我們共享盛宴，為共同體歡喜慶祝！
(畫↑，為牛角杯祝聖)
為眾英雄舉杯致敬──
為牛角杯祝聖，為勝利者歡呼！
希格──提爾，我們向祢致敬，並傳遞祢的精神，
讓我們一起成為正直誠實之人！
(將牛角杯傳下去)

神聖的母親樹，我們感謝祢，
(畫ᛒ，為麵包祝聖)
祢以果實來滋養我們的
靈魂和身體，現在請為麵包祝聖，
讓出生和重生都能得到祝福！
(將麵包傳下去)

回到現實世界

現在，時間到了，我們要將這棵樹拔起來
並取下手套，
但是，儘管這些象徵物不在了，
我們心中依然攜帶著它們的保護力量。
(移除桿子，拆下手套)
向貝卡諾歡呼致敬！
(帶領者高高舉起桿子)
向提爾歡呼致敬！
(高舉手套)

(拉界線的人逆時針方向把紅線捲起來，帶領者手持蠟燭跟在他們後面，將四個角落的蠟燭都吹熄。)

這裡的邊界已經拆除
但我們內心的邊界依然堅固：
我們內在建立的安全感
會一直長存於所有人的心中。
讓我們帶著這份保護力走入塵世！

打開結界

先面朝北方，然後開始逆時鐘方向繞行，同時觀想盧恩結界圈逐漸退去，沉入地底之下。

第11章

依瓦茲／瑪納茲

合作儀式

　　在這個儀式中，我們探索里格的故事，幫助你與自己及別人溝通，同時也練習與神靈交流，冥想方式與之前略有不同，算是改編版。在冥想中，參加者需要與另一名成員配對，並先告訴對方他們想問海姆達爾的一個問題。冥想過程中，要留一點時間讓同行夥伴描述前往海姆達爾宮殿一路上看到的景象，不只是單純敘述而已，還要提供細節。冥想的主述者與另一名資深成員要仔細觀察現場，如果配對當中有人遇到困難無法繼續進行（或是不小心睡著了），請藉由輕聲提問來幫助他們集中注意力，如有必要，請代替他的位置把冥想完成。

　　整個冥想過程就像一個互動式故事，其中一名夥伴提供細節，另一名夥伴把內容敘述說出來，讓故事繼續。透過雙方共同合作，兩人的直覺力都會被擴大。每一個人都要把自己在路上看到、發現和聽到的東西告訴對方，並且要把對方的問題提出來問神。

這個儀式需要準備：

- 一面鏡子（供擔任洛德爾的祭司使用）
- 牛角杯和蜂蜜酒（供擔任海尼爾的祭司獻供品和祝宴之用）
- 一個眼罩、一把扇子以及一個熏香小罐子（供擔任奧丁的祭司使用）
- 一名帶領大家繞行房間的工作人員
- 一大盤全麥麵包
- 代表白馬的圖像（小雕像或圖片皆可）

建立神聖空間

全體成員站著圍成一圈，面朝北方。開始輪流吟唱盧恩符文歌，一邊吟唱一邊在空中畫出每一個盧恩文字，然後依序向右邊輪，等全部的弗薩克呼召完畢，所有人也共同建立起圓形結界。

ᚠ 菲胡 FEHU
ᚢ 烏魯茲 URUZ
ᚦ 索里沙茲 THURISAZ
ᚨ 安蘇茲 ANSUZ
ᚱ 萊多 RAIDHO
ᚲ 開納茲 KENAZ
ᚷ 給勃 GEBO
ᚹ 溫佑 WUNJO
ᚺ 哈格拉茲 HAGALAZ
ᚾ 瑙提茲 NAUDHIZ
ᛁ 伊薩 ISA
ᛃ 耶拉 JERA
ᛇ 艾瓦茲 EIHWAZ
ᛈ 佩斯洛 PERTHRO
ᛉ 埃爾哈茲 ELHAZ
ᛊ 索維洛 SOWILO
ᛏ 提瓦茲 TIWAZ
ᛒ 貝卡諾 BERKANO
ᛖ 依瓦茲 EHWAZ
ᛗ 瑪納茲 MANNAZ
ᛚ 拉古茲 LAGUZ
ᛜ 殷瓦茲 INGWAZ
ᛞ 達嘎茲 DAGAZ
ᛟ 歐瑟拉 OTHALA

祈請

土地靈

現在，我們向諸位土地靈祈請，

並向支持和保護我們的神靈力量致敬。

請保佑我們儀式工作順利。

一切魔法施作，皆有祢們的守護看顧。

生命的禮物

「然後，來自阿薩神族

三位慈愛且強大的神，離開家園

他們在海邊發現，虛弱無力的

阿斯克和恩布拉，命運未被注定

他們沒有呼吸，沒有精神意識

亦無任何姿態動作，更無身形容貌

奧丁給了他們氣息，海尼爾給了他們意識

洛德爾給了他們血肉身形」

〈女先知預言〉: 17-18

（由三名成員分別扮演洛德爾、海尼爾和奧丁，依序繞行到每一位
成員面前，三個人都要披上斗篷和頭巾。奧丁要戴上獨眼眼罩、
手拿一把扇子；洛德爾拿著一面鏡子；海尼爾手拿裝有蜂蜜酒的
牛角杯。）

(洛德爾)：「阿斯克」（若為男性）／「恩布拉」（若為女性），

我現在為你命名。

我要讓你看見，這就是你——（對著成員舉起鏡子）

我現在將身形、姿態和動作賜給你。

(畫 ᚾ 祝聖)

(海尼爾)：「阿斯克」／「恩布拉」，這美味的蜂蜜酒，

是我從奧特羅里爾取來的布拉吉詩歌蜜酒。

我要將靈魂的靈感賜給你，*(遞上蜂蜜酒牛角杯)*

我的孩子，請大口飲下這狂喜之酒！*(畫 ᚹ 祝聖)*

(奧丁)：「阿斯克」／「恩布拉」，我疼愛的孩子，

我要將生命氣息吹入你身體。*(大力搖扇)*

現在我將靈魂的風賜給你。

深呼吸，讓生命氣息在你體內跳躍！*(畫 ᚠ 祝聖)*

(請三位神回到祭壇位置，並互相祝福。)

里格的後裔

以下內容改編自〈里格頌歌〉。可由帶領者一人朗讀所有內容，或將 a、b、c 和 d 分配給四名不同成員來朗讀。

a. 曾祖父和曾祖母

很久很久以前，有一位睿智的神，在中土米加德的道路上徘徊。里格全身充滿威能和力量，穿過荒野，完全不知疲倦，最後，他來到一棟房子外面。原本關著的門，卻為他自動打開了。爐邊坐著一對老公公和老婆婆，頭髮斑白如霜，頭上戴著古代兜帽。里格知道如何跟他們交談。他在這對老夫婦中間坐了下來，老夫婦把屋裡所有食物都拿出來招待他。到了睡覺時間，里格就睡在老夫婦中間的草墊上。他在那裡住了三個晚上，之後繼續上路。九個月過後，曾祖母生了一個男孩。他們為他沐浴洗淨，將他取名為索拉爾（Thrall，奴隸）。

（站起來向前一步，面朝圈內成員）

你是索拉爾和瑟爾，

你編織繩索和收集木材，

你架設柵欄，為田地施肥，

養肥豬隻和放牧羊群，

剝泥炭來生火。

我為你們祈禱祈福！

（畫 ᛗ 祝聖）

b. 祖父和祖母

里格大步穿越荒野，來到另一棟房屋外面。門半開著，他走進屋內。一名男人和他的妻子坐在爐火邊忙著工作。女人在紡紗編織，男人製作織機的紗錠。他們穿著高雅衣著，熱烈歡迎里格到訪。里格知道如何與他們交談，到了睡覺時間，他躺在房間的漂亮床上，睡在那對夫婦中間。他在那裡住了三個晚上，然後繼

續上路。九個月過後，祖母生下一個男孩。他們用水為他沐浴洗淨，用細麻布將他包起來，為他取名卡爾（Carl，農民）。

（站起來向前一步，面朝圈內成員）

你是卡爾和斯諾爾。

你馴養牛隻、磨整田犁，

以木材建造房屋和穀倉，

製作馬車和犁具，

紡紗、編織和儲存食物。

我為你們祈禱祈福！

（畫ᛗ祝聖）

c. 父親和母親

里格撐著手杖繼續向前走，來到一所朝南的宮殿。門開著，他走進屋內。地板上鋪著稻草，壁爐旁放著一張長凳。一對夫婦坐在那裡，十指交握，深情地望著對方。母親用精緻麻布和銀具擺設餐桌，用精美食物款待這位客人。里格知道如何與他們交談，夜幕降臨時，他睡在這對夫婦中間，度過三個晚上。然後他繼續往曠野出發。九個月過後，母親生下了一名眼睛明亮的男孩。他們為他灑水洗淨，用上好絲綢將他包起來，為他取名雅爾（Earl，伯爵）。

（站起來向前一步，面朝圈內成員）

你們是雅爾和厄爾娜。

你手執盾牌，繫緊弓弦，

投擲長矛，射出長槍，

帶著獵犬狩獵，騎馬馳騁，

你揮舞寶劍，於大海游泳。

你掌理家屋，亞麻布上繡著精緻的花。

我為你們祈禱祈福！

（畫 ᛗ 祝聖）

d. 雅爾和厄爾娜

雅爾的孩子們在宮殿裡長大，但最小的男孩孔恩是唯一通達盧恩文字的人。他深諳時間盧恩和生命盧恩。在盧恩知識上，他可說與里格[※]不分軒輊；他們相互鬥智，男孩似乎比父親更厲害。於是他也繼承了里格這個名字，並憑藉其智慧統治該國土地。

（站起來向前一步，面朝圈內成員）

你是孔恩和孔娜，

你深諳生命之盧恩；

你生養後代、挫鈍劍鋒、平息大海洶湧波浪。

你通曉鳥語，能平息烈火，

撫慰悲傷，療癒生病的心靈。

你擁有里格的聰明和智慧——

你們將成為新國家的國王和女王。

我為你祈禱祈福！

（畫 ᛗ 祝聖）

牽馬繞行

聆聽至高者的話語，海姆達爾的孩子們——

※ 譯注：就是雅爾。

「年少時我曾獨自旅行

卻在路上迷失方向

當我遇到另一位旅者

我發現自己像是富人

因人是人的喜樂安慰」

（〈至高者箴言錄〉：47）

（每一個人都轉向身邊的人，把他／她當作朋友相互打招呼。）

世界初創之時，神的兩匹白馬

共同拉著神的神聖馬車。

神指引牠們前進的方向，

為祭司和眾人顯示繁榮豐盛之道路。

我們都是里格的家人！我們來自同一部落、同一民族。

跟著白馬！讓牠帶領我們。

現在我們要兩兩成對一起去旅行。

（帶領者將白馬［圖像］牽出來，跟另一組配對牽著馬開始往前
走，其他人跟在後面，兩人一組，雙臂相勾，類似跳土風舞的形
式排隊前進，繞著房間走。）

互動式冥想

現在，兩人一組各自帶開（三人一組也可以，坐下來或躺下
來，各組之間要隔開一點距離，才不會聽到其他組的對話）。每
個人都要想一個問里格的問題，然後把這個問題告訴你的夥伴。
我會引導你們到中土米加德，然後你們互相幫助對方觀想這段旅

程。讓自己保持在微微出神的狀態，在我引導你時，你要能同時
跟你的夥伴交談。

你現在很放鬆，寂靜不動，
你穩穩扎根在大地上。
吸氣……吐氣……吸氣……吐氣……
（吸氣4拍，暫停2拍，吐氣4拍，暫停2拍）
讓人世間的煩惱全部隨著吐氣消散。
你現在很放鬆，很平靜，你受到保護，安全地坐在這裡。
接下來，你要往前走，然後，你會安全地回來，
你會記得所有你需要知道的事情。

你現在全身都很放鬆，感覺堅實的大地支撐著你。
讓你的意識往下沉，沉入內部，
深深沉入地心……現在，重新將它拉出來。
讓它的力量充滿你全身……
現在，離開你的身體。
你看到一處熟悉的地方。
看一下地面；是青草地還是石頭地？
感覺它的觸感質地，聆聽周遭的聲音。
你聽到呼吸聲，離你非常近──
你並非孤單一人。你已經找到同伴
跟你一起到各個世界去遊歷。
現在雙手合十……向對方打招呼……
承諾在路途上互相幫助……

你們兩人看到一條道路的起點。
跟著這條路往前走，離開你熟悉的領域，
穿過灌木叢，你看到一片樹林，
再往前走，變成一座大森林，
再往前走，森林變得更密、更暗，
現在，你們一起穿過一條濃密的林蔭隧道。

然後，林木慢慢變得稀疏，
你眼前出現一片空地。
空地正中央有一棵大樹，
比其他樹木還要高大雄偉，
它的枝葉無比廣闊，你無法看到它的邊界，
樹幹高聳，直入雲霄。
你繞著大樹行走……
它的根部交纏著許多小徑。
在西邊，一道灰色的霧從大海方向飄來。
有一條小徑通往那裡，穿過沼澤和草地……

薄霧在你身邊裊繞，涼爽如祝福之吻。
霧中閃爍著各種色彩；陰影消失無蹤。
閃爍的光愈來愈強烈──你抬頭往上看──
那道光輝往上升，一道七彩虹霓向下流淌，
從天空高處
往下延伸到世界樹的根部。
彩虹橋！彩虹橋！你看到一座美麗的橋，

一道拱門正在升起；只有阿薩諸神能夠登上那座橋，
或是有能力召喚神駒駿馬的人
才能踏上這段旅程。
現在你們要去尋找海姆達爾，你們必須互相幫忙。
凝視著迷霧；為你的同伴呼召一匹駿馬，
牠可以幫你們跨越人與神之間的隔閡。
你看著牠從霧中成形，想一下牠的名字。
當你完全看清楚牠，請描述給你的同伴聽。

(留一點時間讓兩人交談)

現在，請上馬，
這是你朋友為你找到的幫手。
勇敢向前，跟著那道光向前走。
這座拱形的橋穿過雲層，
浮在雲層之上。
高聳的斜坡直衝雲霄，閃爍著光芒，
你愈來愈靠近那條光明之路
現在很靠近了，你摸到堅硬的石塊。
你看到什麼？現在，跟你的同伴說話，
描述你看到的景象，仔細聽它的迴聲，
將它放大。
互相幫助對方看到那幅景象，直到你們一起抵達
阿斯嘉特的城牆，
然後，一起找出通往希敏約格宮殿的路——

那是海姆達爾的天衛之宮，建在天界的峭壁上！

你看到什麼？那座大廳的設計是什麼樣子？
它的屋頂和牆壁、它的屋簷樑柱和門道是什麼樣子？

（留一點時間讓同伴描述希敏約格宮殿）

現在，去找那位正義之神，
天衛之宮的主人，
海姆達爾，里格，祂被稱為人類之父。
透過陰影，你看到祂閃耀發光的身形，
請把你看到的描述給你的同伴聽
你向海姆達爾問候時，祂說了什麼話。

（留一點時間讓夥伴說出他們聽到的內容）

現在，回想你要問的問題，
那個困擾著你同伴的問題。
向這位神詢問，然後讓自己的心保持寂靜，
仔細聆聽祂的回答，或是接受祂送給你的禮物。
（留一點時間讓夥伴講述他們聽到或收到的內容）

海姆達爾為你祝禱，然後便離開了。
現在，你們要一起返回中土米加德。
你們來到天衛之宮的門外，

你看到彩虹橋微微發光。

你捨不得離開天界，但你的家園正在等待你。

召喚你的戰馬，召喚神駒載你回家。

這座寬闊的橋會指引你道路，

一路向上，然後向下，加緊腳步返回家園。

你終於抵達中土米加德，

請為對方描寫這趟旅程。

(留一點時間讓夥伴相互描述自己的旅程)

現在，霧氣升起，灰色雲朵將你吞沒，

涼爽的雲霧輕撫，現在，天界已經隱藏不見。

你穩穩踏在堅實的土地上。你穩穩站在地上。

向駿馬神駒致謝告別，

牠們已經載著你平安完成這趟旅程。

現在，尋找通往世界樹的道路。

你面前出現一條路，那是你來時走過的路。

循著這條路往前走。

穿過森林隧道，回到你原來的地方。

你回到明亮的日光當中，你的同伴就在你身邊。

你往前看──那裡是你熟悉的地方。

穩穩坐著，感受你肉體的重量，

身體底下是堅實的地面。

回到你身體裡面。

回想你剛才學到的東西。

現在吸氣，吐氣，再吸氣，吐氣。

（從這裡開始加快速度）

呼出一口氣，伸展全身。回到凡常人的視覺。

歡迎流浪者返回人間世界。

祝宴

以海姆達爾之名，

我為牛角杯祝聖，供人使用！

（畫 ᛗ 祝聖）

諸位同伴，請共享這仁慈之酒。

讓里格的後裔親人歡聚一堂！

（帶領者倒一點酒到祭壇香爐上，或是舉起酒碗敬酒，然後遞給左手邊的人。每個人輪流喝，並為坐在旁邊的人的牛角杯祝聖。）

神聖駿馬，我敬獻給你，

願金色穀物令你滿心歡喜。

（畫 ᛗ，為麵包祝聖）

神聖種馬，請分享這種子；

魔法神駒，讓賜給我們威能大力！

白色聖馬，請帶你的騎士前往諸神之地！

（帶領者在白馬前方放一塊麵包，自己也吃一小塊，然後剝下另一

塊麵包，遞給左邊第一個人。接下來每個人輪流吃，並剝下一塊
麵包，為坐在旁邊的人祝聖。）

回到現實世界

現在我們要向神靈的保護力量表達感謝：

土地靈

> 諸位土地靈，啊，現在祢們必須離開我們了，
>
> 風精靈、土精靈和水精靈
>
> 還有火精靈，我們要向祢道別了，下次再見！

打開結界

先面朝北方，然後開始逆時鐘方向繞行，同時觀想盧恩結界圈逐漸退去，沉
入地底之下。

第 12 章

拉古茲／殷瓦茲

英格維與約達的奧祕

　　在這個儀式中，我們要致敬來自大海又返回大海的豐收之神英格維／弗羅迪／斯凱法，以及大地和水域女神納瑟斯（約達）。可用雕像或是麥田、湖泊或大海的圖片來代表這兩位神，擺在祭壇上。

　　這次，是以冥想來構成儀式，冥想的第一部分，要在儀式開始前所有人集合之後朗讀，第二部分冥想是要將所有人帶回平常現實世界。

　　儀式一開始是慶祝男神和女神在神聖婚姻的整個生命週期中的互動，先是死亡和轉化為一位神，最後以神聖小孩的身分重新出生。如果這個儀式讓你聯想到威卡魔法，那是因為我們召喚的是華納神，其崇拜儀式在英國鄉村地區被完好保存下來，成為現代威卡魔法的一部分。如果學習小組是在一月份開始聚會，那麼殷瓦茲／拉古茲的小組聚會剛好會是在十二月，這個時間點正好符合這個儀式的象徵意義。不過，只要稍微做些更動，一年當中任何時間都可進行這個儀式。

　　這個儀式需要準備：

- 一面鼓

- 大支的紅蠟燭

- 一個大釜鍋或大鐵鍋還有一包乾冰（或是一碗冰塊或一個白水晶）

- 一把堅固厚重的椅子

- 一件灰色或土色的布條或斗篷

- 一個圓形盾牌或盤子、玻璃杯蠟燭、一小捆小麥（可在花藝店買到），還有
  一個用布包起來的洋娃娃

- 一個大盤子、麵包、牛角杯，以及一瓶礦泉水

建立神聖空間

全體成員站著圍成一圈，面朝北方。開始輪流吟唱盧恩符文歌，一邊吟唱一
邊在空中畫出每一個盧恩文字，然後依序向右邊輪，等全部的弗薩克呼召完畢，
所有人也共同建立起圓形結界。

ᚠ 菲胡 FEHU	ᚺ 哈格拉茲 HAGALAZ	ᛏ 提瓦茲 TIWAZ
ᚢ 烏魯茲 URUZ	ᚾ 瑙提茲 NAUDHIZ	ᛒ 貝卡諾 BERKANO
ᚦ 索里沙茲 THURISAZ	ᛁ 伊薩 ISA	ᛖ 依瓦茲 EHWAZ
ᚨ 安蘇茲 ANSUZ	ᛃ 耶拉 JERA	ᛗ 瑪納茲 MANNAZ
ᚱ 萊多 RAIDHO	ᛇ 艾瓦茲 EIHWAZ	ᛚ 拉古茲 LAGUZ
ᚲ 開納茲 KENAZ	ᛈ 佩斯洛 PERTHRO	◇ 殷瓦茲 INGWAZ
ᚷ 給勃 GEBO	ᛉ 埃爾哈茲 ELHAZ	ᛞ 達嘎茲 DAGAZ
ᚹ 溫佑 WUNJO	ᛋ 索維洛 SOWILO	ᛟ 歐瑟拉 OTHALA

冥想：第1部分

(所有人都舒服地坐著。等到結束再擊鼓)

你現在很放鬆，寂靜不動，
你穩穩扎根在大地上。
吸氣……吐氣……吸氣……吐氣……
(吸氣4拍，暫停2拍，吐氣4拍，暫停2拍)
你現在全身都很放鬆，感覺堅實的大地支撐著你。
讓你的意識往下沉，沉入內部，
深深沉入地心……現在，重新將它拉出來。
讓它的力量充滿你全身……

現在，離開你的身體。
你看到一處你熟悉的地方。
看一下地面；是青草地還是石頭地？
感覺它的觸感質地，聆聽周遭的聲音。
當你仔細凝視，你會看到一條路的起點。
跟著這條路往前走，離開你熟悉的領域，

穿過灌木叢，你看到一片樹林，
再往前走，這片樹林變成一座大森林，
再往前走，森林變得更密、更暗，
現在，你穿過一條濃密的林蔭隧道。

然後，林木慢慢變得稀疏，
你眼前出現一片空地。
空地正中央有一棵大樹，
比其他樹木還要高大雄偉，
它的枝葉無比廣闊，你無法看到它的邊界，
樹幹高聳，直入雲霄。
你繞著大樹行走……它的根部交纏著許多小徑。
有一條路，將你帶往東方，
到一片曾經滿是樹林的土地。

你一邊走，一邊看到松樹的針葉正在變黃，
橡樹和山毛櫸的枝幹，
搖動的樹葉骨架。
暗褐色的雲朵將太陽遮蔽；
寒氣刺骨逼人。

你奮力往前走，
跨過重重阻擋的樹木屍體。
你聽到前方某處有水聲——
你循著聲音方向走。
眼前出現一條溪流。

棕色河水向下流瀉，發出潺潺水聲。
但河岸兩邊全都塞滿穢物碎片，
水面漂浮著泡沫浮渣。
這條河裡沒有活體生命，只看到岸邊
一條黯淡垂死的綠色帶。
此處已看不見森林樹木。你眼前只
見貧瘠的田野
以及被灰色水泥染成黑色的小鎮，
燃燒的塔樓頂端冒出黑煙。

什麼人可以在這裡生活呢？
這裡沒有野獸可藏身的洞穴、亦無
魚類游泳，
森林裡也沒有鳥兒在歌唱。
住在這裡的是我們啊。不是今天，
就是明天。
住在這座荒廢之地的
正是我們的兄弟姊妹。
靜下心，仔細聽，

有聽見大地在呼喚你嗎？
安靜不要說話，請打開你的耳朵和
你的心。

一開始你只聽到微弱的雜音，
猶如來自遠古的流水聲，
一陣風吹過消失的樹木。
然後聲音愈來愈大。
「哦，迷路的人；你們這些孤兒，
你們在尋找世界中心的湖泊。
呼喚我，我會從水中升起。
請呼喚我的愛人，我會為這片土地
帶來生機。
我要獻上自己
給知道如何敬拜的人。
準備開路，預備好我的馬車。
我來自世界誕生之前，
我能遊走於世界之間。」

貧瘠世界的孩子們
在黑暗陰影中掙扎蠕動，
試圖想起如何令土地恢復生機。
而現在，從世界誕生之前，
知識已經來找你，
關於生與死的戲碼，

關於更新世界的儀式。
隨著這場戲的演出，
覺知意識就會甦醒。
隨著光明的再次重生，啟蒙也會隨
之降臨。

其上所顯現，其下亦如是——如同
夢境所示，
它將在現實日常生活中發生。

你的內心深處開始感受到大地的脈搏；
（開始輕聲擊鼓）
當你吸氣，那聲音也跟著變強。
那是心跳，還是鼓聲呢？
誰的搏動正在將你喚醒，讓你看見
新的現實？
仔細聽，而且要知道，你並非孤單
一人。
其他人也會被吸引到此地，
因為人們有此需要，也想達成這個
目的。
睜開眼睛看，他們就在你身邊。
現在大家站起來，肩並肩站在一起。

你們將一起召喚神聖力量
祈求帶來療癒。
你們會在世界之間結合成一個圈，
男神和女神的豐饒生育力量
便可在當中自由流動。

創造世界

以下內容由雷伊・安・赫塞提供。

(男祭司將蠟燭點燃並高舉起來；女祭司將水倒在大鍋的乾冰上，
讓水氣往上升，或是捧著裝有冰塊或水晶的碗。然後一起說：)
火焰使寒冰解凍；寒冰令火焰固著，
世界以此智慧而圓滿運作。
萬物各有其形，有時靜止有時流動；
此乃世界運行之道。

生命更新儀式

(**男眾**)：湖泊女神的湖水向上湧出，
為這片土地帶來生命，約達，我們向祢致敬。
世界的子宮，
現在賜予你豐饒收穫。
眾人類之母，來自祢的島嶼。
請接受里格後裔的呼召！

(男祭司領著女祭司繞行一圈。
全體成員圍在她旁邊，然後開始吟唱盧恩咒。)

(**全體**)：拉－古……拉－古……拉－古……

（男祭司在女祭司身上畫盧恩符文「，
協助她坐到祭壇前的寶座上，同時請
一名助理拿著朗讀文本。男祭司走到
圓圈的另一邊。）

（女祭司）：我是約達，所有女神當中
最古老者，
納瑟斯是我的名字，尼哈倫尼雅也是，
還有歐德姆布拉，牠的舌頭
舔舐冰層使寒冰融化，
變成湖泊、土地、還有內陸水域。
並非出生、亦非死亡，喚醒我的睡眠，
等待狂喜的愛情到來，我就會甦醒。
誰是那位勇士？誰是最聖潔的英雄，
誰的種子即將發光
從黑暗深處迸出閃亮火花？

（女眾）：我們祈求祢的協助，
最聖潔的英雄，光明的神，
請將生命力送給我們的女神。
大地渴望愛情，
子宮渴望戰士。
里格的強壯兒子在哪裡？
誰來服事我們的女神？

（男祭司）：（慢慢走到女祭司面前）
在黎明時分歌唱的鳥兒
為我靈魂注定命運。
那位不凡的女士在哪裡？
誰的擁抱會使我完整？

（女祭司）：在我的黑暗夢境中，
我聽到遠方的呼喚。
哦，快點到來，我的愛人，
我將為你獻出一切！

（男祭司）：從那海平面上，
太陽射出萬丈光芒。
那船開得平穩飛快，
載著我朝祢奔去。

（女祭司）：水面閃耀的微光
翻動我心底的甜蜜，
冰凍的深淵正在融化，
我倆怎能再相隔遙望？

（男祭司）：肥沃的田野正在萌芽，
帶著如薄霧般的淡綠顏色。
神聖樹林熱烈接待我，
我已來到我的女王面前！

(半跪於女祭司面前，向她行禮致敬)

(**女祭司**)：當我第一次見到祢，
祢激起我心中的熱情，
現在，請用祢的大力擁抱，
喚醒我身體裡的生命之力！

(將男祭司扶起來，兩人相互親吻，
然後他護送她繞行一圈，女祭司為所
有人祝福。)

(**男祭司**)：牛棚和穀倉裡堆滿豐富
收成。
此時在北方，夜晚逐漸變得漫長。
我已服事祢，
經歷整個夏日的燦爛時光。
我現在感到疲倦──哦，我的愛人。
容我進入黑暗，歇息於祢柔軟的胸膛。
讓我躺下……讓我深深沉睡……
讓我安眠……

(女祭司擁抱男祭司，用她的斗篷將他
包住，等他全身放鬆下來，慢慢將他
放到她寶座前的地板上，用布將他全
身蓋住。)

(**女眾**)：現在，航行於海上，
船隻會載著祂平安航行嗎？
英雄已經躺臥於地洞之中。
我們的男神已經安息躺下，
大地陷入黑暗。
哭吧，女士們！
為我們的戰士哭泣流淚！

英格－維……英格－維……英格－維……

(女祭司在土丘上畫符文 ◇，然後在他身
邊坐下來。)

(**男祭司**)：(坐起來，將布條披在身
上，一部分蓋在女祭司大腿上。)
我是英格維，最英勇的大地之神，
弗羅迪和弗雷，領主和大地主人。
從光明進入黑夜，我踏上旅程；
禁錮於土丘，藏身於黑暗，
生命的祕密種子隱藏在睡眠之中。
我被宰殺，為生者提供食物，
藉由犧牲，令生命循環圓滿。
男人們，我使你們的田地肥沃，
並讓女人的子宮果實豐碩。

（眾人一一上前，跪在男祭司面前，輪流接受他的祝福。）

(男眾)：英雄已經返家；我們的戰士在這裡
統治地底下的一個國度。
從那土丘之國
為祂的後裔親人指點迷津。
但這位國王會轉生到何處呢？

(女祭司)：我是大海，也是在海面航行的船隻。
我是井，是流淌的瀑布，
是生命之水，亦是盛裝生命之水的子宮，
寂靜溪流在地底黑暗之處翻騰攪動。
我把我愛人的生命放在我的大釜鍋中，
在這生命容器中，經歷歲月更迭，
祂已經疲倦。
（若在秋天或冬天進行儀式，說：）
現在是夜晚最漫長的季節——
現在請讓光明火花
（若在春季或夏季進行儀式，說：）
現在白晝已逐漸變長，
太陽光線愈來愈強，

（四季都接續此兩句：）
從我子宮墓穴
獲得釋放和重生！

(女眾)：帶著捆麥和盾牌，
穿過烽火和田野，
祈願烏勒爾神的船隻
將嬰兒平安送到岸上！
（女祭司從寶座底下將嬰兒和盾牌抱出來，順時鐘傳下去繞一圈。）

(男祭司和女祭司)：看那神聖的捆麥
從大地生長出來。
看那生命之光
在黑暗中閃耀發亮！
看那聖嬰
從冥界返家歸來！

祝宴

（男祭司）：〔在麵包上畫◇〕

碩果纍纍的田園，滿滿的都是金色的收穫。

那是殷格的種子，願它滋養你的身體！

（女祭司）：〔在牛角杯上畫↑〕

光明閃耀的湖泊注滿甘甜的水。

那是生命之水，願它更新你的靈魂！

〔全體同聲齊唱〈穀物綠意盎然〉〕

(全體)：我們向輪轉的太陽歡呼致敬。

向繁衍的家族歡呼致敬。

向英格維和約達歡呼致敬，

祢們是愛與生命的男神和女神！

返回現實世界

(男祭司和女祭司舉起蠟燭和冰一起說：)

已經固著不動者，請讓它流動。

不停流變動亂者，請讓它安穩。

我們將此世界帶回宇宙運行之道。

讓生命循環再次重新塑造。

(男祭司將蠟燭吹熄。全體再次坐下，以第二部分冥想來結束本次儀式。)

冥想：第 2 部分

儀式到此結束。

(擊鼓)

男神和女神

賦予世界新的生命。

現在閉上眼睛，讓呼吸慢慢沉緩下來。

回想你來時走過的那條路。

你看到剛才的那片荒地。

女神的湖水已經將它洗淨。

隨著新生的太陽升起，
你看到土壤之中，
神之種子正在發芽，生機勃勃，綠意盎然。
你穿越剛才走過的森林，看到那些樹木——
每一根枝條都綻放出新芽，
溪流清澈，波光粼粼，
溪水深處游動著微小的生物。
頭頂上，有歸來的鳥兒在歌唱。

你循著彎曲的小徑往前走。
你再次看到那棵高大雄偉的世界樹。
你繞著它走。
面前出現一條路，那是你來時走過的路。
循著這條路往前走。
穿過森林隧道，回到你原來的地方。
你再次回到光亮之中。
你往前看——那裡是你熟悉的地方。

穩穩坐著，感受你肉體的重量，
身體底下是堅實的地面。
回到你身體裡面。
回想你剛才學到的東西。
現在吸氣，吐氣，再吸氣，吐氣。

(從這裡開始加快速度)

呼出一口氣，伸展你的全身。然後張開眼睛。

現在你已經回到家。

打開結界

先面朝北方，然後開始逆時鐘方向繞行，同時觀想盧恩結界圈逐漸退去，沉入地底之下。

第13章

達嘎茲／歐瑟拉

親人與覺醒

　　當這兩個盧恩符文一起出現，代表的意思是：達嘎茲為人帶來覺醒，讓人明白誰是自己的親人、何處是自己真正的家（也就是歐瑟拉的意義）。這個重點會在儀式一開頭的「提問」就先確立。儀式過程中，團體的每一位成員藉由將他們自己的才能和精神天賦帶入社群共同體中，而在共同體裡取得家人身分。他們認識到彼此都是一家人，並將這種親族意識擴展到與我們共享這片土地的其他生物。是這份覺知意識帶來覺醒，並讓我們能夠共同組成一個真正的家。

　　整個儀式可以由一位帶領者單獨朗讀，或像之前一樣分成幾部分，由不同人朗讀。不過，祈請家屋守護靈的部分，則要由該聚會場所的主人來帶領。

　　儀式需要準備的物品包括：每一位成員要準備一盞玻璃杯蠟燭，一個裝著蜂蜜酒或蘋果酒的牛角杯，以及一大盤麵包。祭壇上可以擺設每一位成員帶來的代表物作為裝飾。

聚會結束前，與小組討論最後一次聚會和儀式的規畫。請每一位成員創作一些東西來展示他們對盧恩文字的掌握程度，比如創作一首盧恩符文詩（可針對其中一個盧恩文字，也可針對全部盧恩文字）、創作一幅畫或是一件帶有盧恩符文象徵意義的儀式物品。然後決定一下，要頒發什麼樣的結業獎品（請參閱下一章末尾的儀式說明）。最後，還要提醒大家把自己的盧恩符文套組帶來。

建立神聖空間

提問

（燈光保持昏暗）

（帶領者）：是誰來到這神聖家園？
流浪的人，請問你的家族名號是什麼？

（燈光保持昏暗）

（全體）：我是里格的後裔，
我從約達的子宮出生。

（帶領者）：好的，請進來，因為里格的所有後裔都是一家人，
歡迎所有地球的孩子來到這裡。

全體成員站著圍成一圈，面朝北方。開始輪流吟唱盧恩符文歌，一邊吟唱一邊在空中畫出每一個盧恩文字，然後依序向右邊輪，等全部的弗薩克呼召完畢，所有人也共同建立起圓形結界。

ᚠ 菲胡 FEHU ᚺ 哈格拉茲 HAGALAZ ᛏ 提瓦茲 TIWAZ

ᚢ 烏魯茲 URUZ ᚾ 瑙提茲 NAUDHIZ ᛒ 貝卡諾 BERKANO

ᚦ 索里沙茲 THURISAZ ᛁ 伊薩 ISA ᛗ 依瓦茲 EHWAZ

ᚨ 安蘇茲 ANSUZ ᛃ 耶拉 JERA ᛗ 瑪納茲 MANNAZ

ᚱ 萊多 RAIDHO ᛇ 艾瓦茲 EIHWAZ ᛚ 拉古茲 LAGUZ

ᚲ 開納茲 KENAZ ᛈ 佩斯洛 PERTHRO ◇ 殷瓦茲 INGWAZ

ᚷ 給勃 GEBO ᛉ 埃爾哈茲 ELHAZ ᛞ 達嘎茲 DAGAZ

ᚹ 溫佑 WUNJO ᛋ 索維洛 SOWILO ᛟ 歐瑟拉 OTHALA

家園和遺產

(**帶領者**)：現在我們齊聚一堂。

但這裡是我們的家嗎？

大地一片漆黑，籠罩在陰影之下。

我們棲身的家園在夜晚隱身不見。

這樣，里格的後代子孫

如何認得他們的親人呢？

曼努斯的孩子們要如何找到他們的傳承？

請在你的雙眉之間畫一個黎明符文ᛞ。

靜下心來，找尋隱藏在其中的遺產。

冥想

(所有人都讓自己舒服地坐著。除非有指示,否則不要擊鼓。)

吸氣……吐氣……吸氣……吐氣……

(吸氣 4 拍,暫停 2 拍,吐氣 4 拍,暫停 2 拍)

你現在很放鬆,很平靜,你受到保護,安全地坐在這裡。

接下來,你要往前走,然後,你會安全地回來,

你會記得所有你需要知道的事情。

你現在全身都很放鬆,感覺堅實的大地支撐著你。

讓你的意識往下沉,沉入內部,

深深沉入地球核心……現在,重新將它拉出來。

讓它的力量充滿你的全身……

現在,離開你的身體。

你看到一處你熟悉的地方。

夜幕降臨,世界覆蓋在陰影之中。

感受腳下大地的質地;

聆聽黑暗之中沙沙的聲音。

你隱約看見一條路的起點。

循著這條路走,你逐漸遠離你熟悉的土地。

進入到更漆黑的森林

一條濃密的林蔭隧道。

林木慢慢變得稀疏,

你眼前出現一片空地。

空地的正中央有一棵大樹，
比其他樹木還要高大雄偉，
它的枝葉無比廣闊，你無法看到它
的邊界，
樹幹高聳，直入雲霄。
大樹本身發出自己的光，它是世界
的中心支柱。
你繞著它走……一圈一圈向外走。
你在一個不斷擴大的圓圈當中穿過
中土米加德，
你進入一個區域，那地方，外部所
有東西
都比內部的東西還要小。

但這裡非常黑。
你在陰影之地徘徊。
你要去哪裡找自己的親人同伴呢？
你能在哪裡找到庇護之所呢？
黑暗中似乎有什麼聲音——
風在輕聲低語，
看不見的生物在騷動，
還是大地自己在睡夢中翻身呢？
現在，你眼前出現一片更廣闊的黑暗；
你聞到洞穴裡潮濕泥土的氣味。
你什麼也看不見，但在這裡，

至少你不會吹到風。
你小心翼翼往洞穴裡面走；空氣逐
漸變暖和。
你累到沒有力氣了，你躺下來
感覺像躺在搖籃裡，覺得很安心。

現在，你意識到一陣規律的節奏——
是自己的心跳聲嗎？
（開始輕輕擊鼓）
它震動你的身體，但是那節奏似乎
更深沉；
像是從石頭裡面傳出的脈動。
一陣輕風穿過黑暗發出一聲輕嘆；
大地在你身邊呼吸——
大地母親正在翻動她的身體，
她在翻動，她是你的第一位祖先，
你安心躺在她的子宮裡。
這個地球並不屬於你，
但你屬於這片土地。
你的骨頭、你的血肉——
都是地球母親的一部分
而你最終也必須回到她身上。
感受大地的力量流過你全身……
這裡就是你的家……
這時出現一道紅光，你眨了眨眼，

看見紅光投射在凹凸不平的石牆上。
地面縫隙中，有火光在閃爍。
洞穴牆壁上
出現了巨大的動物身影——
全身是毛的長毛象和粗壯的馬，
長著分支長角的麋鹿，
還有頂著彎角的野牛。
熊和狼在黑暗中咆哮，
一隻老鼠從地板飛奔而過，
天花板上有天鵝和老鷹在飛，
巨蛇盤繞在黑影之中，
魚群在石頭下方的水流裡熒熒發光。

動物黑影在火光裡不停顫動，
或者，它們就是火？
現在，似乎有一道光從遠方照射
進來——
東邊，一道粉紅色的光逐漸變強，
洞穴牆壁慢慢變成了岩石和樹木。
你身邊的那些動物黑影也消失在荒
野之中，
鳥兒在天空翱翔，爬蟲動物在尋找
牠們的巢穴，
魚兒游過留下銀色泡泡
浮在水面。

你站起身來，面朝東方
畫了一個達嘎茲符文。
霎時，那道光衝向天際。
你置身於光芒之中；
突然間，每一樣東西都變得非常清晰。
你身邊圍繞著各種生物。
動物們都是你的弟兄，
牠們是地球的一部分，也是你的一
部分。

現在，天空變得非常明亮；
太陽光的照射讓天空滿是光輝。
達嘎茲符文將夜晚的寒氣從你骨頭
中趕走了。
她也是你的親人。
如果沒有太陽的火焰來溫暖你，
你一定全身凍僵。
地球是太陽的女兒——
如果沒有太陽，地球會固定不動，
沒有太陽，時間也會凍結。
時間若被凍結在永恆裡，什麼都不
會發生。
但我們現在擁有白晝，短暫卻充實。
我們會如何填滿它呢？

現在你看見，樹木之外有一片開闊的鄉村。

前方有人在唱歌——你朝著聲音方向走去。

在森林邊緣停下來。

你看到前方有一片空曠的田野。

光線逐漸變強，你看到聚集的屋宅。

仔細看——看它們是用什麼材料建造的？

人們紛紛走出來迎接黎明的朝陽。

那些人長什麼樣子？身上穿著什麼衣服？

你聽到有人在叫你——他們看到你了。

突然間，一群人圍在你身邊，笑聲洋溢，

他們把你帶進村子裡，

光線變得更亮，你發現

那群人的外表和穿著都跟你一樣。

他們就是你的家族親人。

他們把你帶到一間最寬闊的房屋，

裡面坐著一個女人，年紀很大，但非常美麗。

她是你的母親。

你擁抱她，你知道，這就是你的家……

隨著太陽在天空移動位置，

你周圍的場景也跟著變化。

房子的形狀改變了，

人們的臉也改變了，

還有他們的膚色和服飾也變了。

每次場景一變換，

你就獲得新的技能，新的知識。

但你一直都知道，這些人就是你的家人，

你們都是那位老母親的孩子，

外在場景不斷變化，但這件事始終不變。

請看著他們，珍惜他們，將他們牢牢記住……

這些都是你的親人，還有你的家園。

現在，你看到你祖父祖母的房子，

接著是你從小長大的地方，

還有你這一世的爸爸和媽媽的臉。

太陽在你頭頂。

光輝照耀；

每一樣東西你都看得非常清楚。

你回想起一些事情，

他們曾經告訴你關於家族的故事；

現在，你看到他們給你的禮物，

那是你這一世繼承的東西，
以及你對這個家族的了解。

我們奮力走過無盡歲月，來到今天。
惡劣時代也會來臨，但它們終將過去，
千年之後還有誰會在乎？
牛畜會亡，親人會逝，
你自身亦難免一死，
唯有聲名永不消失，
還有你在千次轉世中獲得的知識智慧，
那些傳承孕育出你的血肉和骨頭。
你是誰？
你的遺產是什麼？
哪裡才是你真正的家園？

光線逐漸變亮，直到超越人類視覺
所見。
那光芒從你體內發射出來，
你身邊一切都在發光。
你身處的地方
變得非常美麗，超出凡人所能想像。
你看著它，觸摸它，
漫步穿過它的廳堂和房間，
記住你靈魂之家的所有擺設。

找出一樣東西，你要帶著那樣東西
回到現實世界。

你看到身邊還有其他人——
在這道美麗的光芒中，你看到他們
的真實面貌，
然後在一個水池裡面，
你看到你自己的出生過程。
你是你母親真正的孩子。
你在鏡子裡看到她的臉，
也看到你的家族親人。
你全身充滿光，光芒從你身上向外
射出，
然後逐漸消退。

現在這個你，是你重新認識的自己，
但你所看到的一切你都會記得。
你眼前再次出現那棵高大的世界樹。

它背後就是你來時走過的那條路。

循著那條路走。穿過森林隧道回到你原來的地方。

你再次回到光亮之中。

你往前看──那裡是你熟悉的地方。

穩穩坐著，感受你肉體的重量，

身體底下是堅實的地面。

回到你身體裡面。

回想你剛才學到的東西。

現在吸氣，吐氣，再吸氣，吐氣。

（從這裡開始加快速度）

呼出一口氣，伸展你的全身。然後張開眼睛。

你再次回到神聖結界之中。

建立新家園

黎明已經到來！黑夜已經過去！

（畫 ⋈ 點燃蠟燭，高高舉起）

讓聖潔的祝福之光

照亮這片太陽守護的聖地！

（舉著蠟燭順時鐘繞一圈）

里格的歷代子孫

留下了這片土地和人民。

海姆達爾的神聖孩子，你們得到了什麼？

來自這個家族的有形和無形禮物呢？
你學到什麼知識？你擁有什麼能力？
你要以什麼來建造我們的家園？

(全體)：黎明已經到來！黑夜已經過去！
這些是我帶來的禮物──

（每個人輪流從自己身邊的人引火點燃蠟燭，然後描述自己得到的傳承特質，包括身體或精神特徵、國族或文化遺產等個人天賦，能夠為這個星球家園做出貢獻。）

這是嶄新的黎明曙光！
生命之光將我們家園照亮！
看著你的弟兄們明亮的眼睛。
向你的姊妹們以及你靈魂的同胞致敬！
這裡是你的家，他們是你的親人，
你與這個人類大家庭共同居住在這片神聖土地──

（所有人與身邊的人手臂相勾，要小心手上的蠟燭。）

我們是生命之光所生，也是生命渴求所生。
我們是被世界樹餵養的靈魂，
中土米加德是我們繼承的家園。
黎明打破黑暗，展開新的一天。
我們要與哪些親人共享這片土地呢？
我們會在未來如何稱呼自己這個家族呢？

寬闊翅膀的御風之禽，四足挺立的毛獸，
海中游泳的魚群，地層深處的居民——
現在，我向諸位致敬。

(每個人輪流說出一個自己覺得特別親近的生物，例如「所有貓科動物……」)

(全體回答)：你是我們在中土米加德的親人！
(每個人都發言後——)
(全體)：「向白晝致敬，向白晝的光明之子致敬
向夜晚致敬，向夜晚的女兒歡喜致敬
願祢以慈愛之眼看顧我們，為我們祝福
保佑這裡所有人勝利成功。
我們召請眾男神與眾女神
召請賜予我們一切萬物的大地女神——
請賜給我們智慧言語和財富
並在此生，擁有一雙治癒之手！」

〈勝利賜予者之歌〉(*Sigdrifumál*)：2，非精準翻譯)

祝宴

(全體坐下來，將蠟燭擺在地上圍成一圈)
這是來自天界的光明之酒，
(畫 ᛝ 為牛角杯祝聖)
擁有太陽賦予的靈魂，
從大地花朵蒸餾出甘甜，

願一切眾生之渴望皆能實現。

(將牛角杯傳下去)

這是正在成長的金色穀物，

(畫 ᛉ 為麵包祝聖)

在無人播種的田野茂盛生長，

世界樹的孩子餵它澆灌滋養，

讓生命的家族繁衍興旺。

(將麵包傳下去)

(聚會地點的主人)：現在向我們的家屋精靈致敬。

願你保佑這座房屋永遠平安！

神聖精靈，我為你奉上食物和飲料——

(房屋主人將果汁和麵包放在壁爐或火爐旁邊的石塊裡，然後將牛角杯和麵包盤順時針方向傳下去。)

返回現實世界

黑夜降臨！白晝結束，

(所有人將蠟燭吹熄)

但這神聖的祝福之光

永遠長留在所有人內心，無邊無盡！

打開結界

先面朝北方，然後開始逆時鐘方向繞行，同時觀想盧恩結界圈逐漸退去，沉入地底之下。

第14章

從樹上下來

　　你的盧恩符文研究是從一個儀式開始的；在這趟學習旅程結束之前，我們也要進行一個類似儀式，來為你的盧恩學習之路做一個總結。我們將這個類似儀式稱為「學位頒授典禮」、「畢業典禮」或「啟蒙儀式」，這是有原因的。雖然這個儀式是在一段學習旅程結束時舉行，但它其實是進入人生下一階段的開端，也是嶄新學習的開始。在這個畢業儀式中，所有人都可藉此機會對你們之間建立起的感情致意，或是卸下團體成員身分，或是準備邁向另一個新的學習階段。

　　在儀式進行前，要記得交代所有成員創作一首詩、一篇短文或一件藝術品或手工藝品，以此來呈現每個人對於盧恩符文的理解。

　　團體帶領者可準備一些禮物來獎勵成員的學習成果，比如一個刻有全部盧恩符文的銅盤或皮製手環、用來裝符文塊的袋子，或是盧恩符文戒指。威廉・索普（William Thorpe）的銀製盧恩符文戒指就非常適合拿來當禮物。有興趣可聯繫：48 East Maine Rd., Johnson City, New York 13790（607-7948-0873）。

另外，還需要準備刻有盧恩符文字樣的餅乾、畫有盧恩符文的牌卡或蠟燭、一個牛角杯和蜂蜜酒飲料，如果可能的話，再準備一張奧丁的圖片。

建立神聖空間

全體成員站著圍成一圈，面朝北方。開始輪流吟唱盧恩符文歌，一邊吟唱一邊在空中畫出每一個盧恩文字，然後依序向右邊輪，等全部的弗薩克呼召完畢，所有人也共同建立起圓形結界。

ᚠ 菲胡 FEHU	ᚺ 哈格拉茲 HAGALAZ	ᛏ 提瓦茲 TIWAZ
ᚢ 烏魯茲 URUZ	ᚾ 瑙提茲 NAUDHIZ	ᛒ 貝卡諾 BERKANO
ᚦ 索里沙茲 THURISAZ	ᛁ 伊薩 ISA	ᛖ 依瓦茲 EHWAZ
ᚨ 安蘇茲 ANSUZ	ᛃ 耶拉 JERA	ᛗ 瑪納茲 MANNAZ
ᚱ 萊多 RAIDHO	ᛇ 艾瓦茲 EIHWAZ	ᛚ 拉古茲 LAGUZ
ᚲ 開納茲 KENAZ	ᛈ 佩斯洛 PERTHRO	ᛜ 殷瓦茲 INGWAZ
ᚷ 給勃 GEBO	ᛉ 埃爾哈茲 ELHAZ	ᛞ 達嘎茲 DAGAZ
ᚹ 溫佑 WUNJO	ᛊ 索維洛 SOWILO	ᛟ 歐瑟拉 OTHALA

祈請

(帶領者)：現在，我們致敬眾神之父奧丁，

騎樹之人，盧恩符文的發現者，給予我們智慧忠告的神。

我們已經走過追尋智慧之路。

我們已經行過盧恩魔法之路。

現在，我們將它們放在我們心中——

眾神之父，請為我們祝福。

（全體唱〈歡迎奧丁大神〉）

(獨唱)：在世界間開出道路——

(全體)：看呐，烏鴉飛翔，

(獨唱)：一條通往大殿之路——

(全體)：眾神之父降臨！

(獨唱)：智慧意志是其禮物，令我得到自由，

(全體)：我們舉起角杯歡迎，歡喜之神奧丁！

(獨唱)：世界樹上九個世界，

(全體)：看呐，烏鴉飛翔，

(獨唱)：誰能知道它們祕密？

(全體)：流浪之神降臨！

(獨唱)：祂知一切黑暗光明，遍及天堂海洋，

(全體)：我們舉起角杯歡迎，歡喜之神奧丁！

(獨唱)：騎樹之神已經臨近；

(全體)：看呐，烏鴉飛翔，

(獨唱)：威力符文光明閃耀，

(全體)：聖詠之父降臨！

(獨唱)：我們從那神聖符號，看見生命圖形——

(全體)：我們舉起角杯歡迎，歡喜之神奧丁！

〈歡迎奧丁大神〉樂譜

O - pen a way be - tween the worlds, BE - HOLD THE RA - VENS FLY!

在世界　間開　出道路，　看吶，烏鴉　飛翔，

O - pen a way in - to our hall, FOR ALL - FA - THER DRAWS NIGH! His

一條通往　　大殿之路，　　眾神之父降臨！

gifts to us are wit and will, his wisdom sets us free, A

智慧意志　　是其禮物，　　令我得到自由，

HORN WE RAISE IN WEL - COME TO THE GOD OF EC - STA - SY!

我們舉起角杯　　歡迎，歡喜之神奧丁！

教導

(帶領者)：請聽奧丁在〈至高者箴言錄〉如何提及盧恩符文：

「此刻我們要在聖者寶座上歌唱，

在那兀爾德之井旁。

我觀看但不說出口，我觀看和思維，

我聽見至高者之口傳。

我聽見人們談論盧恩，

在至高者的大殿，我親耳聽到他們說——」

（111）

「你應追尋盧恩，那隱密文字
無比強大之線譜
堅實有力之筆畫
由偉大聖者著色，至高力量眾神塑造
預知之神所刻寫」

（141）

現在請聆聽至高者的話語——

「我垂吊於狂風飄搖的樹上
整整九個長夜
我以長矛刺傷自己，作為奧丁的祭品
自己獻祭給自己
我倒吊的那棵大樹，無人知曉
其根來自何處
無人給我麵包，亦無一杯酒水
我往下深深凝視——
拾取盧恩符文，邊撿拾邊瘋狂呼喊
然後再次墜回地面」

（138–139）

你要尋求奧丁的智慧嗎？
你有意願接受盧恩知識嗎？
(全體)：是的。

冥想

你現在很放鬆，寂靜不動，
你穩穩扎根在大地上。
吸氣……吐氣……吸氣……吐氣……
(吸氣 4 拍，暫停 2 拍，吐氣 4 拍，暫停 2 拍)
讓人世間的煩惱全部隨著吐氣消散。
你現在很放鬆，很平靜，你受到保護，安全地坐在這裡。
接下來，你要往前走，然後，你會安全地回來，
你會記得所有你需要知道的事情。

你現在全身都很放鬆，感覺堅實的大地支撐著你。
讓你的意識往下沉，沉入內部，
深深沉入地球核心……現在，重新將它拉出來。
讓它的力量充滿你的全身……

現在，離開你的身體。
你看到一處你熟悉的地方。
看一下地面；是青草地還是石頭地？
感覺它的觸感質地，聆聽周遭的聲音。

當你仔細凝視，你會看到一條路的起點。
跟著這條路往前走，離開你熟悉的領域，
穿過灌木叢，你看到一片樹林，
再往前走，這片樹林變成一座大森林，
再往前走，森林變得更密、更暗，
現在，你穿過一條濃密的林蔭隧道。

然後，林木慢慢變得稀疏，
你眼前出現一片空地。
空地的正中央有一棵大樹，
比其他樹木還要高大雄偉，
它的枝葉無比廣闊，你無法看到它的邊界，
樹幹高聳，直入雲霄。

有三條巨大的根，深深扎入土壤中。
你走到最靠近你的那條根，看見一條通道打開了。
你走進去，發現一道朦朧、溫和的光，
你看到前方有一條路。
你從北方往東方走，
一路盤旋而下，
再從東方走到南方。

然後你轉往西方，
感覺身體四周繚繞著一股涼爽的霧氣，
一層一層的薄霧，
滋潤著你，撫慰著你，
層層薄霧像一道簾幕，將你與世界
隔開。

你飄浮在霧中，
聽到不遠處有一條大河隆隆咆哮，
水流湍急，沖刷著岩石，
然後往下墜落形成轟隆的瀑布；
在繚繞的霧氣之中，你看見
雷霆洪河的怒吼，洪河深處出現一
道閃光，
是一條魚──陽光照在牠身上形成
的反射。
霧氣飄蕩，像漩渦旋轉。你進入那
道漩渦，
突然瞥見，霜白的霧淞，
那是世界樹的盤根。
盤根之下有一口井，在陰影中如鏡
面般漆黑。
那口井非常深，諾恩三女神每天都
從那裡取水飲用，
並在世界樹下編織世人的命運。

世界樹從地底根部往上抽伸、高聳
入雲，
樹幹覆蓋著皺摺板狀的樹皮，
讓想要爬樹的人很容易攀爬。
大樹頂端，樹枝已經磨損變得非常
平滑；
那裡就是至高者奧丁倒吊懸掛的地方，
他在那裡度過了九個夜晚，獨自一人，
懸掛在世界之間。

你要尋找盧恩嗎？
在你爬到樹上之前，請祈求奧丁的
祝福。
然後，小心翼翼，慢慢向上爬。
讓世界樹的枝條擁抱著你的身體……
然後往後倒下，哦求道者，懸掛在
世界樹上，
倒吊於大地和天界之間，
你感應到，你身體之下的深淵打開了，
無比廣大浩瀚，在樹根和樹枝之上，
是九個世界，以及將各世界連結起
來的靈魂的脊柱。

風在你耳邊低語，烏鴉在你身邊盤旋，
鳴叫著牠們的智慧，牠們棲息在世
界樹上。

你繼續倒吊著，寂靜愈來愈深沉；
你的身體被綑綁，但你的靈魂自由
飛翔。

現在，呼召神聖的盧恩符文！
讓這些符號在你面前翱翔。
每一個盧恩都有一個名字，你要仔
細看，
接受它，
讓它成為你自己的符文！
現在睜開眼睛，因為那個地方就是
這裡，
你在這裡所做的一切、所得的成就，
同時也會在其他世界得到圓滿⋯⋯

（帶領者將一根蠟燭點亮，並拿出盧恩
符文，然後所有人一起唸誦盧恩符文
咒。有帶盧恩符文來的人也可以把自
己的符文塊拿出來展示給大家看。結
尾，再唱一次誦盧恩咒，並在自己額
頭上畫盧恩符文。帶領者在這裡要留
一點時間讓大家觀想，然後再點另一
支蠟燭等等。）

靜下心來，思索你學到的東西：
「你所認識的這些盧恩符文，
連國王和王后也不知道，也非世人
所知曉，
對人類的後代有益，
對巨人的兒子無用。
任何說出盧恩符文的人，我們向他
致敬！
任何認識盧恩符文的人，我們向他
致敬，
掌握盧恩要義的人，喜悅平安，
聽到盧恩之名的人，即得力量！」
（改編自〈至高者箴言錄〉：
142、146、165）

你所獲得的盧恩，會一直留在你身邊。
現在閉上眼睛，
你看到世界樹的樹枝環繞在你身邊。
小心地從樹上往下爬——
樹幹的樹皮都是板狀而且有皺摺的。
你可以踩在上面往下爬，
現在，你站在盤根錯節的樹根之中，
在諾恩三女神的命運之井旁邊。
請向奧丁表達你的感謝。

現在霧氣升騰，灰色雲霧將你吞沒，
涼爽的雲朵輕撫著你，樹根和泉井
消失隱藏。
你轉身往前走，
從西方走到南方，
再從南方走到東方，然後再次回到
北邊。
你從拱起的樹根底下現身，
你看到世界樹高聳在你上方。

你面前出現一條路，那是你來時走
過的路。
循著這條路往前走。
穿過森林隧道，回到你原來的地方。
你再次回到光亮之中。
你往前看──那裡是你熟悉的地方。

穩穩坐著，感受你肉體的重量，
身體底下是堅實的地面。
四周一片漆黑。
回到你的身體裡面。
回想你剛才學到的東西。

現在吸氣，吐氣……再吸氣，吐氣……
歡迎盧恩符文的持有者，再次回歸凡
常世界。

實際應用

所有人拿出自己的盧恩符文套組。坐在最靠近北邊的人（A）請轉向他或她左手邊的人（B），並提出一個問題。然後 A 從 B 的袋子裡抽出三個盧恩符文，由 B 來解讀這三個符文，回答 A 的問題。如果小組人數較少，B 解讀完畢後，也可邀請其他人提供他們的意見和解讀。

此占卜完成後，B 轉向他或她左手邊的人（C），重複上述占卜過程，直到每一位成員都提出過自己的問題，也回答了別人的問題。

祝宴

(舉起蜂蜜酒牛角杯)

「我以麥酒敬你，戰鬥之樹啊，

混合著體力，交織著榮譽，

滿滿都是力量的咒語和歌曲，

攜帶著幸運符籤與喜悅之盧恩。」

〈勝利賜予者之歌〉：6

「盧恩被刻寫出來後，會被刮下來，

混入神聖蜂蜜酒中，

然後分送到各處，

一些送給阿薩神，一些送給精靈阿爾法，

一些送給華納神，還有一些送給凡人。」

〈勝利賜予者之歌〉：18

（帶領者手持牛角杯巡行一圈，對每一位成員說：）

請喝下這口酒，智慧之人，

你已在這裡獲得盧恩。

（成員名字），現在我要稱呼你盧恩大師。

（然後為盤子裡的盧恩符文餅乾祝聖）

當你將盧恩符文帶入你心中，

此符文亦進入你體內，

祝福庇佑也跟隨在你身邊。

（此時可做出儀式完成的符號手勢）

回到現實世界

眾神之父奧丁，現在我們向祢致謝──

至高者，請聆聽我們的心，我們內心滿是感謝。

願我們牢記得到的符文。

就算失去這些符號，

它們依然長存我們心中。

流浪之神，我們會將祢的智慧帶入這個世界。

打開結界

　　全體同聲齊唱「弗薩克之歌」，同時觀想盧恩結界圈逐漸退去，沉入地底之下。將盧恩符文紙牌取下，或將符文蠟燭吹熄。

Fe - hu, U - ruz, Thu - ri - saz, An - suz, Rai - dho, ke - naz,
菲 - 胡， 烏 - 魯茲，索 - 里 - 沙茲，安 - 蘇茲，萊 - 多， 開 - 納茲，

Ge - bo, Wun - jo, Ha - ga - laz, Nau - dhiz, I - sa,
給 - 勃， 溫 - 佑， 哈 - 格 - 拉茲，瑙 - 提茲， 伊 - 薩

Je - ra, Eih - waz, Per - thro, El - haz, So - wi - lo,
耶 - 拉， 艾 - 瓦茲，佩 - 斯洛， 埃爾 - 哈茲，索 - 維 - 洛，

Ti - waz, Ber - ka - no, Eh - waz, Man - naz, La - guz, Ing - waz,
提 - 瓦茲，貝 - 卡 - 諾， 依 - 瓦茲， 瑪 - 納茲， 拉 - 古茲， 殷 - 瓦茲，

Da - gaz, O - tha - ra. Twen - ty and four bright droops of
達 - 嘎茲， 歐 - 瑟 - 拉。 二 十 四 滴 光 明 的

heart's blood. Fire and ice cre - ate the world.
心 血。 火 與 冰 創 造 這 世 界。

第15章

盧恩啟蒙儀式

　　人們學習盧恩符文的原因非常多，有人是想要學習如何在占卜或魔法中使用盧恩，也有人以盧恩文字作為了解北歐文化和世界觀的關鍵鑰匙，也有人將盧恩作為認識北歐眾神的入門。對大多數學習者來說，本書介紹的研習和冥想內容其實已經綽綽有餘，但或許還有一些人，他們想要測試自己對於盧恩符文的獻身投入程度。這樣的測試不應被視為使用盧恩符文的先決條件，但如果有人很想這樣做，根據我們的經驗，它確實會為盧恩學習者帶來深遠影響。

　　如同其他入門儀式一樣，盧恩符文啟蒙也不是那麼容易就能進入。這絕對不是獲取盧恩知識的捷徑。這個經驗能帶來何種影響，實際上跟入門者是否做足準備，以及對盧恩文字的理解深度成正比。因此，除非你已經花了至少一年時間認真學習盧恩文字，而且已經能夠不需靠查找資料就能說出和討論所有盧恩文字的含義，否則，你只會度過一個不舒服的漫漫長夜。基於這個理由，在你完成本書學習內容、並完成「畢業儀式」後，可能還得再多花一些時間，實際應用你所學的知識，而且一定要到非常熟練的程度，才來進行盧恩啟蒙儀式。

要進行這個儀式，你一定要有非常豐富的冥想經驗，能夠持續長時間保持專注，深入沉思一個選定的主題，而且要具備能夠靠自己的意志力隨時在不同意識狀態之間移動的能力。你的心智頭腦必須經過充分訓練，才有辦法依據嚮導的提示進行觀想，並在身體不致感到太過刺激的狀況下保持專注和清醒。吊在樹上的體驗是冥想開頭與結尾的重頭戲；但是，大部分精力其實都是用在內化和學習每一個盧恩符文。

如果你能先清楚設定一些具體目標，可能會更有幫助，例如：你想要找出一種新的方法，將每個盧恩符文的能量應用到你的生活中，或是想要在原型人物、傳奇故事、社會和自然層面去思考盧恩符文的作用。此儀式的另一項要求是：要有合適的環境，以及至少要有兩位可靠的朋友，兩人當中至少要有一位熟悉盧恩文字，知道正確發音，而且經驗豐富，可以確保你不會遇到任何麻煩。

精簡來說，盧恩啟蒙儀式就是：把自己綁在樹上度過一夜，整晚會有盧恩文字定時出現。受啟者會有很長一段時間進入輕微入神狀態，同時在這種狀態下沉思盧恩文字的含義，以及了解所有盧恩文字之間的關聯性。

因此，你將需要找到一棵大樹，遠離人群的視線和吵雜聲。要滿足這樣的條件，通常只能在寬闊的私人土地，或是沒有太多遊客的露營營地才能找到。

我的小說《狼與渡鴉》（*The Wolf and the Raven*）當中就有描述到這個儀式，只是內容多了一些戲劇化情節；不過，書中的女戰士沃基里恩對於苦行早已習慣，忍耐力比大多數現代盧恩學習者高很多。對我們大多數人來說，光是在樹林裡不睡覺度過一夜，就已經很不舒服。樹木也要仔細選擇，樹枝支撐力要夠，而且要離營地夠近，這樣你的助手來回行走才不會太辛苦。還要仔細檢查這棵樹，確保它不會流出樹汁。還要準備一張小摺疊凳。另外還需要一件厚重的斗篷或毯子把自己包起來，以及幾條能把你綁在樹上的繩子。

你的助手（嚮導）需要準備的東西是：一個手電筒或燭台，一套用紅色筆寫在白紙上的盧恩文字或幾根香支，一小瓶芳香精油（聖油），還有一面鼓。另外準備一根手杖或木棍，讓工作人員在崎嶇不平的路面上比較好走。然後要有一個舒適的等待空間，另外，由於他們不需要進入入神狀態，所以要準備足夠的咖啡讓他們保持清醒。助手需要兩位，不光是要看顧受啟者，還要相互支援。受啟者通常一整晚不會意識到時間過了多久，而且對自己的身體狀況幾乎不會刻意去察覺。相對的，助手就必須一直保持清醒，有辦法在凹凸不平的道路上來回走二十五次而不會摔倒才行。

事前準備

理想情況下，受啟者應該在儀式前這一天執行禁食，並盡可能多花一點時間沉思冥想。在白天時間去選定你的樹，先做祭拜（在樹的根部倒一些蜂蜜酒或果汁），並祈求它與你合作，把你的儀式位置擺設好，並為這個空間祝聖。樹的地點應該距離嚮導等待的地方只有幾步路程，而且要能在黑暗中輕鬆來回行走。將位置擺在大樹前方，並測試一下舒適度。可以用墊子或毛皮墊在座椅上。還要先把繩子準備好，一條用來綁在脖子上，一條繞在上臂上，一條纏在腰部。

目的不是要測試你忍受疼痛的能力，而是要創造一個有助於深度、持續、集中注意力的情境。寒冷和蚊蟲叮咬都會嚴重分散注意力，因此請穿保暖的衣服，包括帽子頭罩，最好是可以整個拉下來把臉遮住的毛帽。有露出皮膚的部位要先搽好防蚊防蟲劑。長時間坐著不動的主要問題是肌肉痙攣，可先服用一些乳酸鈣片幫助預防這種情況發生。一杯濃咖啡或茶也有幫助，但不要喝太多水或飲料，儀式開始前先去洗手間。

儀式

儀式從午夜開始。嚮導和助手護送受啟者到樹上，一個人拿著繩索，另一人輕輕敲鼓。嚮導先請求當地土地靈允許這個儀式在其領地內進行，並祈求祂們保護接受啟蒙的人。接著請求這棵樹出力幫忙，並在樹幹上畫寫艾瓦茲(1)。嚮導可以先用香支為這棵樹和受啟者煙薰淨化。然後面對著受啟者，說：

> **(嚮導)：** 現在請聆聽至高者的話語——
> 「我垂吊於狂風飄搖的樹上
> 整整九個長夜
> 我以長矛刺傷自己，作為奧丁的祭品
> 自己獻祭給自己
> 我倒吊的那棵大樹，無人知曉
> 其根來自何處
> 無人給我麵包，亦無一杯酒水
> 我往下深深凝視——
> 拾取盧恩符文，邊撿拾邊瘋狂呼喊
> 然後再次墜回地面」

> 〈〈至高者箴言錄〉：138-139）

> 你，_____，想要尋求奧丁的智慧嗎？
> 你是出於自願吊在樹上嗎？

> **(受啟者)：** 是的。

(受啟者請向奧丁祈禱，請求祂的許可，嚮導也向奧丁祈禱，請求祂庇佑這位受啟者。然後嚮導將受啟者用保暖斗篷包起來，將他或她綁在樹上，做一個活結套在脖子，然後繞在手臂和腰部的繩索要繞得夠緊才能將身體固定，但也要留出一點空隙，以便可以隨時微調，萬一發生緊急情況，受啟者也可自行把繩子鬆開。理想狀況是，要保持一點不舒服，以免睡著，但又不能太過不舒服，否則容易分心。）

(嚮導)：這是生命之樹，

連結大地和天界，

是所有世界的軸心。

這棵樹是你的依靠；

這棵樹是你的折磨；

這棵樹將教導你智慧。

往下沉，進入內部，

與世界樹合而為一。

(嚮導或助手開始擊鼓，持續數分鐘，讓受啟蒙者能夠進入更深的入神狀態。〔可詢問受啟蒙者，是否需要誘導他入神，或只要靠鼓聲來進入，什麼速度和節奏對他最有效等等〕。）

(嚮導)：「你應追尋盧恩，那隱密文字

無比強大之線譜

堅實有力之筆畫

由偉大聖者著色，至高力量眾神塑造

預知之神所刻寫」

（〈至高者箴言錄〉：141）

這是他從世界樹上拾取到的第一個盧恩。

（嚮導舉起第一張盧恩紙卡（菲胡），讓光線能夠照穿紙張或照在紙張上，並唸出這個盧恩的名稱。另一種做法是，用點燃的香支或香煙在空中畫出盧恩符文。請注意，嚮導必須背對受啟蒙者來畫寫盧恩符文，這樣受啟蒙者才能看到正確的盧恩文字。接著嚮導用聖油在受啟者額頭上畫寫盧恩符文。然後嚮導和助手便可離開，留受啟者一個人在黑暗中冥想這個盧恩的意義。接下來就是重複這個過程，每隔十分到十五分鐘［取決於你們開始的時間］，嚮導要對受啟者出示另一個盧恩符文。間隔時間應儘量精準，以便受啟者習慣這個時程。光線和聲音也都要保持規律，以防止受啟者睡著，或是進入太深層的入神狀態。結論是，入神狀態如果保持在同一深度，會較容易維持較長時間的冥想。嚮導和助手整個晚上都要儘量保持清醒，或者，如果兩人都對盧恩符文非常熟悉，也可用輪班的方式來進行。整個儀式過程要控制好時間，在黎明時（大約早上六點）剛好進行達嘎茲和歐瑟拉，然後結束儀式。最後再多留十五分鐘，用牛角杯裝溫熱的花草茶加幾滴威士忌，或是熱蘋果酒或蜂蜜酒，讓受啟者飲用。

嚮導帶著茶酒回到樹下時，要呼喚受啟者的名字，請他回到人類居住的中土米加德。如果受啟者心神夠專注，可以用〈勝利賜予者之歌〉的禱詞作為回應：）

（受啟者）：「向白晝致敬，向白晝的光明之子致敬
向夜晚致敬，向夜晚的女兒歡喜致敬
願祢以慈愛之眼看顧我們，為我們祝福
保佑這裡所有人勝利成功。
我們召請眾男神與眾女神

召請賜予我們一切萬物的神聖大地女神──

請賜給我們智慧言語和財富

並在此生，擁有一雙治癒之手！」

〈勝利賜予者之歌〉：2，非精準翻譯）

(嚮導)：「我以麥酒敬你，戰鬥之樹啊

混合著體力，交織著榮譽

滿滿都是力量的咒語和歌曲

攜帶著幸運符籤與喜悅之盧恩」

〈勝利賜予者之歌〉：5）

「盧恩被刻寫之後，會被刮下來，

混入神聖蜂蜜酒中，

然後分送到各處，

一些送給阿薩神，一些送給精靈阿爾法，

一些送給華納神，

還有一些送給凡人。」

〈勝利賜予者之歌〉：18）

請喝下這口酒，智慧之人，

因你已在這裡獲得盧恩。

(成員名字)，現在我要稱呼你盧恩大師。

(嚮導手持牛角杯讓受啟者喝酒，然後將他或她從樹上解下來。等受啟者恢復意識狀態，嚮導應感謝奧丁的支持和教導，並感謝這棵樹和當地土地靈的加持和保護。)

另外九個古英語盧恩

北歐的日耳曼民族來到大不列顛定居後，仍繼續使用盧恩文字。到古英語盧恩詩撰寫完成時，共增加了五個盧恩。

25. ᚠ

橡樹為地球人類後代養肥豬隻。
橡樹經常橫過塘鵝的浴池※；
攪動波紋測試
它能否信守戰士之忠誠。

Ac byþ on eorþan elda bearnum
flæsces fodor, fereþ gelome
ofer ganotes bæþ; garsecg fandaþ
hwæþer ac hæbbe æþele treowe.

26. ᚨ

梣樹對人類來說極為高等珍貴。
其樹幹粗壯，穩穩抓地，
儘管受無數敵人攻擊。

Æsc biþ oferheah, eldum dyre
stiþ on staþule, stede rihte hylt,
ðeah him feohtan on firas monige.

※ 海洋之意。

27. ᛁ

弓為每一位王公貴族帶來歡樂和榮譽，

騎馬配戴甚是好看。

它是可靠旅伴，乃戰士之絕好裝備。

Yr byþ æþelinga and eorla gehwæs

wyn and wyrþmynd, byþ on wicge fæger,

fæstlic on færelde, fyrdgeatewa sum.

28. ᛡ

河狸[※]是一種河魚，但牠總是喜歡在陸上覓食；

牠擁有一處四周環水的美麗住所，

牠在那裡無憂無慮生活。

Iar byþ eafix and ðeah a bruceþ

fodres on foldan, hafaþ fægerne eard

wætre beworpen, ðær he wynnum leofaþ.

29. ᛠ

墳墓是所有戰士之恐懼，

當不動之死屍開始冷卻，

躺臥於黑暗大地之懷抱，

榮華衰敗、歡樂逝去，

一切盟約都被打破。

※ 或水獺。

Ear byþ egle eorla gehwylcun,

ðonn[e] fæstlice flæsc onginneþ,

hraw colian, hrusan ceosan

blac to gebeddan; bleda gedreosaþ,

wynna gewitaþ, wera geswicaþ.

後來又多加了四個盧恩文字，但只有名稱沒有詩句，於是我自行為這四個盧恩創作了四首英文詩，然後由我的朋友班·瓦格納（Ben Waggoner）將它們翻譯成古英語。

30. ᛚ

觴爵，我們舉起聖杯

當我們祈求祝福和立誓，

在心中永誌不忘，

弟兄姊妹團團圍坐之時光。

Calc we hātaþ   hālig fæt,

þonne bletsunga we biddaþ ond bindaþ mid āþum,

manna gemynde we myndgiaþ fæste,

to symble geseten, gesweostor ond gebrōþor.

31. ᚼ

長矛是剛尼爾，永恆之神槍，

能迅速擊中人之靈魂，

長槍手並肩作戰，

將其田地圍起，與敵人對抗。

GAR biþ Gungnere,   godspere hālig,
þæt swiftlíce scȳtt   þurh sāwele ond mōde,
oððe æschere earmswíþ   þæt ætsomne standeþ,
felda to tȳnanne   wiþ feōndsceaðan.

32. ᛜ

礦石生長於神聖土壤，

乃最古老之元素，經久不壞，

耐熱耐寒，親眼見證，

人之過往，以及力量之路。

Stan haþ staðol   on stede gehalgode,
andweorc yldest,   ēce bīdeþ,
weder þoliaþ,   wítness getrymmaþ
lēodum fyrnum   ond gelādum mihte.

33. ᛢ

Cweorth[※]，最根本之疑問，

由抄寫員拼寫和口述，

絞盡腦汁帶來新知識，

解答何事、何因、何人，以及做法……

Cweorð biþ acsung,   ēce sōcn,
þæt wittig wordwyrhta   wrítaþ ond cweðeþ;
beorneþ on andgiete,   bringeþ niwe wīsdōm,
hwæt ond hwȳ   ond hwā ond hū......

※ 沒有人知道這個字是什麼意思。

發音指南

以下說明應該可以幫助你了解古北歐語和古英語的發音。

古北歐語（古諾斯語）：重音在單詞的第一個音節。

a=ah, **á**=aow, **au**=oy, **æ**=aye（放在 ng 之前的 a 發音為 á）

e=eh, **é**=ieh, **ei**=ay（ayeh）

i=ih, **í**=ee, **oe**=aye

o=aw, **ó**=oh, **œ/ö/ø**=eu

u=uh, **ú**=ooh

y=iy, **ý**=ee

þ"th" 音同 thing

ð=dh, 或 th 音同 the

ll=tl

f 夾在兩個母音中間 =v

g 可發軟音（"j"）或硬音（同 "go"）

j=ye

r 出現在 n 之前通常不發音

r 彈舌音

字尾的 **n**、**l**、**s** 在姓名中都要重複 =Oðinn

-R 放在姓名字尾

表示複數：**ir**、**ar**、**ur**

古英語（盎格魯—撒克遜語）：重音通常在單詞的第一音節或詞根，但在複合詞中，第二個音節的詞根音節要發次重音。前綴詞通常不發重音。

a-or 一個字母上面有 **′** 記號，代表長母音（有時代表重音音節）

a="á" 音同 "ah" 或 "a"="o" 音同 "pot"

æ="a" 音同 "hat"

"**æ**"="a" 音同 "mare"（"eh"）

e="é" 音同 "see" 以及 "e" 音同 "egg"

i="í" 音同 "machine" 以及 "i" 音同 "bid"

o="ó" 音同 "boat" 以及 "o" 音同 "not"

u="ú" 音同 "oo" 以及 "u" 音同 "bush"

y 發音類似 "eu"，音同法語 "reçu"（短音）或 "lune"（長音）當中的 u

f、**s**、**þ/ð** 放在字首發軟音，但夾在兩個母音中間要發濁音，例如："sits" 與 "raisin"，或 "think" 與 "other"，或 "five" 與 "over"

h 放在字首發硬音，音同 "hail"，但若出現在一個單詞的字中或字尾，則音同 "loch" 的 "ch"

r 是輕微彈舌或捲舌音

k 有時是用來代替 c 放在一個單詞的開頭

c 在 a、o，或 u 之前（一般情況）是發 "k" 音，如果是在 i、y 或 ea 之前則發 "ch" 音（音同 "cheap"）

g 在子音或後母音之前發硬音，音同 "goat"；在前母音之前則發 "ye" 或 "w" 音（"dragan"="drawen"）

sg 發音類似軟音的 G，或是 "dg" 音同 "judge"

sc 或 **sh** 兩者音同 "ship"

所有字母都是濁音，甚至子音組合也是，比如 "writan"= eritan，或 "cnihten"=kuhni'hten

不列顛字母以及用於古英語發音的字母：

w　　ρ (wynn), uo, w = "w"

d　　ð, (eth) or Đ = "th" 音同 "the"

T　　þ (thorn) = "th" 音同 "this"

A　　æ (ash)= "a" 音同 "hat"

　　　　(yogh) 或 G ="gh"

延伸閱讀

與盧恩相關的研讀書目

盧恩文字研究

邁可‧巴恩斯（Michael P. Barnes）：《盧恩手冊》*Runes, A Handbook*（Boydell Press, 2012）

本書涵蓋最古老到十八世紀的文獻例證，詳述日耳曼語言地區盧恩文字的演變及使用歷史，並附有大量盧恩銘文照片，主要是以書寫系統的角度來介紹盧恩文字。對於想要收集盧恩銘文石刻的人來說，極具參考價值。作者不認為盧恩文字帶有任何魔法意涵，但從古代護身符咒的使用來看，似乎並非如此。

R. I. 佩奇（R. I. Page）：《閱讀過去：盧恩文字》*Reading the Past: Runes*（British Museum, 1987）

這是在大英博物館出售的一本盧恩文字簡介，對於只需要大概了解盧恩文字的人來說，這本書可能是最簡明的學術資料。

——：《英語盧恩簡介》*An Introduction to English Runes*（Boydell Press, 1973, 1999）

佩奇是劍橋大學古英語教授，堪稱學術界最著名的盧恩學者。這本書詳述了盧恩文字在英國的發展和使用。書中引用了大量古英語盧恩文本和譯文，對於了解其文化背景相當具參考價值。

———：《盧恩文字與盧恩銘文》*Runes and Runic Inscriptions*（Boydell Press, 1995）

這是一本論文集，適合想要深入了解盧恩歷史背景的讀者閱讀。英國盎格魯撒克遜出版社（Anglo-Saxon Books）出版了許多有關古英語文化的書籍，包括古英語的語言學習文本。出版書目詳見出版社網站：https://www.asbooks.co.uk

史蒂芬・波靈頓（Stephen Pollington）：《盧恩：鐵器時代的日耳曼文化》*Runes：Literacy in the Germanic Iron Age*（Anglo-Saxon Books, 2016）

這本書收錄了大遷移時期在歐洲大陸使用古弗薩克文字的證據，內容平實且具啟發性。書中附有插圖和文化背景參考資料，對於盧恩文字的使用方式、使用時期和地區進行了全面性的討論，也包括魔法上的用途。是極具參考價值的一本書。

盧恩文字含義解釋

芙蕾雅・阿斯溫（Freya Aswynn）：《世界樹之葉》*Leaves of Yggdrasil*，新版書名為《北方神話與魔法》*Northern Mysteries and Magic*（Llewellyn, 1990, 2nd Ed., 2002）

這是最早出版的神祕主義盧恩符文書籍之一，作者為日耳曼異教傳統（Heathens）在英國的成員之一，也是當地盧恩協會（Rune Gild）的領袖。

楊・弗里斯（Jan Fries）：《赫魯納：盧恩魔法手冊》*Helrunar, a Manual of Rune Magic*（Red Wheel/Weiser, 1997, Mandrake, 2002, 2006）

這本書收錄了自 90 年代開展出的魔法系統資料，主要討論盧恩符文作為日耳曼神祕傳統的關鍵，略帶有克勞利（Aleister Crowley）之風格。書中插圖豐富，內容涵蓋歷史概覽、盧恩文字的各種魔法用途，並針對每一個盧恩文字做了簡要討論。

柯維道夫・岡德森（Kveldulf Gundarsson）：《條頓魔法》*Teutonic Magic*（Llewellyn, 1990）

———：《條頓族之宗教》*Teutonic Religion*（Llewellyn, 1993）

岡德森是國際異教徒組織 Troth 的早期領袖之一，這兩本書也是盧恩復興之初流傳甚廣的著作。

湯瑪斯・卡爾森（Thomas Karlsson）：《盧恩文字的暗面》*Nightside of the Runes*（Inner Traditions, 2019）

這本論文主要是介紹約翰尼斯・布魯（Johannes Bureus）與西格德・阿格雷爾（Sigurd Agrell）的研究內容，約翰尼斯・布魯是十七世紀瑞典的卡巴拉神祕學家，也是盧恩文字的復興者之一，西格德・阿格雷爾是十九世紀瑞典語言學家兼神祕學家。兩人均是斯堪地那維亞盧恩傳統的代表人物，與十九世紀歐洲魔法傳統關係密切。

奈吉爾・潘尼克（Nigel Pennick）：《盧恩魔法》*Rune Magic*（Thorsons, 1992）

本書主要引述英國民間傳說和傳統魔法，作為盧恩咒和盧恩魔法實踐的運用實例。書中收錄了一份非常詳盡的參考書目，但潘尼克在其論述中很少具體指出其引用的文獻來源，因此如果你想找到原始資料，很難知道要去哪裡找。書中還有一個章節詳述每一個盧恩文字的實際應用，相當實用。

———：《古諾桑比亞的盧恩知識與傳說》*Runic Lore & Legend, Wyrdstaves of Old Northumbria*（Destiny Books, 2010, 2019）

研究古英語盧恩文字的其中一項挑戰是，如何處理古弗薩克當中沒有出現的五個盧恩文字，以及諾桑比亞王國時期另外加進來的四個沒有出現在古英語盧恩

詩中的盧恩文字。這本書詳細討論了後來新增的這九個盧恩文字之含義，書中並收集許多精彩的諾桑比亞民間傳說。

史蒂芬‧波靈頓（Stephen Pollington）：《基礎盧恩學》*Rudiments of Runelore*（Anglo-Saxon Books, 1995）

對於盧恩知識的簡要介紹，內容包括三首盧恩詩的英文翻譯，以及古英語盧恩銘文實例。書中也收錄了他們所設計的盧恩符文牌卡使用的譯文和插圖。

安‧格羅‧謝菲爾德（Ann Gróa Sheffield）。《長枝》*Long Branches, Runes of the Younger Futhark*（Sheffield, 2013）

《長枝》是少數幾本專門談論後弗薩克的英語書籍之一，書中對於後弗薩克及其他弗薩克之間的差異做了詳盡解釋，並以扎實的學術知識和深刻的文學見解為基礎，討論了保存於斯堪地那維亞半島的十六個盧恩文字。

卡理‧陶靈（Kari Tauring）：《盧恩，內在深度旅程》*The Runes, A Deeper Journey*（Lulu.com, 2016）

陶靈是一位才華橫溢的挪威裔音樂家和教師，曾在挪威從事民俗學研究。她的盧恩符文研究方法，扎根於傳統口傳知識、挪威鄉間文化所保存的習俗，以及她本身的靈性洞見。她所設計的一款線上盧恩占卜 app 可在 iPhone 應用程式找到。

艾德瑞得‧索森（Edred Thorsson）：《弗薩克》*Futhark: A Handbook of Rune Magic*（Weiser Books, 2020）

———：《盧恩學》*Runelore*（Samuel Weiser, Inc., 1987）

———：《命運之井》*At the Well of Wyrd*（Red Wheel/Weiser, 1988）

這三本書是當代最早關於盧恩知識的深奧著作。索森本身的儀式魔法背景，對他的盧恩實踐產生了顯著影響，他對於斯堪地那維亞的深度研究，更為他的著作提供了扎實的學術基礎。

參考書目

Arthen, Inanna. "The Theory and Practice of Weatherworking." Fireheart (Spring/Summer 1989).

Antonsen, Elmer H. 1975. *A Concise Grammar of the Older Runic Inscriptions*. Tübingen,Germany: Max Niemeyer Verlag.

Aswynn, Freya. 1990. *Leaves of Yggdrasil (reissued as Northern Mysteries and Magic)*.Minneapolis, MN: Llewellyn.

Bauschatz, Paul C. 1982. *The Well and the Tree: A Study of the Concepts of Cosmology and Time in Early Germanic Culture*. Amherst: University of Massachusetts Press.

Bellows, Henry Adams, trans. 1969. *The Poetic Eddas*. New York: Biblo & Tannen.

Briggs, Katherine. 1976. *An Encyclopedia of Fairies*. New York: Pantheon.

Burns, Thomas. 1984. *A History of the Ostrogoths*. Bloomington: Indiana: UniversityPress.

Castleman, Michael. 1991. *The Healing Herbs*. Emmaus, PA: Rodale Press.

Cleasby, Richard, and Gudbrand Vigfusson. 1957. *Icelandic-English Dictionary*, 2nd ed. Oxford: Clarendon Press.

Culpepper, Nicholas. 1990. *Culpepper's Complete Herbal*. Glenwood, IL: Meyerbooks.

Cunningham, Scott. 1991. *Encyclopedia of Magical Herbs*. Minneapolis, MN: Llewellyn.

Ellis-Davidson, H. R. Ellis. 1964. Gods and Myths of Northern Europe. New York: Penguin. (Reissued as *Gods and Myths of the Viking Age*, Barnes & Noble, 1996.)

———. 1988. *Myths and Symbols of Pagan Europe*. Syracuse, NY: Syracuse University Press.

———. 1943. *The Road to Hel*. Cambridge: Cambridge University Press.

———. 1969. *Scandinavian Mythology*. London: Paul Hamlyn. (Reissued as *Viking and Norse Mythology*, Barnes & Noble, 1996.)

Dumézil, Georges. 1973.*Gods of the Ancient Northmen*. Berkeley: University of California Press.

Eliade, Mircea. 1964. Shamanism. Princeton: Princeton University Press.

Enright, Michael. 1996. *Lady with a Mead Cup*. Dublin: Four Courts Press.

Finch, R. G., trans. 1965. *The Saga of the Volsungs*. London: Thomas Nelson & Sons.

Francis, Dick. 1979. *Whip Hand*, New York: Pocket Books.

Frazer, Sir James. 1959. *The New Golden Bough*. Ed. Theodor Gaster. New York: Doubleday & Co.

Friedrich, Johannes. 1957. *Extinct Languages*. New York: Dorset Press

Gelling, Peter, and Hilda Ellis-Davidson. 1969. *The Chariot of the Sun*. London: J.M. Dent & Sons Ltd.

Glosecki, Stephen. 1989. *Shamanism and Anglo-Saxon* Poetry. New York: Garland Publishing.

———. "The Thing about Thorns." 1992, April. Paper presented at the Old English Colloquium, University of California, Berkeley.

Griffiths, Bill, trans. 1993. *The Battle of Maldon*. Middlesex, England: Anglo-Saxon Books.

Grimm, Jacob. 1966. *Teutonic Mythology*. New York: Dover Publications.

Gundarsson, Kveldúlf. 1990. *Teutonic Magic*. Minneapolis, MN: Llewellyn.

———. 1993. *Teutonic Religion*. Minneapolis, MN: Llewellyn. (Also avail- able as e-book from: http://www.aswynn.co.uk)

Gundarsson, Kveldúlf, ed. 1993. *Our Troth*. Berkeley, CA: The Troth. (Available online at www.thetroth.org.)

Gunnell, Terry. 2017. "Blótgyðjur, Goðar, Mimi, Incest, and Wagons: Oral Memories of the Religion(s) of the Vanir", *in Old Norse Mythology—Comparative Perspectives*, ed. Pernille Hermann, Stephen A. Mitchell, Jens Peter Schjødt with Amber J. Rose, The Milman Parry Collection of Oral Literature. Cambridge, MA: Harvard University.

Halsall, Maureen. 1981. *The Old English Rune Poem* (Appendix B, The Norse Rune Poems). Toronto: University of Toronto Press.

Hamer, Richard, trans. 1970. *A Choice of Anglo-Saxon Verse* ("The Seafarer," "The Wanderer," "The Battle of Maldon," "Deor's Lament"). London: Faber & Faber.

Harner, Michael. 1980. *The Way of the Shaman*. New York: Bantam.

Hastrup, Kirsten. 1985. *Culture and History in Medieval Iceland*. Oxford: Clarendon Press.

Haugen, Einar. 1985. "The Edda as Ritual: Odin and His Masks." In *Edda*, ed. Glendenning and Bessason. Winnipeg: University of Manitoba Press.

Heath, Cat. 2021. *Elves*, Witches and Gods. Woodbury, MN: Lewellyn.

Hillenbrand, Laura. 2001. *Seabiscuit*. New York: Ballantine.

Hillman, James. 1980. *Facing the Gods*. Putnam, CT: Spring Publications.

Hollander, Lee M., trans. 1986. *The Poetic Edda*. Austin: University of Texas.

Kallir, Alfred. 1980. *Sign and Design: The Psychogenetic Source of the Alphabet*. N.p.: Vernum.

Kelchner, Georgia. 1935. *Dreams in Old Norse Literature*. Cambridge: Cambridge University Press.

Kodratoff, Yves. 2003. *Nordic Magic Healing*. N.p.: Universal Publishers. (Available via www.nordic-life.org)

Kutin, Siegfried. 1977. "Pytheas of Massilia: The Epic Sea-Voyage of Discovery to Northwestern Europe as Reported and Discussed by Ancient Authors." Research Paper presented to the faculty of the Division of Library Science, San Jose University.

LaFayllve, Patty. 2021. *A Practical Heathen's Guide to Asatru*. Woodbury, MN: Lewellyn.

Lopez, Barry. 1978. *Of Wolves and Men*. New York: Scribners.

Malone, Kemp. 1964. *The Literary History of Hamlet*. New York: Haskell House, 1923.

McKinnell, John, trans. 1972. *Viga-Glum's Saga with the Tales of Ogmund Bash and Thorvald Chatterbox*. Edinburgh: Canongate.

Mohnkern, Scott. 2010. *Hanging from the Tree*. Scotts Valley, CA: CreateSpace.

Osborn, Marijane, and Stella Longland. 1964. *Rune Games*. London: Routledge & Kegan Paul.

Oxenstierna, Erik. 1965. *The Norsemen*. Trans. Catherine Hutter. Greenwich, CT: New York Graphic Society.

Page, R. I. 1987. *Reading the Past: Runes*. London: British Museum Publications.

Patch, Howard. 1950. *The Other World*. Cambridge, MA: Harvard University Press.

Paxson, Diana L. 1984. *Brisingamen*. New York: Berkley Books.

———. 1994. *The Wolf and the Raven*, book one of Wodan's Children trilogy. New York: William Morrow.

———. 1995. *The Dragons of the Rhine*, book two of Wodan's Children trilogy. New York: AvonNova.

———. 1996. *The Lord of Horses*, book three of Wodan's Children trilogy. New York: AvonNova.

———. 2006, 2020. *Essential Asatru* Toronto: Citadel Press.

———. 2008. *Trance-Portation*. San Francisco: Weiser Books.

———. 2015. *Possession, Deposession and Divine Relationships*. San Francisco: Weiser Books.

———. 2017. *Odin*. San Francisco: Weiser Books.

Pennick, Nigel. 1989. *Games of the Gods*. York Beach, ME: Weiser.

Peterson, James. 1988. *The Enchanted Alphabet*. Wellingborough, England: Aquarian Press.

Phillpotts, B. S. 1991. "Wyrd and Providence in Anglo-Saxon Thought." *In Interpretations of Beowulf*, edited by R. D. Fulk. Bloomington: Indiana University Press.

Pollington, Stephen. 2016. *Runes: Literacy in the Germanic Iron Age*. Ely, UK: Anglo Saxon Books.

Price, Neil. 2020. *Children of Ash and Elm: A History of the Vikings*. New York: Basic Books.

Rees, Alwin, and Brinley Rees. 1961. *Celtic Heritage*. London: Thames & Hudson.

Rohan, Michael Scott. 1989–90. *The Winter of the World*. 3 vols. New York: Avon Books.

Saxo Grammaticus. 1979. *Gesta Danorum*. Trans. Peter Fisher, ed. H. R. Ellis-Davidson. Cambridge: D.S. Brewer.

Schwartz, Martin. 1992, April. "Wodanaz." Paper presented at the Old English Colloquium, University of California, Berkeley.

Shakespeare, William. (1952). *Hamlet*. Complete Works edition. Edited by G. B. Harrison. New York: Harcourt, Brace and Co.

Sibley, Jane. 1989. Workshop on the Runes at Esotericon. Conference in Providence, RI.

Simpson, Jacqueline. 1967. Everyday Life in the Viking Age. New York: Dorset.

Storms, Godfrid. 1975. *Anglo-Saxon Magic*. New York: Gordon Press.

Snorri Sturluson 1990. *Heimskringla*. New York: Dover Publications.

———. 1987. *Edda*. Trans. Anthony Faulkes. London: J.M. Dent & Sons.

———. 1954. *The Prose Edda*. Trans. Jean Young. Berkeley: University of California Press.

Sweet, Henry. (1987). *The Student's Dictionary of Anglo-Saxon*. Oxford: Clarendon Press.

Tacitus. 1942. *The Complete Works of Tacitus*. Ed. Moses Hadas. New York: Modern Library.

Thorsson, Edred. 1984. *Futhark: A Handbook of Rune Magic*. York Beach, ME: Samuel Weiser, Inc.

———. 1987. *Runelore*. York Beach, ME: Samuel Weiser, Inc.

———. 1989. *At the Well of Wyrd*. York Beach, ME: Samuel Weiser, Inc.

Tolkien, J.R.R. 1955. *The Lord of the Rings*. Boston: Houghton Mifflin.

Viherjuuri, H. J. (1965). *Sauna, the Finnish Bath*. Brattleboro, VT: Stephen Greene Press.

Waggoner, Ben. 2018. *Heathen Garb and Gear: Ritual Dress*, Tools, and Art for the Practice of Germanic Heathenry. Lulu.com.

———. *Our Troth*. 2020. 3rd edition, Vol. 1, Heathen History. Lulu.com.

Wardle, Thorolf. 1984 *Rune Lore*. London: Odinic Rite.

Willis, Tony. 1980. *The Runic Workbook*. London: Aquarian Press.

Wolfram, Herwig. 1988. *History of the Goths*. Berkeley: University of California Press.

Wright, David, trans. 1957. *Beowulf*. New York: Penguin.

Zimmer, Carl. 2004. "Whose Life Would You Save?" *Discover* 25:4, April.

Zimmer, Paul Edwin. 1994. *The Wine of Kvasir*. Privately published from Greyhaven in Berkeley.

作者簡介

戴安娜‧帕克森（Diana L. Paxson）

暢銷作家，著有五本關於北歐傳統異教和神思主題的非小說類書籍，以及多部具有濃厚靈性主題的歷史小說，包括《白渡鴉》（*The White Raven*）、《毒蛇之牙》（*The Serpent's Tooth*），以及延續瑪麗昂‧齊默‧布拉德利（Marion Zimmer Bradley）的《阿瓦隆》（Avalon）系列小說。日耳曼題材小說包括《布里希嘉曼》（*Brisingamen*，1984）和奧丁的兒童三部曲：《狼與渡鴉》（*The Wolf and the Raven*）、《萊茵河之龍》（The Dragons of the Rhine）以及《眾馬之主》（*The Lord of Horses*），以及聖島四部曲中的《長矛之書》（*The Book of the Spear*）。目前正在撰寫一本關於女神弗蕾雅的書。

1988 年創立「赫拉夫納爾（渡鴉）異教徒社群」（Hrafnar kindred），目前擔任該團體執事（gydhja），同時也是美國多神信仰異教徒組織 The Troth 的資深成員，負責執事培訓及《*Idunna*》雜誌編輯工作。經常受邀擔任研討會及儀式慶典的演講者與工作坊講師。個人網站：www.hrafnar.org、www.seidh.org 以及 www.diana-paxson.com。

盧恩全書——盧恩符咒、儀式、占卜與魔法應用

出　　　版／楓樹林出版事業有限公司
地　　　址／新北市板橋區信義路163巷3號10樓
郵 政 劃 撥／19907596　楓書坊文化出版社
網　　　址／www.maplebook.com.tw
電　　　話／02-2957-6096
傳　　　真／02-2957-6435
作　　　者／戴安娜‧帕克森
譯　　　者／黃春華
企 劃 編 輯／陳依萱
校　　　對／周季瑩
港 澳 經 銷／泛華發行代理有限公司
定　　　價／980元
初 版 日 期／2024年7月

國家圖書館出版品預行編目資料

盧恩全書：盧恩符咒、儀式、占卜與魔法應用/
戴安娜‧帕克森作；黃春華譯. -- 初版. -- 新北市
：楓樹林出版事業有限公司, 2024.07　面　；公分
譯自：Taking up the runes : a complete
　　　guide to using runes in spells, rituals,
　　　divination, and magic
ISBN 978-626-7394-96-0（平裝）

1. 符咒　2. 占卜

295.5　　　　　　　　　　113007701